新闻与传播学译丛·学术前沿系列

丛书主编　刘海龙　胡翼青

文化研究的
未来

Cultural Studies in
the Future Tense

美 | 劳伦斯·格罗斯伯格（Lawrence Grossberg）著
庄鹏涛 王林生 刘林德 译
金元浦 审校

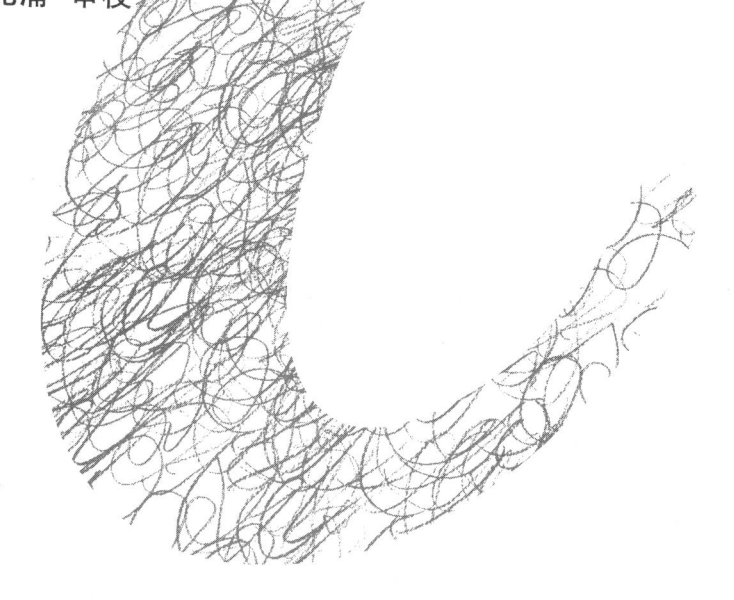

中国人民大学出版社
·北京·

总　序

在论证"新闻与传播学译丛·学术前沿系列"可行性的过程中，我们经常自问：在这样一个海量的论文数据库唾手可得的今天，从事这样的中文学术翻译工程价值何在？

祖国大陆20世纪80年代传播研究的引进，就是从施拉姆的《传播学概论》、赛弗林和坦卡德的《传播理论：起源、方法与应用》、德弗勒的《传播学通论》、温德尔和麦奎尔的《大众传播模式论》等教材的翻译开始的。当年外文资料匮乏，对外交流机会有限，学界外语水平普遍不高，这些教材是中国传播学者想象西方传播学地图的主要素材，其作用不可取代。然而今天的研究环境已经发生翻天覆地的变化。图书馆的外文数据库、网络上的英文电子书汗牛充栋，课堂上的英文阅读材料已成为家常便饭，来中国访问和参会的学者水准越来越高，出国访学已经不再是少数学术精英的专利或福利。一句话，学术界依赖翻译了解学术动态的时代已经逐渐远去。

在这种现实面前，我们的坚持基于以下两个理由。

一是强调学术专著的不可替代性。

目前以国际期刊发表为主的学术评价体制导致专著的重要性降低。一位台湾资深传播学者曾惊呼：在现有的评鉴体制之下，几乎没有人愿意从事专著的写作！台湾引入国际论文发表作为学术考核的主要标准，专著既劳神又不计入学术成果，学者纷纷转向符合学术期刊要求的小题目。如此一来，不仅学术视野越来越狭隘，学术共同体内的交流也受到影响。

祖国大陆的国家课题体制还催生了另一种怪现象：有些地方，给钱便可出书。学术专著数量激增，质量却江河日下，造成另一种形式的学术专著贬值。与此同时，以国际期刊发表为标准的学术评估体制亦悄然从理工科渗透进人文社会学科，未来中国的学术专著出版有可能会面临双重窘境。

我们依然认为，学术专著自有其不可替代的价值。其一，它鼓励研究者以更广阔的视野和更深邃的目光审视问题。它能全面系统地提供一个问题的历史语境和来自不同角度的声音，鼓励整体的、联系的宏观思维。其二，和局限于特定学术小圈子的期刊论文不同，专著更像是在学术广场上的开放讨论，有助于不同领域的"外行"一窥门径，促进跨学科、跨领域的横向交流。其三，书籍是最重要的知识保存形式，目前还未有其他真正的替代物能动摇其地位。即使是电子化的书籍，其知识存在形态和组织结构依然保持了章节的传统样式。也许像谷歌这样的搜索引擎或维基百科这样的超链接知识形态在未来发挥的作用会越来越大，但至少到现在为止，书籍仍是最便捷和权威的知识获取方式。如果一位初学者想对某个题目有深入了解，最佳选择仍是入门级的专著而不是论文。专著对于知识和研究范式的传播仍具有不可替代的作用。

二是在大量研究者甚至学习者都可以直接阅读英文原文的前提下，学术专著翻译选择与强调的价值便体现出来。

在文献数量激增的今天，更需要建立一种评价体系加以筛选，使学者在有限的时间里迅速掌握知识的脉络。同时，在大量文献众声喧哗的状态下，对话愈显珍贵。没有交集的自说自话缺乏激励提高的空间。这些翻译过来的文本就像是一个火堆，把取暖的人聚集到一起。我们希冀这些精选出来的文本能引来同好的关注，刺激讨论与批评，形成共同的话语空间。

既然是有所选择，就意味着我们要寻求当下研究中国问题所需要关注的研究对象、范式、理论、方法。传播学著作的翻译可以分成三个阶段。第一个阶段旨在营造风气，故而注重教材的翻译。第二个阶段目标在于深入理解，故而注重移译经典理论著作。第三个阶段目标在于寻找能激发创新的灵感，故而我们的主要工作是有的放矢地寻找对中国的研究具有启发的典范。

既曰"前沿"，就须不作空言，甚至追求片面的深刻，以求激荡学界的思想。除此以外，本译丛还希望填补国内新闻传播学界现有知识结构上的盲点。比如，过去译介传播学的著作比较多，但新闻学的则相对薄弱；大众传播的多，其他传播形态的比较少；宏大理论多，中层研究和个案研究少；美国的多，欧洲的少；经验性的研究多，其他范式的研究少。总之，我们希望本译丛能起到承前启后的作用。承前，就是在前辈新闻传播译介的基础上，拓宽加深。启后，是希望这些成果能够为中国的新闻传播研究提供新的思路与方法，促进中国的本土新闻传播研究。

正如胡适所说："译事正未易言。倘不经意为之，将令奇文瑰宝化为粪壤，岂徒唐突西施而已乎？与其译而失真，不如不译。"学术翻译虽然在目前的学术评价体制中算不上研究成果，但稍有疏忽，却可能贻害无穷。中国人民大学出版社独具慧眼，选择更具有学术热情的中青年学者担任本译丛主力，必将给新闻传播学界带来清新气息。这是一个共同的事业，我们召唤更多的新闻传播学界的青年才俊与中坚力量加入到荐书、译书的队伍中，让有价值的思想由最理想的信差转述。看到自己心仪的作者和理论被更多人了解和讨论，难道不是一件很有成就感的事吗？

序　言

　　西方姓氏中带"伯格"的很常见，就像中国的姓氏"李""张"一样。前些时候我刚介绍过一位，即约翰·伯格。那是20世纪中叶文化研究兴起之时出现的一位杰出的艺术批评家，他以一种"离经叛道"的姿态挑战了当时的艺术史观，将传统视觉文化批评中最受忽略的观者维度凸显出来，引领了一场关乎视觉观看方式的变革。这位老伯格以91岁的高龄告别了这个纷乱的世界，按照中国传统的表述叫作"驾鹤西去"了，这令我们忍不住一声叹息。

　　今天，我非常高兴并慎重地向大家推荐另一位年轻的"伯格"——劳伦斯·格罗斯伯格及其重要的著作《文化研究的未来》。有人说，当代世界的"文化研究"已经寿终正寝了，其标志是伯明翰大学文化研究中心（学院）的撤销。那么，文化研究还有未来吗？这位年轻的"伯格"将告诉我们文化研究的未来及其形态。

　　说到文化研究，我们绝对不可不提斯图亚特·霍尔先生。他对这本书及其作者做出了这样的评价和推荐：

　　劳伦斯·格罗斯伯格是美国文化研究的先驱之一。他不仅异常细致地凭借卓越的批判性洞察力记述了文化研究在国际上的发展,而且用他与众不同的声音做了多项原创性的贡献。在英国文化研究中心成立40年之后,人们一直在追问:"文化研究走向何方?"为了解答这一问题,本书做出了最为重要、洞察深刻、令人信服的尝试。对所有既关心文化研究的未来,又关心当代文化及其政治意义的人来说,这本书是必读的书籍。《文化研究的未来》不容错过。

另外一位我国学界非常熟悉的文化研究大师齐格蒙特·鲍曼(英国利兹大学社会学荣休教授)也曾这样评价作者及本书:

劳伦斯·格罗斯伯格拥有众多颇具影响的研究成果,而今他又出版了一本巨著。翻阅书稿之时,我不断萌生出惊喜和激情,并意识到这本书为我们呈现了迄今为止最为全面且写得最好的文化研究历史,从其发端到最近的成果和挑战均包含于其中,而且还有一个可称得上是为所有未来的文化研究提供明确介绍的课题。对已经有所成就的该领域专家及雄心勃勃的后来者而言,这本书都应是必读的宝贵读本;而且由于概括清晰,该书也适合那些对文化研究的内容略有所知的人们,他们急切地想了解自己无法抛舍的生活环境是如何被塑造出来的,以及如何利用这种知识来改变自己的生活。

我国学界还不甚熟稔的劳伦斯·格罗斯伯格获得的学术大师们如此高的评价,恐怕并非出版方用于营销的夸大之词。两位大师都是著作等身、学术严谨的行内专家,他们的评价是严肃认真的。

劳伦斯·格罗斯伯格(Lawrence Grossberg),是美国具有巨大影响力的文化研究、大众文化研究、传媒研究学者，出生于纽约布鲁克林。1968年在美国罗切斯特大学随海登·怀特学习，后进入英国伯明翰大学当代文化研究中心（CCCS）师从理查德·霍加特以及斯图亚特·霍尔。回国后，在伊利诺伊大学学习，师从吉姆·凯瑞，1976年获得博士学位。毕业后在伊利诺伊大学开始执教生涯，1990年荣任传媒学教授。1994年，在美国北卡罗来纳大学教堂山分校任传媒研究教授，现为传媒研究杰出教授、文化研究中心主任。他对国际文化研究界的影响颇深，从1990年开始就负责主编文化研究界的知名学术刊物《文化研究》（*Cultural Studies*）及另一份学术刊物《大众文化》（*Public Culture*）。他著作颇丰，如《媒介建构：流行文化中的大众媒介》（*Media Making：Mass Media in a Popular Culture*）等书已成为文化研究必不可少的参考。从某种意义上说，格罗斯伯格把文化研究带到了美国，又利用自身的影响力让美国文化研究影响了全世界。

格罗斯伯格教授一贯坚持知识分子的立场和坚守批判分析的价值。他在此书的导言中就明确提出：我们要改变世界！他认为知识分子的工作非常重要，这些工作是人们努力改变世界的重要组成部分，最终将使世界变得更加人性化。文化研究作为一项特殊的事业、一种特定类型的知识实践，致力于理解当下，并服务于未来：它观察当下的世界何以成为当下的状况，并试图以某些可以想见的方式来探知当下在未来会如何得到变革与呈现。所以，他的研究带有鲜明的时代感和介入性。他不遗余力地探讨文化研究的"当下状况"和"未来可能"，当然其中也包括了对更好的现实生活的期许。

《文化研究的未来》出版于2010年，是劳伦斯·罗斯伯格教授最具代表性的著作之一。全书的主旨是探讨文化研究在未来发展中可能选择的发展路径。文化研究从20世纪60年代在英国兴起以来，经过逐步扩展，成为世界炙手可热的学科之一。经过50多年的发展，文化研究的方法、范畴等诸多方面逐渐沉淀下来，成为文化研究领域的普遍性共识。在这种情况下，整个文化研究的框架、体系和功能在新世纪的第一个10年后将怎么变化和能够呈现出什么样的发展取向，自然就成为热点问题，而这也构成本书的写作主旨。

霍加特的《识字的用途》、雷蒙德·威廉斯的《文化与社会》、E. P. 汤普森的《英国工人阶级的形成》……这些公认的文化研究领域的奠基性作品，从一开始就表明了文化研究与"经典文学"研究不同的价值取向，以及与通俗文化、社会学、政治学的亲缘关系。文化研究在诞生伊始就带有鲜明的跨学科特征，恰恰在这一方面，文化研究经常面临指责。曾经有人批评文化研究没有任何研究方法，信奉拿来主义，今天依然如此。格罗斯伯格没有回避这个问题，从他自己在伯明翰学派的学习开始，一直到今天仍在研究的激进语境主义和情势主义，以及此书中对于经济、文化、权力的复杂分析，他都在坚持跨学科的研究方法。他认为：将英国文化研究的早期工作视为将文学和社会学结合在一起的研究，这种认识是积极的，因为文化研究是对文学或社会学的重新书写。拒绝简化论，坚决避免滑入普遍性的诉求，坚持个案研究一直是文化研究所倡导的，这就要求文化研究不同于过去专注于"普遍性"的理论和方法，而要求理论必须源于现实，针对个案，服务于文化的深层诉求，让人以创造性的方式来解读个案。一直以来，文化研究的理论就是如此具有强烈的现实关怀，且具有实践性和当下性。

文化研究是针对当下学术研究实践面临的文化失语和所受的批评作出的一种反应，是迥异于传统研究的另一种尝试。

文化研究致力于描述人们的日常生活如何被"文化"左右，剖析人们的日常生活状态如何在经济、社会、政治和文化的影响下固化为一种形态，并由之进一步揭示出日常生活实践下交织的各种复杂关系。文化研究试图用最适宜的知识和理论资源形成对于当下状况的最恰当的理解，所以文化研究始终保持着最大可能的开放性。

这本书体现出鲜明的语境主义的主张：人类存在只能从关系的角度进行理解。任何实践和事件（包括文化实践和事件）的意义和影响都是由复杂的关系所决定的，它们身处于关系所编织的语境中，并遭受各种复杂关系的渗透和塑造。如此一来，实践和事件才成为"今日之所是"。任何要素都不能脱离这些关系，尽管这些关系是能够改变的，且一直处于变化之中。所有的事件都可以理解为关系，或者说就是众多决定和影响共同塑造的。所以，文化研究向社会现实开放，并关注社会现实的偶然性；向所有问题敞开，努力去捕捉和揭示日常生活和实践中习而不察的问题，自觉反对习以为常、约定俗成、见怪不怪的固有样态。文化研究的主导精神在于培养以日常生活为"文本"的问题意识，这是一种"生成论"的问题意识，是"开小口子做大文章"，也是"掘井及泉"，更是以一种理论化的眼光看待当下和自我是如何生成的，并看到理论与实践的多样化的另一种可能。

在本书中，作者对现代性问题进行了深入辨析。他提出，今天的现代性作为一个问题域，已经由对欧式现代性——自由现代性模式的批判发展为现代性的多种样式。如果我们问：现代性的存在模式是由什么构成的？我们怎样来建构现代性的形态？过去的欧式现代性无视世界不断变化的现实，忽视了不同时间地点的人们生活于、存在于这个世界的具体状态，而认为只有一种固化的欧式现代性。实际上，现代性既是物质的、话语的、意识形态的，同时也是情感性的。作者赞同塔拉德·阿萨德的观点："现代性不是认识这个真实的世界的问题，而是生活在这个世界中。"现代性是现实的不断建构，是多样多重的，现代性必然意味着创新与变革。

这本书不仅涉及当代对思想、想象的思考，也涉及一种开拓性的思考与行动，比如作者关注的对话问题。超越欧式现代性的思考需要许多声音和背景、话语和知识之间的对话。文化研究不得不关注对话，甚或是多重对话、多样对话。因为那是文化研究之所以成为文化研究而非彼此独立的作品集合的原因。

关于跨学科的需要、挑战和合作问题，作者尖锐地指出：不幸的是，许多学科和机构强烈地反对跨学科，经常以财务紧缩的状况作为理由，打着在自己的学科内部进行跨学科的旗号，其结果很难叫人信服。文化研究是叫人们如何去问问题，不是被自己的学科束缚、绑定，而是回应整个世界，以便尽可能找到最好的回答，讲述更好的故事。

如何走向未来？作者认为，文化研究的前进方向与世界前进的道路问题是不可分离的。两者的未来是交织在一起的。而两者的未来将部分地由我们的言行来塑造，由作为知识分子的我们的言行所塑造。文化研究要求我们知识分子重塑自身，改变我们的知识实践，并推动新的知识群体的形成。从中，我们可以看到一代左翼学者深切的社会关怀和强烈的使命意识。

还是奈杰尔·思里夫特说得好："《文化研究的未来》是读起来让人兴味盎然的著作，它不仅广征博引，而且与现在的情况有切实的关联。这也是一部颇具勇气的著作。因为精确地描述出文化研究从来都是一项艰巨的任务，甚至对文化研究的创始者来说也不例外，但是劳伦斯·格罗斯伯格在面对这项任务时没有退缩，而且他所强调的未来及想象的政治方面在我看来也是毋庸置疑的。左派需要以一种前所未有的方式思考它在做什么以及为什么这样做。"

金元浦

2017 年 3 月 17 日星期五

于海淀三灯阁

这本书要献给吉姆·凯瑞和斯图亚特·霍尔，正是他们让我懂得了文化研究以及文化研究对于政治思想的意义。他们启发了我，我每一天的探索都是在践行他们给予我的示范。很遗憾的是，凯瑞在前不久逝世了，但我希望他的精神和智慧在本书中得到体现。

同时，这本书也要献给我的妻子芭芭拉和我的儿子撒迦利亚，他们支撑起了我的生活，使我的生活中充满爱，他们也是我继续向前探索的理由。

向他们致敬。

新的时代不会突然乍现，
我的祖辈已然生活在新时代，
而我的孙辈却或许仍停留在过去的时光中。
他们用陈旧的餐叉食用新鲜的食物，
驾驶着早就不流行的汽车，
开着马上就要报废的坦克。
盘旋在我们的屋顶之上的不是飞机，
更不是炸弹。
人世易代，但愚钝却依旧；
口耳相传的仍是那些至理名言。

——Bertolt Brecht，"New Age"

我们走的道路可能会与历史相似，但我们绝非重复历史；我们的确来自过去，但是我们却是新时代的人。

——The Fourth Key, from the March of the Color of the Earth, in Cuautla, Morelos, March 7, 2001.

致　谢

很幸运，我有一个极好的批评领域的朋友圈，几十年来，我的这些好朋友们一直都是我学术生涯的重要组成部分，他们是约翰·克拉克、米甘·莫里斯、詹姆斯·海伊、恰克·惠特尼和埃伦·沃特拉。而且，我也十分有幸地在北卡罗来纳大学找到了可以和朋友们彼此平等交流的批评圈子，这个圈子里有肯·威斯克（同时他也是一位优秀的编辑）、凯茜·戴维森、德拉·波洛克、约翰·皮克尔斯以及阿图罗·埃斯科瓦尔。同时，如果我不能了解我的另一些朋友所从事的工作以及得到他们足够多的支持，甚至是不能与他们进行足够多的交流，我也无法完成此书的撰写，他们是亨利·吉鲁、简·雷德维、保罗·吉尔罗伊、安吉拉·麦克罗比、多林·马西和托尼·贝内特。

我尤其想感谢的是那些给予了我帮助且使得此书变得更完美的人们，他们的帮助弥补了我能力上的不足。他们对我的初稿给予了反馈的意见，尤其是约翰·克拉克、斯图亚特·霍尔以及特德·斯特瑞佛斯、马克·海伍德，而后两者是我的两个往届学生。克里斯·伦德伯格、安妮·阿利森作为愉快的对话者还向我提供了他们所拥有的资料。不仅尚塔尔·库奈特-詹特尔·阿达西指出了极其重要的细节性错误，提出了一些建议，而且索尼亚·洛佩兹-拜松还制作了第六章中的图表，戴维·鲁修、迪克·布莱恩、马里奥·布拉斯、米甘·莫里斯、米歇尔·哈尔特、爱德华多·雷斯特雷波等在某些具体的章节中也给予了我帮助，维尼·莫斯考还认为布莱希特的诗歌适于我，艾瑞克·皮诺特给我讲解了齐美尔。此外，马克·海伍德还提供了最后一章中所引用的一段铭文。

我非常感激我的研究生们，无论是往届的，还是在读的，他们曾向我发起"挑战"，且至今仍是如此。我由衷地感激他们为共同协作所付出的劳动。我要感谢我的学生们，是他们在北卡罗来纳大学让我廓清了文化研究，在我讲授的关于文化研究、现代性与经济的课程中，在大学文化研究系的多个科研小组——文化经济学小组、社会运动科研小组、政治理论阅读小组，以及地图学批评小组——中他们无不给予我启示。我尤其要感谢的是爱德华多·雷斯特雷波、米歇尔·奥斯特韦尔、塞巴斯蒂安·科瓦卢比亚斯、马利贝尔·卡萨斯-科尔特斯、胡安·阿帕里西奥和伊伦纳·叶海亚。此外，传媒研究中的同学们也很重要，凯利·哈丁和辛德胡·斯考恩帮助我校订手稿，并与乔希·斯密克一起对初稿提供了宝贵的建议。利萨·克莱恩特和斯里纳斯·贾亚拉姆拓展了我的视野，詹尼尔·贝克汉姆绘制了第五章中的图表。

我还要感谢学院那些年轻的教员们——蕾妮·亚历山大·克拉夫特、萨拉·登普西、克里斯·伦德伯格、米克·帕姆、托尼·佩鲁西、萨拉·夏尔马，他们的无私奉献、勇于承担以及智慧才华帮助我恢复了对某种学术可能性的信心。

本书中的一些章节曾在不同的刊物中发表过，我要感谢这些章节的读者们，正如同他们邀请我写下了这些文字，是他们给予了我有益的且富有见地的批评和意见。易言之，读者是交流的重要组成部分。

最后，需要说明的是，在本书中我吸收并借用了我以往的某些论述。很显然，在当代的语境下，我们必须时刻进行探索创新，以使自我免受自我的束缚。所以，在我将自己以往足够多的理念融入这部书稿时，我同样要感谢自己，因为我给予了自己一种别样的恩惠。

目 录

1　导言　我们要改变世界
6　第一章　文化研究的核心
57　第二章　建构情势：与现代性的斗争
102　第三章　价值思考：从经济学家手中解救经济
174　第四章　语境中的文化：调解、意指以及意义
234　第五章　复杂的权力：政治的"与"，以及……
268　第六章　寻找现代性
310　参考文献
331　译后记

导言　我们要改变世界

在最近的私人通信中，我时常被问起为何我与文化研究之间存在着一种彼此交织着的关键性联系，为何我会如此之久地论证并讲授文化研究的未来方向这一话题，以及为何我要如此艰辛地在众声非议中为文化研究开辟出一块制度性的空间。我的回答是：我坚信一种理念，即在了解和认知世界的这项艰巨任务中，存在改善探知方式的可能性。同时，我也坚信，对我整个的学术生涯而言，这种可能性就是文化研究。之所以如此，是因为文化研究不仅仅是一种学术训练，能够告诉我们这个世界正在发生什么，也因为它是一种不同的学术探索路径。所以，文化研究能够叙说并探究某些事情，也能够创造某种类型的知识和理解方式，而这些或许是通过其他学术训练所不能从容实现的。其缘由在于文化研究关注未来，关注某些事情在未来会怎样，以及当下又是如何对未来予以筹划的。也或者说，文化研究致力于对服务于未来的当下的理解。通过观察当下的世界是如何成为当下的，并试图以某些可以想见的方式来探知当下在未来会是如何。

这部书稿的撰写始于十年前，那时，我承诺要写一部介绍文化研究的著作。也几乎在同时，一大批介绍性的著作出版了：其中有为数不多的具有创造性和建设性的著作，某些也勉强说得过去，但大部分则显然是太差了，几乎没有涉及我所认识的文化研究。这种状况触动了我：我认为文化研究应随着学术研究的进展而不断予以弥补，文化研究作为一个课题需要重塑它自身，并对新情势的问题域作出回应，而从这些出版的著作中真的是很难想象一个人该如何写出一篇关于文化研究的"导论"来。

事实上，在我看来，太多的著作简直是太肤浅了，它们仅仅是打着文化研究的幌子。之所以说它们肤浅，不仅在于它们对文化研究对象和政治观点的认识，也在于它们采用的方法和理论。它们往往想当然地认为，任何事情都与已然存在的事物相同，或者认为任何事情都是新的。这些认识，没有一种是可行的，但它们也似乎不用对它们所处的语境——当代世界的制度性、文化性、政治机制和知识政治——的危机负特别的责任。因此，我才进而思考我们究竟应该如何来真正地做文化研究，而且我相信，这类文化研究的学术著作已然问世。

然而，我仍需进一步说明的是：这本书并不是致力于为文化研究做导论，尽管其中的某些部分可以被认为具有导论的性质。因此，在阅读这本书时需要转变一种观念，即抛弃那种将此书视为导论性质的认识，虽然我必须承认建议做出这种转变有时带有恳求的意味。此书希望面对的是这样一些人：他们投身于文化研究的事业，并坚信这是一种政治性的文化工作。在我看来，文化研究不应简单地等同于那些传统的文化批评或文化分析实践，更确切地说，人们必须将其视为一项特殊的课题。

在此我不得不提前承认的是，我对文化研究的理解与那些较为流行的观点有所不同，这里值得希冀的是，但愿那些想在我书稿之中寻找我所未能提供的那种信息，从而与我的观点相去甚远的读者们能够认识到这一点。我们在此处讨论的文化研究，并不是什么"高深"的理论，也不会被那些举一反三的知识实践所绑架。在我看来，文化研究并不是试图见微知著，个案也绝非理性思考的理由，然而，我也承认，在对个案的最后分析中一些与案例相关的、绝妙的哲理性知识有可能会渗入。对我所理解的文化研究，我想明确表达的观点是：理论一直都服务于具体的个案，并能够让人以创造性的方式来解读个案。文化研究不能由任何与之相关的特定政治（如多元文化主义）或特定领域（如大众文化）所界定。文化研究不是在所有细节上对大众文化和日常生活的颂扬或经验性的阐释。

同时，这本书的目的并不是要为文化研究做辩护，相反，是为文化研究的未来发展提供一种温和的建议。在某种程度上，这本书可以视为我是如何来做文化研究的例证（Grossberg，1992，2005），但是，有时它像是一种尝试，即将文化研究放入当代与未来发展的学术进程中。基于文化研究自身的知识渊源和政治历史，我想为文化研究勾勒一幅蓝图。我希望在此书中，能够清晰地将这种发展蓝图呈现出来，即它具有极富创造性的组织结构与结合能力，以及对令人沮丧的欧洲中心主义和欧式现代性传承倾向的反叛。本书不仅涉及当代对思想、想象的思考，也涉及一种可能性的行动，这一行动从属于在更为广泛的语境中对现代性自身的思考。本书试图拟定我们所应该开展的一些工作，即创造一种足以反映和力图解析当代世界的文化研究，而这最终需要我们相互合作、共同完成。在现代性为论证视域和思考对象的语境中，文化研究通常被认为是欧洲或者北大西洋地区的现代性课题，而本书试图思考开展文化研究的意义何在。

我希望这本书的每一个章节都能作为一种对话，而不仅是书中的一个部分。本书的论证内容如下所述：第一章阐释我对文化研究作为激进的语境主义和情势主义实践这一课题和实践的理解；第二章是对当代语境的一个粗略描述，这一语境充斥着反对（自由的）欧式现代性的声音，其中一些占主导性的努力（以及它们的局限）将现代性予以理论化，并描述其在当代的可能性。我还考察了政治在文化研究中占据的中心位置以及知识分子所肩负的政治责任的问题。

在接下来的三章中，我要挑战的是一种假设，这种假设对欧式现代性思维方式的形成至关重要，在这一假设统构的语境中，存在许多破碎的且是相对独立的领域，如经济、文化、政治等，甚至它们有时试图摆脱或游离在这种假设之外。这些领域依次展现在第三章、第四章和第五章中，甚至每一章都是在试图说明文化研究实践本身的某一方面：跨学科性、情境性、复杂性以及针对性。同时，从整体而言，这三章试图提供一种为其他著作所要求的连贯性观点，以在我们生活的复杂语境中，实现文化研究对当代语境更好和更为有效的阐释和分析。第三章探讨的是由情境分析所提出的跨学科的挑战。第四章针对历史的特殊性和变化着的真实的现实语境，通过对文化、媒介、大众等概念的探析以完成对它们的反思。至于第五章，基于对很多方面有较低的满意度,因此反对这样一种时代倾向,在这种倾向中有一些毫无关联的理论、节点和权力的形式得以明显增长,而一些相关的权力领域却未能通过直面甚至是映射真实经验的复杂性而予以思考。第六章回到现代性的空间问题,以对其他的可能性或现代性进行理论化,这一努力可以决定我们共同的未来。从欧洲或大西洋特殊的现代性出发,通过对本体论范畴本身的讨论,剖析成为现代的多种方式的具体可能性。

文化研究和当代的情势存在着某种重叠,本书试图介入这种重叠,而事实上也确实进行了一些论证。之所以如此,就是为了回应霍尔曾提出的文化研究存在着严峻挑战的问题,霍尔(Hall, 1998b:193, 194)对当代情势中的文化研究做过如下论述:

> 文化研究有许多分析性的工作要做……就试图解释世界在哪些层面发生了变化而言,文化研究还没有经得起检验的直接的政治性话语……文化研究要求有一个庞大的引导性实践来解除它先前的议题……以使文化研究能够直面那些更广大、更宽泛、更普遍、更突出的社会关系。我对这里有如此多的潜在的工作感到震惊,并认为文化研究还没有对这一新的使命予以重视。应该呼吁文化研究积极行动起来,并将其自身视为理解和衡量社会历史变迁的具有前沿性的新方式。

这种挑战就是要将文化研究从"教条主义"的迷梦中唤醒,而"教条主义"是康德曾经使用过的概念。这里所要进行的研究,简单地说就是指出一些我们必须予以思考的问题,一些我们必须开展的研究工作,一些可以借用的工具,以建构我们当代的文化研究。我并不想给出文化研究相关问题的明确答案,而只是想改变文化研究中的一些提问方式,其中可能会涉及目前研究工作的目标和方向。

我希望以下的章节能推动文化研究的进展,哪怕这一贡献是细微的。然而,我也知道这一课题从根本上来说仍然没有完成,与取得的微小成就相比,那些如此之多的悬而未决的问题更为显著。更为重要的是,恰如我以上所论及的,这本书并不能完全承担起关于文化研究实际性的操作经验和概念阐释的重任，以使我可以描述出与文化研究相关的当代情势。即使是如此，许多重要的话题也仍然未能得到充分的阐释：环境（及物质性的世界）、信仰、全球化、所有物的多元结构、军国主义和暴力，以及知识生产不断变化着的实践（这一实践是在新技术、新机制和后殖民发展的特定条件下发生的）。然而，正像我将要指出的，文化研究的实践并不寻求完整性，它同样也没有试图涵盖人们生活的所有领域，试图解决日常生活中交织着的、制度化的各种复杂的问题。"人的生命和时光不是由本质性的劳动所决定，而是由快乐、焦躁、狂欢、休息、需求、事故、欲望、暴力、偷盗等所填充。"（Foucault，1979：62）我们与社会关系和实践紧密相连，且受其支撑和熏染，从中得到欢乐、愉悦、无奈，有时甚至不知所措。这种社会关系和实践并不是一种简单的偶然或必然，而是体现为一种分析性的立场。而本书留下的遗憾也是时代的产物，在文化研究和地缘政治的宏观历史中，这种遗憾也带有场域的特殊性。我没有因为在学术界写了一本政治性的著作而感到愧疚（即使在专业化、资本化和形式化的美国和欧洲的大学体系中），尽管我知道这样做的代价。学术界对文化研究的关注，使其成为一个知识增长点，但我并不想探讨其他许多场域中做文化研究的路径。文化研究一直都存在着多种形态（尽管并不是每一种形态的文化研究在某一种特定的语境中都能奏效），每种形态的文化研究都交织着理论、认识论和政治参与的复杂关系。我所关注的文化研究并非他人所宣称的具有道德或政治的优先性，而是基于我自身的知识能力对当代语境需求的感知。进一步说，我认识到了这样一种事实，即我所讲述的是在深受美国的影响下进行的，这种影响有时甚至是毫无察觉的，因为对我而言，目前我无法逃离而只能遵循美国（文化）转型和博弈的路线。我也知道我所主张的文化间的对话与交流在世界上的其他地区已然发生，我曾试图知悉并进入与他们的对话中，但我也明白这个过程有些艰难。我希望在未来的研究中可以做得更好，本书也能够为话语间的共同交流带来某种创造性的路径。

这本书体现了我做研究工作的一贯信念，即科学研究的重要使命之一是致力于改变世界，并使世界变得更加仁爱、更加公正，文化研究作为一种特殊性研究和特殊种类的知识实践，亦与此相关。因此，我希望本书能够对那些致力于文化研究和试图探寻文化研究美好未来的人有所帮助。

第一章 文化研究的核心

在过去的几十年中,"文化研究"已然成为公众关注的焦点,它既有广泛的拥护者,也不乏立场不同的诋毁者(他们出于不同的政治立场给出了不同的理由)。文化研究跨越了地理空间、学科界限和政治领域。当然,在它成为人们关注焦点之前的很长一段时期内,人们其实一直在做文化研究,只是有时人们并未对其冠以文化研究的称谓,甚至就没想过共享这一身份。大约在二战之后,文化研究出现在世界多个地区多种学科的研究工作中。不可否认,对文化研究的界定是一项冒险的工作,尽管很多人宣称自己正在这样做。但事实却是,无论是赞同还是反对,都没有人能在某一种界定上达成一致,因为任何一种界定都至少易将身在文化研究中的一部分人排除在外,而这也往往成为规避对文化研究进行界定的一种理由。在人们看来,任何界定都不可避免地为文化研究划定界限,但这种划定又与文化研究的政治性相抵牾。

我想我们需要承受这个风险。如果没有一定意义上的特殊性,文化研究就不会在重要的或带有政治色彩的奖学金行政划拨方面成为被排斥的对象。更重要的是,如果不考虑文化研究具有某种意义上的特殊性,那么确切地来说政治-知识的进程就容易被忽略,且任由其发展下去,对这方面的探讨就会成为文化研究中的空白,或者说对文化政治的研究就会回到市场营销战略的层面。所以我希望在此书中所做的努力,不是一种对文化研究的简单回顾,如同评判各种候选人时提出的相关性问题,而是一种具有前瞻性的探索,以推动文化研究的进程。我想加入关于在文化研究中如何发挥研究者才智的大讨论。

更明确地说，文化研究在我看来并不是关于文化的研究，尽管文化是该研究的重要内容。文化研究也不是对文本或文本性的研究，它并不旨在阐释或评判某些文本或某些特定类型的文本。文化研究更不是对文本之外的社会权力的剖析，或将各种社会关系视为剖析的文本。文化研究并非如同在一粒沙中能管窥整个世界的实践。文化研究关注的不是民族文化，更不是语言或区域研究的一种新途径，尽管我承认它与我们以上所述及的这些内容有关。文化研究不能被判定为它关注的对象是大众文化、流行文化或庶民文化。文化研究作为一种理论，并不是描写权力的隐喻或担保，不管权力是否处于文本或社会生活中。

在我看来，文化研究关注或涉及各种方式的文化实践，这种实践产生、存在并运行于人们的日常生活和社会形态之中，以再现或变革现在的权力结构，甚至与之博弈。易言之，虽然人们创造了历史，但创造历史的条件并不属于他们自己，文化研究所探究的各种文化实践方式熔铸于文化实践，且实践的场域融于特定的历史形态中。然而这仍然是不充分的，所以我想再次进行尝试。

文化研究描述了文化是如何影响人们日常生活的。它探究的是人们如何被特定的社会结构或力量支配或剥离，社会结构或力量以矛盾的方式组织起了人们的日常生活。文化研究剖析的是人们的日常生活如何被经济、社会、文化和政治权力的轨迹宰制。文化研究揭示的是人们生活现实转型的历史可能性，以及现实构建中的各种权力关系，因为它能够再次确证文化在这种可能性的想象及实现中的重要贡献。文化研究关注的是权力在生活语境建构中的重要性，对交织着各种权力组织关系的对话实践进行阐释。文化研究试图用最适宜的知识资源达成对当下权力状况最恰当的理解，因为这种权力是特定语境中力量构成的一种平衡，所以文化研究相信它能够有助于人们改变语境和权力关系。也就是说，文化研究不只是试图寻求权力的组织，也在追寻幸存、抗争、坚持和变革的可能性。由此对文化研究产生争论是理所当然的，文化研究争论的不是每一实例的现实性，而是基于当下批判性研究、政治立场甚至历史变革的一种必要性的假设。

在我看来，即使这种假设会遗漏文化研究中的一些重要内容，事实上，确切地说，它遗漏的正是决定文化研究特殊性和热情的核心。正如斯图亚特·霍尔（Hall，1992a，292）曾经在美国讨论文化研究时所指出的：

> 需要用一系列的工作来说明什么是这种语境中的文化研究。它与这种文化的关系是什么，而这种文化可能与先前的工作或者在别处已经完成的工作完全分离。我不能确定，在美国文化研究实际是一直保持着清醒的自我认识的……我认为，确实存在着一些特殊的情形……它是在某一制度下的特定时刻某种特定种类的批判性实践的审慎介入，这一时刻是这个国家学术制度生活中的一个精确片段。

作为知识分子，体制只是我们工作的最为直接的背景，它不能与与之相关的社会、政治、经济和文化生活的其他直接和同一中心的语境相脱离，也就是说，不能与社会形态的整体相分离。[1]

我相信，文化研究作为一项将不同研究类别的人聚合在一起的研究课题，包含一种对知识-政治研究特定实践的承诺，且宣称一些知识分子的工作会体现在学院体制的内外。文化研究是显现学者、教师、艺术家和知识分子立场的一种方式，这种方式呈现出理论的政治化和政治的理论化趋势。文化研究是要努力探索一种知识实践，这种实践有责任来改变文化研究能够发挥作用的语境（改变地理的、历史的、政治的、知识的，以及体制的条件）。就此而言，文化研究是在为自身构建一个更为有限和适度的主张，它比源自学院化的文化研究更具有权威性。文化研究拒绝任何和所有具有普遍性、绝对性、完成性的构想，以及完美化的真理，但同时，文化研究也并不放弃对真理的追求，尽管其追求的真理背负着相对性的意义。文化研究的适宜性是基于它直面语境并身处于语境中，以更好的方式进行缜密性剖析的努力。文化研究接受各种知识和政治以及它们创造的方法，它向来且不可避免地为语境所绑定。文化研究拒绝对那些具有争论性且不可能达成一致的知识或观点作出裁断，它试图在知识的可能性和权威性上达成一种较为适宜的认识。与此同时，文化研究的适宜性也在悄无声息地销蚀着任何一位文化研究学者（或在文化和阐释的实践中拥有专门性知识的人）致力于成为任何研究专家的期冀。的确，文化研究正在发挥作用。

我想尝试着对文化研究做一个一般性的界定，以尽可能地详释文化研究某些"核心"性的因素。这一"核心"不仅从属于文化研究本身，而且至少是可以激发对文化研究持有高度热情的源泉。为此，我要讲述两个故事：第一个在很大程度上具有自传性质，它源于我在英国伯明翰大学当代文化研究中心（CCCS）求学之时的经历，我要对当时对文化研究所持有的希冀进行回顾；第二个故事是要描述文化研究这项课题作为一种创造知识的努力，是基于对激进语境的承诺，以及政治参与社会转型的可能性。[2]然后，我会尝试对语境的类型进行概念化，辨析在文化研究中作为语境的特定理解的情境。最后，我将简要揭示出不同的文化研究结构是对不同情境命题的反应。

探秘"当代文化研究中心"

1968年，由于一系列偶然的事件和糟糕的政治环境，我来到英国伯明翰大学的当代文化研究中心（CCCS）进修。当时在许多偶然性的事件和诸多明确的社会力量的共同推动下，发生了许多重大事件。我作为事件的亲历者之一，与其他人一样，都认为当时的这些斗争和变革是具有重大意义的。有时也将这一时期称为充满神话色彩的"60年代"，在这一时期，出现了许多可以标示这一时期的历史事件，它们交织在繁复的政治斗争（如黑人权力运动、反越战运动、反政府和反资本家的民主社会主义、反殖民运动、女权主义、环保主义等）和文化变革（如不仅出现了青年文化和大众媒体文化的扩张，而且有建立在新唯心论、毒品等之上的多元的亚文化和反主流文化等）中。那些在大学里的人，这其中也包括我自己，均认为越战以及与之相关的抗议在很大程度上影响了我们不远的未来，于我而言，还直接导致了我决定到当代文化研究中心去进修。[3]

说实话，我当初并不知道当代文化研究中心，也从未听说过理查德·霍加特和斯图亚特·霍尔（他们分别是中心创始主任和主任助理）。

我对（哲学层面上的）"社会生活"的理念和流行符号产生了兴趣，对流行音乐一方面如何连接政治和民众，另一方面又为何如同日后在运动（The Movement）中的多样化的政治和文化形式为人们所熟知抱有持久的热情。我完全不知道文化研究中心是做什么的——我在罗切斯特大学的导师确信我住在那里会变得理性。幸运的是，文化研究中心里的（这些）大多数人对那里的工作同样不了解。重复一句常用的名言〔我想最早出自安吉拉·麦克罗比（McRobbie，1994：48）〕，我们都熟知的：让我们做我们正在做的事情。虽然那时开展文化研究是充满矛盾的，且充斥着争议[4]，但对我而言，又是令人兴奋的，因为文化研究中心是一个包容、开放的空间，在这里我日渐开启了我的学术生涯和政治生活。

文化研究中心的研究是对战后英国社会生活和政治生活（如移民、美国文化的影响、工人阶级的"消失"、新的国际关系等）呈现出的社会和文化的巨大变化作出的回应。从一种较为广泛的意义上说，文化研究中心的研究作为对社会文化问题的反应，一方面是在社会变革的进程加快和文化变迁影响的日益深入的背景下，将纷乱的世界引入学术的范畴，另一方面学术机构和实践形式也面临着变革和挑战，即要求重新审视学术最起码的一部分功能。

我本想在文化研究中心尽可能地待较长的一段时间，但却未能如愿。因为在这时，我接触到瑞士无政府主义戏剧公社，并对它所倡导的反主流文化的可能性产生了兴趣。毫无疑问，我在当代文化研究中心的短暂停留，于我而言，既有积极的也有消极的影响。最为重要的是，我从文化研究中心获得的不是文化研究中心在其历史中对某些特定理论范畴做出的毫无价值的界定，也不是我在文化研究中心遗留的一些特定问题（正如我将要讨论的），这些问题关乎不同的时代和群体。相反，我得到的是对文化研究的理解，即文化研究是对当下学术研究实践面临的失语和所受的批评作出的反应，是迥异于传统研究的另一种尝试。

霍加特创办文化研究中心时，意识到它特有的视野，即文化（不仅指文学艺术，更是广义理解层面的表现性文化）是可用的，通过训练可以获得它，它是一种与众不同的社会知识，而这种知识凭借其他路径无法获得。霍加特

(Hoggart，1969，1970) 所言及的这类知识在不同的时代被描述为诗意的、隐喻的、主观的。这是一种拥有特权方可获得的知识，也就是威廉斯（Williams，1961）所称之的"情感结构"。获取知识要求通过细致的"文化批评分析"来研读"纸页上的文字"，在对文字的翻页换行中，得到一种不同的价值判断，而这就是霍加特所称的"读出味道"（是交织着心理学、文化学、美学意义的复合体）和"读出价值"。"读出价值"旨在揭示作品中的复杂意义，这些意义呈现、反映或蕴藏于作品中。更为重要的是，霍加特认为，一些文学批评方法能够被广泛地应用于对人类活动的阐释，而这是传统文学批评所不能想象的。尤其需要特别指出的是，霍加特试图将对高雅文化的分析扩展至工人阶级文化、流行文化、媒体文化，这些文化正越来越占据现代西方社会的中心。

这种文学批评实践作为每周一次的研讨班的主题，构成了文化研究中心的常规性活动。霍加特（或者是中心的另一位研究者或访问学者）提出，这种供学员实践的分析活动每周一次，范文首先从摘录并复印一些文本中的部分段落开始，然后逐渐进入高雅文学作品领域，且随着时间的推进，将这种分析实践活动拓展至通俗文学，甚至是大众媒体。尽管一开始这些作品是指定的，但一年之后，我们拿到的作品都是未经任何人指派的，也没有要求须指明它们应源自何处。我们有时比较短文，进而认真细致地作出判断哪篇短文归属"高雅文学"，哪篇归属通俗文学，哪篇归属大众媒体。研讨班用了整整一年的时间训练"读出味道"与"读出价值"的技能。[5]

其他研讨班如下：（1）阅读研讨班，还有稍晚一点的理论研讨班，这一研讨班在斯图亚特·霍尔的指导下研读了非常广泛的文本，包括社会人类学、实用主义、存在主义、符号学等的。在这个研讨班上参与者探索的是如何尽最大的可能遵照文化与社会的关系将这一研究理论化，而这也正是雷蒙·威廉斯和理查德·霍加特所提倡的。（2）研究研讨班，在这个研讨班上每人提出一个他们自己的研究项目，进而提出一个与众人协作的研究项目。众人协作的研究项目要围绕特定的文本，如"治愈婚姻"。[6]在那个时候的实践与研究中，研讨班的参与者试图明晰什么是文化研究，做文化研究意味着什么：

究竟是通过社会理解文化，还是通过文化理解社会？也正是在那时，参与者们努力接受文化研究所一再要求的复杂性和跨学科性，这一要求在威廉斯（Williams，1961：63）对文化研究所作的界定中亦有体现，即文化研究是对"整体的生活方式要素关系的研究"。文化研究"试图发现这些具有复杂关系的社会组织的本质"。

但真正吸引我的，并不是这些批评实践（如文本的阅读价值），而是更高层面的因素，这就是由霍加特和霍尔所开创的文化研究计划。霍加特（Hoggart，1969：18）指出，文本什么都不是，正如他后来在文化研究中心所坚持的那样，文化研究并不关心人们如何处理文本，而是关注"这种关系是什么……这种关系源自复杂文本与具有丰富生活经验且能成为文本接受者的个人之间"。对于霍加特而言，文化给予我们可以体现的生活知识、生活的复杂性、完整的生命体验，或如奥登（霍加特喜欢引用的）所说的"真实世界是由宗教和马群构成的"。文化给我们以生活的质感，且随着自身发展将我们置于一个特定的历史和道德语境中，并告诉我们特定时间和空间中的感受。[7]

当然，这些计划是由当时的物质条件所决定的。这些条件包括：

（1）当代文化研究中心不仅处于物理空间的边缘（研究中心的办公场所是校园非常边缘处的一座圆拱屋），其研究工作也处在当时领域的边缘。毕竟，霍加特以奥登学者的身份，而不是以《识字的用途》（1957）的作者身份受聘于伯明翰大学；虽然大学的英语系同意他的条件，即创办研究中心，但却拒绝为他提供任何支持。

（2）当时所处的 20 世纪 60 年代，政治矛盾充斥在生活的各个方面。

（3）当代文化研究中心在研究理念上坚持积极的多样性，却又处于近乎无秩序状态。对多样性的坚持是当代文化研究中心一贯的特色，它"为自己赢得的多样性"（克拉克曾对我说的）特色却也使得历史中的那些学科黯然失色。

（4）当代文化研究中心的研究人员都是一些不守常规的研究生。他们中的许多人是非住校生，这些人都有工作且居住在别处。他们中的所有人几乎都存在着不合常规的人生背景，怀揣着被传统（至少在英语高等教育方面）

视为异类的学术兴趣。但更为重要的是，他们中的大多数人以非传统的、纯粹的学术方法研究他们的科研项目，甚至有些研究者（充分利用他们的研究实践和关系）在试图解决他们自己的科研项目时通过某种方式获得了政治上的资助。[8]

在当代文化研究中心，文化研究作为一种话语的想象被提出，他们认为文化（符号、语言）很重要，但唯此而已，学术研究在学院体制之内很重要，但在学院体制之外甚至更为重要。在这层意义上，当代文化研究中心认为学术研究应倾听政治的需求，（本着一种兴趣）响应学术之外的世界的呼求，学院体制外的学术成果与学院体制内的学术成果的价值创造是等同的。那些卷入日常社会和政治生活的人会愿意采纳一些科研工作者的观点，甚至，或许有可能参与科研工作者的研究，分享研究成果。当文化研究的一些观点被提出时，文化研究通常被视为一种教学要求，但它真的不能在教学层面将研究成果予以概念化。

在我看来，甚至当一个年轻人在研究一个课题时能激发我全部的热情，我就能为此研究承担义务，并怀有强烈的兴趣。此时的研究中心并不是在制造一种学术标准对其他人的兴趣予以限制，而是会连接不同种类的科研项目，尊重不同的提问方式和回答问题的方式。这也就是说，通过推崇一种不钳制科学研究的学术规范，来激发多样的问题解答方式，回答时代最引人注目和最为重要的问题，毕竟这些问题要求我们能提供一种理解社会和人类现状的可能性的新方案。但即便是如此，那些遭遇挫折的主导性的学术标准也会提出这样的质疑，学术研究对学生乃至更广泛的人们而言是重要的，文化研究推崇的这套理念使得现有学科的标准和经典毫无用武之地。准确地说，这些疑问体现的恰是文化和社会所发生的变化，打个比方，正是这种变化使得坚守纯粹的学术研究会使我们"无家可归"。然而，这些理念又不能为学院体制所接纳，比如对文化新形式和社会关系标准变迁提出诸种质疑。[9]

早期研究中心的研究总是令人忧虑或令人不满。研究总是处在被批判中，责难者并不是为研究提供一套完整且积极的可替代性方案。研究中心遇到的挫折和受到的批判，归结为一点是学术研究应以一种"恰当"的方式进行：

知识的组织纪律；辩证（负二进制）逻辑的理论参数；恪守简化论和纯粹化的准则；普世主义的主张和完整性的诉求；客观而非任何激情的愿望。同时这些责难者也质疑变化了的文化。文化研究的责难者们框定了占主导地位的人文科学实践，甚至是人文科学，但这些根本不能适应正在发生变革的世界的要求，当代文化研究中心恰好处在世界的变革中。

在研究中心的早期认识中，它所坚持的认识论是隐性的。在研究中心更早一些时候，它甚至拒绝主导型学术组织所遵循的最基本的学术逻辑。第一，文化研究对学术组织的规范持有一种反感（但不是完全拒绝），因为它试图将不同机构的专业知识汇集在一起。但是，研究中心最根本的认识是关于人类的存在只能从关系的角度进行理解，这一认识蕴含于早期针对"文化与社会"的研究领域，这也就意味着文化研究一定要跨越学科之间的界限。这看似会为许多"组建"的新学科而催生出新的研究对象，然而，它改变的只是学科研究对象本身，精确地说，这些研究对象尚未从关系的角度来加以认识。

更为重要的是，在此意义上人类生活（人类生活在其整体性的生活中）不能与文化的问题或影响相分离，易言之，文化研究应更为深入地转变学科对象，因为它是在一定程度上透过文化多棱镜获得的理解，如同以往的话语构建，这种理解至少是一种部分性的理解。所以，文化研究主张的学科间性和反学科就需要它对学科进行某种方式的改变，即使这一学科对它有吸引力，这也就意味着文化研究必须通过自反才能完成自己本身，且作为一种自我意识成为知识生产过程中的必要条件。因而，如果把英国文化研究的早期工作视为将文学和社会学结合在一起的研究，在我看来，这种认识是积极的，因为文化研究是对文学或社会学的重新书写，从更为准确的层面来说，文学、社会学的方法共同完成了文化研究。进而，文化研究就承担了一定的风险，它要求超越某一学科的知识范畴进行言说，又要具备令人信服的能力。

第二，文化研究对论证的逻辑和人文学科的争论怀有一种反感，因为它们以反对、否认和污蔑的态度来对待文化研究。[10]因而，这种分歧往往被认为是矛盾或二元对立，选择其中一个就必须否定另外一个。而且，否定另一个，即是不选择它所代表的批评方式。打个比方说，否定的这一个通常已被判定有罪，而不是简单地视其为错误。被否定就意味着它是一种危险的可能性，可以威胁到已有的价值观、标准和目标等。这真是一种有关思维范式（人道主义/结构主义，唯物主义/唯心主义）、政治立场（统治/从属、强权/反抗、资本主义/社会主义），或问题解答（个人的/社会的、结构/能动、稳定/改变）的选择。而文化研究的逻辑一直都是这样的：我相信，这种逻辑是一种中庸的方式，它不是妥协（亚里士多德的黄金分割），而是在开放的可能性、多样性中寻找可以行之有效的方式，以代替那种简单的区分与对立。

第三，文化研究对简化论的标准化持有一种反感。简化论作为现代知识生产最为流行的形式，认为"解释"或理解必然是从复杂走向简单，从具体走向示范，从单一走向典型。文化研究秉持这样一种希望，即找到一种能够把握人类现实复杂性的方式，以避免将人类的生活或权力降至单维度、单轴心，乃至陷入一种解释的架构，避免将现实的复杂性降至任何单一的平面或存在的地域，无论是生物、经济、国家政治、社会和性的关系，甚至是文化。任何一种事物均涉及其他事物，不能被简化至任何一种形式。所以，与其他当代文化理论相比，文化研究认为物质性的（非言语的）现实是真实的，能够产生可预见的影响。文化研究不会将一切变为文化！文化研究看待世界时也不会认为世界只是文化，它不会否认世界是一种物质性的存在，且不提及人类是如何弄清并传播它的。文化研究不是一种激进的理想主义，因为激进的理想主义将真实的世界幻化为我们构造（臆想或言之凿凿）出的意义。文化研究所秉持的建构不是一种简单化的社会建构主义，而是对社会组织多样化的一种确认。

文化研究尽其可能地接受这样一种现实，即事物总是比任何一种轨迹、一种判断复杂得多。文化研究可以主题化。如果世界是复杂的且充满变化的，那么——尽管世界对我而言是全然陌生的——更为明显的是，知识生产的实践依然要求你持续做出更多的探索，虽然你已经知道很多。换句话说，你几乎不会在你结束研究的地方再重新开启新的研究，即使结束之处只是你预期达到的那个目标。与现代学术的那些选择性的修辞（或者……或者）不同，文化研究采用的是一个连接性的修辞，"是的（这是对的），但是……（但是……但是……）"，这种修辞表达出"是的，并且……并且……并且"这样的逻辑，每一处附加的修饰都将对之前表达出的意义产生影响，有时甚至是颠覆性的。

文化研究中心的参与者在研究过程中从未想过要回避困难、矛盾，也从未表现出过激和抵制的情绪。他们在研究中思考的是某种新奇的思路尚未对问题作出充分的解释，于是在事后对解释进行重新补充，就好比又给研究添加了最后一个章节。文化研究认为，人们（团体、机构、国家等）总是努力想要实现许多事情，但成功的方式是不一样的，而且人类活动所取得的成功往往是基于屡次的失败。现实中存在着无序、挫折与克服、压力、动力等任何可能性，但现实仍对成功充满了愿景。事实上，确切地说，我们存在的世界本就是错综复杂的，且从一开始就是如此。对世界复杂性的承认，也体现出对政治生活的根本性认知：即使由繁至简，政治所具有的服务性功能也不能改变。因此，文化研究坚定地反对简化论。

第四，文化研究中心的研究者质疑众多学术著作中宣扬的普世主义价值观：它们支持的论断、概念，以及关注的各种关系，作为既定条件存在于各种理论中，对任何理论均是适用的。现在，许多当代的研究课题反对这些普遍性的东西，且这些研究项目以一种特定的理论形式出现，虽然它们有时会被冠以（或被指责为）相对主义，但在我看来，文化研究中心所开展的这些研究是在新的语境中重新思考知识[11]，这种知识并不像普世主义的观点那样宣称必然包含着整个世界。我一直在思考（且试图简要地概括）文化研究所做的这种探索，这种探索是在语境中进行的彻底探索。这种探索不仅将语境主义引入研究的对象，也引入了理论和政治。文化研究反对科学认识论的普遍性，而这构成了文化研究最鲜明的特色。

在人文科学领域，与普世主义紧密相连的是它追求的完整性（之所以追求完整是希冀免受他人的批评）。这种追求（一个近乎完美的分析）不仅可以彰显深厚的学识，而且也能（纯粹）在政治上保证我们的劳动。普世主义的目标是保证我们的工作能够且只能产生我们想要的效果，避免出现因任务指派而使预期目的发生偏离的可能性。在人文科学领域的批评实践中，这种预期变得越来越普遍，它使人相信我们必然不能满足于任何分析，因为这种分析是永远无法完成的。一般来说，这种分析是一种在场的缺席：你只能按规定地"言说"。甚至更为危险的是，每一次不完整分析均被视为理论体系在试图进行理解和应对挑战时的失败。当然，研究中心的任务就是反对这种实践和认识。文化研究直接否认了这类观点，即一些保证对研究而言是可行的。文化研究认为世界的复杂性仅仅意味着人们应保持工作状态，持续进行理论创新，而失败则是通往成功的必然途径。

最后，研究中心还坚持一个基本的原则，它拒绝任何强加在学术之上的力量，这包括以确保知识（科学）客观性为幌子而展示出的个人激情、个人同情和个人的政治承诺。文化研究认识到，正如实用主义者所做的那样（受到我的博士生导师吉姆·凯瑞的强烈影响），在我们的世界、我们所处的生活中，不能寄望来自他人的投资，知识的产生不是源自别人的期望或需求。知识的产生总是依托于一种内在的关联。在某种程度上说，当我们为寻求一种更好的理解时，才发现了其他的政治性解读的可能。但是，这种发现完全不含有任何政治色彩的效用、结果上的保证。文化研究旨在将严谨的学术规范和能力与社会热情、政治承诺结合在一起。

同时，当代文化研究中心及其实践对自我始终保持着一种谦逊的态度，我希望这也能成为文化研究的一种特色。在当代文化研究中心，没有任何人认为，他们自己所做的一定比其他形式的研究绝对重要、绝对出彩。他们认为，不是每个人都应该做文化研究，或者仅讲述只有文化研究者才认为有价值的故事。这种谦逊的态度也常常被他人所拒斥，因为，文化研究中心的有些人将语境与问题脱离开来了。文化研究努力地试图避免我所称之的"（小）学科的自我膨胀"，但这种现象通常很难被区分。因此，我在这里与其说提及的是理论的普遍性，不如说是类别分析，这里的概念就如同文化、交流、表演、绘图乃至修辞，它不仅无处不在（一切都是"X"，或"X"无处不在，而不是一切都有可能与"X"存在关系），而且位于至关重要的核心位置。我必须承认，我总是怀疑任何知识的形成就是创立理论概念，这是理论关注的焦点，也是我们一直在找寻的。除了一种纯粹的理论或者本体论的方式，很少有概念以这种形式被界定或框定。换言之，不能明确概念的特定经验性后果，就不可能知道论证的利害关系是什么或者这个概念的不同之处。这种恶性膨胀可通过以下任何一种方式实现：（1）读任意一种学术著作，我们可能会喜欢著作中的"X"，而无须关注著作的作者是否能意识它；（2）如果于特定的时刻，作者在一种比较显著的论断中使用了"X"，阅读整部著作时就如同整部著作都在论证它（"X"成了一种范例）；（3）没有理论的论证且用法适当的一词多义，他人可以就这种歧义充分发挥；（4）将观念扩展至一个无所不包的对象。尽管文化研究经常会被附着上话语帝国主义的色彩，但是，我认为上述方式与研究中心所倡导的文化研究的实践与精神是完全背道而驰的。

在我看来，文化研究中心所做的工作是我以往所未曾经历过的：让我们相信最严格的知识生产的重要性，认识学术范畴之外的纷乱世界，直面知识分子的政治责任。我在研究中心所看到的，至少这是我曾经历的，研究中心的人们是以一种不合逻辑的认识论和一种具有差异性的方式在从事研究工作。这种经历以及我在研究中心时与研究人员的交往，尤其是与斯图亚特·霍尔（他是研究中心后来的参与者），至今影响着我的学术生涯。前已述及的大多数内容，是研究中心早期的情形，有些记忆已较为模糊。但清晰的是有关认识论问题面临的挑战，这个研究计划是要探索出一种具有差异性的知识生产实践，这种实践不但要拒绝占主导地位的人文科学的知识生产实践，而且要找到一种更为积极的表达，这种表达更符合认识论，与文化必然性的效果具有更深的（本体论层面）关联性。知识研究的逻辑就如同知识的实践一样是彼此相关联的，英国文化研究与我美国导师吉姆·凯瑞的研究是一致的，凯瑞是当时美国唯一知道斯图亚特·霍尔在做文化研究的人，并将我推荐到了这里。那时，我并没有意识到这一点（且相当尴尬地度过了很长一段时间），之后，我才体会到是他们将我引入世界范围内的其他研究领域，带到了其他类型的研究机构，并从事与之相似的研究工作。

作为激进语境主义的文化研究

我一直主张，从实践层面界定文化研究，我想说明的是在实践框定下，研究能够将政治和知识分子的工作置于真正的语境中，以使得语境可在研究的对象和研究实践中得到体现。在对比尔·施瓦茨的一次私人访谈中，霍尔明确阐释了文化研究作为一种语境研究的"知识分子视角"（霍尔用了"情势"一词，情势是建构语境的特定方法，我将在下文中简要地予以解释）："知识分子的使命就是创造一种针对情势的批判性理解，一种对文化-历史情势的批判性理解。"或者说，这就是研究中心的成员所共同关心的课题："对情势理解的任务就是我们思索文化研究应从何处起步。"

就如同其他类型的研究计划或架构，文化研究也开始于对某种关联性的假设，但是这种假设意味着，或更确切地说，文化研究秉持着鲜明的激进的语境主义的主张：任何实践和事件（包括文化实践和事件）的身份、意义和影响都被复杂的关系决定，它们身处在由关系编织的环境中，并受到各种复杂关系的渗透和塑造，使实践和事件成为它们现在的这个样子。任何要素都不能脱离这些关系，尽管这些关系是能够改变的，且一直处于变化的过程中。任何事件都可以被理解为关系，或者说它就是由众多决定和影响共同塑成的。所以，文化研究向社会现实开放，并关注社会现实的偶然性。现实所发生的变化是由各种关系推动的，是正常的。激进的语境主义构成了文化研究的核心。[12]

正是基于此，《操控危机》（Hall, Critcher, et al., 1978）一书问世，霍尔指出（Hall, 1998b: 192）：

> 如果你将种族问题视为一个"黑色议题"，那么你就会看到法律和法规政策对当地社区产生的影响，但是你不能看到种族和犯罪问题所折射出的更大的社会危机所达到的程度。你不会看到更深入的场景。你已经写好了一个"黑色文本"，但不会写出一个文化研究的文本，因为你不能

将其与政客相联系，不能将其汇入司法体制，不能触及人民大众的情绪，不能深入政治、社区，以及无法关照黑人的贫困和他们所受的歧视。

霍尔一直将他的工作聚焦在种族问题上，并使之语境化。正如他所宣称的（Hall，1995：53-54）："我从未将种族和族群问题视为一个子范畴。我始终将整个社会形态都看作种族化的结果。"于是，其结果自然是关于种族和族群问题的讨论不能与特定的社会形态相脱离，而这正是霍尔论述的基点。对此，霍尔保持着严格的一致："我不敢说我对种族非本质主义概念的相关认识是始终正确的，但我可以确信，它仅是一种'情势的'（目前，它可解读为一种'语境的'）真理。"对种族主义的研究经常脱离具体的语境，而只关注种族主义的多种形式。不应忽视的是（这一点也常常被忽视），种族主义作为一种社会问题是对变化了的社会组织关系的反应。也就是说，文化研究所言之的激进的语境主义及其理论化，并不是纯粹的理论化，它是被政治立场界定和限定的。用霍尔的话说（私人通信，2005年4月10日），文化研究是语境主义的完全实践。

这种激进的语境主义体现在接合这一概念上。接合概括了现实、权力和语境生产的基本过程与文化研究的分析实践。接合关注的是创造、拆解和重塑关系，以及语境的变化性实践。在这种实践中，新的关系从事物之间的旧关系或无关系中建立，描绘出事物之间的关系。[13]但是，接合并不是一个或单一的实践。不同的接合在不同的语境中有不同关注的对象，它们必须被区别对待。不是所有的关系都是平等的，或同样重要。事实上，接合的不同实践表现出关系的不同形式。语境这一概念在使用过程中不能将一切现实单调化，或者说，语境不能将每个关联性的系统在同一个层面或维度上等而视之。文化研究视野中语境的意义一直都是很复杂的，是由多种因素决定的，是因情况而异的。如果语境被理解为为了某些权力部门的利益而进行权力操作所形成的关系，那么，改变语境的努力就涉及描绘出这些关系，并在可能之时，将这些关系拆解并重新组合它们。

接合既需要解构，又需要重构：我们必须首先认识到什么是一个没有接缝或裂缝的和谐整体，或者一个必然含有各种不可回避的矛盾的统一体。这个整体或统一体由多个零散的碎片铸造，使得它们从外观上看起来是一体的。换句话说，接合的过程虽然可以被消除，但现在必须重新发现使各部分之间分离的可能性。接合开始于整体之中异质性、差异性、破碎性的部分被发现，但这并不是结束，也不能给予这种发现以消极的评价。因为异质性的因素从来都不单纯是简单的遗存。它一直是与其他部分重新接合的，一直都是生活和权力关系的存在。付出努力，是一切工作的要求。如果从事文化研究的知识分子没有在发觉差异性层面上付出努力，没有仔细思考接合现实与再接合的可能性，文化研究就失去了政治层面的价值意义，而恰是政治构成了文化研究向纵深发展的驱动力。

这并不意味着现实是完全开放的。文化研究的操作尊奉一种"不保证"的逻辑，这也就是保罗·吉尔罗伊（Gilroy, 1993a）所说的"反-反本质主义"。本质主义体现了一种保证的逻辑，认为社会与历史建构的关系是必然性的存在。本质主义断言，组成生活和已知世界的所有关系都以它们已然的方式存在着，因为关系的本质就在于关系本身。事实上，本质主义预先给予了答案，并将一切事物连接了起来。在本质主义的视野中，事物的身份是固定的，事物的影响在其出现之前已被限定，因为历史上所有重要的关系就如同它们所呈现的那样必然地彼此包含在一起，从始至终。如果历史没有按照其应该行进的轨迹延续，那必然是源自外部性的某种干扰，比如错误的观念。

如同所有反本质主义的认识，文化研究反对现实结构的塑造具有必然性的观念，但不认同反本质主义的认识所主张的偶然的普遍化观点，因为这种观点会导致对关系稳定性和现实性以及结构关系的轻易否定。文化研究关注起决定作用的现实关系，但是它同样认为某些现实关系不会产生必然性的影响。这些现实关系没有达成预期的效果，但是一旦达成，则说明这些关系是真实的，且能够产生真实的影响。文化研究的操作在两种空间之间进行：一方面，在绝对的控制、封闭中最终形成完整的理解，这是一种受到完全宰制的认识方式；另一方面，在绝对自由和开放的可能性中，形成一种相对的理解。后者拒绝任何"必然性关系"（保证）和"必然没有关系"（保证）的主张，支持"没有必要的关系"（接受关系是真实的存在）。所以，文化研究被视为一种语境分析，阐释语境在支配性的权力和结构宰制下是如何产生，受到挑战，造成颠覆，并最终完成重构的。

在文化研究中，接合又通常被称为建构主义，认为现实是建构的而不是先天存在的，现实始终是一个由复杂的组织结构构成的整体。这让我们认识到一个非常简单的真理：被建构的整体丝毫不会觉察出不真实，不论是什么要素进行了整体的构建。文化研究宣称，建构整体的那些配置要素有可能是推论性的，但却是必需的、话语的、富有内涵的，是真实的。桌子不是虚构的，因为它是由多个独立的木料组合在一起的，同时，其他的材料也应用在桌子的组合中，比如钉子和螺丝，并不会显得桌子不真实。文化研究并不否认物质现实，恰恰相反，它更强调不承认社会事实中的残忍事实同样是不可能的。事实就是，一些事实被视为是残忍的，仿佛它们没有建构出来一样。这些残忍的事实是特殊的现实组织形式，它们所体现出的必要性差别正是事实本身。建构主义拒绝承认事物的两种存在方式：实在的和推论的或象征的，无论哪种形式的本体论以一种单独性的范式存在，都可以被人们明显的行为意识所跨越。建构主义主张世界是由各种复杂的事物组成的，其中一些事物富有表现力（或可言说的）。也就是说，就如同一张桌子是由木头和钉子、粘胶和油漆组成的，现实是由各类不同事物要素构成的复杂接合物。

文化研究认为，文化（或话语）实践之所以重要，就在于它们对特定语境的建构和人们生活的形成至关重要。人们存在的世界，或者说至少部分是由他们自己亲自创造的。世界通过（许多不同形式的代理，包括个人的和机构的、人类的和非人类的）实践得以建构、建立和改变，同时，也连接了话语的和非话语的（物质）现实。不仅是人类所有的实践活动都可以从文化的角度接合，文化实践也不断参与现实的生产，只不过人类活动有时未必会将其当作刻意性的成就。概言之，我们身处在文化中，践行的是文化实践，我们把文化的形式植入现实，从而影响了我们组织和生活的现实方式。文化研究既有助于语境的生产，这种生产是权力进行的组织架构，也有助于语境的建构，这种建构以权力的日常生活实践予以展现。文化是如此之重要，就在于文化是现实持续不断地进行发展与建构的关键维度。但这并不意味着，当代理论都可能涉及它，因为文化如它所示的那样存在着（意义或主观性的生产），它或建构现实，或展示为权力形态。

文化研究试图解开的是，权力组织是如何通过割裂和再接合关系而进行建构的。文化研究以文化为起点，然后剖析复杂的平衡性力量，再而深入由文化、社会、政治、经济和日常生活等要素交织的更为复杂的关系。文化研究在勃兴之时，关注的是文化实践，研究的是与权力的不平等关系及其实践相连的物质语境。然而，语境本身并不能与文化实践和权力关系所分离，因为文化实践和权力关系作为生活环境是整体性和特殊性的结合。这就形成了文化研究的鲜明特色之一：文化研究实践必须是跨学科性的。这种特色常常被理解为某种先验的承诺（它是学院组织对学科的政治攻击），而不是激进语境主义的某种逻辑性推论。文化研究坚持跨学科性，是因为语境甚至是文化，不能以纯粹的文化形式予以分析。理解身处其中的语境、特定的文化形式，要求将与一切事物相关的文化关系看作不是文化的。但是，如何跨学科，或者说学科的跨度要多大才是文化研究所必需的，这取决于语境和实践。跨学科性的形成，源于需要用到多少有用的知识，或者说，它是由语境的战略可能性决定的。也就是说，在当前的条件下达成一种理解，可能产生多少基础性的意义便需要多大的学科跨度。

雷蒙德·威廉斯（Williams, 1961：63）对文化研究作了一个富有影响力的界定，这一界定超越了以往对文化研究的认识。威廉斯指出，文化研究中存在两个问题：一是文化的特权在哪里？二是如何确立整体生活方式的概念，以便更好地明确相关的关系要素，从而使文化研究成为可能？我们可以继续推进威廉斯的认识，就像威廉斯曾经做过的那样，这需要我们承认整体生活方式的空间是断裂的，是多元语境交织的矛盾空间，且充斥着生活方式彼此之间的比较和冲突。[14]（正如我所认为的，文化研究这种语境化的模式就是情势——话语、日常生活，以及米歇尔·福柯所称为权力体制、权力技术的一种复杂接合）在任何给定的空间里，语境都是多元的。而且，在任何语境中，由于关系和其他语境的复杂性，权力永远是多维的，且权力的冲突是不可调和的。

文化研究试图从战略性的高度开展理论研究，以通过必要的知识来阐释多元的语境，并最终更好地实现政治层面的战略性接合。用马克思（Hall, 2003a）的话说即是"理论的迂回"，它为我们提供了一种针对从"经验"转向"具体"的更恰当的描述，在这里，"具体"的产生有赖于富有创造性概念的理论探究。文化研究同样需要现实、经验性语境的迂回，进而持续推动文化研究的理论化。这就需要从不同的角度来更好地形成对语境的理解，而不是（单独地依据理论的预测）一开始就基于政治的需求或者需要解决的问题。文化研究不是对已知领域的再发现，这也就是我们只在最后提出政治批判问题的缘由，文化研究的背后暗含着政治性的策略。知识为政治服务，但政治也努力听从知识的权威（这是一种相对主义的拒绝）。所以，我将文化研究视为一种严格的知识生产活动，这种活动与其他种类的活动仍存在着紧密的联系。

前已述及，这种激进的语境主义影响着文化研究的每一个实践环节，从它研究的对象开始，各个环节均处在语境中。所以，文化研究从最开始就未将它的研究视为一种孤立的事件（文本或其他），而是一种实践组合结构——一种文化形态和一种话语机制。这种实践既包括话语实践，又包括非话语实践。甚至有时这种组合结构的形态与日常生活结构（一种现代权力组织）、社会制度结构相重合。也就是说，在文化研究原初，研究对象或事件与所构成的语境之间没有根本性的差别。正如霍尔、克里彻等在《操控危机》（Hall, Critcher, et al., 1978: 185）中指出的：

> 我们认为，在这个时代有确切的历史力量从外部规训着我们的言说，这种规训源自"抢劫"、潜在的抢劫者、受害者以及被波及的其他受害者群体之间即时的互动关系。在许多类似的研究中，这些更大、更广泛的力量仅仅是被提及或引用；然而它们对现象分析的直接和间接影响却是模糊的、抽象的——"背景"的一部分。在我们的案例分析中，我认为那些被称为"背景"的问题是确实存在的，更确切地说，是这些关键性的力量造成了具体性的"抢劫"活动。

令人遗憾的是，这些"背景"经常被许多学术著作置于开头的章节或脚注中。然而，"背景"恰恰是构成任何可能性研究对象的语境，对文化研究而言更是如此，"背景"是接合的点，通过这个点我们可以进入对象分析的语境，而传统概念中的研究对象仅仅是开放的。

文化研究的初始研究对象永远不会取代语境，因为语境才是真正值得关注和探究的对象。初始研究对象是进入语境研究的切入口，作为一个假设的接合点或一系列决定性因素的具体化，初始研究对象作为一种症候是不尽相同的，因为这种症候用黑格尔的话说暗含着一种原因。症候总是由其他症候引发的。[15] 短暂的片刻凝缩着较长的时间段、运动、矛盾和冲突。它们是奇异的吸引体，而研究它们的切入点就是社会事实，社会事实告诉我们——至少这是一种赌博——有一个故事需要言说，但我们却不知道这个故事是什么。一般来说，这个故事告诉我们的是，各领域的社会形态如社会、经济、政治、文化均是矛盾的结合体。语境主义的任务就是描绘环绕在或构筑成社会事实的要素配置，比如，《操控危机》对抢劫这一"事实"的分析，《陷入困境》（2005）中对孩子境遇变迁的描述。[16]

文化研究秉持的激进的语境主义也重塑了理论间的关系。文化研究认为理论研究是必需的，它将理论视为分析特定问题、斗争和语境的一种战略性资源。对理论真理性问题的评价要看其对语境是否有更好的（再）描述的能力，"更好"首先着眼于复杂的现实语境，而不是削减成一些简单或直接对应关系的概念；其次，针对变化了的语境，理论可以开辟新的可能性，甚至是新的想象力的可能性。对理论范式的选择永远是一个赌局，它关乎何种理论能起作用。

在文化研究中，理论和语境是相互构成、相互决定的。从这个意义上说，文化研究对理论的"去神秘化"，其目的就是将理论作为一种战略性资源。因而，文化研究不能与任何单一的理论范式或惯例等同，且一直与各种现代和后现代哲学相论争，包括马克思主义、现象学、解释学、后结构主义、后现代主义、女权主义理论及其（政治）议题、批判种族理论、酷儿理论、后殖民理论、对话理论等。[17]

这正是霍尔（Hall，1997a：152）明确地拒绝承认理论家职责的意义之所在："我与理论有一种战略性的关系。在某种意义上，我从不将自己视为理论家，那仅仅是我的工作。我一直关注的是理论针对世界与现实的进展，我对理论的生产并不感兴趣，理论作为客体有它自己的方式。因而我在战略上运用理论……因为，我认为，我的目的是在许多不同的关系中思考对象的具体性。"对霍尔而言，这限定了理论的不同实践："看似是松散的理论工作，却是严谨的，而且是彼此之间相融合。理论始终是与特定的具体时刻相关联的。"（与霍尔的私人通信）与理论的这种特殊关系以某种方式居于文化研究的中心："文化研究……只有当其从一种历史情势走向另一种历史情势时才能称得上真正的工作，它运用变化着的理论框架，而这种框架从概念上说从来都不是纯净的。"（与霍尔的私人通信）所以，文化研究不是被理论问题驱动，它也不因理论关注的对象而催生问题。否则，理论就会成为研究可以规避风险的方式。预先规定问题和答案，往往会降低理论讲述富有差异的好故事的可能性，就会减少新的发现及其带给人的惊奇。

同时，文化研究并不否认抽象或一般范畴的重要性，诸如商品化、种族主义、殖民主义等这些看起来跨区域、跨领域的范畴。对特定逻辑或过程的吁求尽管在某些方面似乎远离了语境，但并不是必然地从激进的语境主义中后撤，反而是在空间规模和时间持续两个层面上要求对语境的复杂性作进一步的分析，以扩充语境（作为一种接合，正如我们将要看到的）分析的可能性，使其向可在不同层面操作的、多重叠合的语境敞开，此种语境我们可称为嵌入式语境（embedded contexts）。一些抽象的概念及其本身都具有语境性，都有其本身存在的物质条件的可能性；它们现在可以被视为区域性概念。这并不是一个凭借层次分析法就可以完成批判性研究的简单问题。如同抽象的商品化会告诉我们一些资本主义与封建主义的区分，但这并不必然能帮助我们将资本主义与其他形式的市场经济区分开来，甚至是在理解历史和地理在资本主义特定配置中的差异时也未必能得到多大的帮助——确切地讲，如果我们设想一下新的未来及实现未来而实施的新策略，我们需要理解的是什么。

文化理论是真实的，即使文化从一开始就规定了我们进入语境的轨道，也绝不存在文化实践的基本运作模式，更不能保证文化实践是如何在特定的语境中运行的。文化研究不是一般性的文化理论，而是认为文化实践之间可能存在着许多交互性影响。文化研究不是首先从对文化及其影响的界定开始，或是预先假定一些相关的维度内置于将要被描述的特定实践，而是认为文化实践发生在富有差异性的事物聚集之地，彼此间存在着交互性影响的可能。

如果文化研究的动力源自政治性的驱动，那么，文化研究自然也就认为政治具有语境性。假如人们事先知道政治具有风险，或者在政治层面的正确解决方案，那么对知识分子的工作需要而言，我们就可以通过取代政治保证，针对政治复杂性的恰当的语境分析制定可行的策略和富有想象力的措施，以讲述同样的故事。地点、目标和形式的斗争，只有在我们重建了权力关系存在的语境之时才能被理解。我们不能认为，这样一种表象即政治风险或者任何特定区域的语境是理所当然的。我们不能简单地认为，因为在20世纪80年代某种政治斗争是富有意义的，在21世纪的第一个十年就同样具有意义。我们不能认为，因为某种政治斗争在英国具有意义，在美国就同样具有意义。文化研究必须寻求政治理念、理论资源和实证工作间的平衡。

文化研究将权力视为一种复杂的矛盾性组织，拥有不可减免的多重维度。比如，我们不能仅通过经济和阶级关系解释性别和两性关系，也不能仅通过性别和两性关系来解释经济和阶级关系。即使性别和两性关系得到改变，也不能保证经济和阶级关系会（以相似或类似的方式）发生变化；即使经济和阶级关系发生变化，也不能保证性别和两性关系会（以相似或类似的方式）发生改变。遗憾地说，权力比我们想象的要复杂得多。但是，从积极的方面来讲，权力从不封闭其本身。权力总存在缝隙和裂缝，这是权力冲突和变迁的发轫之所在。权力是无所不及的，但权力不能完全决定任何事，改变权力结构和组织的可能性永远存在。我们不能将权力关系简单地解读为控制和抵抗的关系，因为后者只是对控制的反应之一，充其量可以限制却不能塑造权力。权力之内的关系，无论是以控制还是反控制的形式存在，其本身都有复杂的语境。更进一步说，当权力在一个组织和国家运作之时，也运作于人们的日常生活，以及与日常生活相交的国际空间领域。文化研究感兴趣的是，权力如何以一种庄严的、稳妥的方式在人们生活中渗透、浸染、限制并授权。如果我们想要改变权力的关系，或要改变某些人，即使是些微的改变，你也必须从人们生活的地方开始，从他们真实的且如何生活之处开始。这也就意味着，我们必须搞清楚这个"地方"究竟是什么。

我意识到，文化研究被人简单地指责为一种新的、复杂的（充满偶然和矛盾）魔咒。在很多情况下，这种错综复杂的"邪术"以简化论的回归而告终，或者，通过预先指定某种复杂性的理念而被消解，如种族、阶级、性别。通常情况下，事物的复杂性往往与具体的、地域的和经验性的相等同，与抽象的、全球的和理论性的相对立。我希望，这类实践活动不是对复杂性事物的解读，更不是文化研究的核心。

理论化的语境

如果文化研究是激进语境主义的实践，那么，就有必要反思语境本身的类别，有必要通过提供语境的语境化理论来探究其他类别的语境。文化研究构建了语境的概念，并以此避免再造某种普世主义和本质主义的东西，而这些东西往往被视为知识生产的主要实践。事实上，任何分析者在面对混沌的语境时，要么借助经验，要么借助概念，尤其是在未指明特定概念方式的领域这种选择性的趋向会更为明显。文化研究必须找寻到结构化或超定的方式，而不是通过探究"事物本质"的理论来思考复杂性的事物。

大多数对语境的讨论不承认存在两种假定的冲突：第一，语境是空间概念，被限定在有着稳定秩序的空洞或混沌的空间中；第二，语境是相关性概念，它由社会关系及外在于其本身的关系性轨迹或集合构成。正如马西（Massey，2004：11）所提出的问题："如果空间认同实际上是关系的产物，这些关系远远扩展到它们之外［如果我们认为空间/地点是流动的和（不可）连通的，而非内部的］，那么对于宽泛的结构地理学来说，政治关系应该是什么样子的？"比如，基于埃斯科瓦尔（Escobar，2001，2008）的著作中对地域空间的理论化，拉夫尔斯（Raffles，1998：324）是这样来理解关系的："地域是可以体现和叙述的，作为一种结果，展示出高度的运动性：在此地旅行的人们支撑起了地域的运动。地域不应与位置相混淆。相反，它是一组关系，一组正在进行的高密度的政治关系。在这里，地域是可对话的与想象的物质性构成，且存在着多种立场的政治经济实践。"

我们认为语境这一概念的理论化，是对当下接合需求的一种回应，具有多重性的特征。活跃的关系性组织及组织配置、功能和影响是存在的且能被识别的，语境环境本身制约着在其内部发生的事件活动。语境的产生源于"事实"或个人及其关系的"接合"。语境总是与其他的语境相连接，且衍生出一系列复杂的多维关系或联系。语境体现出的多重技术手段存在于语境的（自我）生产中，它们或是延续的，或是流行的，或是应景的。这些技术手段框定了接合的机制与形态，使得接合凝聚了多重配置、多种进程、多种项目、多种形态，并将特定的组织、个性和行为强加给生活在语境中的"人们"身上（Deleuze and Guattari，1977）。

语境至少具有三种构成方式、三种展示形态和三种逻辑关系：场域（区位）、辖域（地域）和本体论的（图解）。它们描述了每一个语境中都存在着相互连接，尽管这些相互连接（分层次/等级体系的联系）在本质上具有一定的偶然性。所以，我们不能从一种维度或其他的什么维度对这种特殊性的逻辑作出解读。上述三种方式也说明对语境的阐释具有选择性，最好的阐释不总是三者的接合。我们如何来阐释特定的事件/语境，取决于我们追问的问题及其所作的回答（稍后我会对语境错综复杂的问题域进行阐释）。

接下来我将对德勒兹和加塔利（Deleuze and Guattari，1987）的场域和辖域作一个简要的分析，并通过两者认识上的区别来阐释三种语境化的方式。首先，空间是多维的时空格局相交织（重叠）的场域，它们有各自特有的界限，但是这种界限带有经验主义的性质，是不确定的、动态性的、易被跨越的。场域的界限是有物质性规律的，一些语境既不是任意的，也不是混沌的，而是一个为元素部件的周期性重复所构成的空间——时间断块（313）。任何场域都与其他场域存在着复杂的空间关系："比如，生命体具有一个与物质性相关的外部场域，有构成元素和被构成的实体相关的内部场域，有一个与膜和边界相关的中介场域，有一个与能量来源及感知行为相关的附属场域。"（313）

辖域是存在的，它出现在通过场域所进行表现、协调、沟通且能引起节奏的共鸣中，也就是说，不同维度的场域能够在不同的层面上聚合在一起。辖域将由异质元素构成的异类场域统筹在一起，并赋予其一致性："准确地说，只有当场域的元素部件不再是定向的而是一种维度性的，不是一种功能性而是一种表现性的之时，辖域就产生了……界定辖域需要出现重要性的表现。"（Deleuze and Guattari，1987：315）辖域比场域拥有更多不同的存在模式，因为它们以重要性（抽象的）表达的出现为标示，创造出了带有颂歌的城市仪式。

辖域的认同不是单独源自其内部认同，也不是简单地否定外部因素。呈现出的是界限的超越与融合，无论这种力量源自内部（"冲动"和活动）还是外部（环境），在表现的过程中场域都要重新组合功能和配置力量。辖域通过元素间有节奏的表现统筹异类场域，但它绝不是一种时空，而是通过时空来创造某些事物的一种接合。一种辖域向其他辖域或场域开放，且创造了彼此间联系的通道和途径。内在性与外在性并不是截然分离的，因为外在性取决于边界的开放。辖域一直都具有"一个居住和庇护的内部区域，一个作为其领域的外部区域"（Deleuze and Guattari，1987：314）。辖域不能与场域中定向的支持者和跨越场域的表现之维相分离，场域既不是辖域的来源，也不是辖域的目的。有限的空间组织，实施行动和创造意义归属感的动态地点，一种对混沌不断阻碍和敞开的方式，从来都不是只有混沌，因为它也是场域的空间。"当混沌面临威胁时，绘制一个完美的可移动式场域是多么重要。"（320）

一个在黑暗中的孩子，慑于恐惧，以低声歌唱来安慰自己。他伴随着歌声时走时停。迷路了，他尽可能地躲起来，或尽可能地通过歌声来辨别方向。这首歌就如同一个起到稳定和镇定作用的中心的雏形，这个中心位于混沌的心脏。也许，这个孩子在歌唱的同时也在跳跃着，他加快或减慢着脚步；然而，歌曲本身就已经是一种跳跃了；它从混沌跃向秩序的开端，同样，在每个瞬间它都面临奔溃阶梯的危险。……现在，我们安居于自身之所。然而，安居之所并非预先存在：必须围绕着不稳定和不确定的中心而勾勒出一个圆，组建起一个被限定的空间。众多极为多样的成分得以介入，各种各样的标记和记号……混沌的力量被尽可能地维持于外部，而内部的空间则维护着那些创生性的力量，从而实现一项任务，完成一项工作……一个孩子低声歌唱，以便积聚力量来完成那些必须要完成的学校的功课。一位家庭主妇低声歌唱，或听着广播，而与此同时，她汇聚着其劳作所具有的反混沌的力量。对于每个家庭来说，广播或者电视机就像声音墙，它们标划出了场域（当声音太响的时候，邻居就会抗议）。为了进行那些庄严神圣的劳作，比如为一座城市奠基，或制作一个生命的傀儡，人们就画出一个圆圈，或更进一步地，沿着一个圆圈行走，就像跳着一种儿童的舞蹈，从而将有节奏的辅音和元音结合起来……速度、节奏或和声之中的一个偏差都会是灾难性的，因为它会引回混沌的力量，从而毁灭创造者和创造。（311）[①]

辖域使我们远离界限的逻辑（场域作为有限的空间包含着各种各样的活动、实践和关系），接纳了连接的逻辑。在这一逻辑中，场域将其本身定位为"关系和实践的网络"。辖域只存在于场域之中，恰如"运行的天体存在于浩渺的宇宙之中"（Massey，2005：187）。与场域不同，辖域永远不能被时空的界限所轻易地界定。

不难看出，两种语境化的模式是如何在人类社会生活的层面被用于描述语境的。场域，或称之为位置，描述的是"社会-物质"语境，它是由对话与非对话的、人类或非人类的形式构成，充满着物理的、生物的、社会实践的、结构的和事件的等松散的要素。但也不能简单地说这些要素填充了时空，这些要素的存在只是作为填充时空可能性的条件，或者说这种填充为场域时空

[①] 本书中有关德勒兹、加塔利的部分引述译文参阅了《资本主义与精神分裂（卷2）：千高原》（姜宇辉译，上海书店出版社，2010年），并略有改动。——译者注

的产生创造了条件。场域是由地域中要素的规律性重复而构成的,我们可以认为,在跨地域间的互动过程中,虽然每个地域都保持着自己的身份,但彼此间的一些关系仍直接延伸或渗透至了语境的地理环境之中。

场域是理论化经验主义的对象,正如斯图亚特·霍尔(Hall,2003a:128)在阐释文化研究的方法时所认为的:"方法之中仍保留着具体的经验主义的因素,在理论分析中,它作为一种特权出现在某个特定的时刻,只是具体条件下的具体分析,从而没有将自己打扮为'经验主义者'。"福柯也将这种关联性阐释为短暂的秩序(Philo,1992:150)。但是福柯(Foucault,2007b:176)本人认识到,仅仅这样描述是不充分的:"确实需要以一种精确的方式来认识空间,如果说某一个进程停止了,那么超出这个进程限制性的东西是什么——尽管这是一个需要集体跨学科才能完成的任务。"吉尔罗伊(Gilroy,1993a)提出了"黑色太平洋"的概念,否认国家空间的认识,主张特定的区域主义。"黑色太平洋"的概念及其认识作为一个案例,说明了场域作为政治研究的视点是如何形成的。吉尔罗伊并不提倡适用于区域的普遍性逻辑,相反却认为特定语境与双重需求相关:一方面,大西洋的奴隶贸易构成了大西洋的现代性,且成为当代大西洋(尤其是欧洲人)政治的显著标志;另一方面,民族主义作为与之相关的遗产,在政治分析层面具有局限性。

辖域或者我们所称的地域是现实生活的语境。[18]它描述了在已有稳定社会秩序的地域中构成不同生活方式的情感现实,或者更为复杂的情感表达和蕴涵,以及以下事物的形式和配置的不同可能性,这包括投入、位置和方向、变迁和安全、注意力和紧要性、快乐、欲望、情感等。在归属感和疏远感、身份和身份认同、主体和主体化之间,建立了复杂的联系。地域是社会-时间-空间投入的组织性表现,它通过强化关系改造着(区域)广泛的空间-时间,以构筑宜居的空间-时间环境。地域决定了一首乐曲的情感色调,正是这种情感色调能在我们的生活中引起音色共振。恰如米根·莫里斯(Morris,1992a:467)所认为的,这是"一个多样化的时间/空间组织,充满着劳动者及其日常生活的乐趣"。这是一种富有情感表现力的语境,是充满了实践、对话、体验和情感的集合。

地域拥有不同的划界方式，它们的界限一直都是不稳定的、脆弱的、可渗透的，有些地段甚至是悬而未决的。事实上，我们不能用边界的逻辑而应用关联性的逻辑来思考地域的语境性问题。马西（Massey，2005：175）指出，"不断变化轨迹的天体引出我们作为被抛出式存在的归属性问题"。也就是说，我们共存于一个地域。地域是由运输和移动建构的语境，通常由与其他地域的关系来界定。所以，马西将（水平）测度引入语境地理学。要理解辖域的概念，先让我们回到英国文化研究的最初文献。威廉斯和霍加特指出，对文化的分析为探究知识提供了独特的途径，也正是这种知识建构的辖域成为人们生活的全部。霍加特（Hoggart，1969）指出，这一分析让我们感受到生活在特定的时空中的意义，雷蒙德·威廉斯（Williams，1961，1977）则认为它使我们认识到我们所处语境的情感结构。

语境的第三种模式是本体论层面上的，它涉及任何语境——先验性的——本体。一些范式的本体，被视为是历史性的或语境性的，而不是普遍主义的、本质主义的，甚至是超验的。事物存在的形式、时空存在的方式作为可变的条件支撑了场域、辖域及其相互间的关系。语境本体论对探索语境的理论化是至关重要的，它不仅能使我们认识到现在发生了什么，也能促使未知的世界向我们开放。

本体论对目前的研究而言具有重要影响。本体论研究的起点是海德格尔在《存在与时间》（1962）中对解释学本体论的思考，这种思考从实体的（经验的）逐渐走向任何存在都是"在世界中存在"的本体论模式。这种存在海德格尔称之为"此在"（Dasein）（这也包括人类的存在）或"世界的世界性"。"此在"是由一系列的时空关系及其关联构成，但是在海德格尔晚期的著作中，在他试图将非人性和非主体性予以本体化之后，海德格尔提出了一种更为复杂的语境化本体论。海德格尔认为，新的纪元不仅使世界的存在成为一种可能性，也使得我们发现了自身。（事实上，是发现了"人"的存在）在特定地点和地域的社会组织配置中，时空矩阵和投入结构是可以得到详细说明的。

海德格尔认为，在特定的时代"常人"能够诗意地"栖居"在世界上，而世界给予我们的方式以及我们所能认识到的或与世界的关联方式决定了我们选择栖居的形式。比如，当下（本体论的）语境完全是由技术所决定的，这种技术被海德格尔称为"座架"（Gestell）（框架）和"世界图像"（Heidegger，1982）。"座架"是一种本体论的图解，意指人类找到了自己的存在，世界万物栖居于世界中。世界决定了我们特定的生活方式，这种特定的生活方式向世界敞开且与世界存在密切的联系。在"座架"中，现实存在作为一种资源被使用和消耗。对海德格尔来说，人类并没有创造时代，也不能选择于何处终结。但是时代本身会终结，新的时代也会到来。

现在当我们思考本体论的问题时，我们很容易碰到德勒兹和加塔利（Deleuze and Guattari，1977）所使用的创造现实这一概念。当代的许多理论都不赞成人类中心说和日心说，它们提出一种现实主义的本体论，这种本体论认为现实是不断创造自身的过程，因此，改变（或变化）是本体论的唯一形式。它们秉持的内在哲学与康德先验哲学截然相反。先验哲学认为主体和客体（现象和本体）之间存在着难以逾越的鸿沟，因此，就会出现二者进行协调的结构或过程。与这种观念相反，加塔利（Guattari，1996：210-211）指出："任何事物都拒绝与指示对象、现实相连接，它们只是将自身置于所有层次的体系之中。"德勒兹和加塔利将这种现实视为真实［产生的（productive）］和依情况而定的［产生（produced）］。他们不想从单一的维度理解现实，无论这种维度是符号学的、社会的、无意识层面的、唯物的，或者是排除了某种维度的。

德勒兹和加塔利认为，现实的两种存在方式均以一种单一平面的形式存在，因此是一种扁平化的本体。他们将这两种平面作为容贯平面和组织平面。前者是虚拟的，是未实现的领域，它的实现却受其实现能力的影响（区分虚拟实现的可能性）。在容贯平面中，块茎（本身拥有无数的线条）意味着现实具有丰富的多样性。但是容贯平面在同样的平面又总是在组织其自身。一种特定配置的现实能通过生产得以实现，这需要操作多种特定的机器和技术。这些机器——他们使用这个词来避免人道主义和唯意志论的概念——创造、分配和组织人们（个性化的模式），并将管理、代理和绩效构成的体制施与他们。另一种扁平化的本体是真实的现实，它也深深地与许多不同的平稳高原（plateaus）①（例如，无机的、有机的、人类的等）相连接。不同于其他的哲学观念（如实用主义），德勒兹和加塔利认为不是到处都存在同一层面的机器操作方式。真实生产通过以下三种机器完成：层阶化（抽象的机器）、编码化（注册）和辖域化。它们分别体现出三种形式的关联和接合，即连接、分离、合取。[19]

每一座高原都是一个真实的现实，可以分为两种聚合体或群体：表现和内容。前者是一个"功能或转型"群体的组合，也就是说，这个组合是具有个性特征的代理性活动形式。后者精准描述了"身体的混合状态……包括身体间所有的吸引力和排斥力、同情和反感、间隔、融合、渗透和扩展等，都影响着彼此间的关系"（Deleuze and Guattari，1987：90）。这种关系就群体来说是不证自明的。如果前者描述的是积极感知行动（包括话语）的形式，那么，后者描述的就是既定的或不证自明的模式，聚合体作为一种代理的组合并不是消极被动的，是可感知的、可言说的。

层阶机器产生了两种聚合体，我们可以天真地称之为非主观性代理（nonsubjective agency）和非消极的物质性（nonpassive materiality）。对层阶机器而言，重要的是使我们认识到特定的事件不存在必然的本质（潜在线的生成），以确保它们可以被"分配"为什么样的层阶。从一种现实到另一种现实，从一座高原到另一座高原，彰显出这个区别的本质，线区分聚合体的位置（各自的不同立场），以及这些聚合体的具体功效。事物和功能、内容与表现的组织，是在多重层阶的语境中进行的，这就将真实定义为特定实践的现实。哈尔特和内格里（Hardt and Negri，2000）的帝国理论曾对抽象机器理论作过阐述。

层阶机器完成了第二次生产：每一个层阶——表现和内容——都是形式和质料关系的接合。比如说，内容的平面形式利用了统计学上的规则，表现的平面是形式功能的平面。生产的过程取决于两种维度即形式和质料，通过

---

① 事物的发展不再有变化或进展的稳定阶段。——编者按

这两种机器的运作，生产得以完成。辖域机器配置内容和形式的质料，而编码机器以辖域机器的内容和表现来区分格网。编码机器生产分离线，以标明穿越层阶的正式差异，产生一个恰当的逻辑（或者……或者……或者……）。编码工作通过标准化机器和认同与差异的逻辑，显然将延展为一个独立的领域。辖域机器依据相异性的合取逻辑（和……和……）体现为一种内涵性分布，生产出一种空间分布。将事件与近接和距离的关系相结合，决定了辖域机器的间距性与邻近性、移动性和稳定性的特征。

但是，对这些机器的操作并不简单。前已述及，一直都存在着许多以不同的方式操作的机器，每一种机器——每一种线都变成一种事实——都在两个方向上工作：相称，不相称，再相称；分层，板结，再分层；编码，解码，再编码；辖域化，解辖域化，再辖域化。而且，机器无法控制虚拟的现实化，逃逸路线的产生意味着产品从固定的表格中逃离了出来，无论这种机器是否在同样的地域与其他机器相配合或对抗。所以，这样的机器注定会失败，因为每一个机器都具有生产逃逸路线的可能性。这些生产现实的机器处在持续不断的变化中，甚至根据一些估算来改变自我，并因为失败过从而来改进自我。我们可以说一些机器出现故障并不是一种错误，而是对机器进行的持续操作中出现的可能性。现实始终处于变化之中。

值得注意的是，这种本体论的认识提供了两种可能性的分析。第一，解构主义策略消解了组织平面，拆解掉虚拟现实的特定的配置又回到虚拟之中。打个比方说，我们总能发现块茎，一种扁平化的本体，一种内在的容贯平面。[20]如果我们将这两种可能综合考虑，那么这种策略，对从"克分子组织"（molar organizations）向"形成分子"（molecular becoming）进行转变来说，是至关重要的。任何经验主义的现实都是建构的（现实机械地自我生产），同时也具有偶然性。任何改变世界的努力——即使是我们已知的我们所无法控制的方式——都必须从对世界本不是这种存在方式的理解开始。虽然，这有可能是德勒兹与加塔利最为常见的表述，但第二种策略却在本部著作中居于重要的核心性位置。生产出一个具体的真实的现实，而且现实能够持续，这就决定了本书对特定机器的分析是不可避免的。[21]比如，德勒兹、加塔利

(Deleuze and Guattari，1987：210）曾指出，"问题不在于妇女的地位处于社会底层是好是坏，而应将其视为国家组织类型的结果"。

第二，回到语境分析的策略上来，无论研究者是否是个德勒兹主义者，语境本体论一方面要求位置和地域理论是可以相互补充的，另一方面需要描述现行的实证工作是如何开展的（权力作为一种产品）。有人可能基于地点和地域的局限性，不能充分把握当代人类生活的语境，不能充分理解我们生活的真实图景，本体论语境远非对人类现实生活语境的充分描述。很多情况下，本体论分析被一个更为复杂的分析所替代，这种分析可以对特定语境中发生了什么进行更好的理解。本体论与经验主义有必要接合在一起，但它们彼此间存在不同。本体论认为，现实是块茎，是扁平的，社会以非功效的社区和共同体为存在条件（南希），但这些都是很难用来描述生活于其中的人们的具体生活语境的。事实上，语境与我们要测度的本体存在一定的距离，因为权力运作有可能会在本体论层面针对特定现实进行配置。比如，马顿斯、琼斯、伍德沃德（Marston，Jones and Woodward，2005）认为，德勒兹的扁平本体论将规模的概念与对现实的分析分离开来，而在我看来，真实在标量范围内以一种垂直的方式进行的自我生产，已超出了虚拟的范畴。

所以，当考虑到存在的某些层面，比如宗教或衍生品或流行文化时，我们必须细致地将问题恰当地置于某种维度的语境中。当代世界的许多分析将不同语境的逻辑合并在一起。例如，有的理论将场域物质性的过程结构与他们生活（辖域）的呈现方式相等同。因此，准确把握场域和辖域这两个概念是重要的，二者是有区分的，或者说至少有临时性的区分，辖域中生活的现实不一定与特定区位的物质性相对应，而多种形式的语境在任意时刻与这种物质性的接合是由多种因素决定的，是偶然的。[22]语境理论的自我反思在其理论化的过程中，不只体现为不同的流派或模式，也体现为它们之间的接合。

从语境到情势

有许多种批评模式适用于激进语境主义的分析实践，它们在不同程度上构成了不同形态的文化研究：马克思的特定历史实践、福柯的社会和话语机制分析、实用主义的知识与实践、德勒兹和加塔利的现实生产理论。虽然这些都已经或可能对文化研究产生影响，但是它们并不能规定文化研究中理解语境的主要方式。如果语境是文化研究中的主要研究对象，那么它通常可以被理解为情势。情势这一概念出现在对马克思主义政治理论的讨论中，尤其是在阿尔都塞的理论和葛兰西学派理论。[23]文化研究中心从事实证性理论研究的研究者在文化研究的课题中重构了这一概念，如马丁·巴尔贝罗、康可佩尼、古哈等。

对文化研究而言，情势主义是一种政治性的选择，它假设在一定层面的分析中存在或最接近某种政治斗争的可能，而完成对文化研究的理解就是试图在冲突交织领域达成一种临时性的力量平衡。因此，霍尔（私人通信）明确指出："不是由一般的哲学命题所驱动，情势是我们每个人都应学习的……但也存在着其他各式各样的研究形式。不是所有的历史……需要成为情势的历史。"但是在情势层面上，文化研究认为，知识是最有用处的，也应完全实现与政治博弈相接合的可能。

情势不能通过位置、辖域或图表推演，而是由不同形式语境的特定接合所构成。更为具体地说，矛盾的接合、聚集、凝缩成为情势的特征，情势是多种情形的交织。形势是一种对充满着断裂和冲突的社会形构的描述，它基于多条轴线、侧面和维度，通过不断的博弈和协商这样一种繁复的实践过程，探求暂时性的平衡或结构性稳定。多重力线的复杂性生产，也充满着推动性的力量与阻力，它们共同营造了一个瞬时性的空间。也就是说，情势是被组织建构的，可以言说的。

情势是对变化、接合与冲突的描述；它阐释了动态的多样性的统一，虽然这种统一是被临时性组配的。情势由多重接合所建构，它们之间相互叠加、冲突或强化，在力线与转化、去稳定化与再稳定化的过程中，产生了不同的临时性空间，但绝不是矛盾与争论混沌的接合组配。因此，情势从总体上来说，是暂时的、复杂的、易变的，需要研究者通过政治分析才能把握。语境和情势有着复杂的关系。任何语境包含的情势可能不止一种，语境和情势是多重的、重叠的、内嵌的。

情势是一种聚集/浓缩，引出一个特定的问题（或问题设置），即情势的构成，我将在下文中对此予以简要阐释。情势分析聚焦于作为复杂接合整体的社会形态（尽管如此，这里的社会形态并不是有机的整体）。情势旨在改变力量的配置，伺机达到一种力量的平衡或临时性的协调，它强调一个领域始终由多种因素决定，所达到的再次组合只是暂时性的稳固。情势也有暂时性的不同级别：在持续性上，一些绵长，一些则相对较短。然而，对某些情势的分析不能被理解为全部工作的完成（其中的任何事物都与其他事物相联系）。

构成情势整体的要素是不确定的，它们通常以一种社会危机的形式存在（而未必是必须经验过的）。霍尔（Hall, 1988：127）指出，情势这一概念描述了"特定地域的复杂性历史危机，这种危机以一种不均衡的方式影响作为整体的国家——社会的具体形构"[24]。情势是这样一种时刻，即当不稳定的矛盾出现于社会形态的任一节点之时，矛盾的斗争便显而易见，或成为一种自觉的行为。在这一特定时刻，矛盾和斗争的组配本身作为一种政治社会（有机）危机相接合。某些情势以深远的有机危机为特征，某些情势则以较小的不明确、失衡的仍在博弈中的危机为标识，而另一些情势则通过较为"消极的革命"而得以显现，或至少以其为特征。危机既不是客观的给予，也不是分析者直接的创造，它是情势形成的标志。更大规模的政治冲突在多重语境力量的博弈组合中爆发，而不是完全独立的两大阵营之间的战斗。或者进一步说，危机是常有的，但各种社会问题和差异性矛盾能演化为大的冲突。这就是葛兰西描述的相互博弈的政治团体（联盟）之间的阵地战。这些团体既不寻求绝对性的支配，也不谋求思想上的共识，它们有能力识别危机，并在广阔的社会形态中发挥领导作用从而化解危机。

一般认为，情势有必要在民族-国家的层面上来界定，但面对可能的复杂性和偶然性，这种界定往往是失败的，或者说，对情势概念的分析可以让我们认识到作为情势的民族-国家的复杂性和偶然性。准确地说，民族-国家是标榜着特定欧式现代性机制（政治制度）的多重语境的接合。所以，一方面毋庸置疑的是，民族-国家要维护自身居于主导的现代性语境，但是另一方面正如许多分析者所论述过的，这种维护存在着诸多不可能性，犹如通过一种"不稳定的连字符"将其连接起来（Gupta，1998）。有争论者指出目前的危机具有毁灭性，我认同约翰·克拉克的观点，他认为这种毁灭性的认识在民族-国家的历史上并不鲜见，我们最好将其视为"一种令人不安的错乱"，它是各种因素的偶然接合，且需要不断地加以维护。情势一直都被视为一系列多变因素的复杂接合，它要求付出多种劳动来维持不断变化的形态和密度。在我看来，我们围绕民族-国家来定位当代的冲突，应在针对情势现代性的更广泛斗争中进行。

情势分析（作为一种政治理论的分析实践）至少提出了三个层面的关键性任务。第一，判断"何时且如何从/未从一种情势转向另一种情势"。这就是为什么文化研究的首要任务始终是思考"什么是我们所应该应对的情势"（与霍尔的私人通信）。第二，与之紧密相连的是，它要求每一个分析必须在新与旧［或用雷蒙德·威廉斯（Williams，1977）的说法是在新兴的、处在主宰地位的和边缘的事物］、相似与差异、有机与连带（偶然）之间达到恰当的平衡。第三，审视我所称之的区位、辖域和地域三种维度的接合。

文化研究的问题域

同时，文化研究的意义并不仅仅是不断发现或断言一切都是关联的、综合的，这些都不过是一个个文化研究设想。文化研究需要在"严格尊重特定历史条件的前提下进行"（Hall，1980b：336）。因此，文化研究不能事先假定，并独立于历史人文环境之外。换句话讲，文化研究者最关注的问题是文化研究的复杂性，而这种复杂性是在分析操作中得以体现的。所以，一种常见的认识是错误的，这种认识认为，文化研究是关于意识形态和表征的理论，或是关于认同和主体性的理论，或是关于大众传播的流通理论（生产-文本-消费），或是关于霸权的理论。尽管这些理论经常出现在文化研究所讨论的议题中，但将其视为文化研究本身，是对文化研究的误读。文化研究激进的语境主义逐渐削弱了我们所提出的任何一种假设。我们需直面的挑战是某种普世法则，在这种法则之下，整个世界总是（甚至是勉强地）在解答同一个问题的过程中向前发展。很多时候，我们所涉及的讨论并没有针对性的限制，我们发现理论是行之有效的，我们所讨论的问题也总是在各种条件和环境的影响下形成的。但是，文化研究的某种"狭隘主义"形式，包括当代的世界主义，使我们很难接受当代社会文化分析应直面的斗争复杂性，因此，这削弱了我们对选择的未来进行广泛讨论和想象的能力。

文化研究首先允许学院外的世界（也经常以特定方式在学院内）对我们提出问题。这些问题有时源于研究者自身的背景、政治因素和利害关系。我意识到这里有个显而易见的矛盾，"真正的"语境是建构的，这种建构既包括分析语境，也包括分析我们所提出的问题。语境的建构不是自说自话，但文化研究认为语境的物质性和对话性可以是自圆其说的（如果文化研究仅是在政治的诸多可能性中进行）。文化研究从一开始就认识到，结构化的语境不仅体现权力的关系，而且还与政治上的愤怒、绝望和希望相关。如果文化研究试图理解人，那么它必须从理解人们日常生活中希望与失望所建构的接合开始。当然，这并不是说文化研究的分析应当在其他研究方法终止的地方终止，或甚至是使用其他研究方法的论断。文化研究自觉地将现实中肮脏（有时是令人不快）的权力引入知识的实践，并作为在学院体制内外的一种操作方式，并没有由此而损害知识的逻辑。

要理解当代文化研究中心在文化研究中付出的努力，就必须回到中心本身所处的语境，或更具体地说，是所处的情势。对我来说，情势关注的是社会变化。霍尔（Hall，1990：12）指出：

> 在我看来，文化研究真正开始于战后英国对社会文化变化本质的讨论。文化研究试图应对传统文化尤其是传统阶级文化的解体，记录消费社会的新形式对英国社会金字塔式的等级结构产生的影响，努力协调大众媒体和新兴的大众社会的出现对旧欧洲阶级社会的破坏性影响，以文化的方式将拖延已久的英国拉入现代世界。

正如霍尔（Hall，1990）所言，至少文化研究中一部分具有决定性的情势出现在 20 世纪 60 年代的大学危机中。这种危机被一种日益增长的力量所界定，这种力量被知识的科学模式以及作为一种贯穿于文化、政治、经济等领域的意识形态的"科学主义"的出现所界定。但是，"科学主义"在社会科学和人文科学（在更为广泛的且不相关的精英主义、神秘主义）领域的迅猛发展，令人不安。

危机并非仅限于大学，也包括知识本身，不仅体现在学院之内的生活和经历中，同时也体现在西方许多的主流文化机构中。我认为，当代文化研究中心的霍加特和霍尔，也包括美国的凯瑞（Carey，1997a）在 1963 年提出的文化研究，着力于语境分析，便是对认识论挑战的明确应对。在此，我想援引霍加特常常使用的名言，这也是我在研究中心经常引用的。他说："愿上帝使我们远离偏狭与牛顿之眠（Newton's sleep）[①]"（威廉·布莱克）。尤其是在战后的语境中，科学的权力和地位的不断膨胀对认识构成了最基本的挑战，更具体地说，所谓科学认知的不断发展为认知提供了唯一正当的路径。因此，另一种在本质上"激进"的知识作为一种探索方式——无论是霍加特对于文化文本的解读[25]，还是威廉斯对社会生活中任何实践的认识，甚至凯瑞文化交往理论的观念——不再囿于科学主义的狭隘视野，更不是享有特权的狭隘视野（我认为，包括审美形式主义或宗教原教旨主义）。在通往对任何假设和减少的广泛批评的道路上，这只是前进了一小步，但却使得知识分子本来的工作更为简易，更不至于为人们研究出某种结果的能力感到惊讶。

在文化研究的早期，认识论的挑战及其问题域围绕着经验的范畴展开，如霍加特（Hoggart，1957）指出的"感觉生活在一个特定的时间和区域中"，威廉斯（Williams，1961）对交往过程和情感结构作出的理论化认识，凯瑞（Carey，1989）所支持的仪式和社区的概念。但是，努力应对这样的问题不需要集中在经验的问题上。比如，福柯（Foucault，2003：9）的研究在很大程度上可以视为对这一问题域作出的另一种解答。"谱系学是明确地反科学的……是对以权力效应为中心机制的反叛，这种机制与我们这个社会中科

---

① 意指牛顿物理学观察事物的角度犹如井底之蛙。——编者按

学话语组织制度化的运作密切相关……谱系学必须反对那些被人视为科学的任何以权力效应为特征的科学论证话语。"

但是，我不想建议或让人们相信这种认识论的问题域不再与文化研究相关，或者在某种程度上与已经消失的战后时期的语境的要素存在某种联系。事实上，自从20世纪50年代以来，这一问题域就一直存在，如果要说确实发生了一些变化的话，只能说近年来对这一问题域的研究变得更加紧迫，尽管也出现了多种形态的研究。目前，我们所面临的认识论危机，很大程度上是由我们（知识分子）自己造成的，至少在美国是这样。我相信，存在一个影响范围更广、更深的危机，它并不局限在高等教育机构中，同样存在于由企业、资本化所支持的非专业性的学院。面对资本的进入，我或许能感到一些不安，但资本进入（出于理性民主的错觉）这种状况将一直持续下去。我们不满于大学的企业化，但大学式的企业或许是一种好的形式。我们面临的问题，并不限于此，而是更广泛的。对许多人来说，不同的政治派别、教育均遇到了"麻烦"。当然，对问题的内容进行诊断与假定的政治预期之间，会有较大的差别。不过，有人可能会说教育的概念、意义和价值似乎是最不好确定的，甚至是最容易被攻击的。更进一步说，知识、证据和理性判决的概念、价值都是不确定的。事实上，在对美国社会结构未来配置的研究上，当代理论关注的核心是其现代性问题（Grossberg，2005），这涉及对知识的意义和教育世俗主义的价值的界定，以及重建"知识分子"的权威。

我们不应认为，科学主义不再是文化研究问题的一部分。然而真实的情形比我们通常所认识到的更为复杂，因为科学不仅在大学里居于统治地位，在各种公共领域亦是如此。与此同时，越来越多的文化知识分子对科学权力（和还原论）的稳定性表示怀疑，对新出现的一些研究范式（比如，更为复杂和混沌的新生命科学范式）抱有深切的同情，虽然他们使用的语言看似与我们相同（很长一段时间内都不被视为人文科学），但我们却不能分享他们的研究经费。我们忘记了自己所处的险境，因为科学主义并不是一种特定的范式，而是某种特定的言说立场，尤其在知识和证据层面上持有权威性。科学关注的是我们使用的概念，如复杂性或原生性，是对现实多重性的概括，也正因如此，科学并不愿意让别人分享它的权威。

人文科学领域对科学的批判基于"基础主义"的观念，这种观念相信科学对任何一种伦理或认识论的决定都存在一种内在的旨向。这需要真正具有普遍可能的知识，它基于直接经验性的观察或通过逻辑（数学）推演世界的能力。传统上，这种观点还假设不仅观察者的独立客观性是可能的，而且知识是规范的，但是这种观念受到各种科学观点越来越多的挑战。一元性地描述现实的模式构成了单向度的知识，然而研究的最新进展打破了这种认知方式。但是，需要指出的是，我们并非要完全放弃独白性的知识，作为一种学术运作方式，它仍存在于更为广阔的学术机制中。

大脑是用来思考的这一主张得到越来越多人认同，思想的语言可以制约理性科学的霸权。与宇宙创造论相对立的进化论无疑推动了进化和遗传生物学话语的流行，而且它显然也可以解释人类的生存和繁衍。G. W. 布什诋毁各种类型的思考，而对这种诋毁所作的辩护将科学置于一种更加权威的地位。科学的权威性地位与科学的透明度密切相关，大众媒介中的科学家在经济领域发挥着科学般的权威性作用。对于目前的科学权力最具讽刺性的是，它常以权威科学的姿态来"发现"我们现在已经知道的事物。

在我看来，认识论问题，包括科学主义和还原论的问题，构成了当代文化研究中心文化研究的一部分。认识论问题形成了文化研究所涉及的以及必须回应的对话和政治空间。但是，我认为不同时间和不同空间的认识论问题，已经与其他探求的问题达成了一种接合。

在不同程度上，文化研究必须回应不同情势中时刻发生着变化的"错综复杂的问题域"。我认为文化研究的形式取决于它的语境，即文化研究和其他新兴的理论资源，在某种程度上是对"经验"变化的反应，以适应不断变化的政治挑战及需求。以往没有一种理论如文化研究这样的研究课题是如此复杂，正因为这样，我们有可能会受到较为常见的批评（Mulhern, 2000），这种批评将文化研究视为具有单一性视野的工作，例如，将文化研究视为对社会变革的文化批评，这构成了威廉斯（Williams, 1958）所谓的"文化与社会"的传统。然而更准确地说，对威廉斯而言，文化研究打破了反对将文化与社会相分离的传统。

通过简要概述戴维·斯科特的论述，我将试图解释"问题域"这一概念。很多文化批评挑战的是那些被视为理所当然的回答，比如这些回答常打着解构主义、历史主义和反本质主义的幌子，却很少关注它们本身的问题。斯科特指出，我们将"问题域"作为一种情势，"在不同概念-意识形态的层面上思考历史情势的问题域……思考这些问题域不是由新的立场所推动，而是基于新的问题和新的要求"（7）。换句话说，如果文化研究是对情势作出的回应，那么文化研究必须理解自己的具体问题和需求构成。当然，问题域作为一种隐喻性的对话，在研究者和语境之间呈现。问题域的识别对情势构成至关重要。情势本身由重叠的语境构成，我们不能认为即使在紧要关头情势中也只有一种问题域。错误地分析一种情势并盲目地识别其问题域，不能真正达成对发展中事物的理解，将我们从这里引向其他美好地方的政治策略也会失败。问题域构成了语境或情势，这种构建或者依据问题的边界，或者依据相关的各种可能的一系列具有决定性的因素。正如马西指出的："真正的政治需要强调识别（地域）的特殊性，并解决它们提出的特定问题"，而无须"整体论的认识"。

同样，福柯也认为，地域会受到（某种针对性的）限制，这种"问题化"被福柯用来将"唯名论"从现实主义和建构主义的立场上分离出来：

> 当我说我正在研究"问题化"的疯癫、犯罪和性欲时，并不是否认它们作为现象真实存在。相反，我试图表明，正是世界上的一些真实存在，在既定时刻成为如此真实的话语和监管的目标。我提出的问题是：如何以及为什么不同的事物能在世界上聚集，它们具有各自的特点，能够被分析和治疗，例如"精神疾病"？哪些因素与给定的问题化相关，即使我不说构成"精神分裂症"的特点对应着世界上真实存在的东西，而与唯心主义无关？因为，我认为在问题化的事物和问题化的过程之间存在一种关系，问题化作为一个"答案"回应的是真实的具体情况。

我想用问题域或错综复杂的问题的概念，指出过去40年中文化研究的不同形式（Williams，1998b）。这些形式的文化研究至少与六种不同的问题域（这些问题域之间常常是互动的）相关，这些问题域由情势所处的地域产生，且是具有认识论基础的。我想指出，这些问题域不是唯一的，或者它们是简单的和非常确定的。在很多种情况下，文化研究回应的是一些复杂或混杂在一起的问题，正如这些问题在一个特定冲突的时刻可以接合在一起（比如，妇女研究组织）。我已经以认识论冲突的形式描述了第一个问题，而且在某种程度上，文化研究存在于英语世界。我想指出的第二点是，恰如霍尔所认为的，在当代文化研究中心开展的文化研究以其丰富的形式回应了快速变化着的激进文化。在英国经常讨论的问题是"英语"文化的"美国化"，且认为"美国化"威胁到了"工人阶级文化"。但不可否认的是，不论在英国还是在世界其他地区，（通常是美国的）大众媒体流行文化的全球扩张是事实。

第三，我们可以确定文化研究包含有抵抗性特征的问题域。文化研究要叙述某个事物，这种叙述是"用抵抗的叙述取代屈从的叙述"（Scott，2004：117）。这个问题域非常明确地认为并不存在宰制和屈从的简单对立，前者具有完全"殖民"的可能性（即使不能真正地实现），而后者处于消极被动的地位。它强调了人们那种使资源让步于自己的需求和欲望甚至是各种阻力的能力。我认为，抵抗理论的发展体现为两种范式：一是与英国文化研究相关的以象征性抵抗为特征的亚文化理论；二是文化交往理论，用于理解生产和消费的模式或编码和解码。[26]这两种范式均主张积极受众的观念。这个问题域在20世纪的历史中一再出现，既是左翼思潮的革命性的主题，也是美国所谓大众文化讨论的主题。在当代文化研究中心，这项研究描绘出了文化研究的图景，并作为民族志与各种形式的意识形态分析相协调。

第四，我们可以确定文化研究包含一个主观性的问题域，它的目的在于反对现实主义和本质主义的同一性观念，以提升经验的权威。这里的文化不能被理解为一种交流，而是经验和意识的产物，且不可避免地涉及不同符号结构建构的同一性和主体性概念。所以，文化研究反思控制其本身的形式与实践。这项研究很大程度上基于符号和后结构主义的文本性理论［奠基于拉康、德里达和阿尔都塞（Althusser，1971）的意识形态和询唤理论］，在英语世界中的文学和电影研究、女权主义和种族批判理论等领域取得了较大进展。美国的一些研究也被称为文化研究，这些研究多是从多重文化政治的维度对文化研究进行界定。

第五，我们能够确定文化研究包含国家政治霸权的问题域，构成了现代国家政治/经济斗争的轮廓。这一问题域源于 20 世纪马克思主义理论对国家权力本质的探讨，最明显的研究范例是当代文化研究中心《操控危机》的出版和对《帝国反击战》的相关研究，二者详细分析了撒切尔主义与社会生活的关系，霍尔、雅克、克拉克、吉尔罗伊、麦克罗比以及其他相关学者是有代表性的研究者。但是，在世界许多地区均存在国家政治霸权的问题域，对其的研究表现为三种模式：20 世纪 70 年代世界危机之后的资本主义和资本主义文化的再全球化；战后在"第一世界"和"第三世界"发生的与自由主义相关的各种冲突和一系列解放运动；各种新保守主义（和反殖民主义）运动的崛起。这项研究涉及历史性集团或联盟间的部分冲突，冲突的目的是通过对一定辖区内流行文化的操控以赢得特定形式的国家政治经济权力。这是一场立场的战争，最初由葛兰西将其理论化。葛兰西提出不同的国家权力模式，用以反对将运动战作为解决两个势力均衡的集团间重大战争的设想。争夺霸权的冲突是一种持续性的政治任务，波及社会文化的各个领域。作为一种权力模式，它一方面与高压政治不同，另一方面又与实现意识形态共识和殖民的虚幻性努力存在差别。但令人惊奇的是，该问题域的重要性将文化研究引向国际范围，几乎没有接触过文化研究这一问题域的美国学者，其研究也与之存在着相关性（Grossberg，1992）。

第六，我们要讨论的是历史周期的问题域，它更多关注一些能引发"划时代"变化的危机，包括后现代主义在全球范围内走向新自由主义、社会控制、帝国等。在英国文化研究中，对这些问题的关注集中体现在不太知名的《新时代》（Hall and Jacques，1989）这部著作中，且引发了其他论著对殖民和后殖民问题的讨论。显然，我希望我在本书中所做的努力能够阐释（多重）现代性的问题域。

对文化研究最常见的指责是，文化研究没有任何固定的研究方法。当代学院体制下的研究往往沉迷于能够严格解决问题的方法论的来源,而我认为在文化研究中尽可能地寻找一种固定的方法是错误的观念,因为文化研究不能固守一种"方法",除非对语境和关系进行重新构建并将接合视为一种方法。对方法的迷恋反映了当我们面对科学宣称的"严谨"和学科融合(在过去几十年,学科在很大程度上坚持着较为严谨的方法论)之时内心所产生的不安。对特定语境以外的方法,我深表怀疑。这些方法不太可能会进行自我反思且研究效果也不能令人满意。[27]

事实上,我们对所使用的任何方法都有必要进行这样的追问:我真的了解我使用这种方法所能产生的效果吗?答案往往是不尽如人意的。而且,文化研究的任何方法都应在其本身秉持的关联性、语境和偶然性等条件下进行反思。所以,我认为问题依然存在,应思考如何在文化研究的旗帜下开展研究,应思考它的分析实践是什么。在此,我只能通过一些我自己的研究和教学实践来回答这一问题。

我认为,文化研究最困难的时刻也是最关键的时刻,在这一时刻有助于问题的出现、问题域的确定,以及判定情势是由什么构成的。问题是通过研究者兴趣和情势需求二者之间的互动得以明确的。然而在文化研究早期,二者之间不能达成有效的"倾听",成为文化研究面临的困难。也就是说,文化研究的问题必须能回答这个混乱和复杂的政治现实世界,且这种回答是文化研究本身的责任。但需要指出的是,发现问题对研究而言才是最难的。

面对问题,需要追问的是我们的研究需要什么类型的资料,需要何种方法收集或生产这些资料。在我的研究中,我使用的材料都是源于我所能找寻到的(通常以剪贴或做笔记的形式收集材料,以文件夹的形式对材料归类细分)。我尽我所能地将对材料的研究系统化,但我也承认这在某种程度上难以完成,即使研究具有一定的代表性。我认为,处理资料的模式存在着质的区别,但各种处理方式(无论是解释学的、民族志的,还是统计学的)是平等的。每一类材料的收集,我们都要问自己能从这些材料中了解到什么,可以学习到什么?我亦用同样的方式进行材料的分析实践。我赞成使用可以帮助我们解决问题的任何方式。但是,无论研究者做的是民族志研究(例如读者研究，发现人们如何处理文本，或他们认为文本是什么意思）还是其他形式的文本分析，我们都需要追问现在我们已经知道哪些是未知的？

但所有的这些仅是开展文化研究的前期准备。我们必须努力将这些材料/分析，接合为一种情势，组配成一种现实。这是一种接合与组配的实践。我经常将拼图游戏（或乐高，或建筑拼装玩具）作为一种隐喻，虽然理论上拼图游戏不断变化但事实上它改变的仅是自己。可以展开这样一种想象：一个人将许多不同的拼图板块丢弃在盒子里并扔掉封面图片。他刚开始可能对要组装的拼图只有一个模糊的想象，每一个板块的拼接及其功能均不能从外观上看出来。零碎的板块无法总是，可能也不经常被巧妙地接合在一起，其他板块的散落使得我们努力地进行拼接，而不是被复杂的困难击溃。板块可以多种方式接合在一起，且它们之间也经常会有摩擦、重叠、对抗；它们往往会改变彼此，就如同它们之间开展着竞赛一样。很显然，隐喻是不能持续的，但它能帮助我们描述语境重构的过程，并将这个过程和一系列的冲突具体化。

文化研究的任何形式都需要不断反思自己的语境、自己提出的问题，以及应对挑战所使用的方法。对一些语境的自我反思是必需的，因为文化研究要适应（提出的问题的）需求，况且语境存在被某种因素限制和约束的可能。这种限制和约束的因素包括可能处于分散状态的知识实践和资源，以及其构成在语境中做出的政治-知识工作的承诺。文化研究一直设想着对语境及其地域、关系进行分析，质询着它自己提出的问题，这些问题是能想象到的概念类别，这就是为什么文化研究的最难之处在于发现问题。语境是我们研究的开始之处，也是终结之处。从开始至结束的轨迹，为我们达成对语境更好的理解与阐释提供了衡量的标准。

激进的语境主义破除了以往我们开展任何研究时所抱有的幻想，因为那时我们希望放弃对复杂性、偶然性、争论性、多样性问题的探索，而现在这些因素成了文化研究的特点。在多种情况下，面对紧迫的政治需求，文化研究学者可能会倾向于接受各种单一论、简化论、本质论等与文化研究相对立的概念。在多种情况下，作为知识分子，我们不愿意从正在发生着什么的未知领域开始我们的研究，就好似我们昨天是在别处工作，今天就不会出现在这里。相反，我们随时都拥有许多理论化和政治化的工具，足以使我们在应对紧迫的需求之时不会手足无措，因为我们一直在寻找阐释的方法，知道怎样对事物作出阐释，且能一再证明我们使用的方法是正确的。我相信，文化研究可以揭示我们所不知道的事物，始终在寻找能为我们带来惊喜的生产者、对话者、受众及支持文化研究的地区，并为了提供一种更好的描述和说明——不回避复杂性、偶然性和争论——始终保持着对未来敞开的可能性。

因此，文化研究必须避免两个越来越诱人的陷阱，以使分析者摆脱困境。第一，把自己的政治主张（也有可能是基本的常识）视为分析的结论，这种认识一直认为在别处已经完成了研究（但实际上总是缺席的）。政治欲望战胜了实际的实证和理论分析工作。在极端情况下，党派政治新闻（有时会恶化成御用式的咆哮）会代替知识分子的工作。文化研究认为不管政治的动机和希望是什么，是否在政治的影响下开展特定的研究并形成分析结论，都必须与政治的自我确证相斗争。第二，认为世界的存在是为了说明我们的概念。不是通过理论而是绕过理论，用理论来代替社会分析，用类别的理论化完成对情势的描述。对具体事物进行语境分析，哲学本体论的方法是不适宜的。文化研究要求我们将概念和经验（但二者从来都不是清晰分离的）结合起来，但也存在经验干扰概念的可能性，甚至前者可导致对后者的新描述。正是这种可能性，出现了当代批评工作的诸多形式。

最后，文化研究拒绝将知识分子越来越多的努力简化为单一的生产与效率（通常是实用主义的）的逻辑，就如同将所有的学识限制在同一个事物中。相反，文化研究以一种文化实践的方式对自己的存在进行反思，接受甚至捍卫自身不可避免的影响和效应。毕竟，文化研究展现出的较为显著的特点是文化实践的影响很少出现在你希望的地点或时间段内，而是几乎出现在别处和其他时间段内。如果知识分子工作（干预）的影响是即时的、显著的，正如政治干预的其他形式那样，那么对文化实践和文化研究而言也是好的，但令人遗憾的是现实往往并非如此。

虽然文化研究试图改变自己工作的语境，但很少能或没有信心实现自身工作的即时性效应。文化研究仍然坚信知识分子工作的重要性，即使不是我们的救世主。文化研究不能拯救世界，甚至不能拯救大学，相反，文化研究只是对灵活且激进的知识-政治实践给出的一种最为适宜的建议。文化研究试图创造更多的知识以更好地服务这个世界。同样，文化研究也可能在为人类创造一个更适宜、公平的世界的目标上提供些许帮助。毕竟，糟糕的故事会导致糟糕的政治，但这一事实并不能保证好的故事就能形成好的政治。在知识和政治之间，没有必然的联系，只有它们相互接合的可能。[28]

注释

这篇论文曾作为会议主旨，首次发表在2004年伊利诺伊州厄巴纳举行的"文化研究的岔路口"第五次会议上。我在《斯图亚特·霍尔，文化研究和形势哲学》一文中详细阐述了其中的一些想法，并于2004年夏天在西印度大学（牙买加）讲授过这篇文章，此文收录于布赖恩·米克斯（Brian Meeks）编选的《文化、政治、种族和散居犹太人：斯图亚特·霍尔的思想》一书中。我应当感谢斯图亚特·霍尔、爱德华多·雷斯特雷波（Eduardo Restrepo）、多林·马西（Doreen Massey）、约翰·厄尼（John Erni）和雷纳·温特（Rainer Winter）诸位先生和我的同事约翰·皮克尔斯（John Pickles）、阿图罗·埃斯科瓦尔（Arturo Escobar），他们对我早期的手稿提出了颇有价值的批评意见，同时我还要感谢我的研究生，他们的参与也促进了对话的进行。

[1] 尤其是在美国，我认为没有多少证据显示出文化研究在这一时刻经历了自我反思，就如同文化研究所宣称的那样。相反，批评工作往往通过将自我反思转化为自我参与的方式，使自身变得更加狭隘、向内观和个人化。恰如多林·马西（私人通信，2015年4月18日）指出的：对于批判的知识分子来说，太容易将注意力置于个人（内部）认同和记忆的问题上，置于作者所生活的西方世界的城市中。

[2] 虽然我主要利用斯图亚特·霍尔的话语，但我相信在当代文化研究中心的工作中，这种方法从一般意义上来说是可行的，雷蒙德·威廉斯等其他人关于英国文化研究的分析亦是可行的。在此我想说明的是，我不是说威廉斯或者中心的其他人都自觉秉持激进的语境主义，而是认为它只是一种实

践导向，尽管有些词汇并没有言及这一点。当然，对激进语境主义的承诺可能或多或少地（意识或未意识到）存在着不同的实践和实践者。但霍尔告诉我（私人通信，2015年4月10日）："绝不要相信出纳员，要相信这个故事。"

[3] 我认为当下并没有继续着20世纪60年代的"神话"。相反，我认为五六十年代的发展已经塑造了西方社会，即使不是全球化的话。在20世纪60年代之后，这些不同的运动变得更加分散，缺少了凝聚力，它们不再集中于少数区域的研究机构，比如大学。

[4] 这些争议往往被简化，比如将理查德·霍加特和斯图亚特·霍尔之间知识、系统和政治的差别取消。

[5] 我记得在研讨班第一次课上理查德·霍加特分发威廉·布莱克的《老虎》中某一节的复印件给我们。经过几个小时的讨论和分析，我们准备集体朗读给霍加特听。尽管我们有信心，因为我们精读了纸页上的词语，但是霍加特打击了我们的信心，指出我们应精读整个文本。

[6] 集体课题"治愈婚姻"目的是要明晰如何进行集体课题的攻关。但令人遗憾的是，由斯图亚特·霍尔起草的最终研究报告却不慎丢失，虽然我有希望能够使用他的笔记重现撰写它。有趣的是，早期的研究项目不仅关注媒介中的女性问题，而且关注男女平等。

[7] 霍加特和威廉斯早期关注日常生活的体现和影响等问题。

[8] 布伦斯登（Brunsdon，1996）指出，当代文化研究中心的学生几乎没人能完成这个研究。

[9] 当威廉斯（Williams，1979）被问及20世纪60年代大学文化的变化时，他回答说老师们从未或愿意放弃问问题的权力。也许这种观点根植于许多非传统的教学领域，也正是那些身处于传统研究之外的文化研究者们开启了他们的学术生涯，且他们中的某些人成为文化研究的关键性人物。

[10] 解构描述了这种逻辑，但是解构不能进行重复的破坏，也即表明解构无法完成彻底的否定。

[11] 文化研究提供的不是一种理论观点或立场；一些理论无法避免理论隐含的假设，这种假设认为理论的观点为理论自身的身份和认同所限定。相

反，文化研究认为一种"情境化知识"（Haraway，1998）作为一种知识图谱是思考的轨迹，是对真实的"组配"。因此，文化研究要求对自我在世界中所涉及的"行动"路线进行严格反思，但这并不是对原有意图、身份或限制因素的再次确认，因为你所关心的真正起限制性作用的因素是你不知道的。

[12] 我想确认当代另一种激进语境主义的思路，它被命名为福柯谱系。福柯（Foucault，1977）提出了一种作为语境实践的方式：（1）将事件理解为力量关系的特定接合；（2）偶然性理论；（3）"在毫无希望之地"寻找事件；（4）对抗记忆以改变历史的瞬时性。我要感谢乔希·施米克（Josh Smicker）在这些和另外一些重要事情上的帮助。

[13] 与德勒兹的装配（assemblage）理论相关，但又不完全一样（Deleuze and Guattari，1987）。

[14] 这是一个有争议的话题：威廉斯究竟在何种程度上将文化视为整体生活方式，就好像这个整体是和谐的、可交流的？（Hall，1993；Gilroy，1987）

[15] 因此，我同意的是霍尔文化实践中包含的精神，而不是相关脚注。

[16] 由此可能产生的一个问题是，一般来说语境分析是可以围绕一个单独的问题，还是必须围绕许多不同的问题进行，以通过跨越式接合来组构语境。我比较倾向于后者。

[17] 为了建立一种"新"的文化研究，针对各种挑战和资源利用进行了广泛且富有成效的理论化讨论（Hall and Birchall，2006）。

[18] 我没有着重强调经验的现象学理论。事实上，一些经验可以简单地视作一种事件，它们被包含在现实生活的领域中，而无须任何特权。因学科定位问题我不会涉及太多，但要指出的是我们生活的辖域依然依赖很多事物，包含住在哪里、如何定位邻里关系等。

[19] 我认为机器的识别形式充其量就是一系列的简化形式，但是这些形式仍然是有用的。德兰达（De Landa，2006）就德勒兹与加塔利共同开展的社会文化分析进行了大量的研究（稍后我将重复他们的工作），这有助于将我的主张与德兰达反对整体性的理论区分开来。德兰达理论的特征注重"内部

关系","内部关系：组成部分是由一些关系构成的，且这些关系与整体中的其他部分也存在着联系"(8)。与之相对的是，"现实主义社会本体论"（德兰达的术语）奠基于表现理论之上，表现理论认为组配成整体的元素来源于外部。德兰达认为，整体理论是黑格尔派哲学家主张的，这种主张假定整体"是由部分凝聚成的无缝之网"(10)。我赞成语境主义的本体论，这种本体论认为组配成整体的部分不存在于整体的外部，而在于组配机器的过程一直处于变化状态，且改变着现实，所以，最新的接合，就是最新组配的过程，就是重新组成了一个部分。在这种情况下，我认为对部分的认同是在组配之内的一种建构，而没有落入黑格尔学派的内在关系模式。德兰达的理论取决于他创建的新二元论，新二元论与整体、部分所决定的效应与外在性关系形成的效应相关。二者的区别类似于英国经验主义主要和次要的效应。但是，如果我们认为这种效应只是语境效应的现实化，且组配是不均衡的、偶然的，（是非黑格尔式的），那么，外部关系的组配就会由高原的功能决定。德兰达没有沿着这个方向进行研究，因为他把层阶与组配的整体等而视之，而不是将层阶视为特定类型的分层装置，视为高原的多重组合（在这种情况下，德兰达不认同场域的空间和辖域的理论）。由此，德兰达认为整体是一种内部的组合，而不是总体性的生产或组织构成的现实性生产。其差别在于，德兰达主张的扁平化本体理论，肯定的是现实"包含不同规模的有个性的个体"(28)。毋庸否认任何组合的特殊性，我想强调的是所有特殊性组合都存在于同一个平面上（但不是在同一个高原上），因此，没有先验的力量可以通过层阶机器生产层阶产品、分配部件、创造两种群体——材料（内容）和表现，实现辖域化（非领地化）的"合成过程"。他把这些稳定与不稳定的因素分别加以对待。他指出，另一种（次要性的）合成过程——编码与解码——作为一种操作（包括基因操作和话语操作）只停留在表现的平面，姑且用"特定表现整体的身份生产与维护"(14)的说法。有关德勒兹及其文化研究的论述，参见斯莱克（Slack，2003）和塞格沃思（Seigworth，2006）。

[20] 德勒兹和加塔利将阐释"n—1"这一解构主义的过程。也就是说，不注重任何整体性组织，仅揭示虚拟性的纯粹"变化"。在此我想强调的是：

(1) 块茎存在于真实和虚拟之中；(2) 块茎从本质上来说不必然是有序的，也可能是专制的。

[21] 有时它们也被描述为机器流程、技术或设备。

[22] 在文化研究中这种间隙是很明显的。比如，在"编码-解码"模式中，对话语或社会现实能否决定人们创造或处理特定媒介文化的生活现实是有争论的。

[23] 参见阿尔都塞（Althusser，1970）、葛兰西（Gramsci，1971）、拉克劳和墨菲（Laclau and Mouffe，1985）、巴里巴尔（Balibar，2003）。

[24] 我们需要认真区分情势，正如我所认为的，情势可以以问题域的形式进行阐述，它以霸权的形式获取领导地位和处理问题的新的方式，并最终达成一种新的暂时的平衡。所以，我们没有生活在新自由主义或新保守主义的情势中，尽管两者可以宣称在一段时期内自己处于霸权性的地位。

[25]《文化的用途》（1957）不能被理解为对文化传播理论化所作的努力，而应视为对社会变革的认识论探索，视为对理查德·霍加特理论的"适应性修正"（或者下文谈到的"接合"）。至少在霍加特的文化研究视野中，他将文化认识论的阐释与社会（生活、社会关系）变革中出现的问题接合起来。他试图以人文科学的认识论解读社会理论的问题（如马克思、韦伯、滕尼斯、涂尔干等所主张的那样），以为现实和社会关系的变迁提供一种认识论。同时，《文化的用途》在某种程度上试图证实工人阶级文化在知识实践的形式上具有合法性，试图说明工人阶级文化在立场、智识、情感和道德层面都是复杂的。值得注意的是，认识论及相关技术性的问题域已在当代文化研究中心早期的研究中出现过，尤其是在霍尔的研究中（Hall，1978）。

[26] 霍尔（Hall，1980）借鉴马克思的生产循环理论，将循环模式界定为一种关系。凯瑞一直拒绝文化研究的编码-解码范式，并一再强调交往理论的模式。

[27] 比如，民族志实践越来越将人类学界定为一门学科，或者说越来越多的学科适合用民族志的方法，这些科学构成了民族志的研究"场域"。"场域"的种类趋向于以特定恋物化的形态（在一种简明的经验主义层面）被简

单归类，且是很少被批判性审视的对象。更成问题的是，这种"场域"被假定为由差别性构成的场所。一些人认为，这将不可避免地继承根植于殖民主义的人类学历史，正如我稍后将要解释的，差别性总被理解为对他者的否定而不是多元性的生产（Harootunian，2000；Ribeiro and Escobar，2006）。

［28］非常感谢爱德华多·雷斯特雷波为我指出了这一点。

第二章 建构情势：与现代性的斗争

我曾经指出，文化研究旨在让人们"更好地"理解"正在发生什么"，它包含了两个判断标准。第一，文化研究包含某种"经验论"，但这种经验论并不能通过反映或对应的概念来认识；相反，它是对"新经验主义"进行多层面界定中的一部分，其中，知识应作为世界中的一种行为而非世界的一种表征来理解。第二，从文化研究致力于（重新）建构"可能的语境"的状况而言，它涉及某种政治伦理研究。我用"可能的语境"这一词组将文化研究与以乌托邦式表达进行思考的工作加以区分。相反，在我看来，文化研究肩负的最为当之无愧的使命是提供阐释情势并探究改变情势可能性的知识；因此，它总是以在自己分析的语境中重建想象为前提。它旨在为了解当下的偶然性提供解释。如果当下的语境并非必须如此，如果没有提前予以确定，那么，它可能已经呈现出其他的状况，并在未来可能发生变化。文化研究关注的是当下可揭示的有关未来的各种可能性。文化研究试图理解现在；试图揭示进入别样未来的其他有形轨迹，并制定使我们从这里到达那里的策略。在本章末我会回到文化研究这一课题的政治维度，阐释政治为何如此深入地融入文化研究本身，以及它为何是在当今世界仍为学者所肩负的重要责任。同时，我将以大量细节来详述这项责任的特殊性质，以及它的政治伦理基础。

做如此尝试的研究起点是将情势视为一个问题域来分析，并将其复杂性理论化。将情势视为问题域，明确其复杂性所在（尽管总有别的说法可言，别的复杂性可提），是与识别它的"本质"不同的。复杂性不是一种"本质"，而是情势的各种危机和矛盾被表述和体现为一种独特的政治危机或斗争的方式。本章指出分析当代情势问题域的一种可能性,并开始思考其影响。我首先将对情势最普遍的分析论断——凭借全球化这一概念——同我自己早期对过去 40 年来美国社会儿童地位变化的研究(Grossberg,2005)中得出的结论加以比较。然后,我简要分析进步学者仍采用"糟糕的解释"的某些原因,并阐述我自己就"即将到来的现代性"斗争的情势方面的认识。我考察了理解现代性和将现代性理论化的某些方法,尤其考察了杂糅的或可选择的现代性概念,也考察了(失败的)现代性的文化理论和这些为开启通向未来的情势模式的局限性。最后,我将回到文化研究的政治使命和学者的政治责任等问题的探讨上。

从全球化到儿童政治

我们生活在场域、辖域和图解多元交织的世界中。在这个世界出现了新生的(和具有改造能力的)危机,而这种危机又是围绕西方各国寻求共识,实现力量均衡,构想政治解决方案的新形式的努力而展开的。这些努力(你也可以称之为霸权主义)带来政治可能性和想象力匮乏的危机,就像资本主义出现金融产品短缺和商品匮乏一样简单,每一种主义都是其自身可能性的条件。由于它在一定程度上归因于两种最普遍的——按照时间定义的——政治动员形式的明显失败,这种危机也是一种想象:或梦想着那些由天真无邪的儿童组成的后代,或牢记遭受剥削压迫(以及偶尔反抗)的先辈。

我们对目前面临的问题并没有达成共识,尽管很多社会和文化批评家在过于密切地追随主导的政治和经济话语的情况下认为,当代情势的要求构成了全球化问题的最佳框架。这对文化研究来说具有两点明显的优势。第一,它真实又迅速地表明了对政治经济学的挑战。第二,它使得文化研究不仅仅是超越本地或国家情景进行思考,而且当代权力关系地理学的复杂性使这些概念重新理论化。颇富成效的全球化转向,引发了影响广泛的讨论,挑战了陈腐的假设,并通过描绘在多样性空间中发挥作用的一些决定性关系使得观察更大的复杂性成为可能。全球化促使致力于文化研究的我们——尤其是在思想保守的西方世界中,甚至更为保守的讲英语的西方世界中的我们这批人——去认真对待不仅仅是我们所处情势的国际化,而且是文化研究对话的国际化。它还使我们对自己的地方狭隘主义形式进行自我反省,也对很多无论我们知道与否,我们都将自己单一语境的特殊性普遍化的情况进行反省。

然而,我认为,从全球化角度将问题概念化的劣势和不足远远多于其带来的好处。很多情况下,当代经济关系的本质被人们草草界定,而其复杂性也迅速沦为"新自由主义"标签下的"全球资本主义经济"。全球化最后总是迫使我们回到文化研究已经反对了几十年的这种观点——"底线总是经济学的"。对它一直都是而且一切都与经济相关(愚蠢!)的假设导致了对其他同样重要和同样麻烦的发展问题视而不见,例如,保守政治新形式的"全球化",(不仅仅是宗教,还有政治、身份认同等层面的)情感原教旨主义结构的"全球化",以及福音派基督教的"全球化",不一而足。

虽然我们必须承认对语境空间性特征认识的重塑是重要的进步,但是全球化理论在开展这项工作时总是以缺乏理论性的方式,继续将空间(space)视为一个巨大的虚空的被动空隙,一个时间过程的容器。好些时候,这些作品采纳列斐伏尔(Lefebvre, 1991a)的观点即空间既是人为制造的(突然出现的),也是自然确定的(真实的),但却没有看到,正如马西(Massey, 1992)所说,空间有它自身的密度(内在物质),它是积极的、动态的媒介物,即有"独特的运行和相互作用形式"(Kristin Ross, quoted in Massey, 1993: 67)。马西(Massey, 2003)认为空间是通过相互作用形成的,自身是相互作用的演变。空间甚至可能是一种包括共时发生的多相性或多重性的存在,该多重性应该是积极的而非解构的或碎片化的消极多重性。在我看来,在此面临的一个危险,是将全球化语境的复杂性和多重性看作包含了具有各自不同逻辑的界限(译码)、连通性(边界化)和分层的场域、辖域、图解在内的、具有重合性和竞争性特征的地理学。

全球化理论常常假设事先知道情势分析中那些最棘手的问题的答案,如:什么是新的?什么是旧的?什么是复述的?然而,即使只是大致看过一眼有关全球化的文献,也会清晰地看出全球化存在着明显的不确定性,对存在的问题到底在哪儿,哪些是相关数据,以及如何解释它们都是如此(Grossberg, 1997d, 1999)。最终,全球化话语总会建立起一个特殊的逻辑结构——不可避免的全球性与地方性的二元逻辑,而这种逻辑可以应用到任何可能的维度中。如:

全球的	地方的
普通的	特殊的
抽象的	具体的
同质的	异质的
统治	反抗
权力	代理
经济	文化
结构	经验

斯图亚特·霍尔(Hall, 1991)等人已经论证过资本主义——几乎总是被称为全球化的代理——总是在差异的基础上运作并制造着差异,且这种逻辑持续不断地再现。

同时,大部分有关全球化理论的作品,在一定程度上可以被认为是某种程度上未能通过支持杂糅或"全球本土化"(glocalization)概念而逃脱其自身逻辑的努力。这使得这些争论的中心产生了"民族志学式的幻想"结果,而根据这些争论,全球化的实质和抵抗的现实总是且仅仅存在于民族志学的场域这一层次中。我认为其失败的原因是将杂糅视为解决问题的方法,而忽视了社会现实这一既定条件,现实才是理论化的起点,而不是对一个未解方程寻求一种理论化的解答。[1]甚至全球化的做法都是杂糅的!同时,既不能在时间上也不能在空间上对当代情势的复杂性进行整齐的分类。全球化理论倾向于用旧的简单性与新的复杂性进行比较,并采用了至多算是虚构的对前时代的概念化。对现在更为有效的理解方式是承认旧的并非我们想象的那么简单化,或同质化,或地区化,或一元化,而现在也可能不是我们认为的那么碎片化,或异质化,或全球化。而且从另一方面讲,我们可能会说全球化不是新的。不仅世界总是出现特定的全球化形式，而且人们总是受到相距甚远的力量的操控或影响。而与此同时，正如乔治·尤迪塞（Yúdice，2003：80）指出的那样，大多数人继续"依据植根于民族文化，民族成型的背景假设"来生活和行动。

出于这些和其他的理由，我认为，全球化不是一个对当代问题的有效界定，也不是对当代情势分析有用的起点。实际上，我想转向之前的研究（Grossberg，2005），这些研究致力于通过研究过去 40 多年对待和表征儿童（那些 18 岁以下的）方面已经被接受的和惯常的方法上所出现的巨大变化，来进入美国社会的情势。我开始记录和直面一个几乎不被承认的社会转型轨道——从一个一些人认为过度重视儿童（即使同时承认儿童有问题或者他们就是问题）的社会，到一个越来越把儿童看作一系列需要被控制和遏制的并且是给社会本身带来潜在威胁和危险问题的社会。我推断重要的力量正在重新定义童年，重塑儿童的生活，并且重建儿童在社会中的位置。

这些改变已经被记录进把儿童描绘成罪犯、外星人、捕猎者和怪物的说法中——这些说法忽略了对于儿童日益猖獗的虐待和暴力。它们体现在对儿童时间的大规模重组过程中，在重组中，儿童远离了充满想象力的玩耍，其行为受到管制。关于儿童在法律和刑事地位变化中，在医疗和精神病治疗产业的治疗准则变化中，在教育实践的改变和教育付出减少方面，我们都可以一目了然。在政府机构的支持下，同时辅以来自公众的一致支持，这些不断增强合作关系的管制性结构正在推动这些变化。这些改变很明显地体现在美国儿童幸福感不断降低的状况中，虽然美国经济获得成功，但美国儿童的贫困率在北大西洋工业先进的国家中是最高的。我不能也不会相信这些变化能归咎于某种单一的原因——无论是生育高峰、女权运动、媒体、宗教原教旨主义还是资本主义。我不能也不会相信这些变化的积累效应——许多儿童向我描述了"作为年轻人在美国糟糕透了"，而且其他人将其称为"一场反对儿童的战争"——是任何单独的重要的政治、经济或文化组织所想要达到的或渴望的。然而，尽管这些变化仍然不好理解，但不论过去还是现在都是真实存在的。

所以我开展了我描述为文化研究实践的工作：我围绕它构建了语境，以便（重新）制造情势。我将目光投向在过去 40 年发展历程中美国社会突然出现的变化、斗争和重新叙事的历史轨迹，而这段时间的一个标志是保守主义和自由资本主义新形式的得势。但我也把它们放置在美国战后更为广阔的社会语境中，因为这个社会以某种"自由"协议的"霸权"为特征，而这种协议从它一建立开始就遭受挑战（在 50 年代和 60 年代，来自各个方面）。

当我开始收集关于情势这一谜题的组成要素时，我确定了一条线，这条线不仅把一些矛盾和挑战联系起来，而且更为重要的是，把这些变化与儿童的变化状态联系起来。我把它描述为——而且我认为这些证据就在我们周围——我们的时间经验与我们时间关系之间的错位，还有三个现代时间维度——过去、现在、将来——之间关系的错位。[2]过去几十年的斗争有意无意地叙述了许多早已瓦解或被解构的故事，它们涉及欧洲现代化及 20 世纪形成的有关这些关系的常识性假设，尤其是现在与将来之间的关系。人们似乎正在失去他们在面对未来时的能力与信心。不是他们不关心未来，而是他们不再觉得他们的关心能够塑造未来。我们对将来不负责任，而且我们的行动也不受可能给未来带来某些影响的观念指导。当我们切实地对未来作出预想时，我们会遇到两种形式：一种是以预示的形式（例如，以宗教的和环境的修辞形式），与熟悉和常规的事物彻底决裂，而这种形式可能被体验为危险或救赎；另一种是作为为了当下的利益在现在被使用和被用尽的资源（例如，以各种军事和经济的话语和实践形式）。正如马丁（Martin，2007：136）所评论的，各种军事和经济话语和实践的改变"已经在某种意义上把未来的时间变成现实，这种方式可能预示着戏剧性的……时代转变"。最直接的结果是我们生活在不断收缩的时间视域内，我们不断地以短视的眼光看待未来，好像它就是现在一般。

以一种更为开阔的视野来看待情势，能使我理解儿童们身上正在发生什么。尽管我认为孩子们正处于遭遇许多不同挑战的十字路口，这当中最具有挑战性的是关于"未来问题"——关于我们对现在和未来关系——的假设。这样的假设形成了这样的意识，即我们的行为可以塑造未来，并能够对未来承担道德责任。20世纪的大部分时间，尤其是二战结束以来，北大西洋社会形成的共识是：认为有一种特殊的、线性的、无限制的关系；认为未来以特殊的——确定的但是无法预测的——方式依赖着现在。我们现在所做的对将来有一些决定性的影响，而且那种关联定义了现在对（如果不是为了）将来的责任。

在相同的历史空间中，美国将儿童等同于将来和美国对那种未来的想象，而且它为儿童创造了一个在情感和社会上具有特别优势的位置。不管一个人是否相信这种进步，儿童都被看作未来将不同于现在的具有生命力的保证。他们体现了现在必须对未来承担的责任以及现在塑造未来的能力。评价一个社会的方式是看它在当下如何对待儿童，审视这个社会培养他们是否是为永远无法彻底预知的未来做准备。但是这种深层次的结构具有历史偶然性，它能够而且正在受到挑战和改变。那么我的结论是，孩子们"受到来自交叉火力的攻击"，而这样的攻击起因于我们与未来的关系，起因于我们就现在对未来所承担的责任，以及深信现在会引发甚至影响未来多种可能性的认识。有关未来的任何斗争都无法避免地将儿童纳入与自我斗争相关的领域。

我认为这些改变只是更大斗争中的一部分，建立在一种变化的暂时结成联盟的政治基础上，其目的是改变美国社会的方向和形态（而且我也认为是为了改变许多其他国家成型的方向和形态，不仅仅是在北大西洋国家，也是在全球范围内）。这种斗争尽管有时似乎看起来是流动的，偶然发生的，难以定义的，但在社会结构和人口范围内造成了一种分离的且具有对抗性的意识，这是自19世纪末20世纪初之后从未出现过的。当然，就我所讲述的故事开始于20世纪70年代而言（此时儿童状况开始发生显著的变化），这些故事大部分是取得了成功的，也有一部分是不完整的。这些故事有些是关于右翼联盟的，他们的努力获得了成功，且深刻地改变了当代美国社会生活的结构、情感和方向等。这些联盟目前已经分崩离析且它们的影响力已经严重削弱，但却必须正视这一事实——在过去几十年，它们显著地重构了变革和想象的可能性，证据体现在2008年的选举中。新自由主义言论在夸张渲染和情感表达方面的成功和随后（必然是）达成妥协的政策之间形成了一种矛盾。但是我讲的故事不能始于 20 世纪 70 年代，因为它所标记出的发展路线将故事追溯到 20 世纪 40、50、60 年代等战后几十年。而且，本质相同的故事——虽然表面上有显著区别——在现代仍旧继续着。这是一个有关情势的故事！这是一个有关问题域的故事，我将其描绘为反抗欧式现代性独特形式的斗争，以及对正在到来的现代性进行定义的斗争。

坏故事制造坏政治！

当面对那些定义了过去 60 年间情势的变化和斗争时，太多的政治评论员继续一遍又一遍地讲述同样的故事。他们声称人们不能辨识真理或识别谎言，为一次又一次的失败辩解。这是一种老掉牙的抱怨：如果他们知道我们知道什么，他们就会追随我们。政治信息不再有与人们自身的生活感触、希望和恐惧产生共鸣的可能性时是几乎不被考虑的。我们讲的故事可能不再是描述世界本来的意义，且这种意义也从未得到过检验。相反，政治评论员却总诉诸那些谴责性的话语。他们得知道坏人是谁，包括那些集体公开反对他们的人（在左翼方面，由于全是有关经济的问题，所以很容易识别那些坏人）和那些声称为他们的盟友但在实际上却与敌人串通一气的人。在左翼方面，有些人谴责那些认为文化问题确实重要的人。他们谴责那些认为身份识别和多元文化主义重要的人，因为他们使对阶级身份简单的政治划分——假定在穷人反对富人的战争中，工人阶级具有统一性和忠诚度——没有作用且不能取胜。他们谴责学术界转向新理论——这些理论所用的词语远不同于左翼日常使用的话语，因而好像扩大了学者和活跃分子之间的差异——为现在正在发生的事情提供更好解释的人。

但通常情况下，政治学者也在继续一遍又一遍地讲述他们的坏故事。一方面，他们中有些人认为世界并没有以任何显著的方式发生变化，因此他们才讲述同样的旧故事。另一方面，有些人认为世界已经发生如此巨大的变化，以至于旧故事中的任何部分都没有用了。我们讲的故事可能需要重新编撰，但这并不是出于时尚理论的凭空捏造，也不是出于政治需要的浓厚氛围，而是确实对情势进行了认真严肃的实证和理论研究工作——这可能确实要求我们去质疑我们的假设——然而这一因素很少被认真思考。

很多声称从事文化研究的人似乎已经忘记我在这里描述的研究课题,他们更加关注保卫他们特定版本或形式的合法性的问题。太多人已经忘却文化研究是关于情势的,而且这种忘却是如此成功,因此文化研究需要重新改造自身——它的理论、政治和问题——以回应情势状况和需求。太多学者已经忘记,正如莫里斯(Morris,1998:19)极具说服力的言辞,"应该改变自身的研究目标,而不是将文本作为事件进行解读,或被文化批评家视为一种症状'条件'"。我对文化研究的毫无建树感到震惊,特别是在美国,过去 35 年中,权力、不平等、不公平关系发生了巨大变化,情感和意识形态的投入和斗争天翻地覆,但文化研究无所作为。

我谈这些不是强调个体的工作,而是强调文化研究体制化和规范化的形式,强调文化研究对于许多因从事它而获取了备受追捧地位的人而言变得多么容易。(我当然不会把自己排除在这种批评之外。)我不是要否定在文化研究领域有许多做得好的工作,但无论有多少,文化研究都太破碎,太片面,太孤立,太确信于自我实践,太远离任何创造性的、合作性的对话,而这种对话能够使文化研究超越对细微差别的详尽阐述而切入目前情势范围内一种严肃的知识分子政治研究课题。我们已经变得懒惰——这不能用劳动时间去衡量,因为我们可能比以往更努力地工作。对金融的迫切需求已经改变了学术界知识分子的日常生活。许多创造性的需求,是持久的、不应回避的(因为那就是回报的所在)。像社会中的其他人,我们变得太不愿意承担风险,其中最重要的原因可能是,像其他人一样,我们被那些交叉性的语境或起决定作用的语境搞得不堪重负,而我们恰恰生活在这些语境中,且于其中展开我们的行动。

我仍旧感到很失望,因为丢弃这项研究,放弃关注变化和情势,放弃关注文化研究所具有的冒险性是多么容易。文化研究得具有冒险性,因为它关注的问题、理论和政治,甚至是对象作为文化研究的切入点使文化研究本身有意义,而且这种意义始终处于变化中。因此,文化研究需要脱离开——同时具备道德勇气去批判——政治和知性生活中的僵化之物和常识，包括我们用概念替换实证研究的轻松惬意，以及由于来源问题接触或反对太多想法的犬儒主义，或者我们在知识上和政治上赋予这些边缘化想法的自动特权。文化研究与世界向我们知识分子提出的真正的政治问题和挑战断绝联系，或者逃避责任不去质疑这些问题本身，似乎是非常容易的事情，这使我感到沮丧。我们似乎总是想让世界回答我们的问题，描述我们的概念，接受我们的政治。这往往是我们想要让自己的理论，或者政治对作为学者的我们发挥作用的结果。正如约翰·克拉克（私人通信，2008年8月25日）向我描述的那样，这些捷径制造了一个由政治或理论的确定性，以及经验上的无知构成的无法容忍的混合体。这就是将文化研究的重要作用归结为能够持续告诉我们未知的事情，能让我们感到惊讶并能告诉我们出现错误的原因。

我不是怀念文化研究过去的某个时刻；我不会把文化研究的过去解读为发生进步或者倒退的历史。我想提出的建议是，在过去的某些时间里，基于许多不同的原因和多种决定产生出的结果，政治知识分子能够更加完整地从事文化研究的课题研究，而并非有意识地去这么做。总的来说，文化研究的历史已经成为具有混合结果的历史。我认为它就应该这样，而且总会如此。但对我而言，在当代我们可能更加意识到文化研究课题的重要性，重新开展这项工作。这不是痛斥文化研究或者那些声称实践文化研究的人的问题，而是要挑战我们自己，要在突破我们已经习以为常的体制性的限制和习惯的基础上重新展开思考。

福柯（Foucault，2008：187-188）对当代许多政治思想作出了相似的批评，并用他称之为"通胀似的批评价值"指代它们。他作出了四项具体的指控：(1) 在绝大多数的情况下，批评工作"鼓励分析的可交换性在持续加速增长"，使得一个人能够以转喻的方式在案例和跨领域之间滑动；(2) 在绝大多数的情况下，"从最坏的角度来说"，批评工作"允许一个人去实践不合格的行为"，能够使一个人转变，例如，从严厉的监禁到法西斯主义状态；(3) 在绝大多数的情况下，批评理论"使得一个人能够避免付出现实和实际的代价"；(4) 在绝大多数的情况下，批评理论"不会批评和分析自身"。

从重要的意义上讲，这本书的研究可以框定我大部分学术生涯：提供现在的历史，更好地解释现在正在发生的事情，并且为想象和斗争开启新的可能性，甚至为了重新思考想象本身，特别是为了思考从现在能够到达的未来的新的可能性——它比能让我们发现自己的人生轨迹所许诺的还要更仁慈。你会如何把在某种悲观主义甚至是绝望主义的情形下看到的语境重新描述成一种可能性？我认为，这就是当威廉斯说"使希望变得切实可行，而不是使绝望变得可信"（Williams，1983：240）时他所想到的内容。如果坏的故事制造坏的政治，那么好的故事尽管不能保证更好的政治，却能开启同时具有可能性和策略性的想象。

一个情势性的故事

当你考虑到近 60 年来在美国斗争场所的宽广度，以及它们如何严重地侵犯我们习以为常的生活方式和最基本的常识假设时，就会对当代的错位和斗争产生一种几乎是划时代的"感知"。当我尝试着去理解我自己所标注的变化时，当我尝试着去讲一个更好的情势性故事时，我总是会想起斯图亚特·霍尔（Hall，1995：67）的断言，他认为我们生活在"一个高度转型的时刻，一个恰似葛兰西式的情势……在这一情势中，我们被置身于一个既不能充分占有也不能绝对离开的旧状态和某种我们可能正在接近却又被我们忽视的新状态之间。置身于这种过渡状态有某种'之后'感，即生活在之后的时刻。"我被斯图亚特·霍尔在英国写下的以上描述和来自美国的詹姆斯·凯瑞（Carey，1997b：324-326）的观察之间所具有的惊人相似性惊呆了，凯瑞写道：

> 我们生活……在一个我们所有的机构都存在着巨大的混乱，而且我们大多数的个人生活也同样处在混乱不堪的时期……我们生活在一种文化崩塌中，夸张点说，这是一种对象征性的错位和罪过。但是仍不明确的是，什么将替代至少在过去一百年中我们对掌控这个世界的感觉和我

们自己的本性……一些东西会被创造出来以描绘社会文化的功用，这种东西在目前并没有被压抑，而仅仅是尚未被发现。

这两种陈述都能唤起一种可爱的有点黑格尔式的画面，它提示我们正处于一种持续性的、复杂的、有组织的危机之中，葛兰西（Gramsci, 1971: 178）将这种有组织的危机解释如下："一个危机的发生，有时会持续数十年。这种异常的持久性意味着不可治愈的结构冲突已经展示出它们自身（达到了成熟程度），而且，尽管如此，致力于保护和捍卫现存结构本身的政治势力正在尽一切努力治愈这种结构（在一定限度内）和克服它们。"这种情势危机对文化研究形成了挑战，因为它需要我们创造新的概念和话语，以有效地描绘不断变化的社会现实。霍尔和凯瑞都提出，某种意义上我们生活在一个过渡时刻，解决方案的条件和力场中的平衡仍有待确定，而且从意义更为深远的方面来看，那些我们用以理解结构和权力斗争以及日常生活的条件——不管是智力还是政治，理论上还是分析上——都会被重新构造，或者至少会被重新思考。

我想起凯瑞在他的课堂上解释 19 世纪末 20 世纪初美国社会的深刻变革时，曾经使用过的一个具有启发式的图景。这些变化惯常性地被解释为现代化或第二次技术革命的后果，却忽略了它们对于人类生活的深刻意义。凯瑞曾说，以 19 世纪晚期为时间节点将现在与过去分开是有根据的，因为如果你回到这个节点之前的时间，你不会也不可能有回到家的感觉，你无法理解"美国生活"的现实。但是如果你回到这个节点之后的时间，相比现在，不管社会看起来如何不同，不管它是多么"原始的"和未实现的，你总是能够认出它就是你自己的世界，它在你的可能性范围之内。这就是威廉斯（Williams, 1973）所说的"可知的现实"。有人可能会说，虽然凯瑞关于"情感结构"转变的观点具有突破性、具有划时代的意义，但是这个观点不能体现出社会结构或者历史结构的破裂，因为这些变化往往是长期以来各种各样的中介、部分、机构相互交织和重叠、彼此合作但又冲突，多种要素共同作用产生的结果。不过，通过这一具有分水岭意义的转折节点，我们可理所应当地认为，比如我们处理与孩子——或者时间——关系的假设、话语、实践都会发生改变。这就是我们要讲述的故事。

在美国，我归结为不得不对这场特定的斗争予以定位。我已在一种较为宽泛的意义上描绘了这些纵贯半个多世纪的情势斗争，它们经常反对的是欧式现代性——我们称之为"自由现代性"——的特定配置，而这种自由现代性是在美国重建时期和20世纪50年代之间出现并取得支配性地位的。[3]这种特别版本的现代性的确立，这种特定的作为现代的方式，既不是线性的也不是进化的；或许这种现代性从未完成，且始终备受争议，但是它的确在很大程度上能够定义美国和大部分北大西洋地区，并且在20世纪强烈地塑造了世界其他国家和地区。虽然在这种构成中充满着强烈的民族主义话语色彩，但自由现代性仍对权力的国际关系产生了重要影响，尽管它很快被"冷战"和殖民地解放运动掩盖了。

但这种构成自20世纪50年代以来一直处于危机之中。"自由现代性"在经过大约一个世纪的抗争之后，看似已经在二战后获得了较为稳固的地位，同时，它也需要面对多重广泛的攻击甚至是对它的排斥。它表面上已获取高度的成功，但实际上已经开始陷入困境，这在反殖民主义和反种族主义运动、新生的青少年文化、女性主义和其他社会运动，以及各种宗教运动和新保守主义的发展中显而易见。这些不同攻击的差异，表明自由现代性的危机并不能简单地定义为"美国婴儿潮一代"的结果或者延续。这种情势确实提供了一种语境，在这种语境中婴儿潮一代的发明创造被认为是可能的、有意义的，甚至是令人满意的。这些抗争的多重性说明自由现代性的危机——从经济的（例如，自有劳动力）和政治的（例如，个人主义、包容性）层面看——要超乎简单的自由主义危机。这些斗争经常涉及并建立在更广阔、更深刻的危机感中：从物质和生活现实的方式看，世界并非它应该呈现的方式。这种危机感，被人们经常认为在历史上是独一无二的。这在20世纪60年代的各种话语和经验中有明显体现。在20世纪60年代和70年代，它积极地推动共和政治，而且从那之后就持续主导了国家政治，在政治和文化领域散发出一股充斥着焦虑、恐惧和不满的气息。

反抗自由现代性的斗争，其复杂程度不亚于它当初的建立；他们从前是而且以后也会发动各种"中心""左派"和"右派"来抵制一个直觉认为存在的"自由"中心,并且创建了许多不规范和不稳定的联盟。(巴拉克·奥巴马总统想尝试恢复这一"中心",但即便如此,这一中心也为过去数十年间发生的事件所重构和限制。此外,奥巴马试图克服日益增加的党派争斗和重振某个陷于党派争斗中的左翼——自由主义,却深陷其中,少有商量的余地。)这些斗争,以一系列的文化、政治和经济问题在广泛的社会场合中继续缠斗。许多解决方案——有地位的领导阶层有能力暂时地对该领域进行组织或规定将现在带往未来的轨迹——得到了权力然后又将其丢掉了。对这些方案的认识,最明显的错误是将许多构想形式称为"新自由主义",而恰恰是这些构想能够恰当地描述出新保守派和自由派(自由市场经济的、反对监管的)资本家经由一系列妥协达成的联盟。但不管这些"右翼"联盟的胜利看似影响有多么深远,我们也见证了它们的脆弱。最后,我认为自 20 世纪 50 年代以来美国在任何力量角逐中取得的霸主地位非但不具有持续性和稳定性(也许这就是为什么它仍然是一个怀旧的地方),而且斗争已经融入这个国家的日常生活中。

这些斗争的集合最好被解释成对什么是现代的意义(或特别就美国来说,什么是适当形式的"美国现代性")进行的争论。它包括那些我们描述的一系列的霸权斗争、权力战争,它们的形式虽然千变万化,但也有明显的连续性,能够将这些斗争联系到一起。不同时期的变化和斗争,具有不同的进度,源起于不同的项目,遭遇到不同的阻力,并在不同的社会阶层中展开。然而,它们都构成了一场关于什么是现代性的斗争——来自许许多多政治力量,也许多到无法简单地划分成左派和右派,但是它们在 19 世纪末期和 20 世纪前半阶段均亲身投入反对那套特定假设和实践的斗争中。

在这种观点之下,我想转引博温托·迪·苏萨·桑托斯博士(Boaventura de Sousa Santos,2002:13)的话:

> 产生现代性危机的条件与克服危机跨越现代性的条件并不相当。因此,过渡期的复杂状况在对立的后现代理论中被描述成:我们面临着现代的各种问题,而没有现代的相应解决办法[斜体后加]。我将后现代主

义寻求的解决方法称为对抗式后现代主义。我们需要做的就是从现代性的问题和后现代解决方法的分歧上出发,并把这种脱节转化成能够从现代性瓦解的解放性承诺中重塑社会解放的理论与实践的动力。

但我不想随着桑托斯踏入后现代的领域;相反,我更喜欢蹚涉其他现代性所带来的更混浊的水域。换句话说,我更倾向于认为,基于目前对现代性的构成与想象,我们所面临的现代性问题——欧洲和北大西洋的现代性(我会把这些看成是一样的,并将这广阔的构成称为欧式现代性[4])——是无解的。尽管我自己的研究以特定国家形态中的情势斗争和变化为基础,但我也清楚地认识到,我所解决的这些问题不仅需要超越国界的视野,而且需要扩展到更大的情势(不包括所谓的"全球化的"),这表明在许多地方、国家和地区存在着针对现代性的多元且相互关联着的斗争。此外,这一情势问题不仅要定位于并分散在地理空间上,而且要处在历史时空中,因为它至少需要三种不同的瞬时性与之接合(例如,三个不同的明显的危机):第一种是欧式现代性危机,它以多样的形式主宰了 16 世纪以来的世界大部分地区;第二种是我在前面已描述的自由主义的现代性危机;第三种是最近针对各种新保守模式的危机,它出现在 20 世纪 70 年代末期并持续到现在——从很多角度看不仅未来连现在都还不确定,定义了对前述两种分裂所进行的稳固性工作。[5]

我建议将当代的问题域描述为针对多种现代性的斗争,这在一定程度上能模糊彼此分离的三种瞬时性的界限,且这种斗争构成了另一个现代性,构成了现代化的另一种方式。我认为我们不能说出将来的结果会是什么;不管即将到来的现代性——都会对现代性进行重构——是什么样的,它不会在任何一个项目中简单实现。在讲述一个故事时,必须明确斗争的复杂性情势和多种势力的复杂性作用,因为它们在多种层面决定着未来发展的可能性路线。虽然这种复杂的情势斗争可能标志着我们处在一种与更巨大的划时代的转型相类似的过程之中,但是我认为我们必须避免认为它是对社会现实本质的完全改变,或者将它视为一种历史的碎片,这一碎片中的所有变化能贯穿在一起,或彼此间相一致,以至于将一切描述成或者归结为一个简单的逻辑。我们必须小心,因为,每一代人都确定无疑地认为自己处在巨大的危机中,经历着巨大的变革，面临着真正的末日。在现在的情势中，还是无法完全把这种感觉抛开；不过我们必须拒绝这种想当然的认识，因为我们找寻的讲故事的方式，不是简单的叙述事情发展的先后、旧的还是新的，而是要改变复杂的与多样性的叙述方式。为了做到这一点，我们必须更为严格地思考——理论化——现代性本身的范畴，这种范畴既是描述性/分析性的，又是规定性/规范性的。也就是说，我们需要一个故事可以一以贯之地告诉我们，我们在哪里和我们想去哪里。

现代性的问题域

我认为，那些围绕现代性的有关当代问题的争论，使我能认真地将人们在新保守党、持自由主义论的资本主义者、福音派教会的宗教组织，以及许多对抗西方的政治运动的话语中所表达出的共同诉求，转移到现代化项目上来。事实上，很显然，争取使20世纪自由现代性标准化的人士，有一个明显的且是非常真实的需求，同时，把他们自己或者是将他们自己的项目以现代性的或反现代性的观点呈现出来。更进一步说，我的分析已经通过我对在亚洲和拉美（虽然程度稍低，不过我确实出错了，如非洲）后殖民地的政治知识分子的阅读而被证实，在这些地方长久以来就认为全球化仅是一种较为基本的有关现代性（其中对全球化、殖民化和后殖民化的不同形式都必须进行定位并加以理论化）问题的表达。对于大多数发展中国家以及非西方的发达国家来说，战后主要的挑战是通盘考虑抵制欧式现代性的可能性，发现一种可选择的现代性或现代性的替代选择的可能性，然而在北大西洋，许多"左"倾的和后现代的（二者不同）知识分子已经满足于简单地脱离欧式现代性或拒绝欧式现代性，而完全没有说明这样会将我们置于何地。

因此，这个故事起源于这一争论：就它的多样性和复杂性而言，当代情势将现代性的问题放到了显著的位置。但是如果问题域产生了现代性的问题，我们仍然必须查究问题的形式。什么是现代性的问题？我将在下文提出我们不应剥离欧式现代性，而应以围绕一个或是多个中心的方式来思考现代性。

换句话说，我想从多样化现代性的可能性的角度来界定问题，这一问题不是作为问题的答案，而是作为问题的本身。

我在现代性这一问题上做出的诸多思考是以情势为基础的。我并不是想尝试着提供一个普遍的——脱离语境——的理论，而是要讲述一个具有明确语境的现代性故事，这是根据我对现在理解的构想，并且作为我对现在理解的回应，我认为现在是有关和围绕欧式现代性的一场斗争。同时，这种探索又是对伦理政治课题的解析，像海德格尔说的那样［通过伯纳斯科尼（Bernasconi, 1997: 190）］寻求"另一个开端的可能性……未来思想的开端"。这样的可能性不是为提议即将到来的现代性而创立的，而是作为对情势的重新表述及当下我们生活的现实中已经存在的可能性意识——德勒兹称其为潜在物（the virtual）而威廉斯称其为新生成分——的构建。

避免这种挑战或错误理解这一问题，就意味着我们有可能做出不相干的或是无效的分析，并因此而放弃我们作为政治知识分子的责任。我相信只有通过对各种现代性的表达——不适当性及重新调适性——及其他现代性的可能性进行同时基于理论与经验两个层面的考察，我们才能够既理解当代世界发生着什么，又重新建构使我们从合理的悲观过渡到赢得乐观的语境。

那么，首要的任务是对问题进行明确说明并使其理论化。我们必须理解在问题域中什么是被审问的和什么是有争论的。在我们得出答案之前我们必须知道问题是什么。让我从战后时期开始简要地说起。在那样的社会语境下，在西方占优势的以及最有政治影响力的现代性话语是"现代化理论"，这个理论通过沃尔特·罗斯托等人而为人所熟知，同时这一话语也曾被埃斯科瓦尔（Escobar, 1995）等批判。现代化理论采用的是一个单一牢固的由北大西洋工业化资本主义民主政治提供的线性发展的模型。这是一个冷战时期的理论，由以步入资本主义阵营而不是共产主义阵营的方式通过满足"第三世界"的发展需求得以广泛推进；它假设经济增长是现代化唯一真实必要的动力，能够推动国际金融和商品市场中资本主义的工业化发展。它还假定了其他现代性的"特征"，包括民主主义、个人自由主义、世俗主义等等，而这些特征的重要性均在或至少被排除在经济的增长和发展之后。现代化的本质和起源总是事先被认为理所当然，这是由经济还原论预先决定的。通常认为，人们对欧式现代性具有一般性推动作用的普遍接受，是假定欧式现代性拥有社会和道德优越感，从而完成了欧式现代性的合法化。[6]当然，现代化（和发展）理论的各种变体，继续对当代政治及经济政策施以强有力的影响是不足为奇的。

二战后数十年间的政治发展以后殖民化和民权运动为开端，但是随着各种新的社会运动以及批判学术的知识分子的崛起和在全世界的扩展，他们向现代化理论的假设及其对现代性的理解发起挑战。批评者向欧式现代性的单一性和普遍性提出质疑，并采用不同的方式进行论证。第一，批评者开始关注欧式现代性的一些"内部"的复杂性，这种复杂性能够通过多样化的国家形态，以及其广泛的普遍性话语的多种现实化路径加以衡量。第二，批评者通过指出迪利普·高恩卡尔（Gaonkar，2001）所描述的资产阶级（"社会的"）和浪漫主义的（"反资产阶级的"）现代性之间的内部矛盾，推翻了所声称的现代性具有一致性的论断；而且还有其他的内部矛盾，虽然它们经常容易被等同于或被合并到第一种矛盾中，比如说存在于现代化（主要是经济和科技实践产生的现代性，也有社会和政治力量产生的现代性）与现代主义（文化对这些变化的体现及其回应）之间的矛盾。

也许更重要的是，被翻译成文学作品的政治现实要求批评者"将关切现代性的矛盾情绪、矛盾、武力的使用、悲剧和具有讽刺意味的事写进现代性的历史里"（Chakrabarty，2000：43）。欧式现代性必须被视为内部破碎的，以发展和灾祸、规则和混乱、文明和野蛮、解放和控制为特征（Chakrabarty，2000；Gilroy，2000；Santos，2002；Taylor，1999）。欧式现代性经常忽视甚至想抹去这一点，即无论在国家内部还是外部，政治社会都以暴力为特征。政治社会攻击不同的被当作属下的人群——包括被殖民者、农民和不同的被列为下级的少数民族，要求对城市中心主义进行批判，假定世界大同主义合法化，尽管大同主义的合法化经常受到附属的群体或区域的各种质疑。这些附属的群体或区域作为主体，经常在进一步的行动中，以暴力的形式反抗强加在它们身上的各种可能的现代性。[7]

但是具有讽刺意味的是，这些批判经常看起来仍延续着欧式现代性特有的普遍化逻辑，而这却是批评者本意要批判的。如果我们要避免对现代性的想象的局限，我们必须以多元化的方式来看待现代性，以使得现代性可以被配置和实施。我们必须意识到在现代化理论中，在西方现代性的常识中，不被认可（一直以来——而且必须——不被提及）的是现在、过去，以及将来的任何时刻都存在着相互竞争的现代性的愿景及其现实。（毕竟，殖民地不也没有实现现代化吗？）只有通过承认这件事，我们才能认识到广泛分布于西方的那种标准化运作的"现代性"不是现代性本身的必然。

要思考这些可能性，我们可以通过"欧式现代性从来不是完整的和和谐的"这一认识开始，现代性始终处于发展之中，一直在发生着变化。它一直包括许多现代性的反面、替代选择和反对论。因此，当它停顿下来，整理甚至制造一个多样的语境时，它就变成其他的东西。换句话说，它通过不同的形式得以完成；它在不同的地方变成不同的东西甚至当它为其他力量、斗争和决定在特定领域中所抵制、采用和占用时。因此，我们必须避免将现代性视为单一的、平稳的机器，其动力从某种程度来自自身或根据某种意志性力量的叙事来确定。从现代性最基本的形式来看，当代问题域的问题便是怎样探索现代性的可能性。但这隐含着三个互相缠绕的但又可分离的问题：当我们说起"现代性"的时候我们说的是什么？我们如何避免单一普遍的现代性观念？我们如何能够思考更多的现代性的可能性？事实上，回答第一个和第二个问题的方式——确定并划分现代性的界限——对回答最后一个问题有决定性的影响。在许多关于现代性的论著中，这些问题过快地被混为一谈。

这章的剩余部分开始探讨这些问题，但正是最后一个问题才驱使我努力将现代性加以理论化。其他现代性的可能性问题，实现现代性不同方式的可能性问题（莫里斯曾给我的提示性措辞），能够指出两个非常不同的方向，每一个都有它自己的描述和影响力：可供选择的或是混杂的现代性理论和多样化的现代性理论。[8]虽然两者都可能同意"现代性从来不止一种"这种陈述，但是它们却表达出截然相反的思维逻辑和可能性前景。虽然，我想在不同程度上支持这两种论点，因为它们各自发挥着不同的功能，但是后一种概念——多样化的现代性——才为想象开启了想象的可能性。在此，我将暂时停止对这一概念的探讨,直至最后一章再开始对它进行理论化的分析。在接下来的章节中,我将探讨当代批评家在认识现代性时所采用的一些较为普遍且具有影响力的方式。

阐述混杂的现代性

至少从局部来看,"现代"一词只是个虚构的概念。因此,从某些方面来看(尽管有可能不是拉图尔本人主张的判断和推理),拉图尔(latour, 1993)是对的:"没有人曾是现代的。"尽管有许多方式来定义现代性,也有许多方式对这些定义进行分类和系统化,但是我想从考察(或者建构)西方人围绕现代性形成的普遍认识开始。这种普遍认识是指现代性是由多种要素、多样化的制度性结构、文化逻辑和社会经验接合而成的。"现代"一词,经历了长达四个多世纪的孕育,其中更充斥着商榷、挣扎和冲突,它在一系列的妥协中,在那些以传统、日常生活、自由或对社会和未来性不同前景之名而负隅顽抗,却付出献血、汗水甚至生命的人的锻打中建立形成。

人们对于现代性的普遍认识有许多不同的形式,所强调的重点也不一样。一些人似乎是给它定义了随意的特性或描述性的本质概念,另一些人又为它设想了多种特性和条件。[9] 一些论者特别强调大规模的制度结构,认为每一种制度结构都有其固有的特性,能够与其所在的传统社会秩序相区别。每一种制度结构都通常被认为具有一个特定的"相对自主性",或者说,至少有它们自己专属的身份。[10] 这种可识别的制度可能是(大多数情况是)与经济相关的(资本主义或是产业化),但是它们通常也是政治的(单一民族-国家、公民社会、意识形态政治),或文化的(知识产业的文化机构和大众文化的产业)。

另一些论者较少从制度性方面考察现代性,而更多地从过程性或者一种或多种社会逻辑的实现层面研究现代性:商品化、民主化、个人主义(主观性的新形式)、差异性(如在边界产品、身份产品的区别或公众和私人空间、传统与现代时间的分野中所体现出来的)、官僚化、现世主义、世界主义、都市化等等。这些逻辑仍然普遍存在于单一民族-国家的社会制度空间中。我想它们也存在于吉登斯（Giddens，1991）在时空分延（time-space distanciation）方面的重要研究之中，他认为时空分延影响了制度（让它们更加脱域和自反）和经验的本质。同时，还存在于一些福柯式的主张之中——现代性由引入新形式的理性/权力加以界定，比如生命政治（biopolitics）和收容所（the camp）（Agamben，1998，2005）。

这里存在着一种可发挥作用的关于现代性的"图景"共识。现代性创造了新的政治形态和政治机构，且通过意识形态，使绝对的权力过渡到民主制，使政治的冲突达成一致（协定）。在民主制下，人们作为个人（demos）［而非族群（ethnos）］行使功能，具有创制权和合法化的权力，创造从属于共同意志的不同的模式。国家开始变得讲美德，有素养，掌控知识和真理，最终掌控教育（作为公民信仰的形式）。最终，政治被等同于社会领域中的公众（相反，在个体层面"私人的"现在被视为不加管制的经济、宗教和家庭）。

现代性产生一些新的技术和新的社会行为；社会关系根据特定的家庭、性别、世代、性生活等的特定版本来重新组织。这样的社会关系同样有深奥的逻辑，同样是制造差异机器，能够产生独特的否定性和消极性结构。现代性将差异赋予在多样性之上（基本上是以传统和现代或者原始和文明的区分作为开端的），并将范围逐渐扩大，直至覆盖整个社会生活（特别是在组成新的身份和识别逻辑的时候）。

现代性产生特定的个性化和主观化模式，在这种模式中，"个体成为主体……主体一词有两层含义：在他人的控制和依赖下屈从于他人，通过良心和自我认知而束缚他对自身的认同"（Foucault，1982：212）。这些新的个体在集体存在之前就已存在，因此他们通常就被认为是历史的真正客体和推动者（尽管一些观点很显然与之截然相反，将集体置于历史推动者的首要位置）。但是，那些主要由社会认同所界定的个体，通常被视为主权国家及其推动力量的实施者。换言之，由认同性和差异性（否定）构成的系统是历史能动性形成的一种方法。也就是说，现代性促使了对个体及其彼此间关系的（再）创造，而个体间的相互关系成为推动现实实践的主要力量。从韦伯式和福柯式那种较为阴暗的观点看，现代性涉及通过治理术（governmentality）对个人和人群的行为进行监控的新技术。

现代性也展现了经济资源、价值和财富的生产和分配的新方式，这些新方式与典型资本主义模式下的市场和商品经济的发展相关，与剩余价值的新分配模式相关。剩余价值是通过技术、产业乃至秉持消费主义和新自由主义理念创造的劳动价值。最终，现代性带来了新的文化格局，包括数量激增的文学作品、形式和中介组织，彰显出高雅与通俗或大众文化的区别，造成了社会整体的碎片化与分隔，使新的世俗权威（理性）凌驾在传统与宗教之上，新意识的出现成为可能，它对改变和实践产生了强烈的渴望，对科学、技术、进步的渴求成为新信仰。布莱恩·特纳（Cited in Kahn，2001：459）关于我所述的内容提供了一个非常好的论述，他称之为"黑格尔-马克思-韦伯"的遗产："现代性的进程使禁欲主义、世俗化和工具理性所宣称的普世性成为现实世界的主导，造成了生活世界的多元化差异，经济、政治、军事实践的官僚化和日益增长的价值货币化。"

斯图亚特·霍尔（Hall，1996：3）[11]在文化研究中对现代性有一个最为完善、最为清晰的阐述，他指出：

> 就一种理论模式而言，通往现代性的路径以"长久以来所发生的深层结构性变化"的相互作用为基础……它没有将这些都瓦解成为单个的独立进程（比如"现代化"），但是将它们作为不同的过程分别对待，这些过程以历史时间轴为依据发挥作用，其相互作用最终导致了变化多端、因时而异的结果。如赫尔德观察所得，"重点在于过程、因素以及因果特征……没有单一的因果解释——没有单个现象或者一系列现象——能够完全解释［它们的］发生……只有在一系列的因素的组合中去全面考虑……才能发现这一切开始的缘由。"

向现代性的过渡只能被解释为缘于政治、经济、社会和文化进程的相互作用。"现代性是一个最终结果，它不是一个单独的进程，而是一个许多进程和历史事件的凝缩。"（7）尽管如此，每个进程都有各自的作用，它们的作用产生了一些特征，并通过这些特征的"叠加综合"最终构成了现代性。现代性诞生于彼此间相互作用的发展进程中，这些进程造就了特定的社会形态。发展并没有一个普遍性的逻辑，也不会有一个同质性的结果。因此，现代社会可以而且事实上的确彼此之间看起来截然不同，这缘于其构成成分没有固定的组合方式。因此，佩里·安德森（Cited in Hall, 1996a：13）提出，"'西欧最初的联盟形式'……［由］不同的、独立的'政治群集'——政治、经济、社会以及文化的——组成，'是一个偶然的产物'"。然而，正如我在之后将要论述的，安德森——以及这些普遍被接受的模式——从反方向反驳，他们支持的观点是那些因素的不确定的结合就已预设了先前的分离行为，而这些行为通过每一种政治"群集"——政治和经济的等——将自身作为分开的领域而产生的。正是这种碎片化与具象化需要随之而来的接合，由此就产生了任何总体问题的现实性。

这种对现代性的通常性描述与社会形态构成相联系，且往往可以转译为混杂性的或者可选择的现代性的概念（并且也常在地方主义或全球主义的争论中得到强调），其中，将不同的现代性视作在一个主题上的变形。假设现代性是由许多不同的片段以及构架组成的话，第二个问题的答案就会轻易浮现，因为现代性一直都是各种混杂体不断进行接合的结果。然而，结果虽是如此，而且在现代性内部存在着碎片进行再接合的多种可能性，但现代性的"含义"仍是由欧洲人指定或明确认定的。现代性往往被等同于这样一种认识，即欧洲起源和特定的片段或主题本质性地界定着西方的各种现象（Giddens, 1991；Taylor, 2004）。

混杂或是可选择的现代性概念，给我们提供了一种工具来思考创造出"现代性"的那些多样的且不断变化着的努力的方式，同时这些努力也塑造着历史和社会变迁的进程。S. N. 艾森斯塔德是现在最有名的可选择现代性观点的支持者之一，尽管他称其为"多重现代性"。他主张道："理解现代社会最好的方法——实际上也就是去诠释现代性的历史——是将之看作多重文化［有制度和结构上的；对于艾森斯塔德来说，这些都是组成现代性的必要因素］要素不断构成与重构的历程。"（Eisenstadt, 2003：536）因此，"西方模式就不再是唯一'真正的'现代性,尽管它们依然有着历史上的优先地位,并且继续被其他的现代性作为基础的参考点"(536)。"对这些主题的不断选择、再解释和再构建,不断[产]生出新的、具体的现代性的文化与政治形式,促进了新制度模式的发展及对旧体制的重建。"(526)对现代性的选择和再诠释是"由文明社会的历史经验以及现代性对历史经验的冲击所决定的,在冲击之下,历史融入世界政治经济和意识形态的架构中"(528)。艾森斯塔德强调了所有现代性内部构成的复杂性甚至对立性——管控与自治之间、纪律与自由之间、普遍主义与多元主义之间。此外,多重现代性的复杂性及其动力的多变性已延伸到用于定义艾森斯塔德所称作"强力集体核心"的结构与主题上。这个核心由以下部分组成:人类能动性的设想与其在时间流中的地位;人类自治;"强烈的自反性……成为社会与政治权威结构的最为基本的本体论前提";"建立集体与集体认同的独特壁垒模式",以及"其持续地自我匡正的潜在能力",等等(Eisenstadt, 2001: 665; Therborn, 2003)。

在一种临时性的语境中,斯图亚特·霍尔提出了第二种关于混杂性逻辑的论断,这一论断对认识现代性是有帮助的。霍尔指出:"不存在任何的'空洞的、同质的(西方的或是世界的)时代'。只有'缩合与扩展,无休止的分歧与取代,合并,模仿,反抗和转化。它们会在不同的瞬间以它们各自的效应保持'现实'与'现存'的状态,然而现代性也会被改写,这是由西方某个短暂的表征和权力体系产生的多种决定性的影响所致。虽然被改写的现代性是受外界的破坏而出现的,但它依然会以它自身的方式体现出自身的差异。"

彼得·泰勒(Taylor, 1999: 22 - 25)不认可这种对于现代性的理解,他指责霍尔——以及所有其他类似的现代性理论——忽略了"最好情况下低估联系的危险和最坏情况下无视何以成为现代的总体性质。对这种活动范围的分割对于现代性来说当然是'特别的',然而这个独特之处却暗示了分割正是现代性本质的一部分的切实可能性"。乍一看他为什么指责霍尔持该观点并不是很清楚,但当泰勒将多重现代化与多重现代性相区分后,这一原因就变得清晰了。前者是一种"区域多元性",将社会结构与现代性描述为"单独与自发的进程"的结果，而后者认为现代性是"连贯的社会进程的组合"。前者构成了霍尔混杂现代性的特色，这一点上泰勒赞同桑托斯（Santos，2002）的观点——现代性与资本主义是两个不同的自发的历史进程，喻之为"实体分离"。然而霍尔否认任何自发性的概念，或是将现代性与各类进程分离的见解，并且就像泰勒一样，他明确指出现代性描述的是构造而非其进程。我认为，这其中存在着一些有关混杂性的问题，我会在稍后进行说明。泰勒对霍尔的批评显然否认了多重现代性这一基本前提。他批判霍尔拒绝将现代性与资本主义看成是一致的，而资本主义却构成了任何现代社会整体的本质。这样，我们现在又重新回到经济这一底线（源自世界体系理论）。然而，或许是意识到了这种简化认识的弱点，泰勒想要表达现代性与资本主义是相互嵌入的，是互以对方存在为条件的观点。他坚持将欧洲历史看作发展的、线性的进程，并以此来阐述他的本质观点（"普通现代性"）并将其吸收。但或许正是如此，泰勒准确地指出了现代性理念存在的一些问题，因为这类现代性理念以自发性接合为特征：它是否真的具备一个必要的核心或者本质？如果不，那么又是什么将不同的另类选择都归为现代性特征？是否有一种方法，如吉尔罗伊（Gilroy，2000）所提出的，将现代性视为一种"变化的类体"，而不是将欧洲优先作为现代性的必要原本与模型？

混杂现代性与可选择现代性理论占据了大部分后殖民与全球化的理论和分析。在其中一个最有说服力的论述中，高恩卡尔（Gaonkar，2001：1）表示现代性进程常常在"随机时段""持续地出现"，这样，正如他所说，"现代性是不可避免的"。并且他在表示出"现代性不是独立的而是多重的"（17）认识的同时，很快又承认他的思想中具有混杂性："每一处……关于现代性的争论都是陈旧而且相似的。"（22）最终的结论是，认为现代性的多重性就意味着它是"创造性适应"不断累加的结果，其依然"逃不出西方现代性话语的遗存"（14）。然而这种没有主控中心的混杂现代性扩展，似乎仍有结构或者限制强加于其上。这种视角"前景是狭隘的，但也指出了现代性的临界频带，这个频带是由收敛坐标轴（on the axis of convergence）上创造性适应特定场域构成的"（18）。"探讨了（现代性的）难以捉摸的、不连贯的相似频带，这一频带出人意料地出现在离散坐标轴（on the axis of divergence）上。"(23) 它往往且只有是——在欧洲？西方？资本主义？——主题上的变形。

可选择的现代性模式已经受到了严峻的挑战。尽管很多批判归根到底也是（新）版本的本质主义和简化论（比如上文提到过的泰勒的观点），但其他人似乎更易于将我用于定义现代性问题性的理论进行推进。例如，斯考特论述道，这种模式对应着一种过时的——且明显的欧式现代的——有关动因和革命的政治问题性。这些模式所述的理论总是旨在表现一种带有反抗性的顺从。我想说，可选择的现代性模式并不是与现代性的问题域相对应的理论，而是在一种问题域之内运行，即表示受压迫者本身不只是压迫的受害者，而且是那些自己创设了反映其受权力不公正待遇现实的活动主体。例如，这包括那些像卡恩（Kahn, 2001: 659）这样的人，他提出"伦理学家们以相对或多元化现代性的方式来坚持语境优先原则，使得我们拒绝接受现代性是普遍化的、单一的认识"。这类观点使得可选择的现代性成为全球化理论以及特定社会主体在背景上的动力，而不是现代化的理论。

加纳学者基克耶提出如下的疑问：非欧洲根源的元素被欧式现代性吸收的事实是否说明这些元素一直以来都是现代的"或者带有现代性的色调"（Gyekye, 1997: 269）。类似的，雅克（Yack, 1997）提出，一些事物（比如民主和资本主义）是现代的，并不意味着每个现代的事物都要表现出那种现象。这说明，某种同一性并不是必需的，任何要素之间的相互接合并不意味着所有元素的普遍接合都与现代化有关。

德里克对可选择的现代性进行了最为直接的批判，他指出"同质化与异质化、相同点与相似点、同化和分化的问题，在很多情况下具有误导性"（Dirlik, 2000: 76）。因此，"欧洲中心的实践与价值观的普遍化……其实就是将社会与其在欧洲之前的历史轨道进行脱离，放于不具备统一性的一条新的轨道上而已"(76-77)。非大西洋世界与欧式现代性的冲突并没能改变之前的观点，所以现在只是大西洋主题的不同变形。然而，这里折射出的是非大西洋社会的既定的变化方向，所以它们因冲突而变为另一种样子；但这并不能说明它们在遭遇到欧洲强权之后变成这个样子，或者说它们成为这个样子是遭遇到欧式现代性而被其特殊性所直接和简单决定的。

这种观点与竹内的认识如出一辙，竹内认为欧式现代性的冲击能够造成我们所描述的现代化轨道的改变。他认为现代性诞生于冲突中，这种冲突是异质性空间的冲突，也是现在与不再存在的过去的时间冲突。对于竹内来说，中国迈上现代化道路是有可能的，这不是与其他欧洲国家长期冲突的结果，而是源自它自身的历史发展，属于时间上的另类。与此同时，现代性的欧洲中心论取得暂时优势性的地位也源于空间冲突中的抗争："抗争之历史亦是现代化之历史，未有抗争之浇灌，则无现代化之华实。"（Takeuchi，2005：57）这也最终使整个论证圆满了：竹内认为，欧洲将其定为"现代性的"是其在与其他国家的冲突中实现的。这意味着，欧洲的自我认知是基于其发展、运动以及其前进的可能性之上的。而这反过来也与汪晖（Wang Hui，2003）将欧式现代性与其他现代性相比较时认为其具备发展性与目的性的观点相呼应。从这方面讲，或许这并非巧合——基督教、资本主义和世俗主义（或是科学）都具备自我延展性、劝导性、普遍性的特点，它们都在压倒其他文化的过程中明确自己，甚至都自定为欧式现代性的核心。

可选择的现代性理论在此范围内十分有用，因为它们论述了任何社会结构都要被理解为很多混合要素相互接合的产物。因此，我想循着这个思想而非霍尔的字面之意去思考。现代性总是在任一企划和利益的关联与斗争中，在不同平台与组织上运作的权力机制间的关联与利益中产生。现代，即是在不断地重塑那些存在于真实世界的物质、话语和情感。这样，任何一个单独的力量和效应（譬如资本主义和世俗化），都只能被理解为在已组织好的领域内发挥作用（彼此协作或抗争），并且只具有一套符合特定语境的运行机制。这种机制由重叠的、相互作用的、扩张的、强力的、重定向的、竞争性的、有限的及联合的机构、构造、技术与其特定语境和情势之间的斗争所界定。这些要素不会仅仅在某一单独（具有自主性的）领域与层级中发挥作用，它们也不具有单独的绝对的有效性。从最广义的角度来说，我们或许会认为现代性是矛盾性、多面性和持续的产物：产自社会机构、生活方式、经验结构；产自理解、影响、价值观；产自国家（权力）关系、经济（福祉）和文化

(可识性、重要性、归属性)。

　　此外,还有一些对可选择的现代性持较为含蓄态度的认识,我认为有必要对现代性的产生作一个假设:现代性的产生——包括新式现代性的不相称性和相称性,以及从一种到另一种现代性的转化——这种现代性是社会基础配置相冲突的结果,它遵循的是被葛兰西称作组织化危机的发展路线。我认为现代性是一种持续性的斗争,因为斗争各方都想在斗争中胜出。这种斗争不只停留在理论阐释上,也存在于为了权力的物质斗争和现实世界的形成过程中。现代性的可选择性,譬如,贝克(Cited in Taylor, 1999: 26)提出"现代性的现代化"理论,其中论述了"从一种到另一种现代性的过渡是现有现代性的'正常'运行,而其终极目的是建立一个新的社会",且其运行是潜移默化、无计划、无目的、无政治性的。这种理论看似承认"可能拥有多种现代性"的看法,但其实是假想了现代性的一种本质定义,以此保障了其延续性。现代性的变化是流动和变革的'自然'社会学中的一部分,贝克将其与对危机和斗争的(显然是非自然的)吁求相分离。他的公式(Taylor, 1999: 26)"所渴求的+所相似的事物=一个新的社会",确保了变化(以及现代性)被限制在一个非常有限的范围内,而且这种变化在现实中是可以被预期和想象的。

　　然而很显然,认识到现代性是一种斗争产物并不足以保证让一个人放弃现代性是单一或是稳定的观念。许多混杂性理论依然将现代性视为单独的线性发展过程,它或呈现出进步的轨迹,或呈现出倒退的轨迹,好像是在不同阶段进化似的(从早期到晚期,最后进入末期);这种观念不得不假想出现代性的动力就在它自身内部。与此同时,混杂性理论回避了所谓的进化论逻辑,更倾向于以一种破碎化的叙事摒弃现代性的历史,甚至有时完全依赖偶然性的事件。比如赵惠净(Cho, 2000: 57)等人的做法,他们设想出的一种可选择的现代性是"通过不规则碎片式和后现代的思考方式来实现的"。她的观点类似阿帕杜莱(Appadurai, 1990)知名的全球化理论,这一理论认为全球化是由大量景观组成的。赵惠净的观点还与贝克、吉登斯及拉什(Beck, Giddens and Lash, 1994)的自反性现代化即第二现代性的概念,贝克

(Beck, 1992)"风险社会"的描述以及鲍曼（Bauman, 2000）流动的现代性观点有共同之处。然而这里依旧存在一些重要的问题：现代性如何既保有混杂性的可能性，又建立起混杂性的界限？现代性是否在原则上构成或否认了根本他性的可能性——不只是作为现代性的替代者，更重要的是现代性具有其他更为全新的形式？

现代性（失败）的文化逻辑

显然，从不同的角度，卡恩（Kahn, 2001）和李（Lee, 2006：358）关于"现代性的全球性传播和现代性的多样性突变"理论仍然把欧式现代性视为"包含"在所有现代性起源中的一种可能性。但是现在现代性"既是一种思想状态，也是一系列的客观历史进程"（Kahn, 2001：661）。尽管卡恩认为详尽地阐释"在所有实现现代化的努力中有一个内在的核心价值"（Kahn, 2001：664）是不可能的，但他依然认为现代性中包含着征服世界的动力，这种动力通过符号表征的差异和"围绕意义的同一性所组织的文化内容"的多样性对混杂的现代性进行了解释（Kahn, 2001：664）。在这种情况下，两个人都认为由合理性和自治权组织起的现代主义构成了现代性（Kahn, 2001：661）："现代性应当被看作文化矛盾或冲突的产物。"

而这向我们指出了第二种方式，在这种方式下位于北大西洋文化区域的知识分子已经努力界定现代性了，他们对现代性的将来和可能性得出了与众不同的结论。在这里，现代性是从——通常是单个的——新的、深层的文化逻辑方面进行理解的，这种文化逻辑组织和决定了所有的其他形式的社会实践和组织的可能性。这种理论与以上所讨论的文化维度模型相区分开来，而区分的关键是这一理论所提出的文化逻辑经常从未有能力被完全实现；结果，现代性在不同程度上一直都是失败的课题。一些文化理论继续追随着康德和黑格尔创立的以欧式现代主义为主的理论认知，这些理论根据19世纪出现的逻辑认定意识和世界间需要必要的距离是一项重大的"发现"，并以此对现代性进行解释，创造出一种不管是先验主义的还是历史主义的中介逻辑（the logic of mediation），同时，这种逻辑还创造了以等级划分人类自我实现方式的可能性。一个广为人知的例子是尤尔根·哈贝马斯，对他而言，正如卡恩（Kahn，2001：460）所描述的，现代"不止是社会的和文化的特性的集合……一方面，它是社会的分化的过程，另一方面，是文化的自主化"。哈贝马斯认为现代性起源于启蒙运动，他不仅倡导这一认识，并且进而从事对理性的研究。卡恩指出，理性的理念与源自限制、权力和决定性的解放和自治、自有和独立的诉求之间存在紧密的联系。"人类"必须从理智上、道德上和政治上建立它自己。[12]

与此同时，"文化上的"对现代性最有趣的界定通常是由反康德和反黑格尔的观点所塑造的。比如说，海德格尔（Heidegger，1982）认为现代性正是表象（20世纪"世界图像"的结构）本身的逻辑，且康德哲学有助于将这一认识付诸实施。鲍曼（Bauman，1991：5）把现代性定义为"对一段时期内由世界、人类居民、人类自我及其三者之间的联系所形成的秩序的反应"。但是更精确地说，鲍曼认为构成现代性本身的是它对秩序的需求，在这种秩序中"另类的秩序不是另一个秩序：混乱是它唯一可替代的选择"（4）。面对混乱，现代性不断地将世界碎片化并以此来寻求秩序和进行管理。它不断地割裂、划分、分隔、制造（二元的）他者，并且因此使它自己甚至可以面临更多的混乱。如果现代性把混乱看作纯粹的消极性，它就把自己创造成一个"强迫性否定"的逻辑，而这是"现代文化的积极性"（9）。面对它自身的混乱性恐慌，且这种混乱不可避免是混合和混杂的产物，"[现代]的中心框架是反对——更精确地说，（是）二分法"（14），其中的第二个成员只是作为第一个成员的他者而为第一个成员所否定。

或许这种观点最有影响力的倡导者是布鲁诺·拉图尔，尤其是我在最后一章讨论一些政治的和知识分子的立场时也会涉及此种观点。拉图尔认为，现代性不可能调节彼此之间相互生产且又相互否定的两种逻辑。一方面，从根本上说，现代是一种关于分隔或净化的逻辑；但另一方面，现代是一种关于转化、调节和混杂的逻辑。但是拉图尔（Latour，1993：12）表示，"我们越是阻止我们自己设想物的混杂，就越有可能出现杂种繁殖——这就是现代人的悖论"。现代性具体体现在拉图尔所指的现代性"宪法"（Constitution），"实现了将无形的、不可想象的、不可表象化的混杂物集合在一起的调节工作"（Latour，1993：34）。尽管对净化和分离的要求试图让一切分隔，但在现实中它却让声称要预防的那个东西激增。因此，随之而来的一项繁重工作是不仅要隐藏它自身的过失，而且要避免它所轻视的方面不断出现。

对纯净化实践本质上的忠诚造成了拉图尔（Latour，1993）所说的在自然和文化之间的"伟大分界"。对拉图尔来说，这既是对现代性的基本假设，也是许多最重要的制度和承诺的基础。这个"伟大分界"在文化和自然、人类和非人类之间构筑了一个绝对的（消极的）区别和区隔，并且以此对实体进行了分配：将主观性、能动性、表征、历史等分配给人类；将客观性、被动性、被代表性等分配给自然。尽管混杂状态中的许多现实情况总是与划定的边界相矛盾或越过了这个边界，但它仍然是现代性自身潜藏的真实。并且正如拉图尔自己评论的，文化和自然之间（"内在的"）分界在所有地方都复制出自身，并且也要为现代和非现代之间（"外部的"）划分负责："内在的伟大分界导致了外在的伟大分界：我们［现代人］是唯一的那些在自然和文化之间作完全区分的人，然而在我们的眼中所有的他者——不管他们是中国人还是美洲印第安人，阿赞德人还是巴洛亚人——不能把什么是社会和什么是知识区分开，把什么是事物和什么是符号区分开，把什么是来自自然的和什么是他们的文化所要求的区分开"（Latour，1993：99）。

我相信，这样的文化理论对于全面梳理多重现代性的问题域是至关重要的，但却是不充分的。如果单独依靠这种文化理论自身，它们可能不能正常发挥作用。因此，在最后，它们只能够总结和记录它们在现代性设计上遭遇到的不可避免的失败，将对现状的谴责解读为设计失败的碎片。尽管哈贝马斯可能会把那个失败归罪于我们制度性的选择，德里达、鲍曼和拉图尔或许会把它归因于构造逻辑的不可能性/必然性。因此，他们似乎让我们无法设想出一个通向未来的更好的轨道。正如鲍曼（Bauman，1991：10）所说的，"现代性通过把它自己设定成一个不可能的任务来使它具备可能性"。现代性正好设立了一个不可能的愿景，这种愿景使得现在总是有缺陷的，而未来又总是不可能的。

如果说德里达（Derrida，1998）没有为我们提供走出关于现代是以逻各斯为中心的理论逻辑的途径，拉图尔就没有给我们任何批评的可能性。从根本上说，尽管现代性是通过自然/文化的二元对立所构成的，但是我们也不能真正地对这种形而上学提出质疑；我们只能"详细地研究这些混杂体的生产工作和淘汰这些相同混杂体的工作"（Latour，1993：46），并且因此留下了关于批评自身的激进先验主义的人种学/社会学。正因为拉图尔把现代性归纳为单一的机器或是科技产品，现代性宪法就没有途径走出他正好厌恶的逻辑，因为在他看来，"只要一个人同时将此两者——现代人的宪法与现代性宪法虽然拒绝却又允许其增殖的混杂体——纳入思考范围，那么他就是一个非现代人"（47）。所以拉图尔主义者是非现代性的，因为他们复制现代和非现代的分隔只能生产它自己的混杂性。可以说具有讽刺性的是，拉图尔的理论最终不得不承认自己的缺陷，不得不承认它不能逃离它所认为的现代性是二元构成的逻辑。唯一避免自然/文化分离的方法是证明纯净化和杂质化二元主义有着无尽的产物。拉图尔不能承认的是拥有与之相异的其他逻辑的可能性。走出这种困境的唯一方式是承认对混杂体的净化不是理所应当的，而是应认识到世界是物的混杂，尽管这一认识遭到欧洲现代技术力量的反对、否定甚至隔离。

最后，拉图尔的理论正如其他关于现代性的"文化理论"一样，把现代性归结为单一的认识论逻辑，而且经常是单一的被宣称为具有基础地位的二元论（比如自然/文化）逻辑。它把复杂性归为简单的特殊之处，并且把具体削减为抽象的概念。真实的现代是由独特的和单独的向量的现实化直接创造的。构成欧式现代性的所有其他关系的消失，似乎表明如果没有现代性宪法，我们就处于类似德勒兹所说的扁平化本体的存在中，而不是真实复杂的历史本体。它没有围绕制造真实的现代性和斗争的复杂性而提供出多样性向量的叙述，反而抹去了大众的及制度性的政治，支持纯粹概念批评这一普遍认识论的可能性，但是这种理论总是注定无法普遍地实现它自身。因此，尽管关于拉图尔的观点（也有其他文化理论）提供的视角有助于思考现代性从来不是唯一的可能性并据此形成多重现代性理论的认识是可行的，但我认为这种认识无法从这种框架中直接产生出来。

对现代性的再思考以及文化研究的劳动

可选择的现代性理论是有价值的，这一价值体现在每种现代性都是在一个主题的变体，这些理论改变了有关现代性的历史事实，即现代性——或者至少是现代性的主要形式——发端于欧洲并成为逻辑的必然；它们使是否存在现代性的其他起源或现代性的其他形式的问题成为不可能之事。事实上，它们没有使现代问题化，就福柯（Foucault, 1988: 257）的观点看来，"问题化并不意味着将先前存在着的物体呈现出来，也不意味着通过论述创造出本不存在的物体。问题化是由话语和非话语构成的整体性实践，这种实践有正确和错误之分，并且构成了值得思考的客体（表现为道德反省、科学知识、政治分析等形式）"。可选择的现代性理论事实上将"现代"视为理所当然，并且更重要的是，它们将这种对现代的理解视为对其他可能现代性的限制。一个人可以想象其他的现代性，但只能是在已经存在的现代性的条件之内。同时，因为没有任何事物能脱离现代性，就必然没有人能够逃离这些限制。所以，这些理论从一开始就从根本上排除了任何现代性的规范可能性，而这种可能性源自对当前情势的分析。因此，任何规范的立场，任何道德规范，都须内生于现代性本身。这又是一个循环的论点：既然现代性是单一的，那就没有外部；既然没有外部，你就只能从内部来评论现代性；既然你只能从内部来评论现代性，那么那些对在世界上存在的其他方式的想象就常常为言说者所处的现代性所限定。

如果我们想思考多重现代性的问题域，而这一问题域又涉及对目前情势和未来规范可能性的分析，我们就需要意义更加复杂丰富的现代性。这种现代性部分奠基于上述章节对多样性语境和复杂情势的细致阐述。这些理论/工具可能帮助我们在这种情势中凿开一条足够宽的缝隙，以让我们理解斗争的多重性，这些斗争促进了现代性标志的出现及其表达。更进一步，对语境的多重理解也使我们认识到：可选择的现代性理论正是建立在对环境（一些社会现象和重大事实）、疆域（一系列社会物质经验）或相当简单的单一认识论（以本体方式出现）的理解之上，且受其限制，而不试图了解它们之间的接合。

理解现代性的重任构成了通往现代的多重路径之一（尽管其仍未明确），它在两个层面进行：情势方面和本体论方面。现代的本体论指向由分层、编码、辖域机器的接合所组成的图解：对时间、空间的配置、他者或差异的逻辑以及变化的主线或力量的分布。这个图解可以在实现现代化的多种方式中被实施。基于构建现代存在一系列基础关系的可能性，我就关于即将到来的现代性理论提出不同的起点。现代性的本体论带来一些矛盾的挑战：从外部去思考现代性，现代性早已本体性地存在于现代性内部。然而，可以确信的是，如果我们思考现代性的多重可能性，不是将多重现代性视为欧式现代性的变体，那么，现代性就是真实的他者。目前，阐释现代性的本体仍是大多数研究追问的课题，而这在最后一章会谈到。

在接下来的三章中，我想通过更多的情势性的分析来探索这种本体论的一个维度。我对本体论的这个特定方面很感兴趣，我将其描述成领域化，并且它被理所应当地认为是在欧式现代性中起决定性作用的元素。像我在上面所论述的一样，在欧式现代性中，社会整体断裂成了一系列的领域。这些领域——经济、文化、政治——的每一个都独立存在，明显地从社会关系的群体中脱离了出来。用当代术语表述就是每一个领域似乎都拥有一个确定的自治权并据此运作。这就是说，欧式现代性专注于它的本身的空间化；它通过一个特定的"领域化"逻辑运行，构成了一个特定的现实，这个现实被组织为彼此分散的领域。每一个领域都处在变化之中，且在地点和形式层面存在矛盾性，这被我称为"嵌入式脱嵌"。脱嵌的特殊形式通过嵌入的形式得以构建，并且由此构造出其他形式的嵌入，通过这些形式的嵌入，它们的脱嵌在这个构造中得以维持和分散。同时，划分领域和层次要与欧式现代性形成的差异相接合，而这些差异不仅包括性别与种族的区别，还有公共和私人的、个人的和社会的、精英的和大众的建构等。

尽管欧式现代性允许每一个领域都有（相对）确定的自主性，但是我们不能假定一个领域的社会形态或者情势的自主性的形式与程度都是相同的。所以尽管现代性有明显的脱嵌性，然而一个领域会继续为社会形态所嵌入和构成。因此，现代性既是嵌入的又是脱嵌的，而且嵌入的形式界定了它本身，就如同它脱嵌时一样。并且，当自主性形成的时候，它不是错觉的，因为它能产生真实的影响。这就是说，脱嵌的论点是真实的而又是非真实的，因为任何领域总会与整体存在着各种关联。[13]在此需要追问的是：当脱嵌作为嵌入形式的结果时，现代性（在事实上）是如何运作的？它怎么能通过它的嵌入而高效地被分离？换句话说，如何在关联上使事物的生产既具有自主权又没放弃与周边事物的联系？如何把事情的生产看作自我的生产？如何能够以事物不断自我调节的方式来调节事物？

尝试去理解一个嵌入式脱嵌的具体例子，需要用到我之前描述过的双重分析法：以块茎运动的方式画一条有联系的线使脱嵌转化为嵌入的现实，通过真实地描绘创造现实的机器将嵌入转化为脱嵌的现实。

这是下一章在探讨经济问题时所涉及的核心问题。实际上，接下来三章的每一章都将逐个阐述这些明显的自主领域即经济、文化、政治领域。在有关文化方面的章节，我想讨论存在于社会形态中文化本身的嵌入性及功能的多变形式，以及它又是如何在现实中挑战欧式现代性文化理论的，这种挑战潜藏在文化研究的工作之中。在有关政治方面的章节，我想阐述目前概念扩散的形式和权力场域，尽管它们在挑战对国家持续的盲目崇拜，但最终仅以分裂或解构政治而告终。但是通过它本身，并不足以重建情势和重新想象现代性概念这个任务。在接下来的每一章中，我想探求的是，从语境（理性的、关系的）及情势的角度进行思考意味着什么。

但是，实际上我对关于实用技术的这些章节并不很感兴趣，比如处于变化之中的辖域机器或实践。尽管方式有所改变，但通过这些，以上领域持续地在欧式现代性中成为被脱离的或是"自主的"。我喜欢重新嵌入它们，而不是让它们回归虚拟本身。这些领域都可以解辖域化地被理解，而这种解辖域化是任何实践的一种可能性维度。[14]每种事情都定义一组横截向量或横截力来构建社会信息。重要的是，我想表明，这为我们进行情势分析提供了一种新的方法，这种方法不依赖于情势分析的"矮胖子"（Humpty Dumpty）模型，"矮胖子"模型重新聚合了最初已经破碎的欧式现代性。我们可以针对这些向量描绘挣扎、矛盾、转变的路线，它们相互交错在一起，形成了情势的问题域，形成了现代性的斗争，以及多重现代性的问题。这样的向量并不是干净利落地截断社会现实的直线，它们是情节线索，弯曲地蔓延在整个情势时空中。对情势作为问题域的描述更像是蜘蛛网而不是七巧板或混乱的根系。挣扎的每一部分，任何一次冲突，任何一个具体事件，任何一个奇异的吸引体，都会被其自身的网络所建构，都会被源自不同方向的力量所左右，这些力量是复杂的，我们并不能确知这些力量在何处交汇。当周期划分和地理规范不可判定时，希望这是可以用于情势分析的一种模型；它可以提供一种路径，让人重新思考问题的总体性，而不是将它们看作等待着被再次组合的诡异的杂念或是想象中的个体。它描绘出的情势时空概念，将情势时空的总体性从苛刻的且具有实验性的知识分子的工作项目中分离出来，成为另一个——新生的——真实的创意成果。

结论：政治与知识

在探讨这些问题之前，我想重新回到我曾提及的观点，即在某种程度上，文化研究的核心是由与其相关联的必然性的权力——战略和转型——所决定的。在这本书的开始部分我提出文化研究关注的问题是政治变革的可能性，并对这种变革进行分析。这就是说在某种程度上，如果政治，是一种有关可能性的艺术，那么人们就要明白它到底发生了什么，试图了解它究竟发生了怎样的改变："在我看来，做事情的尺度只有在实际力场中才能显现……如果你想要斗争，就会面临一些关键性的问题，就会受到一些强制的规定和一些框架的约束……当然，[你需要]知道在哪方面存在强制力，以使我们可以找准方向来做出一个有效果的战略性分析。"（Foucault，2007：3）

文化研究设法找到重新思考想象力本身的方法，重新思考以现在向其他未来——其他"可能的"现实敞开——的方法来分析情势有什么意义。设法摆脱现实中的那些乌托邦式的简单策划,因为这些策划在现实中没有任何基础,无论是虚拟的还是实际的,相反,应该赞成仅通过对当下的理解而达成的想象的可能性。批判性研究总是有两个政治性的支点,一个是现代占统治地位的消极评论和一个是现在向通向可能性的未来敞开的积极评论(Striphas,2004)。葛兰西区分了智力的悲观主义和意志的乐观主义;利科区分了怀疑和忠诚的诠释学,塞奇威克区分了偏执和修缮的政治。[15] 最好的批判性研究,从分析的、理论的及想象的角度对在失败的现在和没有可能的将来之间存在的鸿沟进行弥合,但却无法保证也没有辩证的逻辑能将二者结合起来。批判性的论述过分强调现代的消极性,一再展示它们持有的悲观主义,它们摒弃那些积极的——例如不同未来的想象——自由性,使其脱离了任何可能实现的路径[16],而这些事物有可能被我们视为事物诞生的胚芽。也就是说,批判性的研究善于表达现实的消极面和未来的繁荣面。对于未来可能的构想必须建立在对当下有效的分析之上。这仅仅是因为当下没有必要去做出未来可能会发生的事情。

因此,对于文化研究来说,当一切政治斗争开始的时候,我们一定要知道我们在哪里,我们如何到达那里,以及我们将要到达哪里。只有这样,我们才有权利问,是否有一个别样的可能的未来,走向哪里,如何走到那里。政治的问题不是我们想去哪儿,而是我们怎样从现在我们在的位置到达我们想要的位置,当然最好是以民主为基础的方式,因为这可以使我们避免将某种道德的确定性强加在他人之上,使我们可以避免滑入德勒兹和加塔利(Deleuze and Guattari,1977)微观法西斯主义的境地。然而,政治从来不是完全实用主义的,也从来不是完全由现在的急切需求决定的,因为它深受政治欲求和道德承诺的影响。在我看来,这种影响至少在某种程度上已超出理性乃至知识裁决的范畴。策略性的问题依赖于更基础的、规范性的问题。我们所生活的时代越来越难以区分道德与政治(这并非说在之前曾经容易过)之间的区别。不过,这些规范性的问题无法从对现在情势的分析中脱离开来,因为它们的形成取决于现在所能想象的可能性,以及想象本身如何与当下现实的欲求连接起来。

在学者研究中——尤其是考虑到当代学术和知识界比以往任何时候都要讲政治（及"政治正确性"），这是当代不可抗拒的命令，甚至是一种要求——政治价值和道德责任的地位怎样呢？这种要求以最温和的形式存在于忙碌的学术活动和活跃的研究中，而最严厉的形式处于与政治认同相关的知识传递中。这是两种独立允诺的产物：首先是一种必要的拒绝，体现在主张认识论普遍化和客观化的文化研究及其相关领域之中。其次是一种令人遗憾的甚至相当草率的极端化的批评分析，这种做法将福柯（Foucault, 1980）知识与权力不可分割理论的复杂性替换为有彼此确证关系的简单假设：一方面是明确的政治议程和认同，另一方面是知识主张的形式和内容。

我想深入探讨为什么说文化研究是固有的政治，为什么说它是由政治所界定和驱使的。之所以说文化研究是固有的政治，是因为它每一分对情势的研究以及对话的有效性，都意味着它无法直面权力的问题，因此，它的努力，无论有意识地接受与否，都牵涉到权力的关系，而且，简单地说，文化研究并不想改变世界。事实上，一个人不能选择不改变世界，因为选择就是放弃现存的未经核实和不曾受到挑战的权力关系——当然是一个政治选择。这种唯一的选择就是一个人能在多大程度上抱着自我意识去开展这份工作，以及获得怎样的结果。所以不可避免地，文化研究所能做的就是使自己介入真实世界的政治斗争，但是它的介入所能发挥效力的大小是由它努力创造的可改变世界的知识所决定的。某种程度上，文化研究讲述出更好的故事，旨在使人们能够设想另外的——更好的——未来的可能性，同时寻找另外的——更好的——可以提前向这种可能性奋斗的策略，如此一来政治似乎就不可避免地出现在文化研究的结构中。然而这需要我们注意政治工作和知识分子工作的区别，而无论它们彼此如何交织在一起。本书和文化研究的一项前提正是：知识——想法和分析——有作用，而且"坏的"知识——坏的想法、坏的故事——经常导致坏的政治。文化研究所研究的就是知识在剖析任何必要性主张以及观察、开启和实现可能性的行为中发挥的关键作用：

文化研究的讯息是针对学界和知识界的信息，不过幸运的是，它也是面向许多其他人的信息。在这层意义上，我试图在自己的精神生活中保持完整，一方面是对客观解读、分析、严苛的分析理解、发现的热情、我们之前不知道的知识生产等保持信念、热情和信仰。但另一方面，在迎接 21 世纪时，我确信没有一个知识分子敢说自己是称职的，也没一所大学敢说自己无愧于心，他们也不会平心静气地将研究视野从这个问题上移开……去理解是什么不断地将我们所过的生活和所处的社会变得极度反人类（Hall，1992b：17-18。斜体为作者所加）。

我已经试图解释霍尔提出的"客观性"可能具有的含义，这一解释是本着对世界负责的态度从理论和经验两层面进行的，而不是话语和政治意愿的简单产物。我认为我们应坚持司坦厄斯提出的知识具有两面性的观点。她说，首先，我们必须认识到，"科学论证的奇异之处在于它们涉及第三方。无论是人类还是非人类都不是基本性的……[重要的元素]是这些可靠目击者的介入和创造"（Hall，1977：85）。这使一种严谨成为可能，可以"不通过康德的裁决去描述这个世界"（54）。与此同时，她写道，知识的功能不是"批准……事务状态，而是使其受制于…可能性的腐蚀动力学"（143）。对霍尔来说，文化研究要求在面对这个真实、复杂而又混乱的世界时恪守承诺，通过知识的理论化分析来抵制一种倾向，即以理论和政治的允诺达成某种结论，并回避真正的劳动需求。而且它也要求我们跟吉尔罗伊（Gilroy，2005：82）一道探寻"[我们能]让这个世界变得多么可怕"？

但是，这仍然没有回答特定的政治价值及所承担的义务在文化研究中所占据的地位及意义的问题。我想采取一种既不流行也不全面的立场，或许这种立场不被我的许多朋友以及文化研究上的同行们认同：我们的工作并不是以当代分析家的身份为人们提供基于政治判断的标准的政治或道德分析，尽管有时不可避免，而且很重要。作为一个批评学者，教导人们什么该做、什么该想等等并不是我的工作。在学识（讲一个好故事）和秉持的政治价值观、实施的政治行动之间一定有所差别。前者（学识）分析权力的特定形态和机制，并且使其接受偶然性和可能性的挑战；而后者目前还是非常天真地认为它们的集体行动能改变政治权力的运行机制。毕竟理念不能直接等同于政治行动，而且与政治相比，学术工作在不同时空性中发挥作用。退一万步说，即使一切都是政治性的，所有事物的政治性也并不相同。

文化研究的政治性基于第一和最后一种情况。在第一种情况中，它的政治性与它提出的问题相关联。当情势提出它自己的问题时，某种程度上，我们所听到的故事取决于我们的政治立场。在最后一种情况中，它的政治性显现在故事的结局之处。故事塑造了焕然一新的环境，并且在解决其问题性时，为通往他处开放了新的既有想象空间又有战略性的可能性。但是，情势分析并没有单一的、有保证的伦理政治基础，也不能预示其分析所能产生的政治影响。起码一个人不能控制所讲述的故事如何以政治斗争的名义被占据。

在当代情势中，我们需要重新思考学术的权威、责任和信用的基础及其主张。在第一和最后一种情况中，在对构筑的正在发生的更好故事的解释工作中，权威被构建的同时也在加速削弱，责任在有所担当的同时也被抛弃。不幸的是，我对于如何将其实现没有明确的答案。我认为，我们不能回到没有价值意义的知识或客观性，或者真理符合论的道路上去。但是不加反思地、草率地将知识政治化却司空见惯，这种政治化将道德判断和政治欲望作为概念工具或分析结论来推行，但仅仅用道德的自我正义性掩盖掉研究的困难与风险是让人感到惊讶的。有些人认为知识直接是政治性的，因为政治话语本身具有建构性和表述性。那么我们是不是必须遵循对一套政治伦理的承诺来构建现实并生产知识？但这样的结论过于简化了多元话语和非话语现实的复杂关系，而忽略了现实构建中的多种话语表现。

然而，我认为，在知识与政治的工作之间（如斯坦利·费希等可能的做法）并不存在一个清晰或简单的区分。正如我所说的，我们开始时所讨论的问题对应着政治需求，即使是我们在寻求打开新的政治可能性的答案之时。显然，存在于这些政治需求与欲望之间的工作是由这个轨迹所限定的，但我相信，有时有必要强有力地推动这些政治关注，继续致力于讲述最好的故事。政治常常将分析限定于它所确定的方向，给人不充分的错乱感。在这种感觉中我们认为，如果我们能有足够的政治定义，以正确的方式，就可以保证我们的分析政治语域和效力。相反，我们需要承认不存在正确的故事，不存在完美的故事，不存在完整或完成的故事。

我们需要更加谦虚地对待我们认为自己所知道或者了解的事情，更加谨慎地对待我们有能力去调查或主张（而政治承诺或者审判不能构成能力）的东西。同样，实践（或者生产过程）不能保证故事的"真相"或者政治地位的有效性。本体与情势政治的合并，是政治超越知识分子劳动的最新、最直接的方式。然而成为本体并不能保证政治影响力的消除。通过识别一组带有政治价值观的分析概念——应急、多样性、流动性、强度等，不难发现这些概念具有从作为思考的工具变为表面上像政治的可能性。但我怀疑，有人会愿意为捍卫流动性或多样性而选择死亡，尽管已经有许多人因为实施它们而的确被杀害了。

文化研究不会因为是讲好故事的学术工作而使人疲惫。一个人不能奢望仅仅基于一个更好的故事而改变世界。文化研究要求参与公共知识领域，展示知识作为政治行为的表现和分享的形式，以及具体的政治和制度运作形式。尽管在政治斗争和公民的公共领域存在（或不存在）多种形式的学术表达，取决于权威在不同语境中的有效表现，取决于开放的学术争论的可能性，以及学术界在一定程度上的谦逊。知识权威不能且不应该直接奠基于或转化为道德权威和政治特权。说服人们相信特定的道德价值观和政治愿景不同于劝说人们相信我所述的故事的价值观，它要求我们理解人们所处的位置并从这种位置出发，并使我们的研究与流行的事物相结合。反过来，这也就要求我们放弃由自身的道德和政治立场所赋予我们的最为普遍的特权。

如果知识（研究）和政治之间的关系本身是语境性的，那么，就需要我们找寻或创造知识生产的模式，以有效应对当代问题域和斗争。显然，如果我们问的问题都是由我们的政治价值观和欲望所框定的，如果我们不断地运用这些价值观和欲望对现有的权力组织提出批评，如果政治依然交织在我们的故事之中，如果政治依然推动我们前进，那么政治就处于文化研究的中心。政治的灵魂是它坚信"知识"、理念能够讲述更好的故事。

我不否认知识分子在政治和道德层面也是从事公民工作的人，他们应在学术劳动中付出努力并获取收益。然而，我试图表明，正是因为我们的工作被这样的判断所驱动，我们才不能允许别人对我们学术劳动力的形式或结论作出判决。我们的研究不应简化成对政治判断的重申。我不打算在某种认识之外再提供关于伦理、政治和知识劳动之间存在"适当的"关系的通用理论。这种认识认为，它们之间不会完全分离，也不应被完全确定。这种任务本身就是情势性的——识别出最有效的、情势特异的关联。在目前的情况下，这样的事情以及我们提供的接合，某种程度上不得不作为对围绕"知识"的权威所发生的一系列危机的反应，而且危机本身在一定程度上是情势之中不断增长的道德和政治立场极化的结果。

我知道，我还在文化研究中的政治责任感的问题上拖延。当然，因为我不认为文化研究中具有任何必要的政治性——事实上政治是存在的，且以一种适宜的形式内嵌于文化研究之中，但我认为没有必要对这个问题进行回答。我认为不可能对一个适当的权力关系或一套政治承诺进行界定。然而，也许如果我讲述一下我的政治承诺会有一定的帮助。我已经说过，我认为知识分子的政治责任首先是在改变现在和开拓未来的努力中得到界定的。换句话说，政治知识分子首先是致力于改变现实本身。不过，我也相信，一个人的政治意愿和责任感不能被完全界定，尽管它们必须受到控制。我相信，我们有义务让世界变得更好，这就要求我们努力帮助其他人——每个人——都有能力履行这种义务。这第二个条件为什么是"更好"的提供了一些内容，因为它要求我们寻求一个世界，这个世界具有所有人都可生存的物质条件，可享受自由和公正的政治条件，以及教育和表达的知识条件，这些是改变现在和开拓未来这个任务的基础。[17]

但我也相信，我称之为知识分子的道德责任[18]，以作为与他者智慧对话的承诺为基础，而这种承诺必然是永无止境的寻求归属的努力。尽管我的知识分子承诺的对象是这种对话，我的道德承诺的对象是与他者的同在［如海德格尔和福柯以两个非常不同的方式所说的"操心"（care）］。也就是说，我自己的伦理意识是由对他者的义务构成的，这种他者不可太近（家庭、国家），也不可遥不可及（神）。相反，他者在"缺席时"只能被想象出来——或作为未来的共同体，或作为某个行星的人类，甚至作为"地球"，而它的存在只能在每一个特定的实例（具体体现在每一个个体或共同体）中得到具体体现。我们为了他者而与权力产生纠葛，这种他者往往是未知的，但又是能认知的，他者总是抽象的而又可以被具体化。我们有义务去想象另一个世界，而这种想象只能通过付出具体的努力才得以实现，只体现在同属这种关系的具体实践之中。正是在此处伦理学与政治、实践与欲求才相遇。至少对我来说，这就是文化研究的驱动力。

注释

[1] 另外一种对全球化的有趣解释可能出现在后殖民的视野中（Hall, 1996b：247）："'全球的'在此处不是指普遍的，不过也不是特指某个国家和社会的。它关注的是侧向者和横向者如何跨越吉尔罗伊（Gilroy, 1993b）称之为'离散的'补充而且同时代替中心-外围（centre-periphery）。"

[2] 我忍不住首先举出最奇特的也是我最喜欢的例子：为第41届国际广告协会世界大会所做的广告。该则广告的大标题是："将要发生什么？"该大会标题名为或者也许是简单地被描述为："'当下'是一种过去的事物的场所。"（www.whatscomingnext.org；2008年1月登录）。其次，我称之为"岩石构造"的概念是关于时间的——关于对明显为指定的未来的拒绝和在现在对这种拒绝的践行。这样，它拒绝了前卫派的时间结构，前卫派继续坚持自由现代性的瞬时性，是站在未来位置上对现在的拒绝（Grossberg, 1997b）。

[3] 我认识到一些人可能认为对情势的这种理解比通常对其讨论时的范围要更大、时间要更长。但是葛兰西似乎已经确信，调动起法国大革命的情势力量直到19世纪70年代才结束。从这个意义上讲，我们可以认为，情势也是到那个时候才结束的。

[4] 我认识到"北大西洋"也许是更具描述性的说法，但是考虑到出版的经济性，一个词比三个词还是好点。另外，我了解到北大西洋区域之外的一些知识分子认识"欧式现代性"比认识"北大西洋现代性"更容易。

[5] 最后一个危机，有时候被认定是新自由主义危机，其一部分动力是

中国、印度、巴西等国的崛起，但是我们不具备理解这些新兴国家构造的可能性。

[6] 如约翰·克拉克（私人通信，2009年2月）向我指出的，欧式现代性的冷战构造建立在"分裂"欧洲自身，而"欧洲"仍然在挣扎着确定欧洲的内容和边界。

[7] 参看查特吉（Chatterjee，1993）。感谢斯瑞那斯·贾亚拉姆（Srinath Jayaram）在这些问题上提供的帮助。

[8] 大家必须谨慎。这些术语被不同的作者用在非常不同的情况中。

[9] 两种常被引用的现代性的可能性的条件是技术性的。一方面，学者们经常谈到印刷机（及之后的通信技术）的重要性，它带来了文化上更大范围的传播和世俗化所促成的知识爆炸的可能性（Eisenstein，1980）。另一方面，军事技术的进步，以火药的发明（或引进）为开端，对国家和权力的组织产生了深刻的影响（Hall, Held, et al., 1996）。感谢尚塔尔·考纳特-甄迪乐·达西（Chantal Cornut-Gentille D'Arcy）提醒我这些技术在最常见的现代性叙述中明显的重要性。

[10] 如果我们从外部对欧式现代性进行反思，我们需要重新思考社会整体的属性：（1）超越决定（overdetermination）与关于构造是不同层次结构的假定之间的关系；因此带来的（2）各个层次的分离及假定的相对自主性。

[11] 这实际上并不是霍尔的努力和思想的创造，而是源自一个开放大学的课程团队。然而，这一问题域多少能够归结为霍尔自身的立场。或者，至少与他的立场相差不远。

[12] 有人可能会在这里提起杰姆逊（Jameson，2002）的著作，他在"现代性是历史和历史意识的诞生"这一观点的基础上，提出现代性是社会通过自身瞬时性的树立而不断进行自我定义的自我参照性的基本推论修辞。

[13] 这种困境经常被源自系统和复杂性理论的更加"科学的"观念的要求所掩盖，就像这会使其自我矛盾的地方更可接受且不再那么有问题一样。

[14] 在后面的章节中，我会提出社会包含价值生产的平面或向量，经济包含价值的通量性，而且文化是绘制和翻译，而政治是捕捉和集体的生产。

[15] 我还可以加上其他人，包括马克思、霍尔、法农、吉尔罗伊、塞萨尔、查特吉、C. L. R. 詹姆斯等等。

[16] 从某种意义上讲，这是德勒兹学派对虚拟和可能性的区分，但是我认为某些德勒兹的支持者没有在前突现（pre-emergent）与突现（emergent）之间作出明确的区分。在虚拟中总是存在多重"可能"的突现，这必须与突现的实现及其可能的再次接合作出区分。

[17] 这仍然是故意不回答以下两个问题。第一个问题，人如何着手改变世界？是否人先改变自己或社会结构？这是长期存在的争论，在20世纪60年代分裂了反文化运动，并继续困扰着支持变革的多种文化和政治运动。第二个问题，什么是操心和行动的地理？行动的相关领域是如何界定的？答案各不相同，从家庭和共同体到国家和世界都有。这些使长期以来的争论，也使左派产生持续很长时间的分裂，包括在20世纪60年代反文化运动期间，并继续困扰着多种支持变革的"左的"文化和政治运动。我了解到有一些人认为我们已经超越了"左"和"右"的分野，而我发现，从社会正义、平等、自由和具有"尊严"的生活权利的视角去批判权力的优势结构和做法对思考"左"依然是有用的。

[18] 关于伦理学与文化研究的讨论，请参看泽林斯嘉（Zylinska, 2005）。

第三章 价值思考：从经济学家手中解救经济

在这一章中，我想继续就多重现代性的问题域展开不同的情势分析。同时，我也希望这种分析能够有助于当下正在进行的集体课题，该课题能帮助我们从多元文化的角度批判性地来继续或重新开始探讨经济学问题，从而避免回到简化主义或本质主义。完成这项工作并非要创造能够使经济成为自足系统的全新经济理论，也不是将经济简化成富有意义性、代表性或论述性的体系（我认为并不存在这样既单一又综合的经济；如果你可以接受的话，实际上经济总是不同经济和经济装置的接合[1]，但这并不是要否定那些被认为是"经济"的东西的话语构建的有效性），这甚至也不一定算是专家学者就经济政策提出的新意见。至少在我看来，这项工作的意义是要去讲述一些更好的情势故事：更好地理解"经济"事件、做法和关系等等，通过将它们语境化来更好地理解经济身处其中的语境。

因为在我看来，这项工作是文化研究面临的一个基本且相当重要的挑战，我认为完成这项工作需要多种努力。首先，我将简要地讨论在"文化转向"过程中影响和催生出的"文化经济"这一新兴经济领域。虽然它具有重要的先进性和有用性，但除此之外，我认为它还具有相当的体制化"胆怯"（timidity）之特点。然后我会转向讨论经济学的文化研究，在此过程中我会继承甚至有时会发展他人的论点，尤其是以下学者的作品：戴维·鲁茨欧（Ruccio, 2008a）、鲍勃·杰索普和欧斯托凯斯克（Jessop and Oosterkynck, 2008）、罗格·李（Lee, 2006）、吉布森和格拉哈姆（Gibson-Graham, 1996）、蒂姆·米切尔（Mitchell, 1998, 2005）、多林·马西（Massey,

1995)、保罗·杜·盖伊和普赖克（du Gay and Pryke，2002），此外还会多少涉及文化研究的其他同事的作品，包括约翰·克拉克（Clarke，2007，2009）、安吉拉·麦克罗比（McRobbie，1998）、女性研究团体（Women's Studies Group，1978）、兰迪·马丁（Martin，2007)[2]、阿图罗·埃斯科瓦尔（Escobar，2005）及许多其他人。我将阐明这个文化研究项目以及我自己澄清、（重新）描述和重构当代情势的努力，将会构成以下三方面的调查或问题化方向：

（1）它要求我们认识到经济体的复杂性和多样性，而不是将该领域简化成单一的"经济"，进而总是将其等同为单一的资本主义概念。我们必须看到经济组织体及其相互间关系的复杂性。

（2）它要求我们严肃对待"经济学"和"经济"的话语生产。一旦认识到经济体在某种程度上具有的话语性，我们便需要考虑经济论述的普遍性［以戴维·鲁茨欧（Ruccio，2006）和埃文·沃特金斯（Watkins，1998）及其他学者的重要论述为基础］，以及经济学学科的不均衡性，进而简单讨论经济学话语中的文化差距。基于此种语境的考虑，我想在本章提出第二个关切之事，即就当代学术中的跨学科做法提出质疑，因为这种做法不仅是文化研究基本性实践，还是目前智力成果的懒惰性（也许是复活的学科性主张的一个变体）影响最深远之所在。

（3）经济领域的文化研究项目有助于找到语境建构和经济及经济体规范的研究方法。我们必须将经济体看作已经完全融入了社会整体，尽管我们承认它们不同的存在模式在一定程度上实际独立于这一整体。这需要我们找到把那种存在模式看成语境决定化模式的方法，这样一来，大家才会把由语境决定的经济效果看成由语境所决定的具有物质-话语性的经济装置的结果。它需要我们把经济体看成经济装置（无层次和有层次的实践的结合和集中）或者其他经济装置的产物。这需要我们分析（经济）生活中多种彼此间有着改变、重合、矛盾、支持关系的经济装置。没人可以保证不同的经济装置或者语境下"经济"关系的基本"建筑模块"，比如价值或者商品，能够保持一致。

我会借鉴波兰尼（Polanyi, 2001）、布罗代尔（Braudel, 1977）等人具有开创性的文献，稍后也会引用西梅尔（Simmel, 1991）的著述，他通过不同的方式论述了在（欧式）现代性中，经济——资本主义——已经从社会整体中被剥离了出来。但是很多时候，学者们使用这一观点去剥离经济，但却忽视了波兰尼、布罗代尔以及西梅尔著述的真正立场，仅关注了经济脱嵌式的嵌入。[3]这里的重点不是否定这一特定脱嵌性存在的现实和效果，即使这一存在自身所具有的偶然性会有悖于其真正的现实，将其转变回嵌入性的形态中。它并不像有些马克思的追随者所认为的那样，仅仅是意识形态层面上的错误观念或者附加现象。情势分析要求我们把这种剥离特性看成是业已生成的，要求我们去描述其生成所利用的机制或技术。只有通过这种既渗入其中又挑战其机制的双重运动，我们才能看到总出现于或已经存在于现实中的其他可能。我不得不承认我对经济情势的思考在很大程度上还带有推测性。尽管如此，我还是要将我的讨论集中在理论研究上，探索这些分析的基础，试图（合作）创造一套理论概念和可操作的逻辑方式。

最后，我在本章中涉及的第三个关切之事是开始考虑当前情势中特定地域的经济运作。这里又出现了两条可以采纳的路径。第一个路径我不会采纳，该路径延续现代主义者的社会构成本体论，该理论将社会整体分成不一样的领域，以领域为划分界限对经济复杂语境进行具体的话语分析。这一分析将开始于在一套由不同活动、关系和技术构成的装置中来核查某事物（事物群）的结构，这一事物被公认为极其复杂、自相矛盾的（但实际上又有什么不是如此），它被人称为经济。但是该分析也将不得不质问其在情势之中深入接合的特定形式以及在其中所起的作用（既被决定又具有决定性，即被帮助又主动帮助）。[4]换句话说，这些研究试图通过勾画组成这一情势的关系线，来重构（并在一定程度上解构）经济嵌入式的脱嵌。

第二条将是我要采用的研究路径，这种路径以探寻独立于当代经济话语和特权的现代主义形式的可能性开始。我想解决情势经济学的问题，但首先要否定辖域经济学的欧式现代性，以此才能找到推动经济发展的动力，因为这一动力贯穿在情势中，且与情势紧密接合。选择第二条研究路径并不意味着我否认第一条研究路径的重要性：我并不认为一个人可以简单地否认或忽视经济建立于欧式现代性构成上这一事实，也不认为一个人不应该分析或者干预这一事实。

为完成该项工作，我会在价值问题上进行一些思考。[5]如果能够承认经济价值的复杂本质与更加复杂的价值系统相关，我们就能够认识到，虽然在当代情势中关于所有价值都简化为经济价值的言论和恐惧随处可见，但是价值的生产实际上并不是核心问题。此类论述中最关键的是价值的重要性，衡量或比较价值的不确定性以及价值的可转移性和通约性。我认为正是价值的可通约性问题决定了经济发展的动力和"自由放任"，"自由放任"是莱·杜弗创造的概念，决定了经济路线的不稳定性及路线之间的冲突，某种程度上这些冲突又从属于更大范围内的针对现代性的情势斗争。也就是说，除了其他方面，我们现在正处在一条曲折反复的发展之路上，但这绝不是意外，而是由可通约性消除的危机所决定或与之相关。在此，我只是提出一些小建议，即努力发现我们必须回答的问题，找到我们必须遵循和研究的方向和轨迹，确定一些我们必须要从事的工作。

我自己从事经济学问题的研究已经有很长时间，并通过很多方式重新推演了文化研究（马克思主义的一定形式）和政治经济学间持续了很长时间的辩论。政治经济学家提出文化研究从根本上忽略了经济学的问题，而文化研究则认为它并未否定经济问题本身的重要性，只是简化了传统政治经济学回答问题的方式。这种回答问题的方式，一方面过度简化经济及其构建、运营模式，另一方面假定经济能够对社会中的一切事物作出最终的解释。也就是说，文化研究不承认任何经济形式的阶级简化论。文化研究只是拒绝相信经济可以决定社会现实各方面的本质内容。

在这些辩论中，我的立场经常是重申或者同意双方的观点。一方面，我赞成斯图亚特·霍尔（Hall，1996b：258）所说的"抛弃经济主义决定论，不是说找到了思考经济关系及其效果的问题的可替代方式，而是其他做法的'存在条件'以'脱离中心'或者错位的方式植入我们的解释模型。抛弃经济主义决定论的结果是使得否认经济决定论更具有说服力，并形成了大规模的认同"。就是说，文化研究没必要更加严肃地对待经济学问题，尤其在考虑到当代情势的特殊现实、关系和力量的情况下。但是另一方面，文化研究必须找到另一种方式来认真对待经济，将经济问题融入其分析而又不会重新产生政治经济多种形式的简化主义。

与此同时，我通过自己的努力试图分析当代情势，并将在书中承认或吸收经济关系等内容，我也会在研究中试图理解什么对于它们是尤其重要的，以及它们在语境中会有何表现。不过，我觉得自己做得……不太好，但是考虑到鲁茨欧（Ruccio，2008b）所说的，比起经济学科的人，那些非经济学科的人写了更多经济学的问题，我相信自己不会比人文科学领域的很多同事更糟糕。如果没有出色的著述，恐怕奈杰尔·思里夫特（Thrift，1991：457）对于文化理论家和评论家考虑经济的成果所作的评价还是对的：他认为他们"对现代社会不断变化之特点是持高度怀疑和猜测的"，并且"文化研究的精准性常与其经济、社会分析的粗糙度成反比"。

总体来说这是当前学术界或者更加具体地说是文化研究中跨学科尴尬处境的核心所在。当前很多关于经济的文化著述都未能进行自我反思，就像鲁茨欧（Ruccio，2008b：893）说的那样："把交易（发行、分配等）数据当作填充经济文章的主要手段，最终的结果通常是成为支持经济价值的新古典主观主义观点。"但是，我们其实可以更加深入一些。事实上，这些分析通常只建立在有限的经济学文献的阅读量上。大部分情况下，文化、社会评论者们阅读的是那些更易于理解甚至更愿意接受的经济著述。那些文本通常都是大家熟悉的内容，我们在自己既已形成的理论及政治信仰的基础上阅读这些文献。就是说，我们阅读的是那些我们已经知道并且倾向于同意这些经济学者于其中表明的立场的著作［例如戴维·哈维（Harvey，1989）、管制学派（Aglietta，1976；Lipietz，1987）、卡斯特利斯（Castells，2000）、哈特和内格里（Hardt and Negri，2000）、萨米尔·阿敏（Amin，1997）、阿玛蒂亚·森（Sen，2000）、拉扎拉托（Lazzarato，1996）等］。[6] 我们不研究另类的观点，所以我们不知道（从所有可能的立场、解释中）选择的重要性，也从不考虑对这个世界的权衡是否可以证明这一理论的作用或真理性。我们只接受那些既成的分类和描述，以至于我们最多只能陷入当下关于我们是否处于后资本主义、后福特主义、新自由主义、网络资本主义或知识经济的永无定论的争辩中。当然，这样懒惰的行为经常有美好的愿景："这些公式化方法（使用交易数据）的目的在于找到可替代的经济体系、反经济学，努力开辟不受资本主义交易、经济理论严格的经济逻辑控制的空间"（Ruccio，2008b：893）。但是这样的愿景并不能拯救陷入无用知识泥潭的作品。

这种懒惰也显示了通过将跨学科性融入或界定到学科内，以改良跨学科性的趋势。我们没有研究其他学科，而是紧紧抓住了已经跨学科的文献和范式，仿佛它们在一定程度上能将人们从学科教条中解放出来。我们经常宣称经济学过于专业，而经济学家却认为我们的著作过于专业。我们没有找到出口，相反，我们更像孤立了经济实践的子集，局限于讨论与文化有某些直接关系的事情上，方便时我们也会通过最抽象的方式将讨论与更大的经济、社会变化联系起来。我们把经济学论述当成意识形态的"幽灵般存在"进行谈论，并且不加思考地把论述与现实、意愿和效果混为一谈（就像很多新自由主义著述中那样）。不论是依据竞争（Hayek，1994）还是规则（Friedman，1962）进行理解，这看起来都像是假设自由市场意识形态可以确保市场自由甚至可以确保致力于创建自由市场的政策的有效性。因此，我们倾向于相信或者根据外表判断"它们"的故事，然后假设我们的任务是找出它们的副作用，最终假定并重申它们确实是一种新自由主义秩序。

显然，从根本外在的立场一厢情愿地认为经济学是有用的知识只能导致社会文化批判和经济学世界的极端分离。通常，对学术经济学的批判建立在幻想的经济学积累之上，而这种积累实际上是相当少的；此外，这些评判的立足点通常并不是对真实经济综合体的理论分析，而是一种根本对立的立场，即认为正在瓦解的资本主义道德决定了政治仅存的可能性。或者还有一种可能，即假设简单地改变（或用社会学解释）特定经济表现的本质，将不可避免地危害主流经济话语的权威性。我认为这在一定意义上是对的，但更重要的是，这样的行为放弃了探索对经济重新进行理论描述的更好方式，放弃了寻找可以让我们以非简化主义、特定情势方式谈论经济和经济体的方法。

具有讽刺意味的是，我们现今创造了大量著述，但让人对这些知识生产感到非常困惑的是，人们轻易而快速地回到了经济简约形式，学者们在理解经济时也易受困其中，就仿佛这是最后毫无疑问的答案，尽管人们在过去的50多年中一直反对此种策略，但反对的声音却一直被忽视。诚然，就像葛兰西（Gramsci, 1971: 336）所认为的那样，这也许存在语境方面的原因："当你在抗争中没有主动权，并且抗争本身已经被等同于一系列的失败，那么机械决定论就会变成一股强大的道德抵抗力量。"

文化研究在面对理论经济学时所显示出的胆怯与文化研究及其他知识形式在面对其他学科（例如文学研究、传播学、人类学以及社会学）时所表现出的肆无忌惮形成了鲜明的对比。也许有人会说，由于多种同步发展（部分为学科内部的发展，部分为学术甚至是广义上的文化的发展）以及政治、经济和社会的多样发展，这些学科已经处在"危机"之中。假设这一观点正确，如果把经济学作为一门学科和一个知识生产领域进行公正的评判，就会得出这样的结论：因为多种不均衡发展，经济学也处在危机之中。当然我充分相信，对该学科的认真研究将会有助于对有关不均衡和危机的漫长历史进行解释。

这里，我想回顾在当代文化研究中心短暂的历史进程中发生的一件事，这一事件发生在当代文化研究中心的早期。该所大学社会学系的主任在得知了这个位于校园之内的半圆拱形活动中心所进行的部分研究内容之后，（给学生报纸）写了一封信。在这封已被存入档案的信中，他说该研究中心所进行的研究与社会学毫无关系，研究中心的人员没有正当资质去讲述、使用或者教授社会学。当然，在成立早期，我不确定该研究中心的研究人员是否很好地理解了这种挑战并作出回应。他们（我们）那时候当然广泛阅读了社会学以及社会理论，并就这项工作的利弊进行了辩论。但是我知道对那封信的回复中将会回顾历史，部分原因在于斯图亚特·霍尔（Hall, 1990: 16）写的回信从不同方面严谨地描述了该研究中心的跨学科以及（一定程度上的）反学科性的意义：

我们发现，严肃地跨学科研究并不意味着一个人挂起跨学科的旗帜，联合来自不同专业的同事,其中每个人都带着自己的专业知识融汇成学术大杂烩,学生能从中依次取样。严格的跨学科研究包含知识冒险,对专业社会学家的社会学理论说不。我们需要向那些将要从事文化研究的人教授我们所认为的社会学,这是我们从那些自我标榜的社会学家那里无法得到的东西。这不是哪一学科将有助于该领域发展的问题,而是可以怎样偏离和动摇一系列跨学科领域的问题。在这些跨学科领域,我们必须尊重并使用知识以及实证、具体研究的范式和传统,以此来构建我们所谓的文化研究。

所以,问题就变成在文化研究的情势分析中,严肃对待经济学和经济体意味着什么?应该怎样严肃对待经济学和经济体?文化研究应如何对待经济学?或者更准确地说,文化研究应该如何将经济学和经济体融入其情势分析?我并不是说我们已经"战胜"了经济学,也不认为文化研究已经征服了社会学或文学研究(或者媒体研究)。这并不是幻想劫持该学科甚至创建另一个非常"正确"的经济理论或者分析。但是确实需要联合其他的研究,认真探索以思考经济效应和经济活动、机构以及集合体的其他可能性。我担心如果没有这样的研究,产出的研究成果对于更好地理解世界现状、讲述更好的故事、制定更好的战略政策所起到的作用会非常有限。幸运的是,这是一项共同协作的课题,很多人都在某些时候或多或少地参与了这项课题。

这样的研究必须立足于当前的语境,因为我们至少必须赞同米切尔(Mitchell,1998:84)的观点:"经济是一个抗拒分析的概念。它仿佛逃过了正在扰乱现代社会理论很多其他观点的批判。"事实上,经济学可能是过去50年里唯一没有被文化研究批判的人文学科,经济学甚至没有给文化研究预留下明显的拓展空间。

经济学是一门相当独特的学科,也是一门值得探索的学科,即便是其立场有多么古怪。"经济"(the economic)这个词既可以指这门学科,也可以指它的研究对象[就像"历史"(history)一词],这一简单的事实就可以让经济学研究的重任变得更加沉重。有哪一门学科能像经济学这样直接关系到如此多的人却又对大众的好奇心完全无视甚至不屑?有哪一门学科能像它一样,即便完全无视所有人谈论经济学的方式，还能在其曝光度和地位方面获得公认的成功（例如，格林斯潘被当作国家偶像，列维特和杜伯纳的《怪诞经济学》等著作取得巨大成功）？有哪一门学科能像它一样成功，发现必须控制其界限时既要在内部划分互相竞争的模型和范式，也要在外部凭借经济学及其敌人们（Coleman, 2002）等类似题目中体现出的偏执对抗知识世界？[7]

有哪一门学科能像经济学一样，尽管只是通过提取与现实联系非常微弱的模型来构建使其运作的分析工具，却仍然主张经济有直接影响现实政策的权利？有哪一门学科能像它一样，一方面宣称是人文科学中最正确的科学，一方面又依附于其创立的文本（不管是亚当·斯密还是卡尔·马克思），仿佛这些文本是至高无上的，仿佛仅仅引用亚当·斯密关于市场上看不见的手的论述就足够了？[8]有哪门学科会像它一样宣称自己极具权威性，甚至宣称自己是一门"科学"，却又有着如此糟糕的记录？不仅经济学世界中存在很多互相矛盾的证据和信息，而且其论断和预测也经常是错误的。很明显，经济学理论和现实并不一致。2007年以来的经济危机并没有像众人预测的那样对学术经济学产生很大的影响，有关取消管制、自由市场等内容的论述也继续在公共舞台上找到了相对安全的位置（尽管曝光度和可信度很低的其他论述也获得了被再次倾听的权利）。相反，与其说是政策专家，不如说是公司领导们遭遇了史上最大的麻烦。（在20世纪70年代后期经济剧变之后，如果将社会主义经济学及新凯恩斯经济学排除在公共舞台之外，那么学术经济学在此次突然发生的危机中就显得更为边缘化。）[9]

经济学家们（在记者和政客的合作下）过分夸张地显示出他们具有遗忘昨天（关于赤字、对商业周期的新预测、滞胀、纳税等）言论的能力。[10]在一些显示诚实的时刻，就像格林斯潘很多次那样（Grossberg, 2005），他们偶尔承认自己不了解当下的现实，但他们会继续表现出一副其理论可以保证政策正确性的样子。有哪个学科像经济学一样，一方面宣称出于自发的实用目的，其研究对象——经济——遵循内在自然规律而不由外部因素决定（如果宣称经济由外部因素决定，那么这是一种曲解），另一方面又宣称其对象解释并决定了其他所有的事情？

最后，我不得不认为，经济学（即作为研究对象也作为一门学科）话语的特权地位与其在当前情势下的主导作用分不开，这种主导作用既体现在其解释、决定意义上，也体现在人们在经济空间内理解生活的意义上。这一点我将稍后讨论。就像比奇洛所说：

> 就像媒体和政治通过其形象化符号所传递出来的那样，经济好比是当代文化的宇宙学和神义论。缔造社会创世神话的不是宗教、文学或者有线电视，而是经济。它描述了每个人与我们生活的宇宙之间的联系，描述了人类和上帝之间的联系。它所讲述的故事非常精彩。在经济中的无数陌生人、所有的个体、所有独自奋斗的人，都汇集在一起形成了一个美好而自然的存在模式——市场。

文化经济

近年来，关于经济领域文化方面的著作急剧增多，大部分被归于"文化经济"这一新兴领域。[11]杜·盖伊和普赖克（du Gay and Pryke，2001：1）论述了"文化经济"初期的参数和条件：

> 我们过去把过程和关系的集合当作经济，而现在这种观点却无法再那么显得理所当然了。以前在实践中或学术上，公司联合、市场运作呈现出一定的确定性，然而现在这种确定性已经不再鲜明了，而且我们这方面的知识也不再那么准确。但是在这些激增的不确定性中，出现了或者重现了一种观点，即认为被称作"文化"的事物不仅对于理解当下情势至关重要，而且也在干预当代的经济、组织生活。

这种"文化转向"根据不同的语境和优先课题呈现出很多不同的形式。此外，稍后一篇关于文化金融经济的文章（Pryke and du Gay，2007：346）提到：

> 文化经济不同于主流金融，因为它不会把处于现代金融核心地位的

合理性假定为既成的，而是会解构自身以显示其形成过程……它也不同于试图概括金融作用的政治经济。文化经济显示出的是一种更加谨慎的分析方法。

尽管我最后想挑战这种极端谨慎的做法，但我也必须要澄清一点，这一术语实际上是指文化转向的不同代表在研究经济学问题时采用的方法，而不是指经济或政治经济中真实的文化转向。我会为被归纳到文化经济名下的理论范畴拟列一个提纲，而我沿袭的研究路径，又可能会被轻易地视为对目前经济学发起的由弱至强的挑战。

第一，文化经济包括对文化经济或者文化产业的研究，提出关于文化市场、劳动力、分类、所有权、生产、商业化、消费等问题。我认为这是研究最为薄弱的部分，原因不仅在于它经常理所当然地把"文化"当成一个经济部门，认为文化是孤立存在的，而且还在于很多研究工作是建立在相当传统的经济、政治经济的概念、方法和假设的基础之上。但是被经济分析当作理所当然的问题需要得到必要的回答，而固有问题却并没有对此提出质疑。经济学通常不考虑文化产品产生的各种作用（比如重要性），反而将其看作补充而不是重新发展的基础。这条路径上的研究工作没有要求认定经济行为本身的话语色彩和语境构成，尽管出色的研究应该要考虑这一点。

第二，越来越多的研究工作着眼于所谓经济内部的文化运作，却忽略了"一般"经济的维度和因素，包括消费者文化研究、文化媒介行为、组织文化、管理理论、借鉴和创新，以及经济不同结构和关系中的文化认同和区别等。

第三，对于经济学（作为一门科学）修辞的研究探索了其权威性和"真理性"话语构建的方式，尤其是通过经济的归化及其规律，还有经济学希望发现的"规律"的"不可避免"和关系。[12]尤其在当代经济学中，科学性和权威性的修辞构建，至少部分是围绕模型、规范和数学计算而建立起来的。这些做法模仿通常意义上对现实的科学研究，尽管它们已经使经济学家们离现实越来越远。但是很明显，对于经济学的话语行为，包括考虑不同经济直接媒介或间接媒介的意识形态实践，还有许多内容有待讨论。米根·莫里斯

(Morris，1992b：57）提出了对经济原教旨主义的微妙理解，他认为该主义"不再强加通行的逻辑模式，而是希望用激烈的推理修辞取代备受争议的推理过程"。有人可能更加深入，比如在着眼于跨范式（政治）实践的经济观点子集中，发现了一个小观点的特殊逻辑：因为我（明显正确）的理论要优于你在现实中（失败）的实践，所以我的资本主义理论要明显优于你的社会主义规划的实现，或者我的社会主义规划理论要好于你的资本主义体系的实现。

第四，该领域最大限度地把很多社会学方法（包括人种志、话语、体制分析等）应用到具体的经济事件、立场、关系和体制中。这类研究在很多情况下提升了很多经济现实明显的客观性和透明性，但它也是彻底的经验主义者和乐观主义者，因为截至目前，它将其研究对象理所当然地看作事实本身、单纯的经济事实。但是，最有趣的社会学研究包括了"建构主义"分析，这一分析经常援引拉图尔（Latour，2005）的行动者网络理论（actor network theory，ANT），尤其是该理论在科学技术研究中的运用方式。普赖克和杜·盖伊（Pryke and du Gay，2007：341）认为这样的研究工作强调"知识的系统构成，并且知识由市场调配或者通过市场的技术基础建设和社会、文化、技术条件而成为可能"。但是根据这个宽泛、根本的语境问题，他们迅速提出了一个狭义的文化经济概念，即"'经济'的偶然组合"（du Gay and Pryke，2002：5）。此外，"文化经济是指经济和组织生活分析的不同方法，这些方法的共性是都关注由话语和机构组合而成的客体和人（公司、市场、消费者）的不均衡方式，并且都关注产生经济相关活动的（物质）实践、命令和话语。"（du Gay and Pryke，2007：340）

因此，文化经济研究最根本的主题着眼于特定经济现象的"组合"："经济现实进行和实现'组装'和'构建'的方式，那些被我们归为经济的活动、对象和人是怎样从很多部分（它们中很多来自经济学学科，但是还有很多来自他处，这当然包括表面上看是非经济的各种文化实践形式）建立和组合到一起。"（du Gay and Pryke，2002：5）但是这种研究显然受到了根本性的限制，因为它倾向去关注微观经济（市场、公司等），并最终即便解构了每个现象的自然性，却仍然把组成经济（"经济相关活动"）适当领域的现象看作理所当然。此外，比起建构主义的可能范畴，它在实践中显示出的人为状态是一种更狭义的语境主义和情势主义。[13]

第五，最让人激动的研究工作是试图分析当代资本主义具有划时代意义的特定本质。这样的研究通常会假设资本主义已经彻底改造了自己，变成了全新的事物。那么，资本主义在垄断和"后"资本主义之后变成什么了呢？不用惊讶，在"文化经济"下，新资本主义通常被定义为经济的文化化。主要的判断包括关于以下方面的理论：新自由主义（强调普及市场意识形态和新治理形式的作用），经济甚至是所有生活的金融化，知识经济的兴起，"新信息经济"（指以科技创新为基础出现的生产力）中"非物质劳动力"不断增加的控制力，"文化资本循环"（Thrift，2005）的集中性。这些理论很多没有什么经验基础，它们常常从当代资本主义的某一个方面进行概括，只是因为曝光度和影响力日益增加才有了新颖性。即便它们指出了一些新兴事物，却没能在组成资本主义和当前情势的广义关系和矛盾中定位这一事物。因此，尽管我们看到资本主义的此类解读越来越多，但它们对我们如何作出选择却毫无指导性。另外，这类研究虽然很重要，但是常常延续政治经济学的传统，缺少对经济学本身分类的根本反思。

最后，研究工作的一个重要方面致力于研究所谓的"另类经济"。[14]这些另类经济可以是小型的当地市场经济，也可能是适当剩余价值、合作社的替代形式、替代货币等等，它们可能也着眼于很多"创造性的"关注点和活动。同样，一些重要的人类学研究也在探讨当地经济，尤其是在当地经济受到跨国公司、资本全球化强有力的挑战时。[15]

文化经济研究非常重要，也作出了实际的贡献，最重要的是明确地表明了文化和经济的不可分性。事实上，根据杜·盖伊和普赖克（du Gay and Pryke，2002：9）的观点，最强势的文化经济主张这种分析区别只能"在具有确定标准和科学体制的语境中才能得到论证和衡量"。也就是说，这种区别是作为特定语境的偶然性特征而出现的。但是，就像我已经说明的那样，这种区别要比这里显示得还要巨大、持久，因为它是由欧洲先进性所导致的。

然而与此同时，在文化经济的大规模研究中存在一些严重的问题。通常情况下，研究工作是实验性的，并且把经济的真实性和被给予性看作是理所当然的。它先假设把一定活动或实践认定为经济，然后再去考察它们如何构建和运作。它没有充分探究经济类别的划分，也没有对哪些实践属于哪些实践不属于经济范畴进行归类。它假设自己从一开始就知道自身想要描述的对象——根据文化构建起来的一定事实，但是这一事实几乎总被看作不受任何复杂语境状况的影响。实际上，在这类研究中语境常常是缺失的。结果，这样的研究在构建自己的研究对象时常常理所当然地认为使用资本主义的术语是恰当的，例如金融化、证券化或者品牌化。杜·盖伊和普赖克（du Gay and Pryke, 2002:2）把经济话语描述成"一种具有代表性的、技术的实践，为经济行为形成格式和框架构造了空间"时，对此曾有所暗示。即便如此，他们好像已经提前知道了什么样的论述是属于经济范畴的，就像文化经济没有探究经济范畴建构便假设能够一目了然地知道什么样的事件属于经济范畴。那么，我们是不是不应该问经济的每一种外观，更确切地说，它是如何建构成经济的呢？[16]正如雷·赫德森（Hudson, 2004）提出的质疑一样，问题的核心在于"究竟是什么被定义为经济"。[17]

但是，只有接受挑战，在更大的社会语境或情势中定位经济和特定经济事件后，才有可能回答这个问题。不然，当代文化经济研究将退回到经济主义和技术决定论上，以至于经济又沦落为最后的底线和结果——"说来说去全是经济，太蠢了!"我认为这种研究抛弃了在关于复杂性、关联性（超越结论）和语境的文化研究中最应该投入的东西。如果不对经济体和经济进行彻底的语境化分析，文化经济课题就会既缺少导向性的分析视野，也没有任何纲领可言。所以在我看来，普赖克和杜·盖伊（Pryke and du Gay, 2007:248-249）承认"认可金钱和金融政治的文化经济范畴……其他人也呼吁'一个有更多政治参与的文化经济，不只是简单地复制不可知论的文化转向'"，简直具有毁灭性的后果。文化经济没能为政治批判奠定充分的基础，也没能解决经济构成及其语境系统和影响因素的关键分析问题。它充其量只是显示了这些担忧在文化经济中可能有一席之地。我更倾向于认为文化经济能在一个更加彻底的课题内部或边缘找到一席之地，我把这一课题称作文化研究，它试图通过严肃而连贯的方式将经济和经济学纳入考虑范围。

在考虑文化经济与经济学学科的关系，或者实际上与经济学根本没有关系的时候，文化经济的胆怯变得最为明显。这个意思是说，尽管认可经济学学科真实的社会力量（我们对此分析得太少了），文化经济却毫无疑问地背离了经济学。实际上，文化经济在很多时候不仅拒绝加入（或了解）这门学科，而且极大削减了经济学的话语领域。所以，杜·盖伊和普赖克（du Gay and Pryke，2002：6）认为"研究经济学，不能遵循经济学关于文化构成的原有观念……因为研究经济学和研究……'文化经济'是两个完全不同的实践"。他们觉得混淆这两个不同的实践，会产生"丧失焦点和目的"的风险。

让人更加惊讶的是，经济和文化领域的两个领军人物，阿什·阿敏和奈杰尔·思里夫特也采取了这种胆怯的方法。因为经济学是社会科学的关键，其对政策的影响、显而易见的（但是可疑的）精确性以及对众所周知的事物的参考性，都使得保守的做法存在一定吸引力。尽管如此，阿敏和思里夫特（Amin and Thrift，2008：8）认为经济学学科外的研究人员不应该与主流经济学建立友好关系，因为那样"很不合适"，尤其围绕理论、方法问题时更是如此。文化经济的理论和方法具有很多优点，比如，它们能够处理开放的体系、语境以及拥有定性技巧。如两人最后所说的那样，"我们认为如果我们相信自己能够与狮同眠，那简直就是自欺欺人，最后的结果只能是我们沦为猎物"。

让文化研究回归经济学

具有讽刺意义的是，我在这里提出的课题是政治经济学家鲁茨欧（Ruccio，2008a：897）曾涉猎的："我现在正在寻找改变经济学学科和'真实'经济关系、机构中现存概念本质的方法，标新立异以生成新的概念……为达到这一目标创造新的话语空间。"举例来说，他认为的研究工作之一是"重新思考范围（例如生产和劳动力），以便定位和克服它们所从属的简约主义和本质主义形式，使它们不同于原来的自身。"

这是一个基础课题，没有文化经济的谨慎和胆怯。这是一个重塑经济学的课题，不只是解构或改变本质，而是再次阐明。这样做不仅需要认定经济现实某种程度上是被话语建构出来的，而且需要认定经济与非经济事物之间存在固有的复杂联系，经济学如果完全脱离其形成并发挥作用的特定语境，根本就无法作为一门学科得以存活。[18] 这个课题不是要去开创一门全新的、单一的、完全统一整合的学科，而是要去认定经济根本的语境性。成为一个经济事件意味着什么，某一事物是否属于经济事件，经济与非经济之间有什么区别，所有这些都是由特定语境和冲突共同决定的。[19] 与此同时，不管研究得多么成功、划分得多么清楚，经济和非经济之间的界限永远都不能如设想的那样清晰；这一界限总是存在漏洞，总是暂时的、破碎的、多样的。

　　我并不是提出劫持该学科甚至拿出替代"经济"的理论或判断的空想。我是根据葛兰西的观点，建议我们应该找寻经济常识中的矛盾，找到一个围绕经济政策、实践展开辩论的更为可行的立场。但是其真正的目的是要找到研究经济学的不同方式，更重要的是要找到能把经济装置、技术和有效性重新放置到情势中而无须对其盖棺定论的方法。这项工作假设根据语境以及经济学资源配置的本质，存在无数经济学学科的表达。我在试图理解经济学服务于文化研究的样子，这意味着总是要把部分注意力放到当代情势的问题域上。

　　当代的很多研究没有考虑同时期的文化研究课题（福柯关于该问题提出的系谱论）中自我反省、自我构建的内容，便急于下结论。这些研究经常搞不清努力建立新的解决方案、在各种力量之间实现新的平衡的有机危机。努力的结果可能只是原解决方案的简单变体（例如奥巴马将凯恩斯主义政策重新引入以新古典主义为基础的体系中），也可能是立足于危机导致原来的可能性不再相关的事实而打造出全新的解决方案（比如埃沃·莫拉莱斯在玻利维亚所实行的政策）。就像之前提到的，我认为在过去的50到60年间，这个世界的某些地方已经在进行这样的努力了，它们正在面临着转折性的时刻（尽管其他的地方最近通过不同的路径已经进入其中），虽然这样的努力只是在过去的 30 年里才更加明显。在一些时间段里，确实曾经出现过一些明显稳定但是又十分短暂的解决方案或者妥协构成。一系列试图重新阐释或重新构建现代化可能性的努力中所存在的问题域，要求我们不断反思我们对于现代性的假设及其对我们分析现状的限制方式。这么做也许能够帮我们避免落入思里夫特（Thrift，2005：2）所批评的陷阱，即"很多社会理论家经常削弱他们的历史想象，以使得他们最后能够说大话，宣称'现代性'可以定格历史，让一切得以圆满结束"。我们知道，再没有什么可以像"经济"一样漂亮而轻易地"让一切得以圆满结束"，经济思考中也没有什么可以像假设现在和以前一模一样（所以我们不需要做任何研究）容易，或者假设现在是一个全新的世界（所以我们不用担心以往所做的工作）。我们甚至可以忽视当前分析中最重要的研究工作：描述新旧之间、原先与现在之间的区别。

当然，我这里进行的课题与其他学者的研究密切相关，例如，其中包括马西（Massey，1995：309）的观点："想把'经济'与社会政治、文化、意识形态等方面进行分离是不可能的。"她呼吁政治经济学家们更加关注"什么被代表，如何被代表，从谁的观点出发，这种代表的政治作用为何"（Massey，1991：44）。不仅如此，她还批判时空压缩概念（Massey，1994：179），认为一个人是否适应这些社会经济变化取决于其在不同的"力量布局"中所处的位置："不同社会群体、不同个人以截然不同的方式与这些潮流和内在关系保持着联系。该观点不仅关注谁迁移谁不迁移的问题（尽管这也是一个重要问题），而且也关注推动这些潮流和运动的动力。"

与之类似，鲍勃·杰索普和欧斯托凯斯克（Jessop and Oosterlynck，2008：1157）深入阐释了他所谓的"文化政治经济学"（cultural political economy，CPE），试图将文化研究和政治经济学统筹在一起："文化政治经济学区分了'真实存在的经济'和另一种意义上的'经济'（economy）[或者用复数'经济体'（economies）更为合适]。前者是指所有经济活动的混乱集合（广义上被定义为与社会拨付、自然转型相关的、为实现大量供应目的而展开的所有活动），而后者是指特定时空框架内幻想出来的或多或少属于前者的活动子集。"文化政治经济学所提出的问题和我自己的研究课题相似："为什么在如此多的经济学假想中，只有其中一些能够得到实际传播，被选择出来加以体制化，最终组成了经济主体、利益、活动、组织、机构、结构集合、新兴经济秩序及其社会融合和经济行为的动态分析？"（1155）此外，杰索普和欧斯托凯斯克还认为"每一种'经济的假想'只是部分地得以建构而已。总是有一些空隙的、残余的、边缘的、无关的、反抗的、普通的矛盾因素，躲过了我们的识别、控制，成为稳定的、既成的'经济安排'或广义的'经济秩序'"（1158）。

我对杰索普等的观点存有两点疑虑。首先，尽管有可能将该课题的观点完全应用于微观经济关系，但是鉴于其根源于政治经济学，该课题完全属于宏观经济层面。其次，尽管杰索普和欧斯托凯斯克肯定了"技术对象和经济对象总是在社会中形成的，具有特定历史性，并且或多或少地与社会关系、政治组合相融合（或剥离），由单个主体进行具体表现和'思考'，其再生产需要持续不断的社会'修复'工作"（1157），但是经济自身的分类仍然是神圣的、预设的甚至是卓越的。此外，他们仿佛更愿意接受物质性的混沌和象征性的叙事秩序之间的区别（也许只是分析层面上的？）而不愿意承认它们在话语装置中的不可分性和共存性。

我的研究课题也关系到罗格·李对"普通经济"的理论化。看起来，罗格·李（Lee, 2006：414）和我一样，认为"'经济/非经济'之间的区别远非不证自明，而且根本不能不证自明"。他反对"那种武断的观点，即认为经济是独立存在的，而不是通过复杂社会关系和价值概念形成的"（413）。尽管我觉得罗格·李是基于对学科的思考而不是针对情势中权力的接合来论述这种分离性，但我仍然觉得其观点具有相当的远见。只是我觉得他又往后退了一步，因为他声称："经济活动躲不开的物质特征是指其价值消费、生产和循环的特征。"（417）他一次又一次地把经济看作"价值的消费、交易和循环，如果没有这些，社会将无法实现物质的再生产"（414）。

我认为，任何语境中经济的特定接合与某一背景下被视作的经济及其效应之间存在重要区别。用比较新的说法来说，后者决定了特定活动的经济功能性，决定了经济的时空域。因此，我认为罗格·李的观念中有一定的迂回。

一方面，他宣称"如果经济地域必须要互相关联，那么复杂交叉的物质、社会价值关系就具有与生俱来的多样性：经济地域本质上就是多样的"（422）。这说明"不仅价值通过多种方式付诸实践"（422），而且"不同的价值观念和实践是同时并存的"（415）。但是那种多样性潜在的混乱很快就被不可避免地克服了，其实现的途径不仅仅是通过把价值限制到已知的经济学术语上，而且主张"经济地域必须能够生产出必要的价值，至少可以保证其区域内的人们可以存活，并且身体强健以能够继续创造更多的价值。为了将其实现，必须创造一定的剩余价值，以应对环境灾难和其他可能影响价值循环的干扰"（415）。让人惊讶的是，此番概念上的努力引导我们又回到了马克思的必要剩余价值概念上来！

最后，我不能虚伪地否认自己未受到其他人的影响，比如：吉布森和格拉哈姆精彩的《资本主义的末日——正如我们都知道的那样》（Gibson-Graham, 1996），这本书较早地重新思考经济学和经济体；还有约翰·克拉克，以及其同事和搭档如珍妮特·纽曼及其他人（Clarke, 2004, 2007, 2009; Clarke and Newman, 1997; Newman and Clarke, 2009; Clarke, et al., 2007），他们让经济学进入文化研究，并把文化带入了经济学。

要想进行不同的——情势的——经济学研究，需要承认经济不仅是由多种因素决定的，而且经济还是复杂的、相关的以及混乱的（Grossberg, 2006）。如果既要阐明经济体又要阐明经济学，我们至少需要解构以下四个常见的不同学术假设并且找到它们的替代者。

（1）经济主义假设经济（不管是被理解成生产、阶级斗争、企业主义、技术、金融模式还是市场）是历史的推动力，是众多周知的底线。通过扩大假定的经济逻辑，把社会整体等同于经济行为（例如资本主义）的合理化，经济主义以非常老练的方式在当代著作中扮演越来越重要的角色。这种简单的逻辑必须用多因素决定论的相关概念进行批判，然后再在效应的逻辑和"可能性条件"的范围内重新思考。

（2）资本中心论假设资本主义是单一、均衡且普遍存在的构成；而且，资本主义经常通过一些核心的、恒定的逻辑和路径得以呈现，根本没有为政治预留空间。或者它可以通过结构化的表述实现理论化，而不必为日常生活中的冲突留有余地。挑战上述假设，需要承认资本主义通常是不均衡的、混乱的、复杂的，并且它是通过不同路径而运行的。[20] 上述假设必须被有关复杂性的认定所取代，不仅要承认资本主义的复杂性，还要承认组成并影响资本主义不同构成的非资本主义的实践和构成的复杂性，以及其他经济社会构成的复杂性。斯图亚特·霍尔之前也表达过类似的观点：

> 我们过去常常认为如果资本逻辑能够轻易得到认同，那么它会逐渐适用于世界上所有的事物。它会把世上的一切都解释成自己的复制品……但是随着我们越来越多地理解资本的发展，我们就会越来越多地了解到那只是故事的一部分而已。使一切商品化的动力（这当然也是逻辑的一部分），凭借自身特性成了其逻辑的另一个重要部分……所以当前首要的、不断辩解的资本逻辑已经成为具有欺骗性的手段，它说服我们相信资本本身包罗万象、综合全面的能力……结果，我们看不到马克思《资本论》中影响最为深远的见解，即认为资本主义一如既往地穿行于矛盾之中。正是这些它必须要克服的矛盾促成了它的扩张形式。除非能够看到矛盾的本质并且认清矛盾的特殊性、矛盾的对立面、矛盾如何能被部分克服、克服了的部分又怎样重新出现，否则我们不能理解这一逻辑。(Hall，1991：29)

（3）价值规范论假设存在价值单一的、根本的或普遍的等级（例如市场原教旨主义），或者存在所有价值完全单一且这种唯一性构成了价值的核心来源（例如工党政策、生产主义）。这种假设必须被承认价值的复杂性、分散性和偶然性的观点所取代。

（4）最后，经济本质论假设经济和非经济的时间或关系中存在普遍而固定的区别。这种假设必须被以下观点所取代：某种程度上，不仅经济关系本身是混乱的，而且经济是根据关系和语境形成的类别。是什么导致一些生产机制成为经济而另外一些却没有呢？其他的生产机制可能是什么样子？一些事件是如何被打上经济标记的，这样标记的结果又是什么？这类标记是不是由背景偶然或情势性地决定的？

我们可以解构经济事件，展现混乱和有序因素是怎样组合成这些事件的。但是解构的部分目的，是要探究这些建构是怎样根据特定的决定因素组合起来的，它们是如何组装成现在运作并产生作用的样子的。也就是说，我们必须探究它们作为生产机制和特定的经济生产机制是如何运作的。但是这不仅需要重建经济机制，而且还要在重新考虑决定论概念的基础上，把这种机制融入社会语境（社会语境不是单一、均衡并且联系紧密的整体）。

我们也许要先承认一些在经济中占主导地位的界定。首先，经济是"力量、关系和利益的物质基础"（Clarke，2007）。这一概念不需要假设"纯粹的"物质性，而且能够把政治和意识形态形式很好地融入经济。我觉得，最常见的例子是关于文化积累形式的研究或者生产模式。其次，经济越来越倾向于指"那些通过政府工作被话语性地组成经济的组织实践、关系和形式"（Clarke，2007）。如果前者在传统上（但并不一定）控制了政治经济，那么后者就主导着文化经济。对于经济类别还存在第三种解读，但我对此兴趣较小。这种解读把经济（更经常的是特定的经济类别）看作纯粹的、几乎没有任何物质现实的意识形态或话语建构。

但是，我担心让这些并存的界定进行妥协的尝试只会让我们陷入身份逻辑的循环和窘境。我们必须回过头来重新思考问题本身。我们不能躲避经济特性的问题以及经济效果的本质问题：是什么让特定的实践、关系、技术或机制成为"经济"而不是别的范畴，比如文化呢？当我们选出这种事件归入经济范畴时，我们说什么呢？什么是经济的"自由放任"呢？这些问题总是语境性的：任何情势中被组成经济的事物本身也是在情势内部形成的。这就是说，在那个情势中，被选入经济范畴同样是由情势所决定的。因此，仅从情势内部考虑经济构成的有效性是有可能的。

所以，或许我们可以不从这些界定着手，而从一些关于"经济"变化本质的共同理解开始。当代资本主义形式存在很多共同的发现和判断，它们预先决定了理解当代语境以及经济体在其中的位置的能力。想一想这三个例子：第一，感觉经济活动的本质一直在变化，一直处在经济文化、信息化或数字化的过程中。结果，经济包括了一种不同的机制，即可自我反省也可以自我生产（Thrift，2005）。第二，很多观察员宣称资本主义一直在扩张，在把社会（实际上是一切东西）都融入经济。所有的事物都能够并且正在被投入由自由交易而非竞争决定的市场。第三，很多人都担心资本主义价值（钱?）会取代其他形式，或者会至少要求其他形式被改变成交易或市场价值。最终，经济是关于满足物质需求的假设就不准确了，因为我们让所有人都意识到了文化生产不仅是满足需求，而且会越来越多地强调财富和奢华（例如，接受日益增大的收入差距）。结果，价值和需求之间的联系就被越来越抽象的价值概念和衡量方式自动割裂了。

我不赞成这样的判断。我认为当代资本主义的真相更加破碎、更加矛盾，具有社会性、瞬时性和空间性的特征。而且我觉得暂时的不同从未如此清晰明了——过去从不像我们所想的那么简单，现在也绝不像我们所想的那么不同（复杂）。在我看来，它们不是"真相"，而是混乱的现实或陈述。那么问题是，为什么它们能获得广泛的认同而被如此频繁地表述呢？什么经济条件使这样的陈述急剧增加，甚至变得炙手可热呢？鉴于双重动力的常态，什么情势条件导致这些经济陈述急剧增加，甚至变得炙手可热呢？

所以，我们怎样才能通过既反对又依靠这些假设完成情势化的经济学呢？需要再次强调的是，我不会提出经济的普遍性理论，只是想思考我们所需要的工具，以便更好地理解经济是如何组建的，它在这样的情势中又是如何运作的。接下来的挑战能够并且应该不受控制地呈现出来。它们是要指出能让我们在特定情势中理解经济体（或经济）存在和运行特性的理论、分析工具。这些问题或工作一定程度上是我进行文化研究工作的前提。这些挑战有经济的多样性、经济的复杂混乱性、经济的语境性以及价值的多样性。这四个并存的特定问题有利于我们理解在当前经济空间里重新思考经济学和经济体意味着什么（经济空间是因为争夺欧式现代性的霸权以及多种现代化可能途径而产生的）。它们寻找方法，以便重新理解我们用以研究经济学的逻辑、我们赖以组建"经济体"的规则系统，以及我们将经济装置和话语融入更大功效的语境和图景之中的框架。

经济的多样性

吉布森和格拉哈姆（朱莉·格拉哈姆和凯瑟琳·吉布森的合力之作）最具有开创性意义的研究贡献之一（Gibson-Graham，1996），是促使我们接受经济事件、关系、机制、构成等的复杂性。我需要总结一下两人的观点并且指出其中的弱点，因为这些弱点就像优点一样是重要的而且具有积极意义。两人的观点体现为以下的多种命题：

第一，社会环境在经济层面上是复杂且有差别的，经济过程和关系存在多元化（包括非资本主义、非商品和非市场的关系和过程）。吉布森和格拉哈姆二人强调经济的多元化和不均衡性，认为"生产和交易的非资本主义形式、剩余劳动力比例和分配（例如阶级）的非资本主义模式，都无法排除封建主义、奴隶制、家庭经济行为和企业内部关系"（250）。此外，二人指出它们之间的关系只有部分得到过修复。

第二，根本没有单一的以大写字母 C 开头的资本主义（Capitalism）。资本主义不仅是多元化且不均衡的，而且存在很多特定的资本主义，其形式往往是由多种因素决定的。也就是说，资本主义本身没有本质和统一体，并不是其内部一劳永逸地决定了它的样子。相反，它在根本上是空无的、被决定的，或者更准确地说，是由多种外部因素共同决定的，是很多经济过程、行为和关系接合的结果。因此每一种资本主义的形式都具有历史特定性和单一性。任何资本主义的构成都只是暂时的，最多只具有部分的稳定性。所以，资本主义必须理解成一种实践、一种过程和一种课题。

这在吉布森和格拉哈姆的阶级分析中更加清晰。二人把阶级当成一种身份，也就是把个人归入不同的类型、把社会分成不同的群体的方式。但是对于吉布森和格拉哈姆来说，阶级是生产、占有和分配剩余劳动力的社会过程。更准确地说，它是多样化的，所以是没有统一体的过程。它是剩余劳动力的复杂涌流。阶级可以呈现很多不同的形式，每一种都由其所处环境的多种因素所决定，每一种剥削形式都包含对剩余劳动力的占有。但是，也存在生产、占有和分配剩余劳动力的非资本主义形式，因此，就出现了跨社会领域分配劳动力的非资本主义形式的假设。

这个观点存在很明显的矛盾。它假设资本主义和非资本主义之间存在差别，并对这一差别进行更进一步的阐述，认为资本主义不仅仅是它存在的条件、它的外观。任何特定的资本主义形式的特殊本质和外形都是由多种因素决定的，但这一事实不能保证某一种资本主义的形式处在本质的话语范畴之外。实际上，如果资本主义没有本质，讨论资本主义的多种可能性就没有问题了吗？在何种程度上，它们都是可能的资本主义呢？吉布森和格拉哈姆并没有给出一个很好的资本主义的定义：资本主义经济过程在价值形式上是通过雇佣劳动和对剩余劳动的占有显示出来的。也就是说，在一个比较迂回的观点中，资本主义被看作资产阶级剥削的过程。[21]

第三，最重要的是，吉布森和格拉哈姆认为"资本主义霸权"是一种话语产品。就是说，资本主义对世界近乎专制霸道的领导权是在话语中建立起来的。这种领导权有赖于资本主义三个特征的提出：结构和系统上的统一性、单一性和整体性。但是这里也存在很多不确定性。是谁以何种方式构建的这种领导权，尚不清楚；有时候，这好像是反资本主义论述而非资本主义霸权控制行为和尝试构建的结果。这些话语的属性是否对话语自身真正有效，或者它们是否只是误解（能够让其认为资本主义应该被看作各种驳杂实践行为的集合），也尚不清楚。目前看来，吉布森和格拉哈姆接受了后一种立场，不否认对于当代资本主义霸权的形式已经作了足够批判性的分析，也不否认真正的资本主义霸权还需要更加富有建设性、多样化的分析。

资本主义多元化允许非资本主义的存在，接受多因素决定论和历史特定性，而不需要否认资本主义主导地位的现实，不论这种主导性多么短暂和复杂。事实上，吉布森和格拉哈姆（Gibson-Graham，1996：237）明确反对进行"一种霸权形式，这种霸权之下事物汇聚而至"，并因此排斥所有反霸权的研究课题。比起抵抗、反对和改变的见解，二人更愿意接受另类经济体的本土化观点。二人认为这一课题是经济的"薄弱理论"，有助于表达创新以及未曾思考或预见的新事物的实现。但不幸的是，二人不承认这样的创新构架于对社会斗争的个体唯意志论的理解之中，存在、变化于资本主义的容忍范围之内。

但是，吉布森和格拉哈姆作为重量级著作的两位作者，竟接受了相对独立（剥离）的经济的概念，更让人惊讶的是，还在一定程度上赞同经济决定论。赞同经济决定论的原因在于，二人未给予多因素决定论的观点（源于阿尔都塞）和情势以足够的重视，以至于假设"自由主体"（举例来说）经济主体或认识论（笛卡尔哲学）主体，而不是复杂、矛盾的并由多种因素决定的主体。某种程度上，这是因为二人的语境主义只是语言学上的概念，而不是具有根本背景性和物质性的概念。

然而，二人的最新研究承认"资本主义不只是能够通过解构和催生符号而被取代的经济符号"（Gibson-Graham，2006：XXXV）。即使面对那些反对资本主义的人，二人也把资本主义展现为主体化形式（展现自我）和存在形式（提供社交形式、幸福和行动力）。通过把资本主义实践和关系认定为本能的投资领域，二人认为创造另类经济课题的工作必须找到方法，让人们减少对二人所否认的资本主义霸权的投资。资本主义是"一系列散乱的经济事件，而不是力量的系统集中"（2）。（存在一种中间做法，即认为分散的资本主义是通过很多霸权性的实践接合在一起的。）结果，二人研究中的最重要部分在分析和指导思想上都忽视了这个问题，反而试图找到新的经济语言和制定它们的新方法（当然这也很有价值），没有把后者与前者联系起来。吉布森和格拉哈姆增加了一系列事物的可能性：市场可能性、替代市场和非市场，交易种类和协商通约性方式（例如，同等价值的交换），劳动力种类和补偿形式，企业形式，生产、占有和分配剩余的方式。可能还会有人补充考虑投机和风险象征关系的复杂性，以及资源和社会价值的复杂性等。

但是虽然承认经济体的接合，但吉布森和格拉哈姆仍然忽视了它们被接合成资本主义的方式以及定位，排斥其他替代可能的特定主导经济体的力量。此外，二人的分析几乎没有解决谁旧谁新、哪些是根本哪些是情势的问题。毕竟，二人的很多描述都是建立在原先反主流文化（尤其是20世纪60年代全球反主流文化）的论述和实践之上。但是二人忽视了一个问题，即为什么这些早期的反主流文化的另类经济会失败。答案肯定与以下事实有关：没有现存（"经济"）力量的霸权机制进行分析和妥协，没能认识到它们在面临挑战、应付危机时的自我再修复能力，这种自我修复一方面是重新修复现存的力量关系，一方面是保证新的反改革构建和联盟（也许还有新的改革的反主流文化可能性）的出现。

总结起来，吉布森和格拉哈姆反对假设资本主义是单一、同性质的，并且无处不在的构成、永不可能被战败的怪物，而是把它看作复杂多样的碎片化存在以及多种矛盾的集合体。同样，二人拒绝把资本主义看作经济活动、关系和形式的统一整体。相反，二人把经济刻画成一座冰山，融合了经济体多样性和复杂性的最大部分隐藏在水面之下（像往常一样被经济学论述所淹没）。二人更加深入地探讨了上述这个观点，目的是排除所有简化、否认、减少经济构成内部和相互间关系的行为。这样一来，我们不用为了消除多样性而把一切都归入资本主义之中，但是必须认识到多样性经济间的争论、竞争及彼此的独立，使经济空间变得更加复杂。二人观点的最后一个启示是，我们必须放弃为发现和判断新兴"经济"事物而进行的过度研究，不管我们自认为是在描述经济实践或形式的新种类（后福特主义、证券化或新资本主义），描述自我反省、自我生产的新形式（文化化、信息化或者经济的认识论化），还是剖析新的技术革命（技术化、电脑化）、新的经济空间。往好了说，以上这些都是局部的、不充分的；往坏了说，它们则是简化的、具有误导性的。

经济的话语性

吉布森和格拉哈姆（Gibson-Graham，1996）还向我们指出了第二个挑战：认识到"经济"在某种程度上是话语配置，为了将经济体融入情势分析需要考虑该话语配置的意义。"经济"从某种程度上来说是话语构建的。即使我们自发地拒绝任何文化主义或语言简化论（即使经济非常复杂，它也只是被展现出来的样子），我们也必须避免自然主义和物质主义的简化论。

为了研究经济（不只是特定经济相关活动）的话语构建，首先，我们必须认识到经济和经济学话语的普遍性和多样性；其次，实际参与到学术、体制经济学的讨论中。我们必须审视"社会文化形式传播经济认识"（Morris，1992b：8）的全部范围。鲁茨欧也在其"经济表现项目"中开始了这项研究。他运用吉布森和格拉哈姆的经济活动图解以及只有小部分冰山暴露于水面之上的论述，形象地表达了二人对所有认为理论经济学能够提供完整的经济现实知识的观点的质疑。他建议"经济表现的领域是广阔的（跨学术或在学术外发生）、破碎的（因为一个领域内产出的知识通常无法与其他领域内的知识进行形式和内容上的比较）、有争议的（准确地说，是因为一些表现在其最基本的元素上都或多或少地区别于其他表现）"（Ruccio，1998a：905）。

鲁茨欧指出了四个这样的领域：理论经济学家（稍后我会回到这里）、理论非经济学家、经济活动家和大众文化。他认为大众文化与"经济主题、议题相关并表现经济"（Ruccio，1998a：895）。当然，我们很多人最熟悉的是第二个："几乎每一门学科，尤其是人文学科和社会科学中的学科，都吸引了大量从事经济分析的学者。他们参考和制定经济概念，分析社会经济和非经济方面的关系，在社会和文化分析中加入经济研究，或者使用经济学理论和概念去分析文本、艺术和其他文化工艺。"（895）当然，这些话语不应该享有特权，我们应该并且可以这样提问：为什么它们以其形式出现在当前的情势中。就是说，我们能够研究这些话语产生的根本条件。而且，它们能够并且应该受到批判。

我要对鲁茨欧提出的四个类别作如下修正。第一，我认为有必要增加第五个类别，这个类别有点像是鲁茨欧所说的经济活动家的反面，我们将其称为政治、法律和商业机构的话语。例如，米切尔（Mitchell，2005：298）开始把这些话语放置于"产品的设计和营销，储备银行、投资公司的计算和预测，法学院和商学院的案例研究，政治智囊团的活动以及国际发展组织的政策之中"。很明显，这个列表可以一直延长，直到包含所有真正的政策和商业站点，在那里，经济理论、逻辑和运算在很大程度上以我们所不理解的方式得以运用和创造。但即使是这些自省的经济机构的概念（由其经济任务决定），也必须辅以承认对于所有的经济活动这些经济机构自身都不是主要的实施者。

第二，必须通过接受经济常识概念，扩大鲁茨欧认为的大众文化的类别范围，以便能在合理的阐述中认识到经济的在场是不断激增、蔓延的。事实是，大部分人在日常生活中会讨论经济及其特定的方面：他们会衡量自己与经济的关系以及自己在经济范围内的行为；他们会有自己进行经济选择和判断的理论、逻辑和计算方式。沃特金斯（Watkins，1998）认为，在资本主义常识中，资本主义是自身（经济）资源的来源。例如，当谈论市场时，他说"与其说市场是经济资源，还不如说它是可以把某事物认定为具有经济价值的资源的场所"（5）。并且，他继续阐释道："这只是因为市场存在随时随地都准备好在既定时间点去争取可能的条件，因为社会整体内的这些条件可能会随时出现，也可能不会如预想般的出现。因此市场可能性的首要条件不是'社会生活的商品化'（假设存在商品化发生所在的市场），而是消费者们参与构建市场的工作。"（17）但是，或者说这只是消费者的工作？在存在消费者的假设中，什么事情已经被假设了呢？

处理这一驳杂问题最好的路径是葛兰西常识模式（Gramsci，1971），一般来说这一模式认为"事物自身包含着无限的认识自我的轨迹，但却没有明确的识别轨迹的目录"，这些轨迹是由我们早已忘记其来源的矛盾碎片组成的。这种常识不是单个问题，而是社会构建和抗争的问题。它在很大程度上建立在流行事物之上，包括不同的表现媒介（电视、电影）、情感媒介（音乐）、供人分享的媒介（电子游戏、游戏展出），同时也建立在不同体制论述（例如"滴漏经济学""不良资产"）、人物（例如格林斯潘、萨克斯、克鲁格曼）对流行事物的阐述之上。例如，它经常通过不同书籍、其他媒介的普及得到有意、直接的阐述。这些书籍或媒介往往提出一些快速致富的方法或"经济霸权主义"版本，就是说它们把经济逻辑和时间当作所有人类活动、问题的解释和解决方法（Becker，1978）。即使是保守的《泰晤士报高等教育增刊》（Reisz，2008），也不得不承认"当下作为'沉闷的科学'（dismal science）的经济学非常性感"。但是，出于对经济事件、议题和危机[22]进行新闻报道的考虑，这种认识通过不同的方式和出口被小心翼翼形成了。随着年轻一代参与到互动或非互动媒介，毫无疑问，他们会受到教育实践和教材的有力塑造。奇怪的是，通常在国家的支持下，诸如国家经济教育理事会、国家经济学协会等机构对12年义务教育的课程和资源进行生产和分配，但是却鲜有人对此加以讨论。

第三，我们需要研究这些不同话语间的关系。我们不能假设它们之间（指导性、理论性的论述，对特定机制辩护性、解释性的论述和具体行为、日常生活的话语实际之间）存在必然的关系。这是新自由主义话语中存在的弱点。新自由主义倾向于假设这些话语都相同并且地位平等！比如，我们可以将其视作一门学科去考察经济学话语和实践之间的关系，以及经济决策的不同话语和实践。我可能会把这描述成经济理论、科学的话语与体制、日常生活中应用经济学的话语之间的关系。很多时候，当我们批判经济学，至少批判其新古典形式时，我们假设它在没有注意到当代经济时间和政策中存在无数矛盾的情况下，或者在认为经济话语、政治意识形态和实际以及常识之间的大量互动决定经济的情况下，便描述或决定了当代政策。尽管很多提出管理理论的书籍变成畅销书，但我们还是甘愿冒着风险假设这些理论实际上是在驱动商业发展。商人，实际上所有经济主体，在商业经济运行的过程中充斥着各种复杂和矛盾的理念或假设，其中包括唯心论和宗教的不同形式（Salamon，2001；Rubin，2007）。换句话说，经济从来都不像经济学家或其他人所假设的那么理性（例如，凯恩斯的"动物精神"，或者席勒的"非理智行为"）。

鲁茨欧的课题非常正确地增加了经济话语和知识的种类，同时又向我们指出了越来越多的、经济学话语被合理阐述的一系列场合。这让我们想起我们仍然把理论非经济学家定位到学术之内，并且通过这种做法，我们正在生产经济的体制语言。同时，我们不得不把理论之外的人看作经济知识的生产者和消费者。但更重要的是，鲁茨欧认为我们现在必须把经济学看作由无数话语组成的竞争场地："从这个角度出发，经济理论和方法能够被视作在很多不同的社会场合中得以创造、借鉴、使用和竞争……并且也体现在理论内外

的不同社会实践中。"（Ruccio，2008a：896）

经济学话语范围的扩大并没有改变我们主要参与所有此类论述的工作，但是肯定改变了这类工作的范围。事实上，对于这类工作，理论经济学家和非经济学家是最可能参与的，也可能是最不容易实现的：

> 理论经济学家很少承认，更不用说阅读或参与理论非经济学家给出的经济分析。同样，经济学之外学科的学者们经常把经济学作为单一的方法或结论集合进行参考——"这是经济学家说的""这是经济学运作的方式"常常让我发疯——因此他们忽视或有意忽略了构成经济学学科的理论方法的多样性。最重要的是，在学术界，没有群体认真对待过经济学家、经济以外的其他人生产和传播的经济语言和论述。

鲁茨欧建议分析经济话语，发现它们的"构建规律和话语规则"（896）。分析这些话语论述能够让我们通过提问什么算是经济表现，以及分析这些不同表现在不同社会场合对不同人群起作用的方式，实现经济知识的去中心化。

实际上，在学术层面意识到经济学家和非经济学家之间的交叉有多少，让人感到很沮丧。当他们产生交叉时，我不得不承认他们通常也感到十分沮丧：经济学家倾向于谈论学科范围内的"真实"话语，而文化研究学者对这种观点非常不屑，认为它非常幼稚，而且两方都倾向于认为自己的研究领域具有相当意义的最终（有时是第一）决定作用。我们必须要找到可以对话的方式，不是一开始就否定其他学科或者批评某一特定学科的跨学科弱点。[23] 这样的对话需要我们广泛参与到经济范例中；我们经常为不这么做寻找理由，声称经济学技术性过强（这也可以是经济学家质疑文化研究的正当理由），而没有去寻找对话可能的开端。可以说，对跨学科研究的需求也在其他方面起作用。随着越来越多的经济学家转向其他学科，尤其是心理学和社会学，他们常常不负责任地选择那些看起来最能满足他们的需要或者最具有科学性的范例。经济学家试图用人类学的话语讨论文化，面临的尴尬往往比文化学者试图从交易谈判、关税等事务层面讨论经济遇到的少。

新古典主义经济学的支配地位和更加具有支配性的量化模型技巧（这些

技巧决定了该学科整体性的假设）之间的合并是严重错误的，它限制了我们寻找谈论当代经济现实最好方法的能力。不论我们可能发现什么问题，如均衡性的实质假设，或者是模型的抽象性、社会关系的量化、将要成为唯一恰当认知论的乐观宣言等，我们都甘愿冒险忽视这些问题。而且，大部分情况下，文化学者对于新古典主义经济学（经常将其与新自由主义中一些尚未定义的政治经济观念合并）的理解，非常欠缺并且过于简化。通常，评论家们认为新古典主义范式是20世纪早期为了反对政府扮演重要角色的凯恩斯理论而出现的，它不认同凯恩斯理论主张的经济萧条原因。实际上，新古典主义（边际主义等）的基本框架和假设是在19世纪末20世纪初设立的。这一方面与反对计划经济的辩论相关，另一方面与利文斯顿（Livingston, 1997：61）提出的由作为"成本分配和长期投资计划问题"的解决方案而兴起的"应对无限制竞争的企业备用选择"有关。利文斯顿认为，边际主义者和新古典主义经济学家取得了胜利，"因为他们设计了一个合并、预先设定并传播那些变化的模型，通过那些变化，资本主义的稳定性和管理自主性成为经济、社会新发展的条件"（61-62）。

新古典主义在第二次世界大战、20世纪70年代全球危机和先进工业社会滞胀之后得到改造。实际上，目前新古典主义理论存在很多不同版本，它们被看作一系列假设和原理的集合。其中很多在过去的几十年里受到了质疑和修正。此外，这些假设和原理通过多种方式被归入新古典主义经济学的不同位置。主要的包括：边际效用理论；人类行为理性选择模型（如效用最大化、约束主体，尽管最近这已被修正），尽管这些模型越来越受到心理经济学的挑战；自由市场理论，认为自由市场（自由是指竞争还是解除管制，是可以进行辩论的）蕴含了价格机制的合理性。尽管这些理论曾经显示了充分（透明）信息的必然结果，但是也受到了挑战。另外，新古典经济学一般把宏观经济学纳入微观经济学理论，并且接纳均衡和集合理论。更加不同的是，新古典主义经济学的特定版本认可企业的核心角色（奥地利学派的一个重要前提）、货币主义、作为首要敌人的通货膨胀、（短期）利润最大化的期待和作为衡量经济成功手段的增长的首要性。但是，当代新古典主义理论支配地位效果最为显著的可能性特征是它接受极度定量分析的（部分是 20 世纪可利用数据爆炸的结果）、形式化的（模型化的）方法论，尽管这些方法不只限于新古典主义研究，也并非其所必要的方法。

有一点非常重要，即进一步承认经济学学科的多样性，不作新古典主义经济学的支配地位会演变成完全控制或占据的假设。假设经济学科是（所有经济学家也是）新古典主义的，就会忽略理论经济话语的复杂性。为了能够认真对待这种复杂性，我想强调理论经济学中的两个学科发展、两个彼此相关的群体或运动。第一个是人们常说的"非主流经济学"（heterodox economics）。作为学术界一个非常部门化的存在，它结合了很多范例、立场和研究方法，而这些范例、立场、研究方法又往往为新古典主义支配地位得以建立、维持的基本策略所排斥甚至拒绝。如果列出清单，往往会包含后凯恩斯主义、新李嘉图主义、马克思主义，社会经济学、女性经济学、制度学派和政治经济学，比较经济学、实验经济学、演化经济学和历史经济学，行为经济学、环境经济学、神经经济学和复杂性理论。我们也许希望能够通过联系诸如经济社会学、经济人类学、经济历史学、经济地理学等学科来进一步扩充这个清单，但是这本身就需要新的参与形式。尽管乍一看，清单上出现的不同传统学科之间的唯一共性在于它们都反对新古典主义霸权的和极权主义的策略，但是至少在有些分组里，它们认为自己参与了现代经济分组的批判，并寻找新的共同基础。[24]

第二个是"后自闭经济学"（post-autistic economics，PAE），它也是一个重要的经济学流派。2000 年 6 月 21 日，著名的法国《世界报》发表了一篇题为《经济学学生谴责教学中缺少多元主义》的文章（Fullbrook，2003）。这些学生就读于该学科最负盛名的学校——巴黎高等师范学校。简单来说，他们抱怨对模型和方法论的过分强调割裂了经济学研究和经济现实之间的联系。同一个月，剑桥大学的经济学毕业生发表了类似的正式抗议。随后，2001 年 8 月，一个由非主流经济学学生举办的国际会议发表了后来著名的堪萨斯城提案（Kansas City proposal，39-41），呼吁经济学研究的彻底改革，这一提案包括人类行为更广义的概念，文化认可，历史思考，拒绝分离事实和价值的新知识理论,致力于实验基础,研究方法扩展,以及跨学科对话。[25]

这两个运动就像堪萨斯城提案一样,对新古典主义的霸权提出了不同的质疑。最常见的批判涉及当代新古典主义理论的基本形式。后自闭经济学和非主流经济学家认为新古典主义经济学的形式主义,会不可避免地导致经济学研究脱离实质、实践问题。最后的结果将会非常讽刺,即经济学欠缺现实主义。非主流经济学重要理论家托尼·劳森(Lawson,2003:Ⅱ)指出:"大家广泛认同现代学科的发展不太健康。不管对形式主义的主流研究占据控制地位这一事实的解释是什么,到目前为止,该研究都丝毫无助于解释社会和世界。"这至少是经济学内部危机的第一条线索,能够成为文化研究的开端。

形式主义对现实的这种离弃与新古典主义理论的演绎逻辑有关。该逻辑导致新古典主义经济学不断地寻找"事件的规律性",迫使它假设世界是一个封闭的系统。劳森认为如果经济学是一门科学,那么它必须要建立把人类和社会看成复杂、进化、开放系统的本体论。这样的本体论在实践中可能是有条件的、历史性的,并且是易于出错的:

> 当我们关注这里不断变化的生产表现、工作环境和起伏不定的失业率等等时,我们没拿这些我们选出来的特征来强调孤立存在或把它们当作暂时的探索的衡量方式。这么做的目的是假设一个完全不同的世界,既不同于我们现在生活的这个世界,也不同于与之相关的世界……简单来说,(暂时)不关注某事物和直接当它不存在是有区别的。建立一个抽象的概念和当某事物孤立存在也不是一回事。(Lawson,2003:23)

鲁茨欧(Ruccio,2005)尽管同意此观点,但也批判劳森把批判现实主义当作经济分析新本体论基础的做法。同样,戴维斯(Davis,2006:23)也认为,非主流经济学把社会现实看作"本质上是动态的、内部互相关联的、有机的、被建构的……[它]出现并包含价值和意义……并且是多价的。"有人或许会补充认为,对于很多经济学家来说,这一理论不得不认识到政治维度的特征。非主流经济学理论家们常常从事融于社会的个人、社会结构和积极参与其他学科之间的逻辑论证。他们中很多人自我反省，关心某些特定的方法是如何取得了支配地位的，而其他方法则变成异端。当前，对于数学计算和数据技巧在经济研究中的地位，存在着广泛辩论。

我必须进一步指出，不只是一小群被边缘化了的"疯子"关心并坚持非主流经济学/后自闭经济学的观点。最近出现了很多关心该学科内部讨论和质疑（大部分与当下发生的金融危机没有关系）的文章。[26]很多著名经济学家在诸如堪萨斯城提案等声明上签字，甚至开始接受它们对主流经济学的批判。受人尊敬的主流人物，例如玛丽·摩根和罗伯特·索洛对以下事实予以了谴责：依靠20世纪初期以来快速收集的大量数据建立模型的欲望，已经使经济学变成以过度简化行为为基础的技术学科。索洛（Solow，1997：54）甚至写道："独立于历史和社会背景的那一小部分经济学非常无趣枯燥。"实际上，从这些理论经济学家的言论中，我们可以发现很多对于构成新古典主义霸权的不同假设之间关系的解释，包括：关于数学化的必要性和模型价值的方法论假设，原子论（个人主义和后续聚合）、完全（竞争）市场和优化（或者理智的选择）的本体论假设，以及边际主义和均衡论的理论假设。

在主流和非主流经济学中，目前也有很多讨论被归入文化经济学的名义之下。尽管我们倾向于忽略这一事实，但是在非主流经济学甚至是"主流"传统范围内，存在大量关于文化的著作，针对不同问题采取了非常广泛的角度。索罗斯比（Throsby，2001）就在某些章节中讨论了价值、文化资本和持续性、经济发展中的文化等相关理论，表达了对文化经济学（包括文化遗产、创意经济学、文化产业和文化政策等经济层面）的明显担忧。

毫无疑问，最直接相关的问题是文化对"理性"行为的影响问题。众所周知，我们或许不能确定该如何应对经济学家必须把文化纳入考虑范围的图谋。例如，最近一个文化经济学特别研讨会发表的一篇文章认为，"如果没有可以试验的假设，那么文化在经济学中就没有位置可言，除非作为多元平衡中的一个选择机制"（Sapienza and Zingales，2006：23）。两位作者说明了证明文化影响经济产出所必需的三个步骤：（1）证明文化对预期和偏好有直接影响；(2) 证明那些观念和偏好影响经济产出；(3) "关于文化和经济学的研究面临以下问题：因果关系很有可能有两种作用方式，即经济学和文化的双向作用方式……经济学家应该只关注那些个人从前辈那里继承的文化方面，而不是自己积累的那些方面。这样的选择可以让我们把那些由观念和偏好构建交织而成的文化组成部分单独分离出来，以使之作为辅助变量来衡量文化对这些观念的决定作用"(24)。在此，有人简直要忍不住大喊：小菜一碟！

艾瑞克·琼斯从不同的路径出发，认为："尽管文化像幽灵一般于历史中传承，不如很多非经济学家认为的那样具有独立影响，但在一定程度上，它确实可以影响行为、选择和技术。"(Jones, 2006：Ⅸ) 在之后的论述中，他断言："一个更加合理的立场是，因为经济学是对行为、选择的一个抽象类别的分析，其方法从文化层面来说当然是中性的、通用的。如果西方社会之外的一些经济学家不把法律、宗教和社会的阻碍纳入成熟市场行为的考虑范围，那就是他们自己的缺点，不是这门科学的缺点。"(6) 但是最后，琼斯提议通过两个极端文化固性去操纵人的行为，断言文化最终会沦为相对主义和文化无效，且提出文化不起作用或根本不存在的假定（对措辞的选择非常有趣，而且也能显示出当事人的观点倾向）。与此同时，有些讽刺的是，文化重要性得到了更多右派而不是左派的支持。例如，哈里森写道：

> 尽管很多学者，例如托克维尔、马克思·韦伯以及最近的弗朗西斯·福山、萨缪尔·亨廷顿、戴维·兰德斯、罗伯特·帕特南、卢西恩·派伊及其他学者，表达过类似观点，但学者、政治家和发展专家们回避了文化价值、观念和态度对社会演进方式的影响。专家们更喜欢引用地域限制、资源匮乏、政策错误和制度不良等观点来解释这一影响。他们力图避免被人诟病的比较、政治敏感和挫败感的方式往往是由对文化解释的成败所导致的。(Harrison, 2006：1)

哈里森通过把 25 个变量归于四类——世界观、价值和道德、经济行为以及社会行为，提出了关于"利于进步"和"反抗进步"文化的类型学。亚马逊网站上的一个观察员因为这本书缺少定量分析，或者更确切地说，因为缺乏可定量性而拒绝让经济学家使用该书,但是却允许政治科学家和社会学家在一定限度内使用它。[27]

最近,经济历史学家格雷戈里·克拉克同样思考了文化的重要性。他坚定地认为,制度行为无法带来建立一个允许经济持续发展的全新构成所必要的改变。相反,他认为标志工业革命开端的欧洲经济的迅速发展,是由经济改变带来的:很多行为上的改变得到了其他作家以及新教徒、新兴中产阶级的注意,这些改变打破了欧洲的贫穷(马尔萨斯人口论的)怪圈,产生了一种生产和发展循环的新经济形式。这些改变明显引起了基因的改变(响应拉马克),最后形成了全新的(现代的、资本主义的、欧洲的)人类。在克拉克看来,这种新文化和随后出现的经济转变不是通过兴起的(被剥削的)农民/工人阶级,而是有赖于精英阶层的没落才得以普及。正是他们社会地位的下降迫使他们改变自己的文化并创立新的行为,来应对日益增长的需求和现代化之前的条件。尽管克拉克的理论认为文化具有重要的地位,但其理论也对工人阶级的起源和地位提出了重要而明显的挑战。

很明显,文化研究还有很多需要通过参与这些对话而进行学习的地方,这对于丰富这些对话也有益处。我们必须要考虑,为什么"文化"学科中越来越多的人不尝试参与呢?我觉得答案是,在现实中,一些能够超越简单的政治谴责和认识论批判的话语参与暗示了一个不同的课题:重建具有情势性的经济学。

经济的语境性

某种程度上,如果说经济是由话语构建的,那我们就不得不承认其也是由物质构建的。或者更直接地说,经济——实践、关系和制度——也是依赖背景构建的。我们必须分析经济在复杂语境关系中作为某种特定"经济"的构建、定位、存在和运行的方式。换句话说,什么是经济,经济是如何运行和存在的,都是由语境所决定的。没有语境分析,就永远无法理解经济。例如,市场就不是自然事物;它们必须被建立而成,并且没有单一通用的模式。

同样，我们不得不问，我们怎样谈论资本主义？存在很多定义资本主义的方式：阶级矛盾、生产形势矛盾、劳动的市场化、剩余价值（剥削）的拨付模式或者一般等价性的存在（例如，钱是资本的表现）。

资本主义是一个抽象种类，没有描述任何特定经济，但是却描述了在一定社会构成种类中"经济"组织的一系列可能性。我们不仅要观察不同话语和实践（谈判、延伸、妥协和排斥等等）之间的结合，还要观察它们结合的方式。我们必须立足于特定路径和特定地域、制度场合观察经济关系和实践行为。这通常被理解成我们必须在政治、经济和文化生活的交叉中观察不同行为人、制度、实践和论述之间的关系，即我们必须在情势整体中，把社会构成当作其不同构成、领域或层面的具体结合体加以研究。[28]

有必要回到特定情势，回到现代性特定问题域中的现状描述上。为了支持新自由主义之名下的形象描述，上述工作常常被丢弃一旁。就像克拉克（Clarke, 2007）所说的，新自由主义的概念存在那么多不同的意思，但它却奇迹般地将这些意思缝合到一起，形成了一个有明显主导、和谐的构成。新自由主义被定义成资本积累的新形式、公司资本主义研究的扩张和"社会、政治生活领域的间接经济化"（Clarke, 2009）。有时候，新自由主义是一个经济课题；有时候，它是一个意识形态课题；有时候，它又是一种治理形式；有时候，它还是财政政策、货币主义、全球霸权主义、劳动力市场或者公司治理和利润等等。我们要如何理解达格尼诺（Cited in Clarke, 2009）的发现——"社会运动主要组织观念、原则和新自由主义政治（尤其是那些'参与权''公民权'）之间'违反常理的汇集'"？不管怎么说，真正的问题是，它是如何重新组合或者分解现存的实践行为、企划和话语的，或者说，它是如何成为特定（新的和旧的）结构的？如果它现在正在组合起来，或者正在进行类似的组合工作，那么这又是怎样影响它自己的同一性的呢？但是，新自由主义的话语好像使语境判断工作更加困难了，因为新自由主义已经变成一个可以放到几乎所有东西之前的形容词。这是一个"让我们脱钩"的专业术语，而不是一个概念。除非它的含义能够更加具体并能够结合语境加以理解，否则没有它，我们的境况会好很多。[29]

这项工作（必须被延续）把情势分析看作欧式现代性的整体性破碎所导致的碎片再组合过程。社会整体性破碎之后，变成不同并（相对）独立的领域或范畴，随后陆续形成很多具体的话语和实践（尽管它们互相交叉，并接合成了其他的各种形态，展示出了较强的创造力，但其中也存在着分歧和裂痕）。但是，这种实践最终会重新形成欧式现代性本身的轮廓和结构。即便我们认识到经济是在社会层面、政治层面和文化层面上形成的，我们也可以继续"孤立"经济，有时甚至会积极地使其特权化。作为一种选择，或者伴随着这样的努力，我们需要探寻经济从其他社会实践形式"剥离"的方式，以便构建与"经济相关的实践"和"经济"。实际上，这种剥离现在已经成为经济学科的首要工作。另外，该领域相对独立地形成这一历史事实，并不意味着"经济"不会以与整体的关系继续融合于并接合于整体。它也不一定是我们理解经济在整体中运行的最好方式。

分析或质疑剥离"经济"的行为，不只是一个内部区分经济，或者认识到它包含不同甚至矛盾性构成的发展问题。只是认识到经济和经济相关活动的"组合"或构建，或者只是简单地抛弃经济动态完全发生于内部的假设，是远远不够的。就像我说过的，我们必须看到，除了组成情势的复杂关系，经济的类别、该类别内外实践的分配以及包含或排除实践行为的可能效果等，并不是既成的。当然，这很大程度上取决于每一部分是如何构建情势的。

这里，经济领域的文化研究至少存在两个不同的问题。第一，我们必须解释形成于欧式现代性中经济的特权地位。特定装置和集合是如何被植入并定位到社会构成中的，如何赋予它们不同的身份、特权和力量，让它们能够生成特定种类的效果和决定？这个问题通过不同的方式提出了决定性和自主性的问题，在我看来，它能为我们指明一条避免相对自主性概念界限的道路。第二，我们所谓的、有时为"新自由主义"所参考的经济"情势主导"（conjunctural dominance），其本质是什么？[30] 米切尔（Mitchell，1998：91）提出了该问题，"如果经济知识由一种话语构成……问题就出现了——为什么它的力量会变得如此强大"，尽管并不需要赞成一切事物都只是话语构成的观点。由此推测，鲍曼（Bauman，2000：4）所指的是后一个情势问题："实体的融化，导致了经济从其传统政治、种族和文化纠葛中释放出来，这具有极大的进步意义。"尽管可能有人会忘了问这种纠葛释放以前为什么没有发生。区分这些问题的另一种方法，是三种截然相反（作为假设）的经济"情况"（为方便起见，这里看作市场）：（1）市场根植于社会关系（这不是说不存在"经济"类别，而是在最好的情况下，"经济"类别界限模糊且不断变化）；（2）市场是剥离于社会关系的系统，如欧洲现代经济；（3）市场是社会关系之外的、在当代情势中被二次剥离的事物（有人或许会想到金融市场的运行方式，例如衍生品，或者至少会假设其运行）。[31]

同样，我假设米切尔（Mitchell，1998：84）备受争议的观点是第二个问题的变体（尽管时间轴不太一样），他指出，"经济"观念常常被理所当然地回溯到20世纪30年代。他认为，经济的这种现代性观念是20世纪初力学/物理学理论运用的结果，这些理论让经济学家可以"把增长想象成……决定经济的关系整体的内部强化"，然后使经济变成"新的计划、规则、数据列举和表达力量的运行领域"（91）。[32]有人可能认为，当他把这种理所当然的意思描述成"特定国家或管辖内，商品、服务的生产、分配、消费的关系整体结构"（82），或是"不证自明的整体性"（88）、经济关系总体结构时，他合并了欧式现代性的两个时刻。我认为米切尔是对的，他在20世纪初期见证了"经济"的巨大转变，这一转变在一定程度上是基于对数据收集的新需求和数据收集的新技术而逐渐形成了新的治理形式。但是在关于接合的更长的历史中，这只是经济作为一个孤立的整体和政府权力对象的一次关于欧式现代性建构的（不是最新的）重新接合。从这个意义上讲，米切尔既是正确的，也是错误的。他错在起始就将经济视为一个独立的整体，它形成于20世纪30年代，但是在那之后，其整体性和独立性的本质得到了巨大的重构。我的观点是，在20世纪上半叶，对经济独立后的形式的重构，是建立自由现代性的工作的持续表现，尽管稍后几十年里，我们在反对自由现代性的语境下看到了更大的改变。

但是，米切尔认为追问什么可以被排除到经济范畴之外是一个重要问题，这无疑是正确的。讽刺的是，过去在对这一问题的回答中，最明显的三个答案居然是家庭、国家和文化！所以米切尔的观点（Mitchell，1998：93）攻击了经济本质论："作为一个独立的范畴，经济的概念和安排从一开始就要求在每一笔交易、交换中保持货币与非货币、经济与个人、公有和私有的区别。"[33] 通过这种方式，米切尔也将经济问题定位到现代性更广阔的问题域之中。

也许研究关于现代经济在现代欧洲的"构建"的早期历史作品，具有一定的意义。我想引用波兰尼（Polanyi，2001）和布罗代尔（Braudel，1977）的作品，尽管我并不想判断它们之间的不同，也不想完全接受它们的历史。波兰尼和布罗代尔都首先认识到，在现代社会和资本主义到来之前，甚至某种意义上，在现代社会和资本主义发展的过程之中（尤其是布罗代尔），经济依赖（并首先传播于）物质或日常生活（布罗代尔认为，这种生活是人们习以为常的、程序化的生活），并融入社会关系体系（波兰尼）。

波兰尼和布罗代尔勾勒了市场、市场经济和资本主义出现（生成）的历史；他们坚持认为这些构成之间存在不同和差距，在当地、城市、地区、国家和国际的不同市场构成之间存在不同和差距，且这些不同和差距对二人的作品而言至关重要。把当地市场看作我们所称的经济，这种行为是不恰当的。此类市场只存在有限竞争，由国家法规创立并受其控制。事实上，波兰尼认为这类法规和市场是一起成长的，前者保护劳动力和土地，使其免于变成商业对象。随着商品链的发展和延伸，国家和远距离公共市场被规制成竞争和透明交易的场所（在该场所内，经济代理人起到"价格接受者"的作用）。虽然布罗代尔认为此类市场将自身从管理规定体系中解放了出来，但波兰尼却强调"自由贸易"的方式需要增加中央的干预和管理。

但是，这种市场经济还不是资本主义。资本主义是国际贸易的结果，其产生有赖于"外部"、私有、"对立"或反市场网络的形成，这些网络在建立不同的竞争领域时规避了透明性和管理规定。在这些市场中，公司形式的经济代理人通过技术策划操纵供求关系，以实现制定价格而非接受价格的目的。但是即使是自由市场，"如果没有社会的积极共谋，资本主义的产生简直无法想象"（Braudel，1977：62）。[34] 布罗代尔认为，直到18世纪，才有一小部分欧洲人口受到了前资本主义市场经济的影响。他们二人都同意，早期的现代经济学家常常把市场经济和资本主义合并起来，把前者当成对后者的充分描述（尽管他们在如何描述这个假设的同等性和不同时作了区分）。

最后，两人都讨论了现代资本主义的出现，只不过布罗代尔（Braudel, 1977：46）认为"从最广义上来讲……，现代资本主义可追溯到20世纪初期"，而波兰尼则把时间更往前提，而且认为现代资本主义的出现以市场自动调节市场的存在为前提，在没有外在因素干预或帮助的情况下，其出现是受到了市场价格的调节。但是两人都认识到，这样一个独立的经济实际上是依赖社会的。[35]在波兰尼看来，为了使经济体系能够根据自身规律进行运转，社会必须要进行重新改造。布罗代尔认为，"只能根据其他的整体才能理解经济"（64）。他认为资本主义"在本质上是在情势中产生的……它是在变化的支配下繁荣发展起来的"（61）。具有讽刺意义的是，虽然波兰尼假定资本主义是因为经济和政治范畴的制度分离才成为可能，国家不再限制土地、劳动和钱等要素转变成（虚构的）商品，但是布罗代尔则非常确信地认为，"只有当国家认同了资本主义"，只有当它确实成为国家形态时，"它才会取得胜利"（64）。[36]同时，他们研究的限制是，他们继续相信资本主义的自身故事，认为它包含市场的自我调节体系。这个故事本身需要被解构和重新讲述。

波兰尼和布罗代尔的观点中存在一个模糊的问题，即虽然他们对"经济"作为历史史实进行了表述，但他们认为经济是理所当然存在的；他们仿佛提前知道"经济"和非经济的区别，而后者常常特别容易被等同为社会范畴（把社会构建中的一个领域合并为整体）。然而对他们两人来说，经济本身只有在他们所叙述的社会历史中才能形成，以至于只有在资本主义中，我们才能把经济理解成生产和分配的体系。换句话说，只有在知识形式、控制形式（包括政府的控制）和技术形式发生交叉的情况下，才能理解资本主义以及经济特定种类的形成。但是与此同时，我们不禁觉得波兰尼和布罗代尔在一定程度上把经济类别也看成是理所当然的，将其视为一种发展制度，在欧洲漫长的历史中有其存在的轨迹。

所以，尽管资本主义（和经济）的历史通常被讲述为经济从其所在的社会整体的紧密重叠中剥离出来的故事，但我觉得我们在这看到的以及我想要剔除的，是一个讲述嵌入与脱嵌之间关系的复杂、变化的故事，是一个嵌入式的脱嵌的故事。因为经济是从社会构成中脱离出来的，但它绝不可能完全逃脱，甚至最终会回去并要求再次融入到社会构成中。[37]波兰尼试图解释这是如何发生的，因为资本主义在一定程度上导致了贫穷和大批生产者的迁徙，而这显然不是市场规律造成的。[38]正是这个失败要求经济必须服从自然的权威，尽管与此同时，这一失败也呼吁本着管理和克服贫穷的需要来构建社会。某种程度上，这也解释了在欧式现代性中，为什么需要把稀缺性假定为经济价值构建的第二种构成性原则，所以经济必须总是进行可以满足它稀缺性需求的生产。但是我们也了解到，目前现代资本主义和欧式现代性受到了社会的困扰，因为它们需要以理性的方法对工人阶级和其他阶级的再生和功能管理进行干预。

在现代性本身已经变成政治问题的背景下，对经济学的提问（既是论述上的，也是实践中的）要求我们首先发出这样的疑问：现代社会中的经济存在模式是怎样变化或被改变的呢？借鉴波兰尼和布罗代尔的观点，这一问题牵扯到既不断变化又自相矛盾的嵌入式的脱嵌形式。简单来说，不存在自主的经济，甚至是非常有限地承认经济具有相对自主性是很大的让步。换句话说，存在一种双重接合：脱嵌的特定形式是通过嵌入形式建立起来的；反过来，嵌入的形式又通过其脱嵌在社会构成中的持续和传播，创建了嵌入的其他形式。

欧式现代性中经济学的特权地位是由其嵌入式的脱嵌的特定形式所形成的，这种特定形式是既类似于又区别于其他欧式现代性自主领域（如文化和政治）的存在形式。我们不能假定某种形式和程度上的自主性在不同领域都是一样的（例如，经济具有特权地位，具有几乎完全的独立性），或者它们在任何一种领域内部都是一样的（例如，文化就逐渐由一种先验的自主性转变为一种日常化形式）。因此，假定经济是剥离的，超出了对欧式现代性不同社会领域或层面的碎片及具体物化的观察，因为即使是在这样的结构内部，也存在关于"经济"的特别之处。这一点已经通过很多方式得到描述，但是也许这种特别之处最明显的标志是，被讲述的故事或谱系的范围没有进行明显判断的需要或可能。举例来说，杜蒙特（Dumont, 1977）认为经济被限定成内在联系部分的统一整体，但是它也可以被外化成一种自然现象。同样的，米切尔（Mitchell, 1988）的经济谱系学虽然认识到经济是一个"不会永远存在的"客体，是"在广义的发展语境下作为一种新客体形成的"（141），但经济是在"从现代时期其他范围和功能中脱离出来"（88）的情况下被直接选择出来。再次，查理斯·泰勒（Taylor, 2004：76）认为经济是"一系列生产、交换和消费的连锁活动，它们通过自身规律和力学形成了一个体系"，并且他还声称"把经济理解成一个体系，是18世纪理论的成就……在我们的社会想象中，把社会最重要的目的和日程看作经济合作和交易，确实是从那时开始的，并一直延续至今"。

在文化研究中讨论经济学的起点，必须是把经济学或特定的关系和实践视为依据语境形成的"经济"本身（甚至是特定种类的经济形式）；经济和非经济之间的界限已经划出，而不管那个界限有多么易跨越多么易变，所以经济本质论的假设，即经济实践和非经济实践之间存在稳定、自然、普遍的区别，是站不住脚的。考虑到在现代资本主义经济的背景下，定义经济可以有不同方式：特定的关系结构（例如，生产和消费作为其自身力学和规律控制的系列连锁活动所进行的循环）、价值生产、特定关系形式。此类本质关系当然也存在很多可能，包括相互作用（一种对称关系）、再分配（作为经济体或社会主义）、家庭关系、共享和赠与关系。我相信大部分人会断言现代经济的特性是由交换形式的特性所决定的。但是经济本质关系不会是交换本身，因为有很多交换关系形式不被允许进入"经济"范畴，包括交流、爱情、性、家庭生活等等。

所以，我们所指的交换实际上是市场关系，是亚当·斯密所说的市场这只"看不见的手"对不可避免的利益进行协调的结果。市场"看不见的手"是通过一个看不见的机制进行自我利益的社会协调的概念，这一概念促使斯密得出这样的结论：经济具有自己的标准特征，对其放任自流是有益的。那就是说，不管多么无意而为之，交换（和经济）预先假设这样的关系对双方都是有利的。[39]例如，杜蒙特（Dumont，1977：35）认为"经济对双方都有利的看法，代表了一种基本的转变，标志着经济学的产生"。他总结道，这有赖于人类良好品质在内部是连贯统一的假设。查尔斯·泰勒认为，在18世纪出现了一种对人类生活方式的全新理解——人类生活的目的是实现互惠互利。他把这种理解称作"看不见的手"因素："这一新观念中的重要部分是它与我们的目的互相协调融合，而不论它在我们每个人的自我意识中是多么不同。它把我们卷入利益的交换"（Taylor，2004：70）。但重要的是，泰勒从每一种关系的背后都存在"利益交换"的观点中退了回来，继而转向"人类参与服务交换"（71）的观念（这个观念是一个完全不同的问题）。所以在此一个基本假设是：经济作为现代社会客体，是在假定特定社会关系中个体价值的实现可以产生社会利益的基础上形成的。但是这个定义不仅迂回难懂，而且自相矛盾，因为通过定义它无法解决可能出现的市场作用失效，而且这种失效在实际中是无法避免的（以及出现不可避免的稀缺性、贫穷和不平等）。

让我重新回到嵌入式脱嵌的问题上。正如我一直所说的那样，虽然"自主性"是建构的，但它不是虚幻的，因为它能产生真实的影响。尽管经济具有明显的脱嵌性，但它还是继续扎根于社会构成中，且与其他社会构成存在着密切的联系。经济既根植于社会又与其相脱离，而且其嵌入性还决定了其脱嵌性。这形成了一个两难的处境。就像我在最后一章所提的问题：事物是怎样在保持嵌入的同时又实现有效脱嵌的呢？事物怎么会由其自身生产性所生成呢？通过这种方式提出这些问题，可以让我们避免一个简单但是错误的解决方法，即宣称一旦经济被其自身生产性所生成，那么它就会终止对大语境的依赖；一旦它被剥离，那么它就不会再嵌入。但是经济的矛盾之处恰恰就是它能够被自身的生产性持续不断地生成，或者说，经济相关存在的本质就是如此，以至于它在一定程度上能独立于该相关性进行运转。很明显，某种程度上，经济无法摆脱它在复杂社会构成中的位置以及它与社会构成的联系。那就是说，关于其脱嵌性的观点既正确又错误，因为它总是因为其相关性而被卷入社会整体的。

最后，认识到经济的语境性意味着我们必须重新认识我们思考经济对社会整体以及其中其他不同形态的作用方式。这就是说,至少要拒绝任何形式的经济主义(即不管理解起来有多复杂,经济始终是历史和社会变革的驱动力),因为它过度简化了经济形态和其他活跃于情势中的生产与表达、中介或构成等层面之间的关系。

作为一门学科,经济学只关注经济的脱嵌性,这让我们看到了低估其社会性和相关性的危害,而人类学只关注经济的嵌入性,这又让我们看到了过高估计其社会性和相关性的危害。我们面临的挑战是去思考经济嵌入性和脱嵌性的不同和变化形式,以及实际构成经济的这两种"存在模式"之间的接合形式。

这个问题不像否认经济具有自主性那么简单,因为看起来,经济学学科的霸权主义(认为经济可以描绘和干预社会构成的整体,例如其新古典主义形式)既依赖又否认经济的自主性。实际上,正是一种霸权主义形成了以"根本预期变革"为形式的新古典主义支配权。因此,杜蒙特(Dumont,1977:294)写道:"一个标准的新古典主义宏观工具被应用到宏观语境中,去解释一种总体的现象(滞胀)和政策实施遭遇到的失败。"同样的,贝克(Becker,1978)认为,在假设个人会根据自身理解实现幸福最大化的基础上,经济作为一种分析方法可以被用来分析所有包含选择的人类行为。这一观点显示了重回嵌入性的趋势,虽然它实际上是一种完全不同的观点。

继续这个课题,问题又来了:经济嵌入式的脱嵌形式是如何变成一个斗争场所的?它是如何变化,以至于赋予经济学话语(如果不是实践行为)以特权和权力,使它们以霸权、扩张的方式发生作用?为了能让经济体更好地融入当代情势,我们也许要首先假设在当代情势下,经济存在的矛盾形式本身已经变得可见且自觉,所以经济既脱离社会控制又受到社会控制,同时,经济又是我们所处现实的媒介。经济的效应并不体现在其脱嵌性,相反,是其嵌入性的新形式塑造了历史,并改变了我们看待自身的轨迹。

在欧式现代性尤其是自由现代性中,文化(尤其是审美或表达的文本以及语言和交流)被给予殊荣,成为人们理解自己、感受身边历史、政治变革和挑战并赋予其内涵的领域。另外,在自由现代性中,文化被看作一个十分重要的领域，在这里，历史本身至少有可能得以形成、体验、抵抗、组织。用阿尔都塞（Althusser，1970）的话来说，真正的问题是什么领域日益占据支配地位[40]，这个领域决定了政治变革、历史演变和所处的生活现实。但是我认为，在当代情势下，因为经济的原因，文化的地位被削弱了。经济正变成历史形成、体验和抵抗的领域。而且，我推测变革形成的重要轨迹存在于经济和经济体之中[41]，但是，我不认为这种认识可以简单地等同于社会生活经济化的（错误）观点。下一章里，我将提到一种"感受结构"，该结构形成于经济领域并且由其"直接"组成，逐渐为我们所称的经济文化问题奠定了基础。并且我认为，这在一定程度上奠定了文化经济成为关注点的基础。但是与此同时，如果我们要搞清这些变革的意义，我们必须放弃秉持的经济构成包含不同层面和领域的观点，去寻找一种新的情势思考方式。

价值和通约

在最后一部分，我想提出一种对经济进行情势主义再思考的可能，以及这种经济在当代情势中所处位置（Grossberg，2010）。我将首先简要概括经济的劳动价值论，得出我们必须把这一价值理论置于语境中加以考虑的结论。然后，我会更加概括地讨论价值，这有助于我区分价值问题的两个方面即生产和通约。随后我将提出"通约"决定经济，而这种经济成为所有实践的一个方面，是横穿于情势之中的力量。最后，得出结论认为当代情势的危机至少部分是由通约带来的分散的一系列危机。

我的意图不是要给出（经济）价值理论详细的历史综述，而是希望给出足够的历史背景，可以让人理解某事物一致和不一致的部分为什么能具有如此强大的力量，影响其发展并将其塑造成当前的样子。即便是在经济领域内，价值也指出了一系列议题：使用价值（亚当·斯密的用词）指出了有用性的问题，它有时被阐述成人们为了获得某一特定（使用）价值而愿意放弃的事物；交换价值（也是亚当·斯密的用词）通常被理解成人们为了获得一定数量的其他商品而不得不用其进行交易的事物。有时，交易价值被假定为等同于价格（或者至少可以由价格进行衡量），比如斯密所说的"自然价格"、马克思所说的"生产价格"及其他人所称的"成本决定的价格"。交换价值如何与价格相关联的问题独立地提出了各类问题，这类问题通常被称为"转化问题"。

在亚当·斯密之前，价值的主导理论多来源于重农学派和重商主义者。前者认为所有的价值都源于土地，土地是唯一的价值来源；而后者则把价值等同于资金或金银。双方的这些理论，尤其是重商主义者的理论，导致全球价值总量被看作是有限且不变的。所以，一个地方的增长会导致其他地方的损失。

对亚当·斯密（1723—1790）的研究存在很多解读，他首先否认了这些价值资本理论和价值有用性理论。在一定程度上，古典经济自由理论首先认识到使用价值和交换价值实际上是彼此相互独立的，这导致了价值的悖论，亚当·斯密（Smith, 2003）将其比作关于钻石和水的悖论。斯密认为，钻石具有很高的价值，但只有很少甚至根本没有使用价值（他不了解钻石的工业用途，但是无论如何，这种用途都不能用来解释其交换价值），然而水有很高的使用价值（它是生存必需品），却只有（至少最近还是如此）非常低的交换价值。

根据罗纳德·米克（Meek, 1956）对价值理论和马克思主义理论的历史进行了具有高度影响力的解读，斯密向前迈了一大步。他假设商品的交换实际上是活动的交换，价值生产实际上是作为生产者的人们互相关系的结果，这将价值本身变成社会关系。结果，斯密提出了劳动价值论，认为用来生产商品的劳动是商品价值的来源（不一定形成质量或数量）。也就是说，一件商品因为（但不一定达到这样的程度）是社会劳动的产物才具有了价值。但是根据斯密的观点，一件商品的价值，其真正的衡量标准是其交换的环境，所以商品价值的数量是由斯密所称的其"可控制的劳动"，也就是雇佣劳动（其市场销售可以让人们在市场上进行购买和控制）的数量所决定的。因此，斯密提出了一个可被称为质量的而非数量的劳动价值论。但是，根据米克的观点，斯密也认为在更加先进的市场经济中，市场价值不再与劳动成本相称，因为此时商品价值必须包括对生产工具所有人的补偿。这向斯密提出了一个根本性问题：鉴于他否认劳动成本控制市场价值，并且考虑到物化劳动和可控制劳动的间隔，利益本身如何实现和计算呢？

某种程度上，戴维·里卡多（1772—1823）回应了这一窘境。他认为斯密混淆了价值和薪酬，进而混淆了价值和价格。里卡多坚持认为，所有价值理论的必要起点必须是劳动时间决定价值。只要劳动数量不等同于工资，那么商品的价值及其交换价值就是与生产商品所需的劳动数量成正比的。因此，这一绝对价值是不变的。但是里卡多认为，"自然价格"即其相对价值的货币表现，是由生产成本（包括一定平均水平上的利润衡量）决定的。

卡尔·马克思参与到对该问题的论述中，对斯密和里卡多提出的经济（一方面包括价值和价格，另一方面也包括经济人）是自然形成的预设进行了批判，尽管他接受了该预设的一些论述和计算逻辑。在米克的影响下，马克思认为交换关系（很明显，这种关系是交换价值的场所）是由生产关系决定的，或者换句话说，商品交换价值的形式取决于生产力（劳动）交换的形式。在某种程度上，这与斯密和里卡多的劳动价值论相重复。但是，为了理解"总体商品生产尤其是资本主义商品生产下生产关系和交换关系之间的数量、质量联系"（Meek，1956：XIV）[42]，马克思提出了一种价值规律定量分析。某种程度上，这至少是马克思对该问题所作出的贡献。

马克思把价值（或价值形式）定义为所有商品的交换价值所共同具有的特点；它是生产过程中商品所包含的劳动的表现，这种劳动不仅包括生产中的活劳动，而且还包括活劳动所使用的生产工具中包含的死劳动。更准确地说，价值是（平均）社会必要劳动时间的表现。马克思也再次对使用价值和交换价值作了区分：前者是"具体"劳动力（或劳动时间）的表现/具体化，而后者则是抽象劳动力（或劳动时间）在交易中的价值的体现。马克思认为，一定程度上，作为需求和必需品的回应，使用价值是真实物质财富的所在。这两种价值形式共同存在于商品之中，并且进行彼此的衡量。对于马克思来说，资本主义在劳动力的商品化基础上才成为可能（或者说，价值资本主义是由劳动力的商品化所决定的），所以劳动力本身具有自己的价值，该价值是通过劳动者持续出卖自己的劳动力所获取的所有商品和服务的价值进行衡量的。这种商品化导致了"剩余劳动"的存在和"剩余劳动"的生产，因为尽管劳动力以其价值出卖，但是劳动的"使用价值"超出了其交换价值。换句话说，劳动的使用价值加上剩余价值所产生的价值要超过其本身的价值。

米克建议必须以更复杂的方式阅读马克思在《资本论》中提出的理论，因为他认为马克思在其分析中描述了三个不同的逻辑（说历史是不准确的）阶段。前两个阶段出现在《资本论》的第一章。第一个阶段描绘了一个以简单商品生产为基础的社会，在那里人们只进行简单的商品生产和交换。在这些条件下，价格衡量与生产价格的劳动数量成正比。第二个阶段是资本主义的开始阶段，在资本寻找劳动（即通常所指的原始积累）的技术条件基础上，劳动服从于资本。但是我们也注意到，与米克的假设不同，资本实际上通过暴力行为（例如英国的圈地运动）生产了这些技术条件。结果，资本创造了一种新的阶级收入形式——剩余价值，在该形式中，利润与雇佣劳动的数量而非使用资本额的数量成正比。

但是，米克认为还存在第三个阶段（只在《资本论》的第三章中稍有概述）。在这一阶段，马克思同意斯密的观点，认为发达资本主义有必要对价格进行新的解释。剩余价值已经被转化成利润，利润与使用资本额的数量呈正相关，价格不是根据价值而是根据"生产价格"进行定义的。在这个资本主义修正的商品关系阶段中，价值问题又重新回到思考生产劳动和资本之间的关系怎样影响了国家收入在工资和利润之间的分配。马克思仍然假设劳动价值和均衡价格之间存在基本关系（虽然是不同于以往的关系）："因为从定义上来看，总利润等于总剩余价值，所以自然而然地，价值总量等于生产价格总量，或者换句话说，价格与价值的背离……导致了二者彼此之间的抵消。"（Meek，1956：191）

最后，米克呼吁要特别注意"马克思对价值'基本''扩展'和金钱形式所进行的相当复杂的分析……从本质上来讲，他这里想做的是揭露相互作用所导致的矛盾，说明这些矛盾解决方法的本质"（Meek，1956：173-174）。这好像提出了一个更加语境化的价值理论[43]，对于这一点，马西（Massey，

1995）已经作了富有说服力的讨论。鲁茨欧和阿马格里奥（Ruccio and Amariglio,2003：184）提出："市场经济没有一般形式，所以也就不存在市场经济的一般规律或原则……每一个市场……决定市场价值的每一种方式必须置于语境中加以理解。"这是文化研究和部分马克思主义理论的失败之处，因为二者都致力于根本的语境性，或者用后者的措辞——历史特定性，以至于它们没能把政治经济本身，尤其是劳动价值理论，视为相应语境中的基础理论。毕竟，马克思自己也预测到了那一点，"一旦直接劳动不再是财富的巨大源泉，那么劳动时间就不能再充当其衡量手段，所以交换价值也不能再充当使用价值的衡量标准"（Marx,1973：705）。他甚至更加具体地把这种转变定位于价值本质之中：

> 但是工业大发展和真实财富的创造开始较少地取决于劳动时间和雇佣劳动的数量，而是更多地依赖劳动时间里组织机构的力量（其"伟大的有用性"就是其本身）……与用于生产的直接劳动时间不成比例，而是更多地取决于科学技术的进步……真实的财富显示了……雇佣劳动时间及其产出之间的巨大失衡，以及沦为单纯抽象事物的劳动力和监管的生产过程力量之间的性质失衡。(704-705)

对于马克思的价值理论，莫伊舍·珀斯顿（Postone,1993）给出了目前最新颖、最重要的语境化解读。尽管我认为珀斯顿不会把自己的研究归为文化研究一列，但我确实非常想建议，文化研究必须接受具有彻底语境化意义的价值理论，并因此接受对马克思劳动价值论进行的语境化解读。斯图亚特·霍尔（Hall,2003a：116）已经建议文化研究必须沿着这条道路进行下去。他认为，马克思剩余价值论所依据的抽象劳动观念必须被看作历史的特定种类："不存在'一般的生产'，只有特定时间、条件下生产的不同形式。让人相当困惑的是，这些不同的形式之一是'一般生产'：基于一种劳动之上的特定生产。这种劳动没有局限在特定的生产部门，而是被'一般化'为抽象劳动。"所以他向马克思提出了一个关键问题："'使价值成为交换价值的形式'……哪些是限于特定历史条件（商品生产的条件和形式）的？"

珀斯顿认为，理解马克思的价值理论需要区分财富及其由特定社会关系（例如媒介关系）所决定的特定形式，即以抽象劳动时间支出为基础的价值。结果，我们必须把价值理解成（就像马克思所说的）"特定历史生产模式与特定历史时刻社会财富的种类存在的固有联系"（Marx，1993：25）。珀斯顿认为对于马克思的理论存在一个广泛传播的误读：虽然假设生产的既成模式——工业生产是以价值乃财富之源为基础的，却把资本主义看作分配（为了工资而交换劳动力）模式的转化。[44] 结果，对马克思主义的批判往往被当成从劳动的角度出发对社会关系的批判。但是，他提出了一个疑问，假如马克思的理论是"对现代资本主义社会的一种特定历史的批判理论，是依靠批判那个社会中的劳动、调解形式和生产模式而形成的批判理论"（43），那将会怎么样呢？在那种情况下，马克思对资本主义的批判就是对特定调解形式的批判、对（作为社会关系所决定的）劳动的社会性特征的批判。因此，对于珀斯顿来说，重要的问题不是财富的分配，而是财富本身的形式。

在马克思的理论中，他对商品的分析建立在商品的双重结构之上：商品"对于他人来说是一种使用价值，同时对于生产者来说是一种交换手段"（Postone，1993：148）。同样，劳动本身也具有双重性，既有具体劳动也有抽象劳动，所以在珀斯顿看来，劳动应该被看作一种"确定的社会相互依存形式"（149）的历史特定类别。两种形式的劳动体现在商品中，并在商品中得到相互融合。结果，"成为一种社会调解，代替了公开的社会关系"（151），或者换句话说，劳动可以调解自身，提供自己的存在基础。所以，价值（按照马克思的理解）可以被视作一般的、社会整体的调解形式。因为劳动作为整体的自生基础的必要性调解，一定会在商品中物化自己，所以作为资本主义社会核心特征的社会关系只能存在于物化形式中。而且，这种（劳动和商品）的双重性在商品和金钱的关系中被再一次外化：通过这种双重性，金钱成为一种社会性的调解，作为一种通用的调解，金钱以一种社会关系的形式发挥着整体和自主性基础的作用。财富无法把社会关系的其他形式（例如物质财富的形式）当作媒介，而价值只是财富的一种自我分配形式。因此，珀斯顿总结道："价值不是劳动本身的物化形式，而是劳动特定历史功能的物化形式。劳

动在其他社会构成中不具有这样的作用，或者只能起到微小的作用。"(167)

用最简单的语言来说，珀斯顿认为马克思的劳动价值论局限于一种特定的生产模式——工业资本主义，虽然马克思自己预测到了另一种资本主义构成的到来，但在那种资本主义中，《资本论》第一章里论述的特定的价值组织、劳动调度以及财富形式将不能再成为可行的分析。更加具有争议性的是，珀斯顿最终认为，马克思对资本主义并不是从劳动角度出发（因为劳动的双重性与商品及财富的形式存在固有的联系）进行批判，而是对商品化的社会关系进行批判。[45]

我并不是想说，作为价值源泉的劳动和具有双重包含性的商品，与经济价值问题无关，也不是想说工业资本主义不复存在。[46]我只是旨在说明这不是经济价值生成的唯一体系。[47]毕竟，不论我们在怎样的情势中定义经济体的概念，它们都比大部分假设所描述的要复杂、多样。在没有进行情势分析的实验研究之前，我们不能假设劳动已经或正在被价值的其他逻辑、来源所完全取代；但是很明显，目前在很多地方，它正受到各种形式的挑战。我不能确定，关于这些抗争、逻辑和来源，情势分析会得出什么样的结论。尽管这有助于在当前情势下更好地理解价值的本质和生成，非物质劳动在当代的理论化（Lazzarato，1996）最多是局部的（听上去智力劳动在之前的资本主义形态中尚不重要），并且（令人惊讶的是）还只停留在理论层面，而没有进入实证层面。换一种角度，在我看来：很简单，劳动在价值生产中的不确定作用（在一些新古典主义经济的论述和实践中，在全球资本主义经济的金融再定向的过程中，这种不确定作用都曾经表达过或显现过）导致了不确定感、危机感以及一系列围绕价值概念和实践展开的努力。

现在，通过主张"价值"存在于人类生活的方方面面，我想提出一个广义的价值问题。这将从考虑价值类别的不同形式开始。第一，价值是一个体现的问题。在符号学中，它代表有意义的区别；在数学中，它代表变量的确定。第二，很明显，在经济学中，引用格雷伯（Graeber，2001：1）的话，价值是"物品被渴望的程度，尤其是通过为了得到它而别人愿意牺牲多少的方式进行衡量的"（这可以被引申成以下问题：一个人有多不想放弃他所渴望的东西)。在格雷伯看来,经济学家们所谓的价值是"对愉悦的承诺"。但是如此看待价值,使得经济学家们不仅将社会关系简化成了物品,而且永远把经济价值看作工具。

第三,在一些领域中,比如伦理学和美学,价值据称代表质量程度,并且是质量程度的衡量标准。这些质量往往是物品本身所固有的,而且往往被视作超越时间而存在的。格雷伯(Graeber,2001:34)将其描述成单一性程度的衡量手段,并且至少在一些领域转变成"缔造历史的能力"。第四,在所谓的个人、社会或文化领域内,价值对衡量什么是美好、合意的发挥着作用。克鲁克赫姆(Cited in Graeber,2001:3)将它描述成影响人们在不同可能的行动方案中所作选择的概念:文化价值是引导人们行为的原则、标准或品质。这和斯图亚特·霍尔(Hall,1981)认定的"流行事物"这一概念相似(霍尔认为"流行事物"是指人们决定生活方式所依据的计算逻辑)。不幸的是,这些论述就像意识形态方面的理论一样,没有回答关于重要性程度或此类"价值"投入的重要问题。但是,格雷伯把这些问题归入"激励理论"的需要,把我们错误地引向了心理学而不是更宽泛的影响本体论。那是下一章的问题了。

这些关于价值的广泛论述,好像把我们从劳动生成使用/交换价值的问题带到了对多种人类实践活动总是富有创造性的认知上,而这种实践活动体现为社会关系,也为社会关系所体现。就像格雷伯所说的(Graeber,2001:45),每一种实践都是凸显时间、经历、关注和智力相对分配/投入的"声明"。这种投入总是体现在价值形式中,且决定了人们以有形的形式来表达其行为意义及重要性的方式,这些行为作为需求和价值的"对象"。但最重要的是,每一种行为都凸显了已经潜在的可能性的(变化的)差异(47)。

一般的价值理论认为,所有人类活动都会产生价值:价值构成了社会的功效;价值是社会存在的本质,是所有社会实践的功效。我想在这里(还没有偏离到接受价值的本体论)提出一个理解这一观点的方法。价值是现实面对虚拟时的呈现。通过证明虚拟可以超越现实,价值系统组织起了虚拟和现实之间的张力。价值可以被看作潜力得到了实现,或是虚拟成为现实。就是说，价值是通往虚拟的现实的呈现，是超越现实的实现。价值是一种剩余（例如，非现实事物）的生成，所以价值是超越现实的真实事物的生成。[48]这里的剩余界定了一种编码逻辑，生成了另一种他性逻辑，而该生成逻辑不一定会重新建立欧式现代性的否定逻辑。在这样一个理论中，价值的特性取决于它的生成形式以及它对现实和虚拟的接合形式，也就是特定虚拟在不同条件下被实现（包含额外虚拟）的方式。另外，我想把这个观点——价值总是与创造、扩展的可能性相关——联系到哈尔特和内格里（Hardt and Negri, 2009）的观点上。他们认为价值必须被视作生活、创造力和合作力的表现。这种联系让我至少可以对"是否只有人类实践可以生产价值"的问题保留开放性，即世界本身不能生产价值吗？

我认为格雷伯（Graeber, 2001: 88）的观点是正确的，他认为"政治的最终目的不是努力占有价值，而是建立价值的体系"。或者，换句话说，首要的目的一直都是弄清价值是如何生成的，它如何在人类生活中发挥作用。但是我们必须把这些问题放置到特定情势中。在当代情势下，我们常常在没有任何实证研究之前就作出判断，导致所有价值被简化成交换价值，甚至更糟糕地简化成了金钱本身。如果只是因为过去一百多年间很多社会批判家对现实都提出了这一观点，这显然不是一个充分的特征描述。因此，西梅尔（Simmel, 1991: 23）在1896年的著述中提到"持续根据货币价值进行估算最终使其成为唯一合理的方式，越来越多的人忽视事物中无法通过金钱表现的特殊价值"，并且"事实上，通过把事物等同于这种交换手段，事物本身出现贬值，丧失了原本更大的价值"（24）。

同时，通过区分"某事物的价值是什么"与"某事物值多少钱"的问题，西梅尔也为我们进一步思考作了引导。他认识到价值生产或实施、衡量方式的比较、交换或者价值通约等问题通常是互相交叉又互相排斥的："事物被设想为彼此间存在直接的联系，所以它们没有沦落为将金钱视为共同的衡量尺度……然后出现了越来越多单元间的转换和比较"（28）。但是，我不确定通常情况下这种直接关系是不是可能的。西梅尔把金钱描述成了（我想将其称为）一个通约装置：金钱"只有作为过渡手段时才具有完整的意义……它只是通往确定价值的桥梁,而不是桥梁之上的事物"。

这样一来,我们就可以把价值生成和价值本质问题与价值通约区分开来,后者描述了每一行为或事件都可能存在的方面。我想假设存在(或不存在)复杂多样的通约装置,其中每一种都具有不同的"力量"。这一观点或许和斯特拉森(Strathern,1999:166)的补偿观念有些类似。斯特拉森认为"补偿具有自己的演化方式。它是将人类能量转换成其他价值的一种"。就像基尔希(Kirsch,2001:157)所描述的:"斯特拉森……提出补偿就像一个'通用的转换器',在一定条件下,可以把一切都转换成财富。"

我试图详细说明这个通约概念。[49]众所周知,在欧式现代性中,通约只有通过以下方式才有可能实现:(1)马克思通过一般等价物提出,两个需要通约的事物与作为标准的第三个稳定事物进行比较。[50](2)把两个事物转换、简化成第三事物,即埃斯佩兰和史蒂文斯(Espeland and Stevens,1998:314)所称的"通用量尺"。很多价值理论认为比较和衡量不同具体价值(甚至不同形式的具体价值)的唯一方法是借助第三方作为衡量标准,通过这一标准可以确定并构建等价物。在经济中,通常假定经济系统(尤其当它们不断扩张,包含多种商品或资本形式时)需要一个通用的标准。但是,像马克思(Marx,1992:161)所警告的那样,"被当作一般等价物的商品被……排除在……一般相对价值形式之外。如果……作为一般等价物的商品同时也是相对价值形式,那么它将不得不充当自己的等价物"。斯皮瓦克(Spivak,1992:61)重申:"变成一般等价物的商品必须被剥夺商品功能。"它不能成为市场上可用不同价格进行交易的物品,否则它会"同时具备两个属性,既衡量价值又携带价值"(157)。

有这样的理论,它不要求存在一个通用且自然的衡量标准,承认每一种衡量标准或单元都是在社会中生成的,这或许有些随意,但是我们必须区分哪些是不变量(一米是多长不由市场或裁定来决定)与变量(尽管有些渴望或声称是不变量,例如金钱和劳动)。在这些情况中,"衡量单元是其衡量事物的产物"(与迪克·布莱恩的私人通信,2009年3月)。一旦我们像霍尔和珀斯顿那样认识到,劳动本身作为价值的衡量尺度是一种历史产物,那么我们就开辟了一种可能性（甚至是必然性），即事实上一般等价物将变成一种具有自身相对价值的商品，或者换句话说，通用标准是不可能存在的。[51]

波维内丽（Povinelli，2001：320）讨论了这种辩证的或简化的通约概念，尽管我不赞成她把通约等同于（语言学的）转换："不可通约性的概念与语言上的不确定性密切相关……如果不确定性是指存在两种以上正确描述某现象的可能性，那么不可通约性涉及两种现象（或领域）不能在保证不出现曲解的情况下通过第三个事物进行对比的状态。"两种观点都把通约看作一种标准化行为，尽管埃斯佩兰和史蒂文斯（Espeland and Stevens，1998：315）认为通约是"社会生活的基本特征"。此外，他们赞成"通约从根本上来说是相对的"："它在比较中创造了显示价值的属性或方面之间的关系……通约从根本上来看是具有包含性的……在一切事物之间创建关系的能力非常出色。"（317）

此处我要做三个修正。第一，通约是一种特定关系的接合，通常在现存关系之上，是接合的接合。第二，通约不是价值的生成，而是价值的拉平，是拨付可能性的条件。第三，通约不（一定）是意义、理解或转换问题，尽管欧式现代性常常把它定义为解释学问题。它是物质的——是权衡或衡量的问题，却不一定要被列举或量化。实际上，我忍不住要说，可通约性往往是不可译的，正是该不可译性使通约得以产生。此外，通约存在很多形式，并且存在很多通约的逻辑/装置。它可以产生不同形式的同等化、标准化、简约化和相对主义，或者它可以否定相对主义和一切形式的绝对论。这不是一个协同问题，而是实现协同的可能性问题。通约不是特定种类的等价或调解，而是构成等价或调解的特定装置，包括没有否定或辩证的调解可能性。

我认为，作为比较价值积累的价值的实际有用性，导致了所有价值都进入比较交换关系，出现了很多强有力的通约装置或逻辑，但并不是所有此类交易都属于经济（市场、金钱）。只有通过这种媒介，价值本身才能够得到实现和认同。那就是说，交换（或通约）不是一种价值生成装置，而是一种价值转换装置，而且这些都不是同一种类的装置。此外，不同的交换构成也许具有不同的力量，包括成为衡量所有价值的一般等价物的能力，以及更加有限的转换可能性。

我认为，这种通约装置可以被看作德勒兹和加塔利（Deleuze and Guattari, 1987）提出的捕获装置的体现。这种装置将以下二者联系起来，（1）价值的衡量方式，奠定允许比较的等量基础，以及（2）价值的介质，奠定允许评估（"交易"）的差额的基础，以便达到（3）实现剩余的目的。[52]在比较中，差额为了进行比较而得到平衡。在占有中，差额得到权衡和衡量。但是产生一般空间的比较常常预先假定产生流动中心的占有，即使占有只能顺从比较的结果。捕获装置，通过等值基础上的占有，生成了（捕获了）一种差额或超额，例如剩余劳动、利润、租金等。通过这种方式，它生成了一个集合的一致性（那绝不仅仅是一种均化）。因此，"劳动价值没有超越劳动，相反，劳动被减去了剩余劳动，而且它预先假定了这一点。只有在这样的条件下，我们才可以谈论劳动价值"（Deleuze and Guattari, 1987: 442）。这是最卓越的符号操作。[53]实际上，鉴于德勒兹和加塔利对这两个趋同的运行模式设定的界限：比较通常是直接的，而占有通常是垄断的。我认为，这样一个捕获装置是通约装置的一种特别类型——资本主义类型。[54]

经过重新考虑（或许是解救）奥地利学派理论家（当然，他们自认为是自由主义理论家）的部分观点，审视经济学和计算之间的关系有利于阐明通约的概念。我认为我们已经给了米尔顿·佛里德曼（及其政治同盟）太多界定凯恩斯和奥地利学派经济学家之间的争论的权力。[55]总体上来说，尤其是在2007年以来金融危机的背景下，该争论常常被粉饰为经济政策和想象中作为互相排斥两极的财政政策与货币政策之间的辩论。但实际上，它们之间存在一个更重要的差别，该差别可回溯到针对价格机制和计划可能性的作用所进行的"社会主义计算争论"。

凯恩斯与新古典主义辩论的简单版本是，后者认为所有不确定性都能成为可计量的风险，而前者却不这么认为。但是在我看来，它过分简化了奥地利自由主义学者哈耶克和冯·米塞斯的理论，不仅过分简化了他们的立场，而且还掩盖了其观点的混乱。例如，冯·米塞斯（Von Mises, 1966）认为，如果没有他称之为计算的（个人心理的）进步，世界就不会存在。但是大家常常忽略的一点是：在冯·米塞斯看来，计算优于衡量！实际上，计算是所有理性活动的前提，并且他总结说，所有市场经济理论诞生之前都必须先解决计算的问题，因为计算形成了手段和目的之间的差别与联系（新古典主义者对数学模型的盲目崇拜表明他们或许忽视了这一点）。

重要的是，冯·米塞斯觉得，"经济计算的主要目的并不是去处理不变或者只是发生轻微改变的市场环境和价格问题，而是要去处理变化"。他稍后解释道："价格……不显示不变事物的关系，而是表明在一个千变万化的集合中的瞬间状态。在这个珍贵事物（行为人根据其价值判断认为如此）的集合中，每一个微粒都与其他所有微粒具有内在联系。所谓的价格通常是人类关系组合效应所导致的整合系统中的一种关系。"（392）[56] 这说明，经济关系的问题要素中包括比较和计算或者是我所称的通约。

我再一次建议把"经济"看作决定每一个实践行为可能维度的过程。就像冯·米塞斯所说的，准确来说，经济是一种价值逻辑或价值计算，是一种通约实践。那就是说，任何实践行为都可以被放置到通约关系之中，并且经受不同的通约逻辑。每一个社会必须存在通约装置和逻辑，并且事实上这种通约装置和逻辑是一个复杂的生态系统。[57]

结论：通约和情势

请允许我以这样的方式结尾：通过把该观点带入当代情境，表明在一定程度上，情势（围绕现代性进行抗争）是由一系列分散甚至是分崩离析的、具有不同瞬时性的"通约危机"所构成的。很多（如果不是大部分的话）通约装置崩塌（最坏结果）或不确定（最好结果）的一系列价值危机，决定了当代情势发生了最有影响力的改变。看起来，我们正处在不可能实现估值或通约的状态之中，或者至少这种状态已经开始显露征兆。在人类活动的所有维度，从宗教到政治、知识和经济，无法找到可借以形成、衡量、比较或者可能判断（或妥协）差别的逻辑，且这种趋势已经越来越明显。

这些各种各样的危机正在使通约的可能性受到质疑。有时候，它们体现为一些现存通约装置的失败或崩塌，或对它们的反对（例如，一般等价物的衰退或者对欧洲中心价值体系或特权等级制度的批判），或者它们体现为我们与具有同等价值但互相竞争的装置之间的对抗。有时候，通约危机出现在我们被要求满足通约需要而我们却没有任何构想的装置的场合，例如当我们面对本体多元主义、彻底他性挑战的时候。马里奥·布莱泽（Blaser，2009）在讲述一个发生于不列颠哥伦比亚省的事件，给出了一个本体论通约的经典事例：绿色和平组织发现一头鲸鱼搁浅在了一个小水湾中，想通过引导它重返大海的方式"挽救"它。但当地原住民把这头鲸鱼看作他们深爱的部落领袖之魂，认为它是回来照顾他们的。他们认为，如果部落领袖之魂被带离（例如，原住民认为绿色和平组织视鲸鱼为鲸鱼，并试图解救它们是错误的），他们肯定会遭受苦难。应该如何裁定这样的差别？如何实现这些价值/现实体系的通约？值得注意的是，这不是一个我可以很快归入文化领域的转换问题，因为双方当然能够互相理解。这个问题在于权衡不同的请求。

我们能够看到政治和文化中的通约危机。在"政治"中，它表现为对党派偏见和极权主义的极度赞扬，或者不再坚持对其中庸和妥协。它也显现于越来越常见的道德、政治计算公式中，该公式意味着人们从来不接受失败（即使在选举记录中，也必须要存在可供指责的阴谋）。在（如欧式现代性所构建的）"文化"中，我能看到对不同基础主义的批判所导致的不可避免的相对主义正在蔓延[58]，它通过间接方式和不同立场，助长了对教育、知识价值的否认。这不是转换的危机，因为它不是理解的问题，而是比较的危机。

多种通约危机并不是单一、真实的危机的体现，所谓单一、真实的危机是指虽尚未查明，但从根本上来看应是经济危机（领地化现代欧洲意义上的，因此会让我们回到经济简约主义）。与此同时，我认为这些通约危机不只是随机出现的。它们与以往的危机（例如，所有都是"认识论的"）并不完全相同。所以，我们应该研究它们是如何在语境中生成和集合的。因为这些危机常常发生于当地，所以通约情况下发生的绝对不是完全的或整体的危机（多个危机）。但是这些危机互相联系，形成了近乎混乱的关系网络。

在现代欧洲社会，至少存在两种主导性的通约逻辑，每一种都具有多种本土具体性和装置，每一种都可以归入两大脱嵌的领域——经济和文化——

之一。经济和文化是价值和通约的竞争地点，这就是为什么两个领域常常以对方的直接对立面出现。它们把自己塑造成互相竞争的存在形式和现代形式，包含和表现了两个根本不同的通约逻辑。例如，为了在简化基础上再度简化，想一想家庭生活中情感实践所生成的价值。这些价值通过不同的装置，包括社会经济装置（为了获得安全感、生计等，这一价值被"交换"）和宗教-文化装置，实现通约。在当代情势下，随着国内暴力越发明显、谴责之声不断高涨，劳动力市场对女性的需求增加，国内劳动力增加等诸多发展，计算这些通约所遇到的问题也随之增多。

2007年以来的经济危机，其所处的语境至少有通约危机的部分参与。与其从一开始就假设所有的价值都简化为交易或金钱价值，或者这是一个解除管制的资本主义失败案例，再或者假设市场崩溃价值因此遭到破坏，我更希望能够提出另一种关于危机的观点。这种观点不仅具有可能性，而且有助于我们更好地理解当前的情势。我认为，这一危机是由大量不能被通约的金融资产所导致的，也就是说，它们的价值是不能被计算的！这是怎么发生的呢？

让我们做这样一种假设，资本主义的力量在于它不用突出自己就能够凸显价值群之间的联系，这样一来，财富（价值的积累）观念就总在变化之中，甚至有时会很模糊。我认为在过去的几十年里，这些资本主义通约逻辑的地位和运作已经发生了变化。首先，它们被逐渐重构为通用逻辑，声称通过这些单一的资本主义装置，所有的价值都能够被通约。其次，它们有时候宣称是唯一可行的通约装置，或者宣称自己能够分层次地包含其他所有的逻辑。最后，尤其当保守/自由市场经济理论和政策产生交叉、金融理论和金融资本主义产生交叉的时候，它们的运作就会出现问题：否认自己的调解位置（更准确地说，是通约作用），它们声称或表现得好像可以自产价值。

随着占据主导地位的通约装置遭到抨击，随着它们崩塌、消失、功能出现异常，它们逐渐演变为德勒兹和加塔利（Deleuze and Guattari, 1997）所描述的"偏执狂机器"的趋势。这些通约装置否认自己作为调解机制的地位，仿佛它们是价值的唯一可能来源。我认为这种价值实践的名称为（宗教、政治、经济、智力和金融）原教旨主义。原教旨主义的兴起是通约丧失可能性的另一个侧面；我所称的消极价值经济，是指在通约不可能的情况下价值的产出和分配。在原教旨主义中，一些特别的关系/价值不仅专职，而且完全否认其他的存在。这超越了欧式现代性中差异的消极性，因为原教旨主义不允许其消极性被解读成一个层次体系。原教旨主义是无层次的，它拒绝其他存在的显示和可能性，因此要求杜绝所有其他存在。但是，原教旨主义作为一种拒绝计算的特别形式，作为一种非常盲目的执迷，其兴起不能被归因为任何一种单一的目标、群体或者政治立场。现代世界最大的"未解之谜"是大量出现的日常暴力，甚至是最可怕的暴力。即使"种族清洗"本身看起来已经变得稀松平常，友邻间的关系仍需要根据原教旨主义的原则和强度进行重建。

那么，我们面临的挑战是去找到或发现通约逻辑，该逻辑不仅能够通过（不是不管）其区别判断差异性，而且又拒绝让自己普遍化。另外，这一挑战也是要找到或发现实践不需要由通约关系进行关联，更不用被关联到通约关系内的空间；而是去幻想其他走入现代的方式，这些方式不仅承认其他通约价值逻辑的可能性，而且允许不同逻辑的共存权利。我并不是要否认价值问题的持续重要性，我只是想指出当前情势下真正的问题（例如，社会构成[59]是否能够/应该随时随地都鼓励增长？）并不是价值问题，而是通约问题。我觉得经济学问题（价值经济学、通约问题或者比较价值）不应该留给经济学这一学科来解决。毕竟，经济体如此重要，只让经济学家进行研究是不够的。

注释

对约翰·克拉克、戴维·鲁茨欧和迪克·布莱恩付出的时间、精力和才华，不是仅用感谢所能表达的。他们是最好不过的导师和对话者。

[1]"装置"（apparatus）这一概念，作为话语构建的同义词，也被德勒兹和加塔利（Deleuze and Guattari, 1977）称为表达集体装配（collective assemblage of enunciation）。

[2] 兰迪·马丁的重要贡献在于将当代视为经济和社会文化之间的关系，但在两个重要的方面存在缺陷：首先，他将所有经济合并为单一发展；其次，

经济和社会文化之间的关系过于简单直接。最后，兰迪并不真正关注经济。相反，他注重经济领域的现实，以及关于金融资本本身话语的事实。他使后者不仅仅成为前者的提喻（synecdoche），同时也成为所有当代情势的提喻。

[3] 有一个问题我尚未解决，即如果人们将脱嵌性的经济理解为以自主性领域或自我调节和自我组织的系统存在，是否会造成任何差别。波兰尼认为，经济总是存在于且等同于特定的社会关系。除了作为资本主义基石的交换之外，他承认互惠原则（对称关系，如亲属关系）、再分配（礼物的集中关系）和家庭关系——但我们可能要扩大这一清单，也许还要包括共同性（共享）和礼品馈赠（礼仪）。马克思的原始积累理论可以被看作描述有关现代资本主义的这些接合发生转变的尝试。

[4] 情势并不仅仅是一个时空领域，它还是一个不断变化的领域，是有着多个复合节点组成的结构，且彼此之间存在着相互矛盾的力量。它包括原先的解决方案无法为该领域提供甚至是暂时的安置或稳定。人们通常在国家层面上来理解它，我认为当代世界的情形需要我们将情势本身视为国家、地区以及全球的力量和结构之间不稳定的节点。北大西洋欧元区和美国是我非常担忧的。我非常感谢约翰·克拉克对我的帮助。

[5] 再次，我非常感激布莱恩愿意与我分享他关于价值的想法。

[6] 例如，在我写这一章的时候也参阅了克莱因（Klein，2007）的著作。

[7] 哲学也可能对于守卫其界限显得过于偏执，但人们不太可能将这种努力描述为成功。

[8] 有趣的是，这一地位显然只有斯密的《道德情操论》这部伟大作品才配享有，在我看来这本书需要与《国家财富》一同阅读，但人们很少这么做。此外，一部具体的奠基性著作，如凯恩斯的《就业、利息和货币的一般理论》，是否获得这样的地位似乎取决于人们是否赞同它的观点。

[9] 本节的观点是在 2007 年金融危机和随之而来的衰退发生之前提出的。当然，这些事件使得经济危机相关事宜成了一门学科，令公众对经济学有了一定认知。《经济学人》的一篇社论表现得再明显不过了（2009 年 7 月

18日，第11-12页），这篇社论题为《经济学究竟怎么了》。它承认该学科的声誉"遭受了打击"，并引用了巴里·艾肯格林的观点，认为"危机'对很多我们自以为了解的经济学内容提出了质疑'"。但是，可叹的是编辑在认可"经济理论"，尤其是宏观经济学和金融经济学的同时，在一定程度上促成了这次危机的发生，尽管他们并未预测到它的到来，也不知道如何进行修正——然而，他们还在为该学科辩护，"自由市场范式"令人惊讶（虽然我们不应该感到惊讶）。而经济学家们可能不得不放弃自己的主张，对"更多人类行为方式"进行解释，他们仍然是"一部包罗万象的经典"的守护者，这部经典用理论对从价格如何确定到经济如何增长进行了解释。而这篇社论承认"革新"存在一种明确的情形，而对于革新条件的设想并不如意。它起初还抱有一线希望："经济学家们需要跳出其专业孤岛……因为说到底，经济学家也是社会科学家，应试图去了解真正的世界。"但它很快便放弃了："宏观经济学家必须懂金融，金融专家需要更多地思考市场运转的环境。"显然，只需要经济学家和跨专业和跨范式的其他经济学家对谈（但似乎只有两种，即凯恩斯主义和新古典主义）。这是一门沉闷科学的惨淡结局。

[10] 证券化被认为是防止2007年这类信用危机再次发生的一种全球影响。

[11] 该领域有自己的期刊，甚至以该领域命名（我应该补充说，我很自豪能成为该期刊编辑团队的一员）。

[12] 例如，参见麦克洛斯基（McCloskey, 1998）、弗兰克斯（Franks, 2001）和史密斯（Smith, 1997）的作品，它们有着很大差异。

[13] 例如，参见卡隆（Callon, 1998）和麦肯齐、穆涅萨和苏（Mackenzie, Muniesa and Siu, 2007）。在我看来，《行动者网络理论》（ANT）（Latour, 2005）把一切视作一张网络，但否定了语境。ANT可以被看作一种超验主义，以及文化研究的一般去政治化的构成，我认为这是对一系列装配的调查，尚未明确其自身情势。

[14] 参见吉布森和格拉哈姆（Gibson-Graham, 2006）。

[15] 参见古德曼（Gudeman, 2001）以及古德曼和里韦拉（Gudeman

and Rivera，1990)。

[16] 因此，米根·莫里斯（Morris，1992b：75）提出，在考虑"新自由主义"这类情况时，我们可能要问："为什么截然不同的经济理论领域、行政实践和政治政策应融合得如此强势而透明？为什么可将公共辩论命名为'主义'？"

[17] 参见米勒和欧里尔（Miller and O'Leary，1990），以及米勒和罗斯（Miller and Rose，1990）。

[18] 我在这里要提一下布尔迪厄（Bourdieu，2005：77）的主张："不是价格决定一切，而是一切决定价格。"但此外，我们要问价格的类别是如何进行自我建构并获得成效的。

[19] 因此，如果经济学总是涉及交换关系，我还是想知道在任何特定的情况下，一定的交换关系是如何表现出经济意义的。毕竟，沟通、性、家庭生活等也可以被描述为交换关系。

[20] 这是吉布森和格拉哈姆（Gibson-Graham，1996）的一个主要观点。资本中间派思想的一个很好的例子是哈特和内格里著作（Hardt and Negri，2000）。另一个例子是科马洛夫夫妇提出的"千年资本主义"的概念，假设千年资本主义和资本主义作为"救赎福音"之间联系的本质："正如现代社会理论之父，千年资本主义下的本体论条件，生产到消费以及劳动到资本的本构关系开始出现了划时代的转变。"（Comaroff and Comaroff，2001：3）科马洛夫夫妇的理论诱人且令人不安的地方是巧妙地将一切组合在一起。

[21] 这也许可以解释为何吉布森和格拉哈姆不愿接受积累的概念，并由此产生的以下可能性，即资本主义这两对矛盾——生产力和生产关系，以及资本和劳动——可能有所差异，虽然这两者由资本主义的不同接合构成。当然，这种明显的困境还有其他可能的出路——例如，遵循反本质主义的逻辑，或进行改变，正如我在本书中所定义的，构建资本主义的"图解"。

[22] 例如，约翰·克拉克已经注意到2007年开始的经济危机期间，用"神经"系统对市场进行描述的频率在不断增加——紧张、恐慌、传染、可怕等等（私人通信，2009年2月）。

[23] 对于任何知识主张，即使是最严格、最简化的主张，人们也要询问：它有什么用处或针对性呢？我们了解些什么？它允许我们做些什么？我的假设是跨学科并非唯一有价值的知识形式，而与实证主义相反，文化研究是一种有价值的知识形式，支持人们寻求社会变迁的想象。

[24] 参见哈维和加内特（Harvey and Garnett, 2008）有关异端经济学的内容。

[25] 后自闭经济学派（post-autistic economics），参见富尔布鲁克（Fullbrook, 2003, 2007, 2008）。

[26] 例如，参见帕特里夏·科恩《在经济系，对于基本假定的辩论意愿越来越强烈》（*New York Times*, July 11, 2007）。

[27] 威廉·罗兹发表于2006年7月7日。

[28] 在一些马克思主义学派（包括调节学派和马克思主义反思小组），或在各种制度和社会经济学者（包括凡勃伦、波兰尼和布罗代尔的追随者）中，以及在一些女权主义经济学家中，部分经济学工作已经在进行。在文化研究及其附属学科（人类学、地理学等）中，也有很多人已经开始做一些这方面的工作，商学院也出现了有趣的发展（例如，关于会计作为话语构成的历史的作品）。

[29] 这些分析也忽略了各种政治形态、经济话语和实践之间节点的复杂性。例如，下面对新古典经济学的批判："我们对于人类社会科学的所知极为有限。为了创造一个开放的社会历史阶段，这就使得经济市场和政治自由的昂贵的试错过程成为必需。魔鬼经济学（Freakonomics）主要讽刺的是洛特写作了这本书，以定义市场的作用；但如果人类行为如他所述这般容易分析，那么我们对于市场的需求就很少了"（Manzi, 2007, 51）。还应该记住，至少在美国，经济政策一直是以非经济的形式发布的，或者更准确地说，它（在选举话语中通常相对缺席）是在拖社会和民族主义问题的后腿。在这个意义上，所谓新自由主义思想在美国的成功基本上从未是公共选择的结果，而始终追随着国家安全和道德的问题。

[30] 我们将不得不慢慢审视情势主导的地位是否因为2007年开始的经

济危机而显著降低。

［31］（2）和（3）之间的差别可能是——这是凯瑞·哈丁的洞见——两种机器之间的差别，前者是辖域机器的结果（首先区分了自然和社会，继而是社会各个领域），后者是层阶机器的产物，其中经济成了与社会内容相关的表达。

［32］米切尔过于强调这样的主张，即在19世纪，没有人曾提及一个被称为"经济"的事物，其作为建立关于社会生活的话语现实论据的基础太过脆弱。

［33］米切尔的观点很感性，也很重要，虽然我也觉得有些细节——尤其是各种二元要素之间假定的等价关系，以及可能在任何时候与经济相关的二元主义——存在争议。约翰·克拉克（私人通信，2009年2月）指出，米切尔也漏掉了经济和其他形态之间错综变化的关系。例如，家庭被从经济领域中去除相对较晚［见凯瑟琳·霍尔（Hall, 2002）的重要作品，以及霍尔和大卫杜夫（Hall and Davidoff, 1991）的作品］。的确，福柯（Foucault, 2007a）通过作为经济行为基本场所的家庭，将管理巧妙地归化。他还漏掉了一些将经济和其他领域接合起来的关于消费的奇怪事物，由于这一假设即消费区别于发生于经济闭环之内的交换行为。

［34］也参见汤普森（Thompson, 1966）。

［35］参见福柯（Foucault, 2008）的不同视角。

［36］值得指出的是，波兰尼区分了经济自由主义和自由放任的区别。前者反对任何形式的社会保护主义，以实现更大的利润，而后者始终是要受到限制的，始终要有国家的积极干预。

［37］当然，在其他情势和不同方式下，文化与政治也是如此，两者都在不同的时期根据嵌入式脱嵌等其他逻辑进行了操作。

［38］对资本主义本身造成了太多贫困的认识可能过于简单，但问题在于，事实上资本主义不可能完全独立于它对社会的影响以及来自社会的影响。对此，福柯（Foucault, 2008：32）也有类似的说法。在欧洲，从中世纪直到17世纪，市场是司法和正义实现的场所。18世纪中叶，市场似乎是自然、

自发的机制。价格-价值关系理论仅仅是假设"市场必须是揭示某些事实,如真理之类事物"的节点,从而构成了政府实践的检验场所。

[39] 与此同时,各个闭环(如生产闭环或更广泛而言,生产、分配、交换和消费闭环)和网络或市场交换(选择的影响)的社会关系领域普遍收缩。市场可能是竞争的(如哈耶克所言,作为价格接受者)或自由的(如弗里德曼所言),或者正如在国际贸易中,市场可以被理解为一条价值链,其中的主体为企业,一个在经济学中具有重要意义的概念,可以追溯到熊彼特,他反对市场和价格竞争的特权。根据熊彼特(Schumpeter,1962:84)所述,竞争的真正场所并非在于价格,而在于"新产品、新技术、新供应来源、新组织形式"。布罗代尔(Braudel,1977)认为,企业主导的市场实际上是反市场的,它并非价格接受者,而是价格制定者,它用命令和协调取代价格发生作用。这种反市场是分层的,包括供应和需求的操作,并使一项新的规划实践得以形成。

[40] 与"最后一个实例的决定性"相反。

[41] 也许还有技术——但我认为更确切地说,这是代际差异。

[42] 米克指出,对马克思价值理论存在一些不同的解释。有人认为,马克思的价值理论并不是他经济理论的一部分,而是他对资本主义批判的重要组成部分(异化、商品崇拜、剥削)。其他人认为马克思提供的是一个价格形成的动力学理论,或基于价值规律的价格劳动理论(例如,价格与劳动量成正比)。最后,关于马克思的价值理论的另一位有影响力的评论家罗宾(Rubin,1973)认为,它被解读为一个劳动/价值分配理论,面向不同的经济领域。

[43] 对于马克思主义的劳动价值论有着众多批评(来自马克思主义者和反马克思主义者,以及友好的同行和"外行"),但它们并没有导向这样的语境。我在书中只举两个例子。在当代,鲍德里亚(Baudrillard,1975)认为,使用价值和交换价值的分离是不可能的,事实上前者是由后者生成的。(这类似于一个更常见的马克思主义观点,马克思的使用价值理论并不或无法解释或判断需求和希望之间的差异。)鲍德里亚认为具体和抽象劳动的区别最终是

不可持续的，因为根据定义，具体劳动总是不可比较的。它被抽象为一个等价体系的唯一途径，需要马克思主义考虑到工作和象征性交换之间的关系/不和。同样，斯皮瓦克（Spivak，1987：162）认为，"[声明]价值是物化劳动的表现，回避了使用价值的问题……使用价值……处于价值决定系统的外部和内部。它处于外部是因为无法用劳动价值理论对其进行衡量……交换价值是……使用价值的过剩部分或寄生部分……资本消耗劳动力的使用价值。"新古典主义经济学由于其对个人的关注（通常认为是合理的）而带来了不同的挑战。新古典主义经济学假定了品位、希望和偏好（决定了需求）以及生产能力（部分决定供应）均为外生变量。它们被视为是给定的，并假定它们除了需求满意度的问题，在经济本身限定下无法采取行动。新古典经济学赋予产品交换以特权。市场是价值的生产场所，价值等同于价格，并且通过价格进行衡量（在理想情况下，即为均衡价格），价格通过供给曲线和需求曲线的交点来确定。因此，价值（部分或全部）由效用决定，奥地利学派（Mises，1966）使得价值成为一种对于关系的主观判断，而对于其他人，新古典主义经济学家，价值的决定更为客观（例如，效用主义），其中效用是根据消费行为来源于消费者的价值。斯密价值悖论的新古典主义解决方案，部分取决于它对于边际主义原则的适应性：价值是由最后所购买的满足特定需要的产品的边际效用决定的。

[44] 工业资本主义也许可以被更准确地理解为一种生产方式，其中剩余价值的占有（或剩余价值）不仅是资本的功能，而且是资本创造剩余的功能。它通常与商业资本主义和金融资本主义区别开来。

[45] 珀斯顿（Postone，1993）和卢卡奇（Lukács，1971）对于马克思的解读之间存在相似性。在卢卡奇对于资本主义经济社会结果和条件的分析中，他认为劳动力商品化是资产阶级资本主义（实际上所有的资本主义形式）的核心，它被激活并产生了特定的个体分裂，一方面成为商品化的劳动力，另一方面成为自由（开明、资产阶级、人本主义）的主体。卢卡奇认为，通过识别主体过剩，资本主义（和现代主义）使经销商与劳动力、身体和无产阶级脱节，可以理解为（资产阶级）的主体性，这是第一个基本的资本主义

妥协。通过放弃主体性的领域，"私人"资本主义视资产阶级市民社会生产为自由王国。由资产阶级主体性构成的主体过剩，几个世纪以来将保护人类生活的某些领域合法化，但只为某些族群的人服务（对于殖民主义而言与对现代文明的妥协），对于权力的某种操作，最重要的是，包括经济装置操作的现代性同样至关重要。我们可能会看到它的政治面。资本主义授予劳动力以最小的价值，仅仅凭借将该价值替换为抽象的价值权利，其部分结晶为公民这一概念。我们可能也会想到德勒兹和加塔利（Deleuze and Guattari, 1977）的概念转变，从作为奴隶的工人转变为作为主人的工人，从公众个体处于机器内部并受奴役到工人成为隶属于机器的私人的抽象概念，并处于机器外部。"人事实上已经成为'私人'，它由抽象的数量推导得来。正是这些被标记的抽象数量〔'可转化的抽象权利'〕，人不再是人本身。"（272）如果现代性产生了一个独立于个体的抽象存在的碎片的主体——作为工人、消费者、公民，在新的当代情势下，个人不可以再要求占有抽象权利。因为只有作为（金融）资本投资和生产的具体场所，才可以断言这种权利——现在被重新表述为产权。个人不再像北大西洋现代性那样神秘抽象（或普遍）。我们面对的是一个新的质询模式，通过这一新模式，主体通过其对特定设备的控制和依赖而形成。

[46] 但这并不意味着我们必须像乌尔里奇·贝克那样极端，他声称，"工作〔正〕受到灭绝的威胁""资本无工作"（McRobbie, 1998: 139）。

[47] 我不确定后福特主义的各种形式理论也已经开始质疑这些形式中的价值的本质问题。人们在创新进程日益鲜明的资本主义形态下如何建立价值？虽然我们不完全同意熊彼特的看法，但显而易见的是，一些价值生产的当代实践（和利润，认识到这些并不一样），不仅在生产过程中依赖于创新，在营销中更是如此，更成问题的是，公司形式，企业进入金融市场的与日俱增的重要性，金融和股票的操作同样依赖于创新。将其作为临时或纯粹的投机只是重写我们已经说过的相同的老故事。我意识到人们可以理解珀斯顿的观点（以及我对它的应用），作为历史主义者，我在一定程度上愿意接受这一点。我认为，我所主张的激进的语境主义并不会牵涉发展主义（黑格尔）或相对

主义（如在许多当代后结构主义和人类学的理论中）的决心。相反，语境主义认为理论和政治发展是出于并响应特定的语境的，它并不否认某些泛化的效用，也不坚持一种客观主义的指涉。再次，理论是以它们应对目前和未来可能性的能力来衡量的，并以世界作为其见证。

[48] 如果我们想用经济（资本主义）术语对其进行描述，我们可将虚拟理解为资源，而使用价值是资源的现实化效用，同时也是资源的生产存在形式，尽管资源总是规避被利用的各种可能性。

[49] 参见常（Chang, 1987）。

[50] 我在本书中的观点可以而且应该与法兰克福学派的一个观点联系起来（Horkheimer and Adorno, 1976），现代性的危机是将一切还原为商品的通用标准，并且阿多诺的思考超出了该情势。可能有人还会想到利奥塔（Lyotard, 1984）关于后现代性和语言游戏的观点。

[51] 我在其他部分提到了（Grossberg, 2010）它缺乏一般等价物——这体现在尼克松决定允许美元浮动，从而打破了布雷顿森林体系——是导致2007年金融危机发生的条件之一。

[52] 正是对剩余的这一捕捉，将一个政治装置（捕捉）返回到了经济生产（见第六章）。

[53] 这可以联系到德勒兹和加塔利的边际主义原则："通过双方对于最后一件商品的评价来'计算跨越极限的风险'，而非通过交换价值和使用价值进行。"（Deleuze and Guattari, 1987：439）因此，对最后一件商品的评估是集体装配的显现，而这一显现有一系列对象与之相对应。德勒兹和加塔利区分了极限和阈值。如果极限是一系列对象又再次开始的那个点，阈值则是该装配发生转变的那个点。如果极限一直是边际的核心所在，那么接下来在阈值这一点上被捕捉到的该系列对象本身被德勒兹和加塔利称为"股票"或装配，因为在这一点上可以被占用和比较。

[54] 联系李嘉图（Ricardo, 1981）反对有关土地和租金的劳动价值论，则有助于对这个观点的理解。一方面，农产品的自然价格应主要依赖于其租金。另一方面，作物生长在肥沃的土地上会花费更多的租金，但事实上，这

样的作物需要较少的劳动，意味着它们的价值较少。对此，李嘉图的回答是，租金成本的差异抵消了劳动成本的差异，因此，不管土地有多肥沃，农产品的价值是相同的，因为租金本身是基于不同生产力产生的。如有两块地，A和B，有着相同的劳动等投入，A的产量相当于1 100个劳动日，而B的产量相当于1 000个劳动日，其租金的差额就相当于100个劳动日。那么你如何计算其价值呢？李嘉图告诉我们，想象第三块贫瘠的土地，其定义了土地的边际位置。假设这块土地可以产出相当于800个劳动日的产值，其中包括种植的成本，并无租金，所以租金是零。A多产生了300个劳动日的价值，因此它的租金被定义为300个劳动日。B多产生了200个劳动日的价值，因此它的租金被定义为200个劳动日（http：//faculty.lebow.drexel.edu/mccainr/top/prin/txt/marx/ marx2.html）。

[55] 我也认为值得重读哈耶克，因为从他关于完全竞争市场的观点可以看出，他反对放松管制的保守观点。哈耶克明白需要政府去创造市场并维持其竞争力。

[56] 我必须感谢萨勒诺。可以在这个经济计算模型中看到为何微积分的逻辑是这样的，因为对功能之间关系变化的研究是有意义的，其中整合与分化是相逆的逻辑。我想提及奥地利学派和凯恩斯辩论的另一个重要元素。冯·米塞斯（Von Mises, 1966）认为，计算一直是关于未来的：人们在计算未来的价格，那么在这样的计算中，对于过去乃至当前（价格）的了解是不必要的。同样，凯恩斯认为经济计算是关于未来的，但是，正是因为它涉及在不确定的情况下想象未来，唯一有可能的是在假设未来会像过去（和现在）一样的基础上，以过去和现在的价格正确地总结未来的前景。

[57] 我知道这很容易被理解为提供一种新的一般经济概念（与稀缺或理性选择理论相比较），但我不认为它已终结：首先，它并未创建一个基本的经济实践领域，也并未定义经济的逻辑；其次，我并不认为每项实践总是可以铰接至通约关系。每一项实践均与一些特定内容和语境的向量集相关联，其中通约只有一个。

[58] 显然，我这里所提及的各种维度的理论对以认识论为基础的所有形

式（包括逻辑实证主义和经验主义）和本体实在论的实证主义形式（包括科学研究的出现、所谓的语言学转向、社会建构主义的各种形式、可能的世界理论等）发起了挑战。

[59] 显然，增长已经成为经济成功的唯一衡量标准。我认为，放弃也会导致以下假设的盛行，即经济通过对消费主义的颂扬而实现繁荣。当然，由于中国、印度、巴西等新兴全球发言人的地缘政治的转变，引发了国家、政治和经济力量平衡的变化，实现经济繁荣的这一选择可能不属于北大西洋现代世界的人民。

第四章 语境中的文化：调解、意指以及意义

对于文化研究和欧式现代性来说，文化的范畴都是毋庸置疑的核心问题。事实上，文化研究——至少在英语世界中——往往被追溯为一种反思，对于文化概念的历史性出场和面对它时的矛盾心态的反思。但是，人们往往会错误地断定文化研究是关乎文化的，其实它真正关注的是语境和情势。既然它凭借研究关系重构情势，那么文化研究就不得不讨论这些关系，不得不调查那些不是文化的东西与文化之间的关系，即使最终它们与文化毫不相关。

非常重要的同时也是错误的是，文化的范畴从未被充分看作语境的具体性或者历史特殊性的需要，而语境具体性或者历史特殊性正是文化研究的构成部分。但是，正如爱德华多·雷斯特雷波（私人通信，2005 年 5 月）所说："文化是我们常识当中最深层也是最坚固的岩石。"相反，文化的概念往往——以及其他相关的范畴——被假设，被挪用，被概念化，甚至被普遍化。当然，提出文化的语境性问题就是再一次回到文化的"建构"问题，以及各种不同的欧洲现代危机中"文化"特殊的嵌入式脱嵌的形式特征。

本章将以语境化的方式来解决这些问题，时刻提醒嵌入与脱嵌的形式并不只是接合的——通过关系网来构成，同时还是机械的——通过世界创造的装置和机构来生产。对于我来说，避开这些问题已经导致了一系列分析上的和政治上的失败。例如，不能理解文化战争是不同形式的现代化之间冲突的核心！我们正处于情势转换（或者有机的危机）之中，在这一时刻文化本身被重新接合和重新安置，在这里文化虽然像以前一样发挥作用，但是文化的"中心"已经转移（这一刻已与先前不同，在这里历史变革重新接合了文化自

身的范畴）。

作为起始，我将简单介绍文化研究出现的情况，或许能说明为什么文化会以这样的形式（似乎是游离的）和实体在第二次世界大战之后普遍出现在欧式现代性进程当中。但是，在当下的情势危机中，文化似乎处于困境之中；在描述这些困境的一些维度之后，我认为它的中心位置和效用，在欧式现代性语境中可能正在发生变化。然后，我转向文化的作用问题，首先通过探讨在欧洲现代理论中文化这个概念为何被召唤，且用来做什么，然后把文化概括为话语表达和情感调解。我进一步把文化看作制图装置，依赖于他者的建构。我试图展示欧式现代性意义上的"文化"是如何脱离宽泛的文化调解领域的。最后，我转向分析文化领域更为生动的两个概念——流行与媒介。长期以来，它们一直被用于组织文化领域。这两个概念以去语境化的方式被长期使用，在"媒介文化研究"的名义下，变得司空见惯。这就导致它们无力应对大众流行媒介中出现的变化。通过拒绝自称为文化研究的媒介研究，我重新考虑在文化研究中借助于情感逻辑和话语结构的观念，分析"文化"的可能性。我认为思考文化并不能脱离社会现实或者物质现实，而是要围绕社会形态或者在社会形态内组织和分配影响（强度）。

解释文化

文化的范畴和领域为何并且如何成为欧式现代性的核心呢？在欧式现代性历史上的特殊时刻文化做了什么？唐·米切尔（Mitchell，1995：102）所说"（本体论上）文化并不存在"是正确的，即便他的如下结论是错误的："只存在一种强有力的文化观念，这一观念是特殊历史条件的产物。"（103）虽然文化是建构的，但是它却像范畴和领域一样具体运作，确实导致了人们度过他们现代性的方式。但是这尚未界定它实际的形式和内容，也没有说明它在欧式现代性中发挥的作用。它没有告诉我们为什么文化领域以一种特殊的方式从欧式现代性的关键建构中脱嵌。它也没有告诉我们，在第二次世界大战之后的几十年，文化范畴为什么变得迫切，被当作一个新的调查领域的基础而提出。如果库珀（Kuper，1999：23）是对的即"只有在某个历史阶段，文化才成为普遍关注的问题"（只有以特定的方法），我们则需要探索文化范畴如何"从描述性的、阐释性的，甚至是说明性的事物……转而成为阐释的源泉"（247）。我想提出这样一个问题："文化"在二个重叠的时刻是如何接合的。

为了说明第一个时刻即文化作为一个领域被建构的时刻，我要详细讲述一个福柯式的、反启蒙的故事，这是一个发生在欧式现代性出现时关于文化运作和场地的故事，这将把文化定位于一个更为宏大的关于权力和权力操作的方式如何变化的故事之中。这一故事的最大成就就在于把欧式现代性看作是从法律话语向行政权力的转移。这并不是欧式现代性通常讲述自己的方式即从力量到意识形态（表征）的运动，而是从表征到规训和控制的运动，在这里文化"试图以权力或者利益之名命令、控制和界定'他者'"（Mitchell，1995：104）。不像欧式现代性内部理应如此的文化概念，托尼·本内特（Bennett，1998）认为文化概念的特征在于通过建立许可和合法性为权力服务，通过意识形态以某种方式来安排或者表征权力，这个故事把文化看作一整套资源，被运用于体系内的各种惯例之中，导致行为的转变。依据这个故事，前现代的或者法律话语的权力被中心化和独特化；它寻求服从。通过创造权力景观使得大众能看到并知晓权力如此这般，从而完成这一过程。现代权力或者行政权力是分散的和复合的。它依靠手段的多样性而获得结果的多样性。它并不是制造自己的景观，而是隐身于各种实践和程序之中。与使得权力成为人们的知识对象相比，它更愿意让民众成为自己的知识对象，更愿意通过特殊的和复杂的"技术"方式改变民众的行为。

鲍曼（Bauman，1987）讲述了一个相似的故事：现代权力试图概括出自我塑造的精英行为，这样就可以改变它的对象的日常生活；一直以来被看作有益的文化十字军，实际上是政治组织和行为控制的形式。教育、民主机构的扩张等，都是修改人们生活行为的努力，通过政治和文化实践来重塑人类。文化是一项权力技术，借助于监督、规训的实践以及托比·米勒称之为"好脾气公民"的生产而成为处理社会和日常生活的事业的关键组成部分。通过自我控制和自我生产实现了社会控制。那么，文化就是"国家政权理论和实用主义"的具体化（Bauman, 1987: 55）。它的政治权力从文化精英的专业领域转向无止境的标准化生产。与此同时，鲍曼认为，更为严格的文化范畴比如艺术和调解，被看作正在崛起的中间阶层的知识片段的起源。

文化的政治作用是由于文化实践的特定领域一直由"政治来部署"的。最终，依据这个故事，文化是一套资源、手段、工具、特定的知识、系统、技术，用以管理民众，用以改变民众的行为习惯、感知、表达和思想。简单来说，文化是影响社会或者管理社会的手段，通过文化实践塑造和指导人们的行为进而重制个人行为，生产新型的个体形式。

奇怪的是，这个故事并没有界定文化的特殊性，而任由它跌入政治（而非重新嵌入社会）；它并未说明文化为什么或者如何能够在某个特定时空从先前的位置脱嵌。将所有事物都缩略为权力，意识形态和市民社会在欧式现代性中表面上的重要性成为错觉（因此很容易就认为福柯式的故事展现了意识形态，具有讽刺意味的是，它实际上更像是陷入了关于意识形态存在的骗人把戏）。我要提出的是对于这种明显的悖论的解决办法：文化以特殊的方式被建构（我将在下面详细说明这种复杂的、含混不清的结构），正是这些方式使得文化能够作为一个领域来运转，这一领域必须避免任何政治的纠缠。换句话说，欧洲现代权力包括治理术（governmentality）通过"意识形态的意识形态"运转，使得非常明显的意识形态比如文化显示为其他的东西，而非简单的意识形态。在某种意义上，文化成为欧式现代性的不在场证明，这导致了对于拉图尔（Latour, 1993）所主张的自然/文化分离的中心观念的可能重读。这并不仅仅由于权力需要藏身于它自己的文化程序中，也由于文化需要让自己隐匿。因此，文化转移为物质实践，重新作为意义、美学和文本性进入文化，导致了意识形态的意识形态（结果，对于意识形态和文化的批判能够重新生产它想要逃避的逻辑）。

第二个是将我们带到战后岁月和文化研究出现的时刻，这一时刻可能提供更进一步的有关文化如何被建构、如何被占用的线索。事实上，当文化成为可见的中心和确切的含混时，文化研究才出现。下面是欧洲文化研究经典中的段落,从中也可以看出这种含混是如何展示的(Hall, Clarke, et al., 1976: 10)。

> 一个团体或者一个阶层的文化是这个团体或者阶层特有的或者与众不同的"生活方式",意义、价值和观念具体表现为惯例、社会关系、信仰体系、习俗和风俗、物品的使用以及物质生活。文化是生活中物质组织和社会组织表达自己的独特模具……文化是一个团体的社会关系被建构和塑形的方式;它同时也是这些形态得以体验、理解和解释的方式。

这段话中,文化的概念在多个不同的维度上运转,所有这些都包含了经验、表达之中的种种关系,正如我们将看到的,不可避免地会对文化作出以下判断:(1)生活的独特方式和社会生活的组织或结构;(2)生活方式所代表的意义、价值和观念,或者稍微隐晦一点说,生活方式如何表达自己;(3)在第二点中描述的意义、价值和观念的特殊形态;(4)第一、第二点或许还有第三点被体验或者理解的方式;以及,暗含的(5)表达和表征的形式,正是这些形式能够清晰表达意义、价值和观念。

但是,文化研究如何并为什么能够以这种方式使用文化概念?比如,威廉斯对于文化的描述,他把文化看作描述性的和标准性的概念,依据在于他对英国批评史的重读和对于批评传统的"发现",他称这一批评传统为"文化和社会"传统。他认为在这个传统内文化的概念被发明出来,用于确认"在一个新型社会的众多驱动力当中实际分离出某种道德和智力的活动"(Williams, 1958: XII)。然而,关键在于,由于拒不承认文化与社会之间的分离,威廉斯拒绝在这个传统中定位自己。文化研究事业将文化重新纳入人们日常生活实践当中,重新融入生活方式之中,重新融入社会形态的整体性之中。而且,不像"文化与社会传统",像许多其他有关现代社会出现的理论一样,(在威廉斯看来)文化研究的驱动力较少来自社会整体性质转变的视角(比如,从传统到现代,或者从共同体到大众社会)——文化研究并非共同体的破灭——更多地属于变化和流动性的新形式和强度增加的后果。文化研究关注的是语境的(重新)接合和变化。事实是,威廉斯从未能逃避文化与社会的分离——这既体现于他赋予某些文化形式（文学和后来的语言）的特权，也体现于他坚持不懈地企图把文化等同于某种类型的道德标准——这并没有给故事一个结尾。

这仍然没有解决文化为什么会成为暧昧不明的概念，正是由于它的模糊，文化为什么会在特殊的时刻成为智力和批判性生产的基础依然是个开放性的问题。对于文化研究来说，为什么避开现代主义者文化与社会的分歧是如此困难？为什么文化研究占据突出位置的在狭义上的符号文化中，而不是在广义上的日常生活创造性中？最后，如果仅仅是暗含的，是否存在另外一种视角，能够从一个不同的方向指明文化研究，能够使文化研究摆脱这些问题带来的困扰？

让我用最简短的语言来提供一个可能的描述，以说明这个特殊的文化概念为什么不能把自己展现为有用的策略来直面战后独特语境中的特定场所发生的社会变动和斗争。我认为文化的特权和文化研究的出现建立在有关情势的设想之上——我认为这种设想是正确的。正如丹宁（Denning，2004：3）所说，在20世纪中叶"文化的概念经历了巨变"，例如"文化走上了前台"。他把这看作由两个向量所导致的超定（overdetermined）：第一，冷战（"第一""第二"和"第三"世界）中"文化和意识形态斗争所导致的全球文化发展不平衡"；第二，"社会现实的突变——文化工业、大众媒介、大众传播——似乎拥有自发性，有自己的逻辑、自己的权力"。参照"次级阶层"的斗争，丹宁认为"新的相对自治的社会生活领域"（3）的出现重塑了人们的日常生活。我认为虽然他低估了斗争的多样性，其实既可以把文化看作压迫的媒介，也可以把文化（可靠的、可供选择的、反抗的）看作政治活动的可行形式，他正确地指出，文化既可以具体指美学或者抒情性的文本，也可以普泛化为语言或者传播，作为关键领域出现是具有历史性的，在这里历史被生产出来，被体验到，以及反抗被组织起来。

文本文化或者抒情性文化（expressive）是构成有关历史变化的生活经验的场域。它是人们生活的环境，是人们赋予历史变化、政治变化以及他们生活的挑战以一定意义的处所；文化是新兴知觉结构的组成和构成场所。无论

"它在第二个例证中是否具有决定作用"（这可能取决于如何理解冷战），文化都已经占据支配地位，成为最重要的领域，塑造人们的生活，塑造人们理解自己存身其中的世界的方式。

文化的重要性日益增加，学院中对于"远程控制（或者效用）"的语言和文化形式日益高涨的关注就是明证，政府和公共机构对于下列问题越来越有兴趣：宣传、潜意识信息、思想动员、教育的流散、"隐蔽式说服"、控制论和反馈等等。[1]战后几十年，教育、"媒介"和文化中公共投资的快速增长与全面再概念化的同时出现并非巧合。此时，正值传播与文化（作为人类发展进程和争论场所的文化）走向智力和公众生活的中心，正值所谓的语言学转向。这一时期的特征在于对大众文化和中产阶级文化（民主与极权对立的试验场）的政治学越来越多的关注，对于冷战意识形态政治学（不像纳粹主义立即被看作意识形态）越来越多的关注。对于亚文化和青年文化的一时兴起和研究，经常寻找新的变更代理人（假定能在文化中发现）。正如辛普森（Simpson，1994：5）所言，"沟通的想法变成罗夏测验式的东西，赞成的学者通过它谈论他们所相信的世界，借此使得这一愿景成为约定俗成，并以此消损对手"[2]。

当然，文化占据主导地位并不等同于文化具有决定作用，毫无疑问，文化的新的可见性和新角色是战后政治和经济术语（共同妥协的"自由主义"）和解——本土范围与全球范围——的特殊性所导致的后果，正如经济和政治权力的物质形态的进展一样，伴随着社会关系的变化。但是，论争——是否讨论公民权利和反殖民斗争，是否讨论新保守主义、反文化或者身份政治——在文化空间中大量出现（包括麦卡锡主义、大众的反共主义，或者青年/流行文化）。也就是说，政治在文化中成为中心，成为对象，成为场所，成为惯例。

使文化既成为中心又无所不在，将它看作历史变化和斗争的基本场所，如果不完全是它的原因，那么文化的前置和它的后果（影响了大范围的话语）对于我们理解权力和政治带来了深远而积极的影响。它强调权力的调解本质和再现方面。它在全部人类现实中"发现"了文化建构，包括政治和经济的领域。不幸的是，由于从未否定物质和话语凝缩的重要性，这使得一些人，甚至包括从事文化研究的人，将它们悬置起来，悬置的动作过于快速，而悬置的时间却过于长久，它们只有在他们不再观察的时候才回归。这项工作，通过将国家去中心化，使得权力融入更多的场所（这样，权力就像文化一样无处不在），即使它把权力看作是游离的并且从不平等的物质关系中分离出来，把权力看作日常生活的固定装置。它使得政治的维度和领域变得复杂，使它朝向（在这里有许多盟友）新的差异和新的实践。它使得文化的政治化和文化政治学成为可见的（比如意识形态、文化战争），成为理解"日常生活的政治"和"政治的政治"之间的复杂关系所必需的复杂事物和可能性，即使这些都是被文化的和政治的力量和轨迹所框定和编织的。

文化与现代性斗争

近来，文化范畴似乎陷于困境之中，出于不同的缘由而遭受四面的抨击。即使文化本身看起来似乎没有发生任何事情，文化的概念也总被攻击，既有来自历史方面的也有来自智力方面的攻击。一些人质疑这个范畴的必要性，另外一些人质疑这个范畴的位置、领域和普遍性。有些人认为文化变得无关痛痒；有些人认为文化变得比以往更加重要；有些人质疑有关文化运作或者文化生产力的常见假设。在一部分人看来，这些问题是文化范畴固有的顽疾，但对于另一部分人来说，这些问题则是历史的特殊性。所有人似乎都认为文化世界正在酝酿巨变。但是，尽管存在争论，所有这些对于文化范畴的关注——延伸到"文化战争"——必定暗示着某些信息。

最有趣的争论是有关经验与政治结构中文化的变动位置、本质和运作的。一些人认为当下的背景特征在于文化的普遍存在，麦克罗比（McRobbie, 1994）、尤迪塞（Yúdice, 2003）和詹姆森（Jameson, 1991）这些批评家将其概括为社会、政治和经济的文化化。文化似乎无所不在：遍布公共甚至私人话语的所有领域，文化走向舞台中央；它变得无法回避，例如，在经济领域，无论我们是否谈论文化经济，文化在经济中对于经济的作用都越来越重要（比如，新管理主义、组织文化），经济的文化转向或者文化在构建形象、经验和经济期待中的作用越来越显著。在政治中文化同样重要，例如，在选举中文化（和娱乐）的重要性日益凸显，或者文化作为政治问题越来越重要。亨廷顿的著作大获成功为这一问题提供了例证，亨廷顿在著作中指出政治的未来在于文明的斗争，在这里文明是由文化定义的，与意识形态之间有巨大的差异。正如尤迪塞（Yúdice，2003：9）所说："文化的作用以一种前所未有的方式扩张到政治和经济中。"文化已经遍布社会、政治甚至经济空间。

与此针锋相对，有些批评家认为文化不再是问题，至少，长期存在的现代形式的文化权力正在式微。丹宁（Denning，2004）认为文化时代已经终结。尤迪塞（Yúdice，2003：9）观察到，"传统的文化观念在很大程度上已经被掏空"。鲍德里亚（Baudrillard，1983）坚持认为文化与现实之间的差异不复存在。里汀斯（Readings，1996），是此类观点最善辩的支持者，他辩称当全球文化取代了特色鲜明的民族文化时，现代文化概念的制度和价值让位给新自由主义的文化建构。民族文化变得不再重要，在某种程度上，导致了全球化和离散运动，虽然这并不一定削弱民族身份的权力。甚至文化资本的价值也在下降，无论是作为被财富拥有和展示的东西，还是作为自身就有价值的东西，或者作为民主化的机动性手段。里汀斯提出："'文化'不再包含具体的内容。所有的一切，只要有机会，都可以是文化的，或者成为文化。"（17）然而，短短几行之后，他又声称，"文化成为一个对象"（17）。他断言"文化不再指称元话语（metadiscursive）项目……我们可能会被排除在外的项目"（103）。他紧接着指出，权力的新的全球体系，清晰地坐落在资本主义全球体系中而不是国家中，它不再关注现代公民主体，不再需要文化内涵，而恰恰是由于文化内涵权力才能召唤（interpellate）和管理主体。他的结论是，在发达资本主义世界中，对于权力来说，文化不再重要。

权力似乎更少地投入文化，更少地依赖文化；意识形态和共识已经被替换，取而代之的是重新出现的主从结构，以经济和政治为主导的明确战略——行政管理战略而非文化战略。被福柯描述为规训的监视和控制似乎要让位，以宗教和"法律与秩序"的名义，为法律-话语系统让位，以处罚、监禁和军事力量的暴力和景观形式为基础的法律-话语系统。当代生活的可见的意识形态往往遭受嘲讽，仿佛它们已经过于陈腐。经典的马克思主义意识形态表述被取而代之——"他们不知道自己在做什么，但他们做做也无妨"——意识形态以一种完全不同的和内在-差异（in-different）的逻辑被曝光："他们明确地知道他们在做什么，然而他们依然这样做"（Žižek，1999：62）。文化仅仅是权宜之计，只是资源和工具，它的目的在于其他更有价值的目标。再次引用尤迪塞（Yúdice，2003：23），"文化内容的重要性减弱，它只是一种用来要求差异化的有用东西，只是获得合法性的正当理由。其结果是，政治胜过文化内容"。为了服务于某种新经济自由主义，文化被重新打造成为手段，人们把自己构建为负责任的（经济）个体的手段。

吊诡的是，这两个描述都是正确的：文化确实出现了，实际上，既重要又不重要。在现代文化（和权力）概念中，一种新的文化形式似乎正在出现，可以很简便地捕捉到它，在新自由主义的挪用中，在明显增强的抱怨国家和机构问题的倾向中，甚至在"文化"的失败中。这样就把文化看作一套可塑的——几乎有某种意志的——行为和举止，可以通过社会精英进行自觉的改造。当问及如何挽救澳大利亚经济时，鲁珀特·默多克回答说改变文化（Frow and Morris，1993：Ⅶ）。这样的精英认为他们可以通过重建个人和团体自认为可行的认同和团结的形式，与其他方式一起，改变人们的行为。21世纪早期的金融风暴凸显了文化的重要性——人的价值观、信念和行为的重要性——一方面与信贷、储蓄和公平性有关，另一方面与非理性的繁荣和恐慌有关。这种新的文化的存在（操作），不仅明显地体现在新的管理实践中，在这里文化被看作技术策略或手段，可以按照组织的目标，改造员工的行为和思想，还体现在有关国家的新的政治哲学中。事实上，对于当前有关公民身份和权利、移民，以及多元文化主义的争论和斗争来说，实践和文化的逻辑是至关重要的。[3]

不必惊讶，无论是在战后还是当前的情势下，教育都是一个重大的文化问题。在20世纪50年代，教育被庆贺、被扩张。与此同时，科学和企业日益增强的实力也带来了一些危机，尤其是对人文学科来说。在当下的斗争中，教育——特别是公共教育，而且也包括更广泛的教育装置的权威——受到了严重的攻击，它的使命和价值观都遭受质疑。高等教育遭受的挑战尤其多，不仅来自专业化、资本化、私有化、商品化和企业化，而且来自始于战后的政治化。不再是人文学科的危机而是知识本身的危机，促使人们要求教育提供意识形态或信仰之外的更多东西。

我认为并非如此清晰明了——显然不能断定——文化是"不变"的东西，或者说，我们现有的文化理论足以应对当代情势下不断变化的文化运作方式，或者说，在当下围绕现代社会的形态和方向上展开的斗争或经验中，文化依然占据主导地位。更具体地讲，无论一个人是否觉得文本/表现文化是审美或流行文化，它都没有起到如同战后岁月中一样的核心作用。它不再是人们感知历史转型的场所和方式。它不再是组织和体验变化的主要场所，而且它肯定不是抵抗产生的场所。明显的"文化"载体和影响与政治变革和历史变迁前沿之间的差距日益扩大。这并不意味着文化——无论是从美学上还是从象征上去理解——不再是关键因素，但确实意味着，我们不能想当然地认为文化的优先权和特权跟我们想象的一样有效。就像已经完全弄明白似的，文化不再是问题；它已经变得不那么重要——至少不再是先前的欧洲现代文化概念意义上的问题意识和复述。似乎可以合理地推测：电影、电视和音乐在战后几年主导的"文化"形式，不再那么重要。更准确地说，我们认为这些文化形式并不意味着同样类型的事物；对于大多数人来说，他们不再做同样的事情。文化以一种我们尚不了解的其他方式起作用，同样，文化也在其他领域发挥作用，而我们尚未描绘出来。

正如在前面的章节中我曾建议过的，变革的构造和经验拥有显明的处所，它可能正向经济领域迁移，并在那里成为新的主导；人们感受到经济已成为变化发生的主要领域，经济已成为他们获得基本的变化经验的处所，虽然经常要以技术和商品为媒介。但我并不是把文化贬谪为次要角色，我不相信文化和经济像欧洲现代知识所说的那样是分离的。并不是说一切都是文化；而是说，一切都接合到文化上，就像跟经济、政治关联一样，也即是说，历史转型的物质进程和实践在于关系，在于接合。我也不是简单地声称人们从经济层面来思考世界或自己（例如，作为消费者），但是他们所生活的现实以及他们对于现实的复杂经验首先是经济的，不管他们与文化有多么密不可分。

有关现代性的情势斗争中，文化本身正在被重述和迁移，文化的"中心"也已经（再次）转移——像过去一样。如果文化及其在战后时代的主导地位依然持续，甚或加强，欧洲现代文化的特异性——作为一个领域，它既嵌入社会形态中，同时又与之分离（超越），即使它表面上看起来独立于任何权力结构关系，但是它已经成为社会形态的构成要素——已经越来越明显，文化与社会整体和权力之间是密不可分的，而且，更重要的是，它流离失所要么不得不进入其他领域，要么被其他领域和载体所吸纳。文化似乎将自己组构为一个结合空间，其自身总是终结于别处。我不是感叹文化被资本收编[4]，或者任何批判的政治距离的崩溃，而是指向重新定位，撤销文化作为一种脱嵌装置的身份，改造其有效性。文化以一种新的方式被整合到日常生活中，达到这样一种程度，它成为普通的、平庸的、微不足道的事物。其结果是文化似乎失去了一些特殊性，失去了与其他社会实践和装置之间的一定的距离。文化的脱嵌性被重新塑造，成为嵌入社会现实的再嵌入性。

然而正是由于从主导地位的消退，文化越来越多地占据了散漫的决定位置，再造我们所谓的强度，或者它的"接合系数"。因此，文化越来越多地在多重点和多重实体中起作用，跨越多个向量和平面，以微小的、微妙的方式而不是以意识形态和表征概念所代表的结构方式运作。这似乎宣告着文化自身的复杂性，它的效用（我会简洁地称其为调解）跨越生命的所有感觉层次。经济的主导地位并不意味着文化政治已变得不再重要，而是它的形式发生了变化，因为它的有效性和权力的轨迹发生了变化。

其实，什么构成了"文化"和"文化政治"，以及它们在情势中的位置，本身就是由情势所确定的。如果在十八九世纪，成为人就是成为有教养的人（正如后康德哲学所谈到的），那么在另一个传统中，在政治中战后时代成为人就要交际，在当代情势下成为人就是要成为经济主体。这并不是自由主义的经济人，因为后者从未界定人们的人性，它从来不是经验的原发场所或平面。我并不是在审判,仿佛文化是真实性的场所,已经被可恶的经济不真实所取代,而是并不认为所有的价值都要降格为经济,但事实上,越来越明显的是,在经济中所有的价值都可以得以实现和测度。

当然,我们把文化的变动情势性质理解为结晶体,是有关现代性的较大范围的斗争的节点或布告牌(Grossberg, 1992: 109-110),这才是有意义的,不是断裂,在这里一切都井井有条,一切——对应,而是一个复杂的网格、一场地位的战争,在这里不同的斗争、不同的变化,必须接合在一起。不同的变化和斗争开始的时间不同,具有不同的速度,来源于不同的项目,会遭遇不同的抵制,在不同的位置运作,并通过不同的曲折的线条连接。然而,它们共同构成了围绕着现代性本身构造而展开的斗争。

欧式现代性中文化的作用

文化的概念是欧式现代性本身的发明,这是"一般常识"的组成部分,但它的实际作用,它的放任自流,很少被看作是问题化的。[5]文化是一个复杂的本体论的、认识论的和人类学的概念,它以规范和道德为根基,为历史和地理上的具体政治项目提供给养。这个概念在标志着它出现的进程(现代化)、经验(现代性)和话语(现代主义)的交集中运作。

欧式现代性给予自己无上的特权,把自己建构为所有可能的社会中最先进的、最人性的,然而与特权一起出现的是令人困扰的需求,需要从非人(自然)中区分出人类(文化),从其他社会(影射过去的社会和其他地方)中区分出现代社会,把其他社会构想为"传统社会"。这样的传统社会既不能认识到自己是传统的,也不会自认为是社会的,因为唯有"现代"社会,才可以自反性地把自己看作对象和项目:"使社会成为一个项目——不是城邦、王国或国家,而是社会——就是欧美主义开始的地方。现在只要这一规划被认为带来了新的意识门槛……传统的就成为一种绰号,适用于这种意识存在之前的状态"(Strathern, 1996: 41)。这一意识可能表现在经济和政治中,但是其重心仍在文化中。也就是说,作为对象的社会建构是与作为人类活动可以分享的领域的文化建构一起出现的。因此，现代是由于文化的分离、脱域而形成的，文化从社会形态的其他领域中分离（当时它们经常在"社会"的标志下被捆绑在一起），正如从自然中分离一样。正是由于缺乏这样的可识别的差异（文化、社会、经济和政治的分离，以及人类与自然的分离），将传统社会看作是原始的，从而将它们构建为殖民主义的合适对象！

即使文化的概念被界定为批判现代化的视角，支持社会和政治生活具体形式——结构和组织——的呼声也不绝于耳，这正是现代化进程的后果。欧式现代性的历史的一部分涉及"人"——首先是资产阶级，然后是中产阶层，最终是"大众"——进入政治和文化领域，作为潜在行为者和代理人，他们携手带来了权力的新形式：一方面，一类新的专家、中产阶层、知识分子的权力出现了，他们的权力来源于他们监护着文化、意义和解释的领域；另一方面，随着市民社会空间的出现，与之对应的和适应的权力也出现了，即以协商一致为准则。文化带来了意识形态的权力，甚至成为意识形态权力的主导。它为现代性提供了一种新的权力，同时，也是一种新的合法性，因为它对立于传统的控制形式，是建立在暴力和景观化的国家权力（如公开的绞刑和酷刑）基础上的控制形式。这并不是说更为残酷的权力形式在欧式现代性中彻底消失了，事实上，在世界各地它们似乎又卷土重来——但是这些地方不得不通过意识形态的空间来保障安全。

现在，权力已经将民众的积极参与和支持组织起来，它日益扩大的意识形态领域吸纳了越来越多的人。因此，一方面，权力成为信仰和解释的心理问题。对于占主导地位的小部分法则的同意通过下面的手段获得保障，即改变下层民众思考他们的生活和世界的方式，使他们在自己所拥有的资源限度内思考甚至（想要）行动，更像是执政联盟。然而，文化不仅进入了现场，它同时还在界定现场。另一方面，"人民"或"流行/大众"作为一个类别，同样需要仔细辨别，屈从于一种古怪的矛盾，既有包容性也有排他性，既是描述性的也是规范性的（因为大众这种称呼产生的原因往往是，有关人们以错误的生活方式、错误的价值观、错误的口味等生活的说法）。因此，现代文化概念的出现是与现代权力形式紧密联系在一起的，而这种权力形式正是它试图批判的。

现代文化这个概念是"英语中最复杂的两三个单词之一"（Williams, 1983b：87），是在 17 世纪的农业范畴的基础上所进行的重新接合——自然生长的管理，驯化的实践——而成为欧式现代性迷局的心脏。也许这就是为什么，在现代大学中去分析知识，没有任何单一学科可以为文化担负起职责（以这种方式，社会学成为对于社会的研究，或政治科学成为对于国家的研究）。相反，文化的起源不仅分散到人文科学，也分散到社会科学特别是人类学中，每一个学科都理所当然地拥有特定的文化定义或者文化外观。

文化的范畴之所以如此复杂，部分原因在于该范畴的描述性功能。描述性地来看，"文化"既是超验的同时也是特指的（后者既在范畴的层次也在社会的层次上运作）。超验地来看，它描述了人类存在的普遍状况：调解的必要性，在意识与现实"之间"某物的必要性——通常被称为意义。这是欧式现代性的根基和前提，在康德哲学中有最精确的表达：人类与动物之间存在着本质上的差异，因为他们缺乏先天的装置，使他们能够直接与世界互动而无须调解的先天装置。为了应对这种缺乏，心灵采取了我们今天所说的符号或象征性的功能，或者更确切地说，符号或象征性的实践是心灵！[6]现实并不是一种"自然"组织，呈现为一种象征性的组织。世界富有意蕴——在现实（本体，在康德的意义上）空间中的经验（或现象，在康德的意义上）构成——是第三空间，在这里人类存在于自己创造的世界。在这个空间里，意义作为意指与经验和主体性接合在一起，并常常等同于它们。文化是主体性的房屋或容器。那么，人类现实就是创造物——独特的意义创造行为的结果——或者制造的世界。

从超验的角度去理解，文化是所有人类活动的一个侧面或维度，只要是人的行为，它就牵涉到思考和想象、意义的创造。这是自相矛盾的领域，通过它，正如凯瑞（Carey, 1989）所说的那样，我们首先表征世界，然后定居在我们的表征中。没有文化，现实是无法获得的，只是"呜呜嗡嗡混沌一片"[7]。在文化内，现实总是可感知的，并且已经变成可感知。它是这样的空间，几乎所有的"现代主义"哲学都在这个空间中运转。文化被缝合到现实中，作为主体应运而生的空间，从而构成距离、陌生化和否定性哲学的基础。这是文化的基本功能也是明显的通用功能。它定义了人类，在这样做时，它生产出同者和他者；在生产出意义时，生产出世界；在生产出人类（主体）时，它生产出非人类；在生产出现代时，它生产出原始（传统）。文化是媒介和机构，通过它，现实的混乱被改造成一个秩序井然的——可处理的——可感知的人类现实。因此，它不只是描述性的，而是被嵌入（指定的）项目中，用于（将来）行动的项目。

其次，只要文化描述了欧式现代性中具有特权行为的特定子集，文化就是特指的，这是因为在一个假定的独特关系中，意义的构建越具有普遍性，其创造性就越强。当然，在这里火花开始飞溅。现在的问题是属于文化的这套行为和对象有多么狭窄，为何具有特权。这是一个问题，因为文化仍然是先验的；因此，这些行为和对象是普遍的具体存在。而且，由于文化关乎并体现了人类的最高可能性，只能有一种文化。每一个艺术家都从他或她自己的时间和地点的特殊性出发，甚至用她或他自己的语言来谈论文化，但要超越这种特殊性和个体性（或者也许是他或她完全意识到了它）来谈论人类存在的普遍可能性，在地理和历史意义上的可能性。

文化成为一个区分范畴所形成的这种特定化功能，将文化限定在"艺术"、审美、"所思所说的东西中最好的"（Arnold，1961）。这种文化观念体现了超越性，也有潜在的矛盾。最起码，文化的第一要义要求在价值的判断之外，人类的所有自觉的创造性的象征活动都是超验性意义调解的具体实例。所以，文化作为一组对象和行为必须包括代表着流行文化的象征行为，甚至是商业文化的象征行为，这些代表着商业文化的象征行为由于新的生产模式和分配媒介，越来越多地进入存在。所有这些行为都是超验性的调解实践的具体体现或具体化。在这里，文化被等同于符号，等同于特定的符号使用行为，往往在通常意义上，等同于语言，以及所有包含语言的创造可能性的行为，因此，也是所有沟通可能性的行为。

但是将文化看作一组独特的象征性活动，与第一先验定义中的人类生活中文化调解的明显普遍性是矛盾的。因为，根据该定义，所有人类活动都是创造世界的（调解和被调解）活动。文化的生产力延伸到社会生活的整体，或者通常被描述为人的整个生活方式。

这指向另一个——更为社会化的——欧式现代性的特殊范畴，它将文化与民族认同的问题联系在一起。正如里汀斯（Readings，1996：3）延续了德国传统的观点所认为的那样，文化"与民族-国家的命运息息相关，它是民族文化的生产者、保护者和灌输者"。文化生产、定义、寄托着民族身份。它是人民（族群）或者共同体（民意）与民族甚至国家之间连接的限定观念（regulative idea）。事实上，国家往往通过塑造和强化文化与民族之间的联系，来建立自己的身份和权力。因此，文化给予的不仅是我们自己是谁的洞见——普遍地——作为人类的我们（在时空中分享事物），而且是关于我们的特殊性——塑造了我们不同身份的历史和传统。

正是民族文化定义了人民以及最终的国家，如果不是民族-国家的话。当然，这种表述仅仅重复了我上面所提到的模棱两可，因为民族文化可以被定义为人们的风俗习惯（生活的整体方式），借助于"民族"语言（通过需要形成民族语言的暴行和对于其他不同民族语言的压制），或者民族准则来实现。事实上，在现代民族-国家中以上这些都在运作，尽管传统上给予艺术某种优越的位置，将其看作人们最好的可能性和最高成就的集成。

这种特殊的欧式现代调解逻辑使得文化既不同于现实，又与现实调解。它因此带来了一个不可避免的问题：只要现实自身的实际决定权被延迟，"最后一个实例永远不会来临"。在认识论的核心，调解再造了一个形而上学的裂口。这个逻辑将调解缩减为单一的功能（对于所需物的必要补偿）、单一的形式（过滤器或者荧幕，具有生产性）、单一的机制（意指与主体化面对着的必要匮乏，意指的中心链正是建立在自身的匮乏之上），以及单一的指向性（消极的）。最终能够发现最为核心的表达植根于黑格尔的辩证法。正如我稍后会讲到的，如果实践的结果往往采取迂回的路径，这种调解的独特逻辑恰恰否定了这种轨迹的现实性，热衷于一种简单的和既定的路径：人类，所有都与人类有关（例如，意义或者文化）。现实的生产性消失于文化自身的生产性之中。调解逻辑将所有话语——艺术、意识形态、常识、潮流、幻想、想象、科学——压缩为意义的单一有效性,将所有的意指(或者最宽泛意义上的意义)压缩为认知或者符号意义的逻辑。

在其最强劲的、最具影响力的当代形式中,作为调解的文化观念被社会建构主义话语或者社会现实的建构理论俘获并一再重申。文化可以等同于特殊的调解逻辑,但是并不能简单地等同于社会建构,因为社会建构理论是清晰表述欧式现代调解逻辑的最常见形式。这些理论能指明显地涵盖了多种多样的立场,而这些立场通常策略性地相互混合在一起,尤其是在最近对于宽泛意义上建构主义的"保守"攻击(建构主义被看作调解制度的一个变体)。我认为,在当下的情形下,仔细区分不同版本的建构主义是非常重要的,这些建构主义在对待本体论和真实的有效性,以及调解的意指机制的确切本质等问题上都不尽相同。但是尽管如此,我依然认为,可以概括出社会建构主义的一套普遍假设。世界上的所有经验(因此,任何接近现实的可能路径或者关系)都是:

(1)协调的(由第三项所决定),经验是由(2)"人类"(社会或者主体)结构建构的,这些结构具有(3)时间和空间方面的特殊性,这些结构是(4)表达性的(符号的或者具有意味的),在狭义的层面上(5)意指性的或者主体性的:包括意识形态(含义、表征)、符号参照物,以及/或者认知的、符号的或者叙述的意义结构。

不同版本的社会建构主义会依照不同的方式和不同的组合支持和解释这些假设。这些假设不仅使文化成为人类存在的"要素",它们还终结了文化等同于传播这个观点。在最低限度上,这些理论将真实置于括号中或者擦除(没有必要否定它),先行设定任何产品(或者接合)都是某种特殊类型的——语义的——建构。[8]

作为辩证法的文化复制了文化的辩证角色;调解本身也往往是调解性的术语。这使得"文化"通过变形,能够调和现代性的核心矛盾(个体/社会,理性/历史,心性/自然,等等)。这也就意味着,没有任何东西能够逃离文化的辩证法。在这个意义上,逻各斯主义(Derrida, 1998)可以被看作欧洲现代的文化政体、一种本体论图解。文化作为理想的调解（作为语言、艺术、想象等）将传播和共同体联结为一个整体，制造了人类存在的特殊形式（意指/主体化）以及它在任何时空的现实化。这种逻辑部分界定了作为一种权力组织的现代文化政体。

文化概念的多义性与含混性具有另外一个向度，即使讨论限定在概念的表面"描述功能"，我们还是不能完全避免规范性这个问题，无论是断定文化与自然、艺术（高级文化、美学）与流行文化，以及最为简单的现代与传统（或者原始）之间孰高孰低这些问题。事实上，正如威廉斯（Williams, 1958）所说，在现代话语中，文化的概念被看作一类判断。也就是说，无论作为真正的人类的最高成就还是生活方式文化，都成功地展示出它的人性（例如，"共同体"），意味着提供一个位置，从这里人们——艺术家、批评家、记者、学者和知识分子——能够谈论和判断生活方式中的历史变化，社会生活的组织或者结构，表达的形式、意义、价值，以及所有这些当中表现出的由现代化进程所带来的种种观念。

文化的规范性观念包含双重表述：一方面，位置的映射由临时的置换构成（如美学、先验、传统、劳动生活），依据这些，变化得以理解；另一方面，将这一位置等同于判断标准，在这里能够为这些变化提供"整体质量评估"。"文化的观念是对于我们日常生活条件下的普遍和主要变化的一般反应。"（Williams, 1958: 295）

也就是说，欧式现代性的出现必然包含位置的建构，这一位置允许人们去描述和判断日常生活之中的变化。它至少需要一个"人类上诉法庭"（court of human appeal），某些本地化的"高级"标准设置在实际的社会变化进程之中：它需要"文化"。文化同时也是标准和位置，从这里或者与之相反的角度来判断这些变化。所提供的或者所假定的标准各式各样，标准的类别离不开文化的多义性——意义的复杂性。在判断由现代化力量所导致的这些变化时，真正危在旦夕的是，人类社会生活的本性、联系与传播的形式的本性、各种各样具体的生活活动方式的本性被整合在一起，成为一个连贯的有意义的整体。

调解、影响以及文化

如果我们去寻找描述的工具，借助这些工具我们才能理解我们正在经历的斗争的语境，如果我们想加强其他现代性的想象，我们就需要找到一种方式去思考文化的"外部"，或者更好地表述为，与其一起的欧洲现代调解的逻辑。与这种传统背道而驰，我们需要增加类型、实践，以及调解中介。也就是说，当调解的概念在欧式现代性中以一种非常特殊和狭义的方式运作时，我并不认为调解可以被缩减为简单的单一逻辑。将欧洲现代的调解逻辑看作问题，强化了调解的真实性、积极性和复杂性。有效性的轨迹（现实建构和表达自身）常常被其他轨迹和实践所改变，它们的路径中断、弯曲、改变方向。悖谬的是，为了使得我们对于文化的理解敞开，我们需要把调解归于现实自身而不是把它看作仅仅属于文化。至少，这是我所提供的把理解文化这一任务看作调解的方式。

我们可以说，现代性在它最为抽象的意义上是被发现或者被发明的，是一个由媒介调解的社会，依据特定的逻辑，通过特殊的装置，以特殊方式调解的社会。回到调解这一中心问题上，我们必须避免二元论，即众多文化理论赖以建构的二元论："调解的对象是它自身，在对象与它所带来的东西之间不存在任何东西"（Adorn, cited in Williams, 1977：98）。联系到我上面所讨论过的内容，我想要提出调解的本体论问题，返回到现代思想的另一个传统，一种后人类学的、后康德主义的理论，它主张现实除了调解之外别无他物，居间是什么先于它所居的结构，关系先于关系物。这样一种本体论断定：现实通常是也仅仅是关系，它只有作为不可预知的、非线性的、多重序列的关系才能被描绘出来——决定、接合、调解或者效用。在这里，调解并不局限于欧式现代性所指认为文化的这些实践平面。这样一种理论，可称其为斯宾诺莎式的或者尼采式的，并不是真实的社会建构，而是现实建构其自身的理论。我在第一章中，已经讨论过德勒兹和加塔利版本的这种本体论，现实通过符号化、辖域化，以及非常重要的、层次化的机械流程来生产自身，通过这些流程事件被分配，而且作为表达或者内容而存在（以一种非必要的关系）。这并不仅仅是主体与客体之间差异的重新题铭，而且是在产生作用或代理的特殊可能性与经受作用的特殊可能性之间关系的产品，记住（1）并不存在必需的分配，（2）话语与真实、表达与内容，往往在同一个平面上运行：

> 表达的形式和内容的形式之间的相互独立性并没有奠定二者之间任何的平等关系，相反，却导致了二者的碎裂，正是通过此种碎裂，表达被置于内容之中，在其中，我们可以不停地从一个区域跃于另一个区域，在其中，符号作用于事物自身，与此同时事物也拓展于或被展布于符号之中。一种表述配置并不是"就"事物而进行言说，而是于事物的状态或内容的状态相同层次之上进行言说。因而，同一个 x，同一个粒子，可以作为一个产生作用或经受作用的物体而运作，或作为一个构成一种行为或口令的符号而运作，这要看它被掌控于何种形式之中。(Deleuze and Guattari, 1987: 87)

现实作为表述与内容之间的接合或者分离不断地生产自身（当然，人类只是现实的一部分）。这样一种本体论没有从作为表述自身的现实的生产力中区分出话语（作为人类实践）的生产力。现实本身是表述性的，但是表述不再断定主体或者主体性的存在。它既不是人类特有的，也不是欧式现代意义上（与分离的幕布、意指、表征等等有关）的调解。世界本身并不在它的表述之外；它仅仅存在于现实生产自身的表述之中。

因此，与其说一种"即时性"的新型理论提出了一种调解的不同理论，倒不如更为准确地说，它否定了欧式现代调解逻辑所建构的即时性与调解之间的矛盾。它否定了作为筛子或者隔板甚至第三空间这样意义上的调解，这种调解概念往往通过意指、表征和主体化而被建构，或者被看作这些建构的进程。从它的立场来看，它把调解理解为对于作用或者生成轨迹的描述（并不一定是人类中心主义的）。因果关系的路径往往是调解的，也就是说，它是不对称的、交叉的、被放大或者被低估的、变形的、扭曲的、阻塞的、间接的等等，被其他实践和事件所影响。在这层意义上，调解描述了一种非线性的因果律；它标示出流程、中断以及断裂，描述出生成或者现实的自我生产，或者现实总是配置。调解是事件的运动，或者身体从一系列关系转向另一种关系，它们持续不断地生成自身先前所不是的东西。它是虚拟和实在之间的空间，是生成真实的空间。

从现在开始，我可以依照自己的方式返回文化与调解这个问题，尽管我必须推进得慢一些，从更为宏大的表述问题开始，在人类——作为话语——的水平上生产出（身体的）"非形体变形"（incorporeal transformations），生产出真实效果，将身体从一系列（既是实际的也是潜在的）关系转移到另一类中。当话语并不比其他实践更能调解时，它确实有一个显著的部分在发挥作用，尤其是在现代性中。这一部分，它自身的调解能力并不能被缩略为意指与表征，它最好被看作话语调解的两种模式——并不是普遍认为最重要的模式。话语并不指示、再现甚或调解存在于分离的两个层面上的现实。（毕竟，人们需要获得在现实与影像之间作比对的习惯，或者认为影像应该是现实的影像这种思考习惯，比如，广告应该是人们自身的影像。）事实上，话语能够生产出许多不同类型的调解或者效应，而且这些调解或者效应可以被用于不同的方面，比如国家建设、身份、教育以及教化。话语是可能性的环境，或者，如果你愿意，话语是可能性和想象的虚拟空间。

这种表述性的调解观念需要一个词汇表，这样我们才能描述作为生成的调解，描述调解的生产、调动、部署、组织、管理和变形的代理和场所。对于这样一个理论词汇表，它的主要竞争对手是日益明显的情感观念（notion of affect）。作为一个概念，它似乎有许多不同的指涉，并已引起了广泛的理论关注；因此，它导致了延误，混淆了流行的功用和情势的特异性。太常见了，情感要么被视为单一的事件或平面，要么被看作实在的普遍本体论的实存。在后一种情况下，在本体论和理论之间有一个飞跃，仿佛这可以代替理论化的危机分析的工作。在很多讨论中，情感似乎催动了向科学和生物学的飞跃，仿佛情感是身体之间的简单物质关系。这两个飞跃都是还原论的形式。很多时候，其实，情感直接与身体等同（好像思想莫名其妙地没有具体化），而其与国家或者其他权力机构的关系却有待探索。[9]

思里夫特在一个有助益的概述中，提出了情感的两个相互关联的含义：一方面（引用马苏米的话），情感指的是"活力，对于存活性、对于可变性的感受""可捕捉的生命潜能"（Thrift，2004：63，66），使得情感既是自主的又是逃避的。另一方面，情感指向微观生物政治学，微观生物政治学把我们看作一种"有形的思维"（67）而包含于其中。（思里夫特使用情绪作为例子。）这种社会的但是先于个体的情感，按照思里夫特的说法，已经成为"生产'变化的复杂情感状态的系统的和流动的知识身体'，生产'感觉制度的'企业和国家机构的"焦点。他不认为这些新的权力形式可以得到保障，"事实是这不再是一种随机的过程"（68）。但我想争辩说，情感状态和感觉制度的生产从来都不是随机的，而且它们很可能不像今天作为权力的对象那么成功。

思里夫特（Thrift，2004）区别了许多通向情感的不同路径。第一是实用主义，它强调习惯和具体实践。第二是心理装置理论，包括汤普金斯的情感系统理论，以及弗洛伊德的本能和驱动理论（我们应该好好记住这一点，尽管弗洛伊德的情感理论往往沦为力比多欲望理论，但他强调了影响的三原则——爱欲、死欲和阿南刻。与思里夫特相反，我认为精神分析理论主张的在所有对象上都投入情感的观点必然会失败[10]）。第三是进化理论。第四，思里夫特似乎在这里找到了自己的观点，涉及我所描述过的德勒兹-斯宾诺莎式的自然本体论。将这些不同的情感路径联结成一个整体的，是一系列有关情感的假设：首先，它是非表征的、非认知的、表意的；其次，它是不自觉的和无意识的，因此是无主体的和先于个体的[11]，虽然它可能是主体化的；最后，它作为强度存在，或以密集的质量存在。这就是事件、生成之线、存在模式的定量和物质现实。虽然并非每一种理论都接受所有这些假设，但是它们界定了一处理论空间，在这里概念得以运行。

在许多当代著作中，情感被认为比建构更为自然，并且常常附带着被认为一定是无组织的（例如，与语言相反）。有时也认为，情感的作用是明显多余的，这就要将其回溯到反抗或者解放的政治学。最常见的是，情感被视为单一装置，或者单一类型的情感，例如情绪或欲望或注意力，不承认其组织和结果的多重性。对此，我所能提供的只是情感理论的开端。情感所指称的是一套复杂的中介/效果，正如思里夫特所说，它是非符号化的（虽然它们能产生意义）、非个体化的（尽管它们产生个体）、非表征的（虽然它们可以产生再现形式），以及非意识的（尽管它们产生各种形式的意识）。情感是指调解的"能量"，（量化）强度的问题。情感通过多种装置在多个平面运行，具有不同的效果。

为了说明这一点，我想区分情感存在的三个维度（或三座高原）。首先，情感确定了内在或虚拟性的本体论。在这个意义上说，情感是普遍性的，现实的存在根基，从本体论上讲是真实之物的生成线或者生成特异点，各自构成一个纯粹的能力或潜能，用以影响和接受影响。如果情感的第一层意义是虚拟的现实；那么第二层意义是作为情感的真实现实，情感在情绪（affectio）中描述身体、调解的物质性。在这里情感描述了身体与情绪彼此之间的关系，包括无形情感的形态或一定距离的因果关系（例如，话语情感的形式）的重要性。这可能表现为——许多作家似乎肯定这一假设——这种情感是本能和无中介的，但关键的是要认识到事实并非如此。例如，下面这种情况：一名孕妇跌倒，人们会几乎出于本能伸手抓住她。[12]然而，这是本能吗？如果她周围的人的"本能"已经被宗教教义塑造成型，禁止他们触摸一个女人，那么将会发生什么？情感的第三层意义，往往被错误地设置在意指形式的反面，突出了非实体情感的某些方式，尤其是表达性（话语）、文化（中介）的多重性。换句话说在后两层意义上，情感说明实际领域（组织平面）的一些情况，情感总是为话语或文化装置所组织，这反过来以习惯或者习性的形式，成为现实的产品，或者成为与现实斗争的产品。

前两个维度分别描述了情感的虚拟和表现的层面，情感的第三个维度是指政体、逻辑，或者强度或激情（affectus）的组织的多样性，它们定义了存在、行为和经济的情感音调和方式。这是表达的第二次接合。这是第三个维度，然后，是指表达制度，它们调动和组织情感作为习性、作为生活和想象。但它们只在较大的接合范围内才有作用，在我们可以称之为文化的话语结构或装置中。[13]这样的结构并不仅仅由表达的话语和情感元素组成，也由内容的非话语元素组成。

　　这些结构确定了世界是充满意义的,在意指而不是符号化的层面。这些情感装置建构了存在的感觉、现实生活的音质或者密度。[14]这里的情感是寄存器,在这里价值(包括差异)变得生动和得以使用,在这里个性得以构成,具体实际的投入被界定。它界定了关系存在的方式,任何价值"附加"到现实的方式。它是人们嵌入他们生活方式的多样性,这些方式属于某些地方,沿着一定的轨道。它是认同事实的产物。情感通过多种机制和形式运行,产生许多不同的方式和组织,包括感情、情绪、欲望、归属感、感觉结构、物质地图、意义地图(意指),以及表征系统(或意识形态,作为声称代表世界的特殊意指的情感投入)。

　　在这个意义上,情感是现实本身投入的机构和场所。它通过对特定关系的投注从而生产关系。我认为,这以某种方式决定了人们在生活中使用的推测逻辑和语言的情感形式(也即霍尔所描述的在霸权斗争情况下的流行文化)。也就是说,话语结构的情感构成了流行的地表。(当某种构成"文化"的话语形式被削减之后,遗留下来的就是欧式现代性中的流行;以这种方式,流行变成与情感一致的东西,仿佛文化本身不是。)我们也可以看到宗教如何作为文化运行(就如下面将要解释的),并且仍然发挥情感作用。讲述一个个人的例子,我的祖父母不关心他们的犹太教所有信息的更深层次的含义:它只要告诉他们如何过自己的生活就足够了,这使世界对他们来说成为一个神奇的地方。也许,这就是区别所在,在基督教中,诺斯替主义和福音派是一方面,主流教会是另一方面,拥抱神秘、激情或基督的教导这是二者之间的区别所在。在一定程度上,这也有助于形容现在通称为基要主义的部分特征。

　　一些著名的文化理论家,一方面将情感与科学的新发展联系在一起,其中包括"信息与通信[理论?]、基因和微生物学、量子物理学和复杂性理论……重新思考科学、技术和因果关系,把重心从人类意识的认识论转向物质和时空的'量子本体论'"(Clough,2009:48)。并且,另一方面用"本体论政治学"的观点重新题写历史变迁的断裂概念。这样的理论问题之所以出现,通常是由于把我已经确认了的三个不同的维度混为一谈:其中一些将情感作为身体能力与表达性中介的特殊形式混在一起,并常常将二者都放在第一层意义上使用;另外一些,将身体能力的现实化看作本体论意义上的能力,身体能力的现实化是情感力量更为"自然化"的组织,不知何故,将其等同于表达性中介的结构。

通常,这将导致以非中介的方式处理情感关系,几乎以刺激-反应的方式(措辞为"准因果关系")。例如:"一个形象只有当需要的时候才可以确定,当它如此被确定下来时,它就带来了'竞争性的官僚控制机构和政治指挥中心'。"(Clough,2007:20)谈到作为权力新形式的优先占有时指出:"优先占有……是对于可能性不断邀约,但不能预测未来。事实上,它们无法预测未来,因为它们会立即卷入正在进行的情感的调控,不可能成为未来的探头或传感器"(Clough,2009:53)。

这些理论假定一种全新的权力形式/组织的出现,通常隶属于德勒兹(Deleuze,1992)的"控制社会"。此外,虽然福柯的规训观点已经指出国家偏离了中心,但是大部分著作似乎将这样一种本体论权力归入国家资本主义权力本身的运作,没有充分意识到已经进行的调解工作,以及权力关系的复杂性。例如:"控制的目标不是生产主体,主体的行为表达了内在的社会规范;相反,控制的目的是永无止境的情绪、能力、情感和潜能的调控,聚集于基因代码、身份证号码、收视率分布和喜好清单,也就是说,在数据和信息(包括作为信息和数据的人体)中。控制……是生物政治学,在身体的分子层面工作,在物质的信息基础上工作。"(Clough,2007:19)此外,克拉夫总结(Clough,2007:21)说这种权力几乎可以保证自身获取成功,一种激进的新自由主义作为"生活自身的真正包容",将权力的直接经济模式和进程的驱动力连接为一个整体:生成的"自发性"变成生产力。

这种观点的逻辑终结于这种假设:行为的政治刻写在它上面,由同族异形关系来界定:"不只是测度人口,社会学方法的概率测度还能调整人群的影响和被影响能力,从而也可以调节生活方式中的情感背景或情感环境。因此,社会学方法论成为人群的情感调控,而情感调控正是经济和治理所共享的优先占有逻辑(the logic of preemption)的核心。"(Clough,2007:54)虽然我不喜欢社会科学中使用概率方法的方式，我也不认为它们是如此有效，或者如此一致；然而，我认同在过去、现在和未来之间的变化关系界定了权力的现代配置的关键时刻，以及现代性斗争中的关键时刻。我非常赞同，情感——无论其本身和表现——在关键时刻发挥着更直接、更强大的作用。

布赖恩·马苏米（Massumi，2002）作为主要的情感理论家，同样混合了情感的三个维度。[15]例如，他的"情感调控"理论，将"情感调控"看作"没有意指的信号……随着时间推移感觉强度不断变化"（Massumi，2005：32），在第二和第三维度之间随意穿行，认为话语实践"还没有辅助性推动的潜能对于动作的影响大"（33）。这样的调控，通过电视分散，例如，涉及"情感的自发性大众调和，……实时地在社会的关键转折点上发生……捕捉自发性是将它转换成它所不是的东西：习惯性的功能……这是电视情感作用的驯服功能"。他尽管声称这种效果是无从保证的，但仍然认为："政府获得了进入民众神经系统和身体表达的信息通道，允许其绕过传统上依赖的话语调解，并以一种直接性定期产生前所未见的效用。"（34）这一观点听起来很危险地接近于生命的（复杂性的）撤销（虽然马苏米确实认识到复杂性引入的偶然）以及对于作为调控的情感的擦除，因为情感在这里被视为一整套直接经验效果的必要产出，仿佛他否认身体是话语和非话语调解构建的组合。

由于混淆了三个维度，并在这里把经验力量看作本体论范畴，马苏米构建了直接和即时的因果关系："通过直接禁止在身体反应与环境之间的任何分离，来威胁罢工的神经系统……如果行为发生，接下来的行为就会被激活。"（Massumi，2005：37）此外，这种情感调控，作为"政府招牌动作的重新聚焦……是无法估量的权力策略""在个人与集体的界限之间"运作（46）。然而，与此同时，马苏米知道他不得不考虑到他所谓的情感的自主权，或者我称之为保障的匮乏。在描述了一些模式之后，在这些模式中惧怕（作为自我繁殖的威胁）可以在个体和集体中体验到，马苏米认为："哪一种模式或它们的哪一种组合，在某一点发挥作用将取决于起作用的外部符号政体，语境的本质贯穿在这些模式的繁殖之中，后天自我抑制的技能成为存在于语境中身体的记忆，转化为操作中的注意力技术（例如，与媒体的协作……）。"（44）

简单地说，我并不拒绝这种本体论研究，或并非完全不同意其所说的日常生活、流行和权力的可变性配置。相反，我想从自己意义上的文化研究出发，简单地辨别这样一个宏大的哲学项目。[16]事实上，马苏米最后主张的，尽管也许是他自己对于情感装置和调解的复杂性的理论化，但是指出了我要开始的情感。面临的挑战是在理论和实证两个方面，识别和理解各种情感形式的独特性，每种都有它自己的配置，每种都是被组织的和正在组织的，每种作为投资的组织都具有它自己的那种结构效应。我的起点在于，试图勾画这些装置的类别，例如，区分主体化和社会化配置。在第一类中，我将包括——我承认只能用相当普通的和有点问题的名称——情感、情绪、感觉（例如，多愁善感）、倾向、注意力[17]、意志等。在第二类中，我将包括关联形式、归属感、关心、关系地图、感觉结构、结构化动员。我也将包括表征和意识形态装置，正是于其中现实才呈现出意义。在第三类中，介于这两个大的类别之间，我可能会将欲望和神经构造放在这里。但我并不是暗示前者，主体化并不是社会规定的（通过话语装置）和社会效果。我的意思只是表明这种流行的结构将我们的自我意识构造为一种情感现实。在另一方面，我不是说第二类的装置不能在个体生活的层面中被感受到。

此外，我们还要考虑情感调解的多样性和复杂性存在的意义。我们要问自己，我们如何识别它们，当我们研究特定的话语结构时我们如何进行确认，这是什么类型的装置，具有什么样的效能，强加于世界和人们与世界的关系、人们对于世界的经验之上的是什么样的组织。此外，在那些令人烦扰的圆环形挑战之中，话语总是呈现给我们的圆环形挑战，我们要问，如何处理，如何"读"，或者更好地说——因为我认为我们必须避免重新陷入文本主义范式，仿佛情感可以离开话语本身而被理解——如何分析特定的装置。不同类型的结构会带来自己的问题，而这些问题之所以将被放大、被复杂化，在于这样一个简单的事实，装置很少只依赖自身就能运作，它不能离开其他话语和非话语配置。[18]我们还必须提醒自己，不要认为这三个维度之间存在着等级关系，尽管强烈地倾向于这样做。它们都存在于同一平面上，以复杂的方式相互交叉，以相互促进和接合的方式运作。

现在我可以转向下面的问题（尽管是推断性的），究竟是什么构成了作为文化的话语或表达（渗透到所有现实中）？什么类型的效用线被欧式现代性辖域化而进入文化领域？也就是说，如果我们不认为文化是一个领域，而是所有实践的可能方面，通过话语或表达来阐述，那么文化是由什么构成的？或者说，如果话语作为发声实践是指在一定距离产生影响的能力，是指非物质因果关系的可能性，那么这些作为文化而运作的话语装置的工作是什么？让我借助于这样一个观点起步，文化装置负责阐明上述的第二和第三维度之间的接合关系。换句话说，文化是习惯的生产与现实生活的特定的情感方式或组织（和意义、重要性、兴趣）之间的关系。第一，它们作为绘图装置而工作，制作地图或网格，使得特定的归属配置能够实现。并且，作为结果，文化装置是情感接合，使得价值得以实现，使它能够有效地在生活世界中运作。它们是编码机器，这样的装置（和地图）的多样性使得存在成为第二种文化装置——翻译装置，它是第二序列类型的，将一个地图映射到另一个之上。文化的挑战是翻译的挑战，或者更好地说是可译性的挑战。这与公度性不是同一个问题，公度性始终是比较和测量的问题。相反，它是网格重叠、地图裁决的问题。

第二，文化装置通过他性的制造来生产地图；它们是他者化的装置。他性的制造采取两种不同的形式：差异的生产和距离（边界）的生产。第一种是系统性的，相互关联的网格或网络的、情感投入的生产，作为同一或差异的关系，或更好地说它们之间的同一性和差异性的生产。第二种是区分的网格或地图的生产的效用。边界划分空间，形成距离，区分这里和那里、内部和外部、我们和他们。然而，关键的是，这些类别的他性——差异和边界——没有描述特异的可能性；仍然存在着许多差异和距离的地图。它们可以团结在一起就像它们可以分化一样；事实上，这可能是因为它们既团结又分离，以不同的方式和不同的程度，在所有实例中都有体现。目前的挑战是将这样的关系性（调解、他性）作为必要的基础去思考而不假定任何特定的关系性制度。当然，可以想见（我想）在世界中存在这样的模式，要么假定了彻底的完整性（例如，在斯宾诺莎的一些读本中），要么假定了全然的差异

（例如，在莱布尼茨的一些读本中）。在这两种模式中，没有他者作为他性。但文化领域是构成生活的现实的东西，就像间隙中的空间一样。

第三，这表明文化参与到价值问题的特定接合与关系之中。不仅这些地图使价值现实化，使之成为可以接受的事物，而且，只要这些地图属于生产他性，文化就既表现为价值地图，也表现为价值的独特生产。如果价值是虚拟作为虚拟（总是过剩的）现身，由文化装置地图所生产的其他东西同样是过剩的形式，因此也是价值的形式。文化的他性始终保持一定程度的虚拟：一个术语（归属的现实）映射了它的他者（如果尚没有，或者不一定是实际的）。这种文化价值的形式是既是同质性也是异质性的可能性条件，既是包含也是排斥的可能性条件，既是同一也是差异的可能性条件。

此外，这种装置始终将自己接合到其他的情感装置上。根据他性的具体形式的逻辑变形，它是他性分布的标识问题，价值可以跨越的距离问题。这是一个练习，建构一致和分歧的可能性，构建同一与差异之间移动的可能性。

已经给出了关于文化的描述，让我回到欧式现代性中文化领域的建构问题，它是由一系列等价和缩减建构的：（1）将所有话语都看作文化；（2）制图的特殊形式——意指——具有超过广泛意指形式的特权；（3）假设在此地图中他性往往被看作是消极的[19]；以及（4）赋予这一逻辑特权，并将其普及为规范和认识论。所有这些举措是非必要的，但都已经成形，在某些语境下，斗争和分歧在基础的"文化"战场中发生，关于理性、想象、情感，关于理性主义和浪漫主义，关于艺术和流行文化等，不断被接合到各种其他的社会和政治差异上。文化的这种特殊的嫁接仍在继续，我相信，在欧式现代中心肯定有某种东西限定了对（欧式现代性中）想象力的理解。

让我进一步评述第二条和第三条，假设第一条（和第四条）是很容易理解的。作为意指，文化运行在一个特定的情感平面上，产生特定种类的地图——意义地图——即是由通常称之为解释的、认知的或语义学的意义构成的地图。这样的地图具有特定的几何形状：一方面，它们是由看似无尽的意义（符号、能指等等，取决于依据的理论）生产构成的。但意义的无尽生产并不是无穷的，而是圆形的，那么这张地图（和其无穷）总是自我封闭的和自我参照的。因此，意义的"符号"是准虚拟的，总是提到自己的存在，将其他符号看作是多余的（并因此作为一种价值是独特的）。最后，符号化装置要求一种特定的投入或归属感，要求询唤，询唤能够生产主体，作为主格询唤系统内的一个位置的主体。[20]这个主体位置，不仅把个体看作语言的主人，而且看作意义的主人，使得它很容易将这种符号化的装置与其他类型的装置——表征装置或者意识形态装置——接合到一起，借助于它，主体似乎将特定的意义地图与活生生的现实连接在一起。

在文化的欧式现代性范畴中，这个符号化装置，意指的欧式现代性概念，也与特定的逻辑相关，首先建立在他性的二元形式或二元论形式（疏离和差异化）之上，其次建立在否定性的他者上，它假定否定性是他性的唯一逻辑（辩证法、矛盾、缺失），这导致它的所有意义地图（归属、他性）的刚性和不可入性等特征。这最终是特定逻辑的拜物教，使得欧式现代性剥离了意义，创造出独立的文化领域。否定性逻辑是一种集合理论，这一集合不能成为自身的一员。这种排斥行为的结果是建立边界，标志着否定性存在的必要性，虽然这一逻辑的不同版本可能理解起来有所不同（如简单的否定、辩证的否定、生产性否定等等）。结果最终是这一集合无法定义自身。对于这种否定性逻辑至少有三种表述：一致/差异、内在/外在和本质主义/反本质主义。虽然我不认为它们之间可以通过其他方式等同，使得它们可以直接追踪到彼此，它们是边界的全部后果，边界首先否定了外部，而不是对外部开放。这种否定性逻辑是黑格尔认知辩证法（主-奴关系）的基础，推动了规范化认同的普及。

许多当代的政治计划旨在质疑这种否定性逻辑，"倾空"内在性（本质、身份），使之成为外在或他者的效果。我们可以承认后结构主义的努力，解构或分离，并推延任何稳定的差异现实化。这种观点认为它自身不可避免地困在欧式现代性所否定的逻辑（逻各斯中心主义）之中。但斯图亚特·霍尔认为（Hall, 2000a）解构、延异、散播等的逻辑，"必须在殖民、奴役和种族化的背景下解读；它们不能被理解为一种替代，而是它们内在逻辑的一部分"。同样的，那些通常被看作挑战了权力主导结构的稳定二元主义的观念——包括混杂、融合、第三空间等——并不能逃离或者界定有关非对称权力的二元组织的解决方案，它们事实上只是"由殖民和西方现代性所引进的'析取逻辑'[在我而言是消极的]"（Hall, 1999: 6）。这样的后结构主义努力逃脱二元主义，就像过去一样想要存在于二者之间，但它们总是牵连着它们试图逃避的范式。对于霍尔来说，真正的问题不在于如何逃避或者拒绝二元主义，因为这将意味着忽略语境。相反，"你必须不断地追问二元论为什么一再出现"（Hall, 1995: 61）。正如霍尔（私人通信，2006）向我解释的："解构是一个重要的举措——显示二元论是差异的真正例子。"解构，至少在文化研究中如此，将本质的二元论转移到历史差异的层次。因此，霍尔拒绝认为只要对二元主义进行理论上的批判就足够了，而政治的具体配置总是继续保留二元论作为特定历史现实。

但是有没有其他的可能性？其实，我想指出我们才刚刚开始想象其他的方式，关系性（编码）的图式现实化的其他方式，主要是通过反康德和反欧洲现代的他者理论，将他者看作是积极的，看作多样性的差异。正如德勒兹和加塔利（Deleuze and Guattari, 1977）所说的那样，规则是将任何要求都缩减为统一或一致。这涉及想象/建构/居于一个世界，在这里文化并不是由稳定的二元论和否定性对立组织起来的，在这里混杂是起点，而不是终点，在这里他者被公认为是积极的。我们可以开始想象——并达到——其他的现代性开始于将他者作为独特性不断聚集或者不断结合的持续过程。[21]

毫不奇怪，围绕着文化的这种特殊情感配置的斗争，往往表现为——被看作——转译的分散危机，它界定了一条力量线，这一力量线跨越和构成了围绕现代性的较大的情势斗争。这条线也是飞行线路，寻找构成和激活他性的其他方式，与差异共存的其他方式，在边界居住（往返）或者跨越边界的其他方式。[22]

组构文化

现在，我要转向下面这个问题：文化研究如何组织和接近文化的具体研究。换一种方式提出这个问题：文化研究如何构建其对象，为它提供情势的入口？我要特别考虑两个方面的问题，在文化领域组织的两个方面、两个概念，尤其是又不仅仅是二战后塑造了欧式现代性中"现代"文化研究的两个概念：流行和媒介。

流行（或流行文化）概念的形成有一个漫长而复杂的历史，这里不再重复。我只想说，流行通常与社会政治和文化领域连接在一起。在这两种情况下，它标志着身份和差异性的问题，并且因为它始终是政治化的，它也意味着包容和排斥的问题。因此"民众"既是包容性的类别（例如，借助于它，"民众"与国家保持一致），同时还是排斥性的类别，民众是与精英不同的一类人。在文化方面，流行通常被界定为某种文化实践的对立面，这种文化实践通常作为"高雅艺术"或民俗文化；这些相互关联的关系正是欧式现代性的基本构造。这样的观点在战后几年流行起来，继而限定了主流文化的判断，虽然有一定的压力，这主要是由于冷战和法西斯主义的持续威胁的结果，为了寻求对流行的可能性更为积极的——"自由的"——理解。

与此同时，流行文化的概念在很大程度上被归入一个更广泛的大众媒介类别的名下。威廉斯（Williams, 1983b: 203）实际上已经观察到，我们所使用的媒介概念是 20 世纪的发明，在 20 世纪下半叶才真正成为常识的一部分。显然，媒介的扩散和知名度与我所描述的文化情势有紧密的联系，在二战后的特定社会形态中文化主导了情势。在这里，要阐明媒介的范畴是比较困难的，在很大程度上是因为它与大众媒介这一学科（或一系列的学科和分支学科）的形成史几乎形影不离。以媒介为研究对象的学科所声称的跨学科，在很大程度上是将两次世界大战的宣传研究与关注新媒体对社会影响的研究合并在一起形成的，后者新媒体（如漫画、电影、广播等）对社会（主要集中于儿童）影响的研究有一个长期的、破碎的历史。它阐明一个更为"科学"的项目，将媒介定位在大众传播的概念符号中。也就是说，媒介（和流行文化）的形成与确定真正的调查对象的进程是一致的；媒介本身在很大程度上仍然是变动的，在试图回答影响和作用的相关问题时，必须放在特定的心理和社会学的参量下，放在广泛的自由主义政治问题意识（反对各种形式的被意识到的极权主义的战斗）内才能理解。

与此同时，身处各学科边缘的其他团体有一段时间，一再坚持，提出了不同的模型，将媒介本身组构为它们的研究对象。不论是明确的或是隐含的，部分借助于文化的概念，在实用主义社会理论（杜威和布鲁默）、技术史的（芒福德）替代传统、加拿大"媒介理论"（英尼斯和麦克卢汉），以及英国文化研究的影响下，创建了一个替代的媒体研究。到了20世纪70年代，媒介作为一个类别获得了更多的讨论，变得更加显明，许多来自不同院系的人（有时候与其他学科联合，形成了交叉学科如电影研究、符号学、流行文化研究、美国研究等）都在描绘这个概念，在与文化研究的特殊关系中构成自身，既不同于大众传播的科学的效用简化主义，也不同于替代心理学传统的、文学和电影研究的文本和文学的还原论。

在某一时刻，很大程度上，英国文化研究史和宽泛的媒介研究形成史是交织在一起的，而且，毫不奇怪，其历史之间有一些相似之处。不幸的是，两种结构——媒介研究和文化研究——太过于轻巧地就被画上等号，假如文化是对媒介（和流行）文化的研究，那么媒介研究必然体现为文化研究的项目。但是我要分解它们；至关重要的是，这两种话语并非等同或一致的。在当代情势下如果我们要守住文化研究项目，那么这一点在我看来是必要的。如果不出意外，文化研究必须始终抱有怀疑的精神，质疑任何学科对象的构造，正是因为学科对象的既有构造削弱了激进语境调查的可能性，并威胁要掩盖有关的更宽泛语境的问题。因此，威廉斯（Williams, 1989b: 151, 158）强调：

> 项目与形构（formation）之间的关系始终是决定性的；……另一方面，仍然存在遗忘真正项目的问题。当你分离开这些学科，并且说：'好吧，这是一个模糊的松松垮垮的怪物，但我们可以更为精细地界定文化研究——媒介研究、共同体社会学、通俗小说或流行音乐，因此你创建了能站得住脚的学科，并且其他院系中也有志同道合者，在这里有合适的参照和可利用的著作。但随之而来的问题仍然存在。在某种意义上，过去几年的危机一直提醒我们项目与形构之间的持续关系问题；我们正

在见证某些结构的展开,而这些结构是内在的———一些简单线条的延续,正如对文化研究史的下列描述,文化研究史展示出人们如何逐步克服他们残留的错误,一点点移动,尽管总是很困难———已经被近几年有意的反革命粗暴地阻止了。

媒介研究从文化研究借用而来,它占用文化研究,好像文化研究就是媒介研究一样。我认为,媒介研究的这种做法从根基上来说就是有缺陷的;它并非简单地从文化研究挪借而来,而是把文化研究误读为媒介理论,因为它没有认识到文化研究项目的激进语境性质。在这里,我仅仅指出斯图亚特·霍尔(Hall, 1971)是如何拒绝这种观点的:"[当代文化研究]中心的观念是,在关注'当代文化'的批判性研究的同时,它本质上是电视研究、大众媒介和流行艺术研究的中心……虽然从来不能追赶上我们对于处境的感知……在默认情况下,[它们]依然*界定了我们和我们的项目*"(这里的斜体是我加上的)。对于那些在该中心的人来说,接合只是被暂时接受,在语境中被部分(并非中心所有人都是如此)地接受;在某一个时刻,在试图分析某个特定情势,这一情势的特殊矛盾时,就需要发明特定的媒介概念和特定种类的媒体研究。

还有理清两种形构的第二个理由:我认为媒介研究的形成往往受制于这样一个事实,即它组构了特定对象;它并没有依据媒介化的一般问题来界定自己,而是由各种交流媒介的整一性和特异性问题来界定(但几乎总是意味着大众传媒),也就是说,作为大众传播它在同一个空间运作,很大程度上忽略了传播的前电子和非大众分布形式。媒介研究常常假定"媒介"是一个稳定的概念(内容在变化),它仍然是一个有用的工具,可以将文化领域的实践和关系聚集在一起组织起来,而且它仍然可以按照过去 60 年以来一直使用的方式来部署。现在的问题是,至少对于文化研究来说,在什么样的方式上,媒介概念是一个有用的概念,围绕它能展开情势研究?如果我们假设概念是质询和处理复杂性的方法,我们可能会问,这个概念是如何起作用的。我们知道这个概念是如何工作的吗?我们是不是能够用一致的方式把它定义为既是研究对象同时也是语境中的机构?我们是否可以找出代理的类型?我们是否可以描述，周围一系列相互纠缠的关系是如何构成它的，即使媒介构成了这些关系？我们可以理解媒介生产和媒介有效性的复杂话语吗？事实上，在大多数情况下，媒介的分类并没有上升到概念的层面；它是不明确的、不一致的，被它自己的矛盾和多样性压倒。[23]在绝大多数研究中，它仍然是未确定的。

为了看清媒介范畴的复杂性，我们以威廉斯（Williams，1983b：203-204）所描述的三种意义为开端，这三种意义被组合到媒介范畴之中。第一，存在着一种干涉或中介机构的观念。它指代古老哲学的层面，威廉斯认为，这种意义在今天已被解构，从而使得这样一种介质（如不论是口头的还是书面的语言）的概念已经被实践的观念所取代。第二，技术的层面，它指的是具有自己的特性和确切属性的东西。但是这一概念存在两个问题：首先，它取决于更加模糊和有争议的规定性；其次，如果是真实的，那么所有的技术似乎都是媒介，这与第一种观念相互排斥。第三种是资本的层面——既在商品的意义上，也在威廉斯描述的"媒介的社会意义"（204）上——作为一个代理指称别的东西，一些明显不同于它的"主要目的"的东西。威廉斯似乎得出这样的结论：媒介范畴并不像我们假设的这般有用："从技术层面来说，无论印刷和广播是媒介，还是更为严格地说物质形式和符号系统是媒介，它都是那么具有争议。"（203）[因此，他有关电视的书（Williams，1974）副标题为"科技与文化形式"。]

在一个更为经验化的意义上，媒介的概念通常被视为下列事物中的一项或多项：技术或技术的特定配置；商品或者文化产业；编码的结构、协议或逻辑（Sterne and Galloway，2006）；内容的主题；感觉中枢或感觉经济（最常见的包括口述的、印刷和电子的，或者近些年的视觉文化和声音文化的分配）；较为少见的，作为基础设施（如商品化的、有线的、广播的、电报的和无线的）。[24]在这些对于媒介的不同理解中，可能的或者实际的接合很少被质询，语境化的质询甚至更为罕见。然而，随着批评家决心从事研究，研究对象就不断增加，不是媒介之为媒介，而是在媒介符号下所有可能的事物——尤其是情节、图标、事件、程序、类型、位置、形式、符号等。研究对象越来越多地要么来自产业分类,要么来自流行分类,因此在分析中和概念上仍然是无根基的。这些分类往往过于快速地简化了巨大的复杂性、接合和聚合。媒介的这种结构将研究对象剥离它们的语境,然而这个世界从来都不是简单地用话语就可以沟通的,它的物质性不能简单地缩略为技术或经济。它们经常依赖既定的方式,依据给定的理论或政治范式,赋予媒介以特权,由此它们一再旧事重提,不断重新提出同样的老问题。

下面我们对比产业与文化研究方式之间的不同,同样是将流行概念化作为研究对象,方式之间的差异是巨大的。英国文化研究中的核心人物[25]拒绝了无所不包的流行观念,否定流行内在于"人民"所作所为的一切事情之中,因为这种流行观念最终只会将它缩略为一个简单的市场分类概念。更为重要的是,他们解构了将流行文化置于简便规范分类中的任何方式,无论他们诅咒抑或赞赏流行。在前一种情况中,流行(如商业的、平庸的、吸引普遍底层人的,或者"文化笨蛋"的、随波逐流者的等)通常与艺术(如智力上成熟的、批判的、创造性的、可靠的、吸引精英和自主的个体的等)和通俗文化(可信的、源于"人民"的、体现"人民"的、通常吸引被边缘化或被压迫的团体成员的)对立。在后一种情况下,流行文化的"边缘性"可以被看作抵抗和/或快感的行为(如侵犯、肉体的狂欢),对抗法定文化——艺术(如具体的、阶层的、智识的等),或较正式的表述,流行(如风格化的、人为的、破坏性的)可能会反抗主流(如常态的、常识的、统一的等)。这些分类将文化形态放在审美规范中如好的和坏的,复杂的和简单的,以及政治可能性中如支配、同谋和反抗。

因此,他们认为,文化事件或文化实践的意义,以及它在文化领域中的立场和位置并非铭刻在它的形式中,它的位置也不是一劳永逸、固定不变的。对于流行而言,不存在固定的和必定的内容。随着语境的变化,被看作流行的东西也随之改变;内容可能增添也可能删减。诞生于某一领域的事件——例如,高雅艺术——可以演变为流行的,后来才恢复到原先的状态。同样,没有必不可少的与它连接的固定主体。在有关流行的争执中,关键之处正在于"将阶层和个体组构为流行力量的能力"(Hall,1981)。他们同样拒绝把流行甚至流行文化简化为文本问题；他们接受了各种兴趣爱好和休闲活动，乃至政治事件或法律事件，例如公开绞刑。那么，流行永远不会简单地等同或局限于文本性的领域。流行不只包括流行文化也包含这样的语言和逻辑，即人们用来感知、用来定位自己、用来估算他们的选择的，在他们的日常生活和社会生存中使用到的语言和逻辑。流行不仅指向日常生活，还指向常识领域（在葛兰西意义上），作为斗争地带的常识。

这种流行的观念在政治可能性方面具有深远的影响：善与恶、进步和压迫这样简单的争斗，现在由霍尔（Hall，1981：233，228）所描述的"文化斗争的辩证法"或者"遏制和抵抗的双重运动"所取代。这种双重运动或辩证法既有时间的意味——现在被视为反抗的、可以容忍的东西，或许以后会成为逃避的对象，再次成为要抵抗的对象——也有空间的意味——在这里抵抗，在那里遏制。但辩证法走得更远，因为它指向接合，指向遏制和抵抗之间的关系。问题在于文化游戏的持续变动状态，文化平面上力量领域的新兴平衡：人民与权力集团之间，大众阶层的文化和主流文化之间的"连续的、必然的、不平衡的和不对等的斗争"（233）。在这里，流行的作用并不在于提供一套文本，而在于提供一个地形，斗争和转化都在这里发生的场地。本内特（Bennett，1986：19）非常精彩地总结了这一点：

> ［流行］由文化形式和文化实践构成——其内容从一个历史时期到另一个不断变化——文化形式和文化实践形成了地形，主导的、从属的、对立的文化价值和意识形态在此汇聚和交融，依照不同的组合和排列，不断地与另一个竞争，企图确保自己的领地，在这里它们有足够的影响力，足以框定和组构流行的经验和意识。它的两个组成部分不是分离的——一个纯粹的和自发的"人民的"文化的对立面以及一个完全掌控的"为人民"的文化——但是它正处于这些相反趋势的冲突点上，这些对立趋势的矛盾倾向塑造了文化形式的组织，它们于此相会，彼此渗透。

可以看出，非常重要的一点，这项工作不是试图构建一个新的学科对象或为文化文本和文化实践的一些子集提供一种理论或方法。这不是在尝试创建"流行文化"的研究。正如霍尔（Hall，1981：239）所说：

> 流行文化是这样的场所之一，在这里支持和反对某种权力文化的力量之间彼此交锋：斗争关注的是输赢。它是赞同和抵抗的竞技场。它既是霸权出现的地方，也是确保安全之地。它并不是一个圆球，其中社会主义、社会主义文化——已经完全形成——可能只是"表述的"。但它是这样一个处所，在这里可能形成社会主义。这就是为什么"流行文化"重要。否则，跟你说实话，我才懒得管理它。

此外，即使"流行"不是文化研究的对象，我们也必须避免把这项工作看作流行（的政治）的一般理论。它是特殊情势下的流行理论——霍尔和其他理论家将这一情势描述为霸权斗争和撒切尔主义的兴起。也就是说，我认为，非常关键之处在于，亟待重新解读这项工作，重新解读霍尔的特别有影响力的文章，以此来介入和回应特定的语境。这是他们正在建构的迷局的重要片段，也是他们正在讲述的故事的重要元素。它的显著贡献在于通过集体的努力为语境提供一个更好的描述。借助理论来思考霸权斗争中的流行，是必不可少的弯路，就像霍尔和其他人理解20世纪70年代末和80年代英国文化和政治语境一样。面对这样的语境，他们强调，在本质上，关于流行的斗争是围绕常识的意识形态斗争，为了重构"人民"，重新缝合他们的政治立场。

换言之，它是介入特定情势斗争中的特定语境化干涉。因此，我们不能假定这一特定的理论以一种生产性的方式为当代情势提供献辞，虽然有很多可以借鉴之处。毕竟，语境已经发生巨大变化，不仅体现在流行和政治的变动领域，还体现在文化斗争的辩证法中。至少，流行语言，甚至流行的具体实证经验已有显著改变；也许它们在很大程度上已经被疏散。[26]而且权力的配置和技术肯定也已改变；情势也在发生变化，我曾经描述为由现代性斗争构成的情势，或者我们发现自己的情势特定时刻（在力量领域的特定平衡），已经不能再简单地被称为霸权斗争，至少不能按照霍尔或者其他理论家使用的霸权斗争来理解。毕竟，它具有特指的意义，并不能用来形容民主政治的普遍性质（对于许多使用这一词汇的其他理论家来说都是如此），它是一个罕见的政治事件。最后，至少有一点可以确认，流行与政治的关系，以及它们相交和接合的方式已经改变。[27] 表述抵抗的可能性，表述流行领域斗争的可能性难道没有发生改变、削弱甚至消失吗？

现在的问题是，我们如何继续发展适合我们情势的语境工具？为了标示政治和流行的接合，描绘新的场景、接缝、边界、技术的产生，以及流行的结构，我们需要发展不同的流行理论；我们需要将它的情势可能性理论化，就像过去一样。这些工作首先要考虑流行是如何被包含在欧式现代性中的。它在欧式现代性中发挥什么作用？除了与其他类型的文化形式之间的差异，是否存在重新思考流行的其他方法？流行如何成为一个历史事件？如果存在其他的现代性，它们是否构建了不同的流行观念和配置？我们如何分析流行的情势特殊性，以及它的组织和影响？

霍尔（Hall, 1981: 229）本人似乎也意识到这样的问题，他指出"在19世纪80年代和20世纪20年代之间，大众阶层的文化发生了深刻变革"："我们关注得越多，我们就越发确信，这一时期的某处存在着要素和问题的矩阵，凭借它，我们的历史——以及我们的奇特困境——才得以浮现。"霍尔、丹宁以及其他人也观察到在二战后的流行文化中存在着非常严重的断裂，存在着深深的裂缝。当然，后现代主义者认为，艺术和流行文化之间的界限已经崩溃，从而破坏了我们有意义地组构流行范畴的能力。[28] 我想补充一点，战后这一断裂不断加深和扩大，毫无疑问是由技术发展和其他情势变化共同引起的，以至于达到这样的程度使流行确实发生了质变，但是我们依然能从情势方面重构它。

文化研究关注流行的问题，或者媒介文化的问题，既不是试图建立新的对象，也不是要建立学科研究的一般理论；相反，它提出了语境的理论化和语境策略，以之应对更广泛情势调查中的特定问题——这种观点必须作为其他方法的基础，也体现出使用从文化研究中挪借而来的各种媒介研究范式的基本态度。例如，编码/解码模式（Hall, 1980a; Morley and Brunsdon, 1999）必须被理解为一种特殊的策略工具，是对于语境提出的问题和确切性所作的回应,它是一项明确的政治研究项目的组成部分。[29]此外,从霍尔(Hall,2003a)、理查德·约翰逊(Johnson,1986/1987)到杜·盖伊(du Gay,1997)等人所谓的"生产的圆环"(circuit of production)具有不同的版本,它们同样在特定语境中提出,作为回应具体问题的工具。

但是很多时候,这样的策略和观点被看作普遍的定义和方法,假定了一块研究领域,以媒介作为它的学科对象。很多时候,媒介研究的工作继续将文本、受众和阅读行为纳入规范的类别系统,而这恰恰是文化研究反对的,它识别和规定哪些特定的形式是抵抗,哪些是创造,贬谪所有其他的形式,认为它们是主流文化,包含在现有的权力结构中。很多时候,媒介研究人员认为这些问题是理所当然,认定媒介研究主要由对去语境化的关注来界定。[30]当一些研究人员尝试将媒介概念语境化,将它提出的问题语境化,语境通常缩减为单一的指涉,如技术和产业的关系,"9·11"后的媒体、战争和安全防卫。

媒介研究者往往把媒介组织和流行形式的显明性视为想当然的,跟它们如何植入和运行于更大的结构和语境一样不言自明,这就使他们能够设想对象的性质。其结果是,他们如此操作对象——媒介——要么不变,要么完全改变,这样确保他们能够专注于一成不变的新的参与性的文化、具体化、虚拟真实——即使问题仍然是相同的。但是在很大程度上,这些都是已经存在了一段时间的事物的重新表述。媒介(既是范畴也是对象)被认为仍然以同样的方式运作,关于媒介的已经追问了几十年的问题,被认为仍然是适用的(尽管它们可能会披上时髦理论的外衣)。媒介研究者常常认为媒介持续处于一套可预测的逻辑之中:第一,生产和消费的逻辑,或者编码和解码的逻辑,从文本性和社会性,或者经济和文本性之间的关系入手进行方法论上的解读;第二,对于瞬时性和变更的特定的理解,其中旧的简单复制自己,或者新的简单取代了旧的,这种理解是成问题的;第三,对于整体和差异的很成问题的理解,在文本、实践和用途的具体独特性(singularity)的不可能增殖(impossible proliferation)中终结;第四,在理论和实证两个层面,假设存在特定的感觉中枢,通常是视觉占据主导地位;第五,一个政治学的假设,即两种截然不同的关系——主流和边缘——等同于支配和抵抗；第六，一套有关媒介在人们生活中发挥作用的方式，有关意图和效果，有关媒介与权力的关系，以及媒介与权力的特定社会结构（通常强调要寻求意义、表征和意识形态）的假设，例如文本与权力之间，认同的形态与主体化模式之间的异体同构关系。最终的结果往往是研究人员没有反思他们提出的问题，或者他们的方法所产生的知识形式：当你知晓的时候你知道些什么……受众如何回应有关方案的某些问题，或者专业评论家如何解读某些文本等等？

由于这些逻辑的局限性越来越明显，最普遍的反应已经解构了某些关键范畴在概念上的一致性。孤立和特权通常分配给媒介和媒介受众，消费行为被看作再创造、定位和衡量的不断努力，这样就能脱离和逃避原因和影响这样不可回避的问题。因此，无论是谈论媒介还是受众，为了将媒介或受众分散到日常生活的流动性和分散的复杂性之中，整体的假象应被否定。这种理论将重构媒介客体这一巨大而困难的工作放在"不断移动、不断旋转的日常生活万花筒"中，然后研究"其中整合媒介、牵连媒介的方式"（Radway，1988：366）。或者转向消费，如伊恩和赫尔墨斯（Ang and Hermes，1996：340）所说的那样，"媒介消费应该被概念化为一套不断增殖的异质混杂的、分散的、交叉的和矛盾的实践，包含多重定位的主体"。再一次，如瑞德威所说的那样，受众"从来没有被固定在现场，甚至从未被固定在容易识别的空间中"（Radway，1988：361）。相反，她接着说，我们必须认真对待"流动的、不稳定的、不断变化性质的主体性，由话语及其片段的接合而产生的主体性"（368）。我们必须"将大众生产的、大众调解的文化形式在传播、匿名、不可预知性等层面予以理论化"（361）。

像这样的工作一样有趣和重要，我认为，非常公正地说，解构研究对象的观念一直不是很成功或不够激进，不足以将学科对象转化为问题，不管它是文学还是媒介。解构的符咒如此有趣，部分原因在于：例如，即使是媒介研究中最好的学者，如果不给予媒介某种类型的独立性和特权位置，他也不能维持这种做法。他们总是被拉回来，部分是由于担心日常生活的复杂性不仅威胁到媒介研究的合法性，也威胁到从存在中剔除作为研究焦点的媒体。

此外，解构、散播，或解辖域化的这种策略无法描绘可能的关系集合，也不能组构相关背景。

　　研究对象的构成问题可以定义一门学科（或分支学科）。在围绕着视频游戏研究——"游戏研究"制定过程中的扭曲变形可以清晰地显示这一点。我会留下开放性的问题，视频游戏是什么类型的对象：媒介？类型？技术？更确切地说，它与互联网研究、数码研究、移动媒介研究、聚合研究（convergence studies），或者新媒体研究之间的关系是什么？所有这些在文学研究中都已采用。怎样才能使这项嵌套的、重叠的、竞争的分支学科体系有意义？如何确定对象或对象的归属？实际上，我甚至并不认为"游戏"构成了一个连贯的、独特的研究对象或研究形式。如果这样对待它，就不得不确定它的标准是什么？在线扑克游戏是游戏研究的一部分吗？数码专利呢？泡泡怪（Snood，一款消除类游戏）呢？单人纸牌游戏呢？游戏研究对象的特殊性是指虚拟形象的假想身份，还是指想象的具体化？有没有体现所有的人类话语和实践，也许通过不同的方式？许多游戏形式（想想小时候玩的扮演游戏）不是也涉及虚构的身份和虚拟形象？在环境的虚拟性中能够发现它吗？同样，如何才能从更大的游戏、想象和幻想结构中辨别出它？它的本质在于游戏的交互性或者参与性吗，这与假定的大众文化的被动性是对立的？但同样，也存在着各种各样的具有互动性和参与性的休闲和游戏形式。孤立的个体网上游戏与"独自打保龄球"有什么不同？网络游戏的社会互动与操场、运动、通过邮件下棋或者结交笔友有什么不同？当然，答案是，在某种程度上是相同的，但它比人们所能搜集到的差异更难以界定。不考虑这些问题，该领域往往由无止境的搜寻差异构成：在线 vs. 控制器；叙事 vs. 非叙事 vs. 仿像；各类活动——射击、策略，或者模拟；各种意识形态——美国军队 vs. 末日杀机①；各种历史关系——游戏经常重写或预言历史，或呈现历史的超现实视觉。虽然历史上出现了很多游戏作品，当然以多种形式存在，并存在了很

---

①　"美国军队"是 Steam 平台上的一款第一人称射击游戏，"末日杀机"是 PS3 平台上的游戏。——译者注

长一段时间，但是很少有人考虑新旧之间的平衡。

如果我们在开始之初进行文化研究必须认识到媒介本身是由不断变化的语境构成的，那么在我看来，我们的出发点只能建立在情势的不断变化配置和不断变更的实践、地点、组织和效果的交叉点上，这些历来被聚集在媒介和流行文化的符号下。媒介类别是感知正在发生事情的主要工具，它的特点不能是想当然的。占主导地位的理论和分析甚至不再试图讨论或介入生活世界的复杂性。任何使得媒介研究生动化的概念，似乎都受到了当代实践的质疑。

我认为，很明显，媒介配置和媒介文化在过去 30 年已经发生了显著改变，变得相当奇怪，至少从前面几十年的角度看来如此。它们有显著差异，这并不意味着它们是全新的，但确实意味着许多领先的媒介理论，在回应早期媒介配置时形成的媒介理论，不再能够提出问题，不再能够给予我们洞见，让我们透视更大的情势斗争。然而，即使是最奇怪的行为——例如人们外包他们的游戏时间等等——也被迅速拉回到既有的解释范式之中。如果说在解读战后语境下的媒介影响力时，有些最引人注目的作品将媒体事件看作象征、转喻、语境的症候（"一粒沙中看世界"），例如将 MTV 确认为一个新兴的文化形态的象征，那么以象征的方式对待文化事件的能力似乎已经消失。我们可能天真地（考虑到我的论点）称为媒介接入和供给的形式正在改变（Morley，2007：203）；我们不再生活在媒体稀缺的状况中，或者广泛可用性的条件下。相反，我们面临着文化活动的过剩，看似永不停止地增殖、碎片化、交叉和复杂化（往往过度简化为收敛）。由于变化的密度和速度在供给和接入方面的爆发，我们正面临着选择、品位、身份不断增长的不确定性。

虽然媒介从来没有像许多媒介理论所假设的那样简单且容易识别，但事实仍然是，"媒介"的领域已经在数量和质量方面发生了改变，还有待绘制和测度。例如，仍在继续使用的像"电视"这样的类别，使得问题更加明了。就像海耶（Hay，2001），以及库尔德里和麦卡锡（Couldry and McCarthy 2001）认为的，电视是多样的。或许在一定程度上，它一直如此。它具有不同的特点、不同的效果、不同的存在方式，能在不同的地方发挥不同的作用，具有不同的地域学。这种复杂性不能通过揭示电视的一些尚未被发现的本质而被抹除：电视是"一个随意的术语，它指的是各种技术和实践的组合和相互依存"（Hay，2001：205），并非全部都是"媒介"技术（因为"媒介"同样是任意的）。把它看作分布、部署和接合的空间是远远不够的。只接受特定的、我们可以研究的单一网站是不够的（例如，研究 YouTube 的意义在哪，考虑到即时接入网站的巨大数量和视频的繁多类型，考虑到杂多的接收网址），或者承认用途的多样性（从社交网络到拖延到色情作品到音乐下载到研究）是远远不够的。事实是，如果我们曾经认为能够借助电视或视频的符号来处理所有这些复杂的现象，那么当代领域的复杂性已经摧毁了任何甚至一切试图控制混乱的努力。

这种近乎混乱的状况是由不同的传送系统造成的——包括广播、有线、卫星、网络、DVD、新型的基于网络的邮件收发系统，以及数字下载和刻录设备。不仅如此，这种效果同时也由于接收设备的激增而放大数倍，包括各种款式的电视机，从手腕设备到家庭影院、公共屏幕、运动场荧屏、电脑、MP3 播放器、手机以及其他无线直连设备，所有这些都意味着随时随地都可以"看""电视"——几乎所有东西。我不想涉及新的产品体系（我只想说文化产业的商业模式正逐渐衰败，甚至依据华尔街之外的标准也是如此），但我确实需要指出内容的大爆炸——网络和有线节目和系列（所有的多样性）、Web 编程、播客、付费广告、"业余"作品、电影等。[31] 广播电视节目编排的复杂性，导致威廉斯（Williams，1974）将（中断的）流动（flows）作为理论化的对象而非文本，考虑到画中画，在传统的"电视"节目制作和网页之间的互动——中断、增殖甚至影响等等，现在看来既简单又幼稚。阅读"文本"像观赏电影一样，这意味着什么？不是作为一个叙事整体，而是作为 YouTube 上没有特定序列的剪辑合集，这又意味着什么？当一个人已经见到了这么多的变体和协作产品，他对一个特别的节目将作何回应？当你可以用各种类型的互文性和媒介间性（intermediality）[32] 表征当前文化领域时，然而节目不只在各种媒体上看到，也可以无缝地被接入其他媒体——嵌入其他节目中的节目，在休息间歇出现的短片系列等——奇异的文本或事件（"节目"或"系列"），那么这样的概念似乎已经不合时宜。

我的观点是，如果曾经确实存在所谓的"电视"这一奇特的同质的可辨识的对象，那么它现今已经不复存在了。当你用 iPhone 在《第二人生》(Second Life) 上观看《犯罪现场》(CSI) 时，当讽刺成为知识的主要来源，甚至严肃的新闻被喜剧和跨地域报道替代时，当"看电视"跨越技术装置在日常生活中似乎无处不在时，当你窃取虚拟道具可能被捕时，是时候需要重新考虑我们所理解的"媒介"了。尽我所能地简单说来，我们现有的描述性概念已经不能捕捉这一领域的经验现实。

但是，我们通常描述为媒介的东西，它的空间也以其他方式发生变化。首先，它没有打算回归到合资和共同经营的简单模式，很明显，媒介地带和企业资本主义经济世界之间的关系正在发生变化。这不只是简单的整合程度的问题，也是整合形式的问题，所以这种关系变化的结果可能并不如许多人所假定的那样明显。同样，媒介似乎是如此彻底地融入日常生活，如此普遍，甚至是过剩的和琐碎的（Lefebvre，1984），它们正在重构日常生活本身。[33]

第二，与此同时，人与"媒介"的关系以及它们发挥作用的方式正在发生变化。像"文化"一样，既重要也不重要，如此悖谬：一方面，时间和金钱在"媒体"（包括技术）上投入越来越多；另一方面，越来越多的撤出，在品位折中主义的增长中可见一斑，由媒介品位构成的"酷"的观念成为解构的，散播开来后不再需要"抵抗"或"确凿性"。[34]当人们变成媒体专家，他们的消费（产品越来越多）行为更加老练，产业只能紧跟其步伐。人们在"媒介"中的投入以及他们与媒介的关系正在发生变化，"媒介"的形式也在变化，它被融合到私密和公共的结构，以及地方性、身份和主体性的结构之中。"媒介"，尤其是"传统媒介"，不再是独一无二的，不再是主体化和认同的唯一重要场所，甚至在文化认同方面的投入也在发生变化。而消费者似乎明知故犯，像文化笨蛋一样，明明知道违反了自己的准则却依然为之（或消费），明明知道"媒介"撒谎却依然为之，就像"媒介"没有撒谎一样。他们以愤世嫉俗的方式，或者怀疑态度行事，被动地反抗——或如杰瑞米·吉尔伯特所说："心怀不满地同意。"[35]正如约翰·克拉克（私人通信，2009 年 2

月）所观察到的，这或许表明，我们一直认为主导性的位置可能比我们想象中更多地为他们的主题所占据，或许我们高估了对于这类位置的投资和依恋的水平。同时，基要主义的扩散，其不断在"媒体"中现身，显示出新的、更强的投入。

第三，当代媒介环境清楚地表明，我们生活在不断变化的感觉经济中，虽然我不确定，世界是否像许多媒介理论所认为的那样被视觉——景观社会——主导。该观点忽略了媒介事件的具体化性质——多种感官和多重形态性质，忽略了结果，例如，声音和声音影像的完整历史对于欧式现代生活中声音的巨大力量不置一词。还有触摸和触觉呢！但毫无疑问，当代环境是压倒性的、多重感官的，达到前所未有的程度。当代环境也凸显了对于媒介的流动性和媒介作为流动性的不同理解，用共同体或者孤独的个体、全球路线或者本地区域这样的术语再也无法描述它。我们可能会注意到手机、家庭和个人使用之外的媒介（例如适用于户外和店内的），"智能-广告"服务的重要性日益增加，这使得"审查"受众行为更加困难，与此同时，对微观目标信息的需求更加急迫。因此，事实上，在使用媒介的传统名称如"电视"时，越来越具有隐喻的意味。[36]

最后，我们应该注意到"媒介"（既是娱乐也是信息）与政治之间关系的变动性质。像文化一样，作为政治斗争的场所和赌注，媒介似乎既重要又不重要。因此，娱乐与信息和政治之间的间隙正在被重新定义。但是，再说一次，我们不能认为这是集体选择的结果（co-optation），而是相关力量和效果的重新接合。我并不是说"媒介"正被纳入"军事-工业-娱乐"的联合体，这可能是也可能不是真的。我的建议是以传统的意识形态和抵抗观念接近"媒介"政治的做法似乎越来越不可行；然而，这种影响依然存在，它们似乎已经成为联盟内部管理的问题，成为像文化战争这样的斗争中敌人的外部对立问题。然而，这并不意味着"媒介"不再是政治领域组织的重要力量；正因为如此，我们应该少一些自负，不要认为我们知晓一切。[37]我不认为我们有理由假设我们已经理解"媒介"如何发挥作用，或者说，他们根据效果的预测计量器行动，再次重申，我并不是说所有计量器已经消失。

我认为，很多时候，我们提出的问题，我们假设并寻找的效果，更多的是由我们的理论确实性和政治欲望决定的，而不是来自情势的问题-空间。

鉴于这些变化，以及其他的变化，我并不认为我们可以断定当代语境下的媒介这一说法意味着什么，或"媒体"和情势之间的关系是如何组织的，甚至不能确定这是一个特别有用的组织文化地形的方式。如果我们的理论，以及它所呈现的问题、逻辑和假设，本身就是对于特定情势或者特定时刻和斗争的多元决定的反应，那么它们实际上可能会妨碍我们理解世界上正在发生的事情，妨碍我们更好地讲述故事。在当代语境下，我们需要提出这样的问题：我们如何审视"媒介"领域？我们如何组构对象？有待解决或提出的问题是什么？审视的语汇有哪些？这些问题都需要我们的问题意识来框定——问题-空间，尽管它可能是试探性的，但正是借由问题意识我们才能工作，我们所回应的也正是它。

在这一点上，我们可以从媒介研究中吸取一些教训，因为在媒介研究中存在其他的传统，通过拥抱文化研究项目的办法确实接近了"媒介"和当代语境，尽管我可能已经带来了这样的印象。在这里，我想对"媒介研究"的悠久传统进行概述，这种传统认为"媒介"置身于更广阔的文化语境和环境中并受其影响，在其中生活本身才被组构。"媒介"设置形状、速度、节奏以及社会生活的拓扑学；它们定义空间和时间。但"媒介"既不是技术也不是纯粹形式方面的内容。它们是创造或组织外界环境网络的接合形态，界定了话语和调解的正当逻辑。[38]此外，在"电视研究"中可以找到一些媒介研究/文化研究中最好的著作，其中很大一部分是过去的作品，之所以是最好的恰恰是因为最终它们不是关于电视的而是以电视为起点的。[39]我所说的也有一些新近出现的著作，这些著作采用了福柯式方法，它们聚焦于治理术和安全性问题。[40]

这些著作中的大多数借助于对象的语境化而使"媒介"去除中心，从而重新组构了媒介研究的任务，部分借助于尝试理解语境是如何构建对象的。例如，芮加波普（Rajagopal, 2008: 24）认为"媒介批判理论不能以媒介为中心"，尽管他可能太过迅速地回归到生产-消费模式。莫利（Morley, 2007）

更加彻底，他呼吁媒介研究的非-媒介-中心的形式，这样就会关注媒介进程和日常生活以何种方式相互交织、相互影响，人们可能还会加上体制语境和全方位的权力技术。或者，正如莫里斯（Morris, 1992a: 467）曾经说过的，"我对音乐或电视不太感兴趣，而对它们如何穿越和组织各类时间/空间感兴趣，在这里劳作像日常生活的享乐一样进行"。同样的，海耶认为，"如果谈判场所、生产路径和生产空间的各种程序组成了日常生活，那么'受众'就变成一种思考方式，思考在众多位置和网络之中如何、何时以及何地使用某些技术和技巧来生产语境、关系"（Hay, 1996: 369）。他继续说："思考作为一种空间实践，是社会主体日常生活实践的技术衔接（这也是受众研究的共同主题），于是就涉及检验个人或者社会群体如何接近、占有、投入、转变、迁移并且通过其他各种流程穿越和连接到其他位置。"[372,（371）]

这些工作表明不同的项目具有不同的起始点，包含三个假设：第一，我们通常所说的"媒介"行为，根据经验，表现为日常生活中的事件或分散的要素，这样在"媒介"和日常生活之间就没有明确的界限；第二，我们通常所说的"媒介"存在并运作于话语结构或话语装置之中，它与话语和非话语之间不存在明确的界限；第三，这些结构存在于更为宏大的围绕着情势运行的权力配置之中。问题的关键是，我们不能隔离或给予"媒介"特权，我们不能从具体关系和接合中抽离它们。激进语境化的方法将不可避免地引发不同的问题。

事实上，我们需要追问当代情势下"媒介"本身是如何产生的。"媒介"具有一种特殊的嵌入式脱嵌性，作为特定类型的调解，作为情感装置设备，它的产生机制是什么？结构配置是如何完成的——人们从不会将电梯或空调看作"媒介"，而这种方式又显得如此合情合理？[41]为什么某些明显的媒介如此容易被忽视——例如，马克·海华德（私人通信，2009年4月）所说的"经济媒体"（例如，自动柜员机、股票行情表）？单一媒介的特殊性是如何构成的？作为表征系统，或作为消费系统，它的独特之处在于技术，还是作为经验的结构？而同样重要的是，我们凭知觉称之为"媒介"的东西如何构成了明显的调解，就好像它们是唯一的调解形式？

当前的情势正在重述身份和"媒介"效应，既消解又重构。我认为我们将不得不终止思考这一媒介或媒介世界，转而质询世界，我们不得不把这个世界赖以调解的方式概念化。加塔利（Guattari，2000）可能是正确的，他断言我们生活在一个后媒体时代！我建议大家让"媒介"返回文化，最终回到调解问题本身。我已经断言"文化"作品，并非文本、技术、商品，而是特定语境下运作的组织装置、表达装置或者结构。如果我们要调查话语在它的情势特异性下的运作，我们就必须首先承认话语装置的多重性和复杂性：任何装置本身就是一定数量的不同情感逻辑或话语效应的复杂接合。[42]这样的逻辑不仅包括意义（意指）和表征（意识形态），同时也包含狂欢、奇幻、游戏、情感、关怀、烦扰（mattering）等——情感逻辑的整个范围。不只是这类情势结构，它们内部以及它们之间的关系也是如此。因此，当装置在特定语境中运作时，幻想可以通过意识形态控制或服从于意识形态，而在别的时候，幻想可以胜过意识形态。事实上，幻想和游戏与表征的关系，在当今世界上似乎是相当不稳定的。表达或话语是由具体情势决定的多种情感-话语制度形式；幻想并不与意指对立，而是与意指接合在一起。

这里存在着多种话语调解的话语制度（或逻辑）。这种制度构成了阐述的元素，这些元素结合在一起形成特定的表现形态，它们总是混杂的调解装置。文化理论的起始就要认定，话语调解的形式和结构是多样性的、复杂的，接合的形式也是多样性的。调解不只是通过意义或意识或商品发生；有各种各样的召唤意义而不生产意义的方法。文化实践只在这样的装置中运作，并在一定意义上，只有在这个范围内实践才具有文化意味，因此即使看起来是同样的实践，也可能存在于不同的制度和装置中。这些装置可以产生许多不同种类的影响，生产多种关系，作为调解和接合的不同方式而生产亲和力和从属关系的不同线路和形式，生产现实的不同配置。文化由多重装置或形式构成，每一个都有自己的制度和配置，作为话语调解运作，产生作为情势的真实。同样，也许，莫里斯（Morris，1998：56）借用德塞都（de Certeau）的观点，将故事作为"运输的手段，来往穿梭，'不断将处所（places）变成空间（space）并将空间转变为处所，用以界定变化的模式和持续的行为'"，以及某些媒介/文化研究者所说的生活环境的时空配置。

我提供一种不同的组织和描绘当代情势下文化的方式，将文化看作一系列不稳定的、变化的话语结构和情感机制的配置——作为调解或者接合的机构，集中牵涉即将到来的现代性的当代斗争、成为现代的可能方式。它们依靠不断变化的方式实施，在这里话语、技术、感觉器官等，都被接合且自主接合到私密、隐私性、公共、局部性、身份、具体化等配置中。这些配置同样也被包括在生命政治的表述中，不仅与肉体（和个性化的形式）有关，也与社会身体（和集体的形式）有关，不仅与人类有关，也包括非人类（例如，自然世界）。[43]

文化研究的起点从来都不是单一的事件，无论是作为一个文本、类型或媒介。起始点总是一个组合、一个组成物，它自身有权利要求如此。[44]分析者既要发现又要建立组成物，这是语境化工作的起点。文化研究并不是通过单个事件进入并描绘情势，而是通过配置一个或多个这样的组合，把它们作为打开语境的方式。有许多方式构成这类组成物和组合——围绕不同类型的载体和效果。鉴于我自己对于作为情感表述的流行的兴趣，毫不奇怪，我最关心的是具体的情感-文化的组合。

举例来说，谈论恐怖或暴力视频游戏的类型，我们可以试着去了解我可以称之为"幻想暴力组成物"的东西。或者考虑这样一个既有事实："电视真人秀"节目的大爆发。然而，该类别并不能描述一个流派，因为它的正式结构是如此之多；它并不能描述具体的话语组织，因为它所引发的情感可能性过于杂多而散乱。它是一个常识性的和商业性的类别，指称了公共话语、体制现实、劳动实践之间的各种关系，正因为如此，它并不是什么新鲜事。但很多"电视真人秀"（包括具体节目的各组成部分），连同其他文化事件和情感制度，以及某些社会和政治制度，都参与到话语结构中，我称之为"羞辱机器"。[45]如果在当代美国情感结构尚未占据主导地位，我相信它实际上是一个重要的新兴事物。

终于，我回到了我早先提出的观点，人们再也看不到自己在文化领域中的"映射"，而是体现在经济话语中。我现在可以提供另一种更为理论化的，对于即将发生事件的描述，我认为随着我们在欧式现代意义（意指、意识形态、缘由）上"文化"投入的性质的变化甚至缩减，我们在经济上的投入的性质作为一组话语装置正从需求的身体逻辑和价值的道德逻辑转向其他流行的情感逻辑。并以这种方式，经济本身成为我们对于世界的经验的基石。也就是说，一些经济装置根据情感逻辑运作，使得它们能够越来越多地与流行接合，从而使经济的能力增强，足以将虚拟接入现实或者使虚拟与现实接合。

结论：文化危机，文化的危机

关于现代性的争斗，以及其他可能的现代性的争斗，沿着文化和流行话语的线路，制造了一套分散的危机。即使很容易辨认，这些危机也可能很难理清，因为它们通常接合了两套不同路线（危机）：较为狭义的（如"文化"），它们是由他性的不确定所界定的，比如差异和距离，形成了转译的危机；更为宽泛的（如"流行"），它们是由围绕着人们在世界中的投入形式而进行的争斗所界定的，包括他性的价值和时刻。第一是想象和理解的失败，习惯完全占据了文化价值发挥作用的距离；第二是意愿的失败和地图的问题，习惯推翻了想象力和实验的所有可能性。[46]

第一个类型的危机要求我们描述差异和边界限制想象力的方式，组织人们辨别的能力、转译能力的方式，组织人们对于他者投资的能力，对于其他意义、其他价值投资的能力的方式。正是在这里，我们需要尝试着开始理解情势之中身份和认同的变动和配置，理解对于否定的差异和距离进行深刻而持续的投入。它要求我们想办法听取对于欧式现代性的挑战，这些挑战是由那些被殖民甚至被灭绝的人所提出的。从某种意义上说，这恰恰是其他现代性的呼声，甚至是他者的现实。后殖民地在寻找另一个未来，而这些殖民地原住民所生活的现状却是欧式现代性试图把他们带离的。这是对本体论的想象力、转译力、投入的挑战。

例如，返回布莱泽的例子，在绿色和平组织和原住民（如前面的章节所述）之间的对抗，我认为这是常识所假定的危机，或许是不正确的，这一常识假定不同世界的人面对对方时都能够理解彼此，即使他们每个人对待自己的信仰和其他人的信仰投入不同（不同的情感逻辑）。如果不是这样，那么我们面临着想象力和翻译的危机，在这里，他者注定是不可能和不可理解的地狱。但同样重要的是，如果我们能想象这样的现实，如果我们可以转译他们（至少让他们成为可以理解的），即使我们用原始的来打发他们，我们仍然要面对第二个类型的危机：我们是否可以找到投入的方式，最终不会否定他们，不会使他们莫名其妙地无法生存，不会将他们定位在我们的普遍想象力的情感领土外部？同样的，认识论的相对主义的问题可能是转译（或投资）的危机，就像常识的危机一样；惯常所认为的不同的知识范式之间是不可通约的，在这个意义上，它们彼此之间是难以理解和不可转译的。

介入（流行）的危机同样是积极斗争的结果，这种危机不是情感的商品化，而是由它的日常化（quotidienization）所决定的，这种日常化是情感的"扁平化"的结果，"扁平化"束缚着它，明显建立了日常习惯的边界，并将想象力和实验分隔开来。所以，这在某种程度上导致了搜寻情感的强度，无论是在宗教还是在流行文化内（例如，电视真人秀的不同做法在不同的流行结构中产生不同的强度，既有正面的强度——即刻成功，也有负面的强度——羞辱）。这种危机导致了这样一种感觉，文化不再是问题，促使许多评论家回到这样一种策略：单独在资本市场和（神奇）商品的环境下，或者在动员、主导以及逃离的语境下"阅读"流行。然而，很明显，还有其他的文化和流行装置，这似乎使文化和流行变得更加重要。同样，这可能使我们能够更好地理解为什么宗教——从原教旨主义到精神到"世界的魅力"等形式——已经变得如此强大，以及为什么某些流行的投入形式主宰了价值的辖域化。

随着流行领域的扩大并覆盖日常生活的所有方面，随着"文化"具有更多的情感性，描绘作为情感的流行与政治之间的关系似乎已经变得越来越难了。在当前情势下，许多评论家仍然坚持认为流行是一种特殊的权力装置，在这里统治和抵抗结构得以建构。我对这样的表述不太有信心。毫无疑问，流行仍然是具体形式和权力技术建构和制定的场所,但是我不太确定在这里权力获胜(如把撒切尔主义当作霸权斗争进行分析)。我还不太确定,在这里可以组织起有意味的抵抗,即使它仍然是争斗的场所,不仅在情感自身的登记中,而且,最起码作为组织抵抗权力的可能性的条件,既是情感的也是政治的。

不过,与此同时,我相信,变更不得不通过流行组织起来,因为只有在流行中,人们才可能被拉拢,投入所有打折的行动或可能性中,在这里所有的想象力可以被唤起,越过习惯并且坦然接受尚未成熟的事物,也就是进行试验。只有通过流行,"人们"才能进入存在,比一个虚拟的政治事件包含的内容还要多,只有通过流行,他们才可以被调动起来,去关心任何问题并代其行事。我担心,如果没有一种可行的对于流行的情势分析,那么许多政治斗争的有趣存在形式就会遭受非常严重的制约,尤其是反体系运动,它强调替代性和自主的现实。例如,关于新的公共性讨论常常遗忘了这样一个问题,任何对于民主的想象似乎都需要创建新的集体,帮助他们进入政治想象力和政治行动组织结构中,这就可能在现实中产生不同的边界配置。这些问题促使我转向下一章与政治。

注释

[1] 非常感谢查尔斯·阿克兰(Charles Acland)在此处的洞见。

[2] 对于辛普森来说,沟通是这样一个范畴,将政府的兴趣与文化产业和"大学管理者与教授这一进取阶层"的野心和实践联系在一起(Simpson, 1994:4)。

[3] 参见布朗(Brown, 2008)和哈格(Hage, 2003)。

[4] 不是文化而是文化产业完全融入企业资本主义。

[5] 这一部分参考格罗斯伯格(Grossberg, 1998)。

[6] 想一想实用主义者,或者维特根斯坦,就非常明显了。

[7] 对于凯瑞来说,这一悖论说明文化是一种精神病形式、精神分裂症形式。

[8] 将调解等同于沟通，所有的文化实践都被看作包括了意义和表征、主体性和认同（使文化不只是意识形态的形式或者常识的要义）的生产。这种文化观念将文化看作认知意义的平面，使得所有的实践都成为文本与相应的受众之间沟通关系的实例；因此所有的批判性分析都转换为个体化的和心理的解释以及口味的问题，尽管这些个性通常是由社会身份来确定的。

[9] 除了我在这里讨论的著作之外，对于当代情感的讨论具有重要贡献的还有莎拉·艾哈迈德（Ahmed, 2004）的情感政治现象学、加桑·哈格（Hage, 2003）的情感政治状态的可能性的政治社会学、劳伦·勃兰特（Berlant, 1997）的对于感伤的文本解读，以及各种精神分析论文。还可以参考伍德沃德（Wodward, 2009）、哈丁和普里布拉姆（Harding and Pribram, 2009），以及格雷格和塞格沃思（Gregg and Seigworth, forthcoming）的著作。

[10] 依照勃兰特（Berlant, 2006：35）的话来说，所有的情感都是"残酷的乐观主义"，她将其描述为"乐观主义幻想的核心，再造并依存于折中的平凡性区域"。勃兰特对于多愁善感的文本的解读核心似乎在于以下两点：一方面，情感投入的唯意志论观念，从力比多立场转向情感允诺；另一方面，像错误意识这样的东西，表现为没有出口的表面现实，不得不在常态中寻找裂缝（作为镜子），但是从未成为政治。

[11] 阿甘本将情感领域定义为没有调解（中介）的纯粹生命。因此，他将生命和内在的关系描述为纯粹的内在，"某种跨越，没有间距也不能识别的跨越，就像一段没有空间运动的行程"（Agamben, 1999：223）。同时，西蒙顿认为，"情感显示并构成了这种个体存在与前个体现实之间的关系：因此在某种程度上，它与个体真实之间的关系是混杂的，表现为从外部带来某物，向个体化的存在展示出它并非一个完整的、闭合的真实"（Cited in Hansen, 2003：207）。同时参考塞格沃思（Seigworth, 2007）。

[12] 向德布·罗亚尔斯（Deb Royals）致谢。

[13] 德勒兹（Deleuze, 1988）将其看作"发声的集体装置"。当这类装置被情感性地表达出来（在第三个维度或者层次）时，德勒兹有时称其为"主体意向"。

[14] 此处你可能想起德勒兹和加塔利（Deleuze and Guattari，1987）对于迭奏曲的论述："它作用于那些围绕于四周的东西……以便从这些东西之中抽取出千变万化的振动、离析、投射和变型。迭奏曲还具有一种催化的功用：不仅是加快在那些围绕四周的东西之中所进行的交换和反应的速度，而且还确保着那些缺乏所谓自然亲和性的元素之间的互动，由此形成有组织的团块。"（348）再一次，迭奏曲就像它指向的歌一样："这首歌就如同一个起到稳定和镇定作用的中心的雏形，这个中心位于混沌的心脏。……现在，我们安居于自身之所。然而，安居之所并非预先存在：必须围绕着不稳定和不确定的中心而勾勒出一个圆，组建起一个被限定的空间。众多极为多样的成分得以介入，各种各样的标记和记号。……速度、节奏或和声之中的一个偏差都会是灾难性的，因为它会引回混沌的力量，从而毁灭创造者和创造。"（311）迭奏曲可能指明了一个伦理美学的项目，它将作为时间的崇高的歌曲和作为空间的崇高的地图结合在一起。它与政治接合的问题仍然没有解决。这里要感谢克里斯·威尔斯。

[15] 马苏米有许多有关情感的论著（Massumi，2002）。我以他广受传阅的文章之一为例。某种程度上，马苏米提供了一个不同版本的"德勒兹和加塔利"（与我正在使用的不同）。他的"德勒兹和加塔利"是语言哲学家，尽管我认为它更接近于抹平事件。最终，它听起来总像是在倡导一种新的因果（刺激-反应）模型，每个事件就像是"信息"一样运作，尽管它拒绝承认。我的"德勒兹和加塔利"关注现实的机器生产，关注配置和生产的多种类型。在我看来，情感只有在虚拟的层次上才是自主的；事实上，它是除了自主之外的其他任何东西，因为它往往被机器化地组织起来。

[16] 回想到福柯对于规训权力的"发现"基于支撑的经验、历史和语境著作，是重要的一点。当许多新本体论者声称正在实践一种新经验主义——顺便说正如我要做的——我还是有点怀疑；这些著作看起来是理论驱动的！而且，他们忽略了福柯的警告，这些问题（规训、人类主体）只有在消失之后才能被发现。

[17] 在这里我想起了凯瑞对于"注意力"的讨论。

[18] 请记住，没有任何一个装置完全是话语的或者非话语的；前者包含非话语因素，同样后者包含话语因素。

[19] 这样的否定机器/逻辑描述了一个更为宽泛的编码机器，这一机器在欧式现代性的整个社会结构中运作。

[20] 参考阿尔都塞（Althusser，1971）和本维尼斯特（Benveniste，1973）；同时参见本章注释42。

[21] 参考我在第五章中关于阿甘本的讨论。

[22] 这就是为什么认同政治——以其无穷的形式——被文化研究看作文化政治，尽管它拒绝把认同看作单一的否定逻辑。

[23] 结果，"媒介研究"作为一个学科具有一种古怪的结构。一些人可能会说许多学科正是围绕着这样一个真实的对象建立起来的，在这种情况下，我认为问题更多地在于理论范式之间的争执而不是概念偏好。尽管，一个范畴如此容易而且毫无保留地被许多学科使用，其中确实存在着一些有趣的东西；同样一个范畴可以如此快速地将电影研究学会转变为电影和媒介研究学会，而没有什么后果，的确又有些古怪；或者将文学系转变为教授电影、电视甚至流行音乐的院系——仅仅是简单的增设或者合并的问题——而没有给学科装置本身带来任何概念上的挑战，同样也是古怪的。此外，我们可以谈论它的历史内涵，例如将其与精神或者灵魂问题联系起来，但是这并不能等同于理解这一术语的谱系。

[24] 感谢信德·扎格仁（Sindhu Zagoren）的洞见。

[25] 包括斯图亚特·霍尔和沃纳尔（Hall and Whannel，1964）、斯图亚特·霍尔（Hall，1981）、贝内特（Bennett，1986）、钱伯斯（Chambers，1986）、斯塔利布拉斯和怀特（Stallybrass and White，1986），以及赫伯迪格（Hebdige，1979）。

[26] 正如我在别的地方所说的（Grossberg，1992，2007b），在当前的语境下，流行似乎具有越来越强烈的感染力，政治与娱乐结构、幻想以及多形态快感的结合越来越紧密，而非意识形态。正如森尼特（Sennett，1977）所说，一个小小的逸事令政治问题的流行形式似乎已经从"你在想什么"转

变成"你感觉如何"。我不想把此看作关于理性堕落到情感的经典故事,我认为它提出了关于流行概念以及它与政治关系的非常重要的问题。非常明显,它把情感问题放在我们议程的中心。

[27] 这些接合形态可能包括国家、市民社会,以及国籍,这是一方面。而另一方面是经济:生物政治学以及个体、集体和群体的关系;公有社会主义与身份;民主与独裁;政治主体化的形式与屈服;例外与统治的逻辑和空间;暴力与军事化;新殖民主义与全球化;公共与隐私、私密和家庭生活的关系;内在与外在的形式(包括阿甘本的外在);日常生活的场所和空间;抵抗与自治政治的实现(是否有东西能够逃离或者先于政治?)。

[28] 实际上,在文学中最为明显。是否还存在"高雅"文学?或者新的精英文学是由全球性和少数民族来界定的,以至于新艺术是全球他者的文化。

[29] 在这一点上,很感激安·格雷。

[30] 当重新修改这一章时,我在线查询了各种大学的媒介研究班指南和媒介研究班指南中的课程提纲,它们是由各专业的不同教授提供的。我不得不说,随着时间的推移,大学中存在着数量惊人的一致性,而且主题基本大纲并没有发生改变。当然,新的主题——私密、去殖民化、全球化——已经被添加上,但是它们并没有对相关对象的本质或者它的特权以及研究班的组织这些基本假设带来挑战。

[31] 如果注意到音乐的分配和接受,状况同样令人困惑:调幅广播(AM)和调频广播(FM)、无线电视和有线电视、卡带与CD、网络运转的各种方式、各种网络分享节目、iTunes、音乐会、俱乐部,以及卫星广播,除此之外,我们还要考虑YouTube、铃声、脸书、MySpace、CD宝贝、《第二人生》等等。

[32] 像"跨平台"程序之类的观念,看起来既单薄又冒险,它努力使某些东西概念化,而这些东西早已超出了我们理论化的能力。

[33] 与此同时,日常生活已经逐渐变成压倒性的,不仅仅是在时间和劳动层面,同时也是媒介、享乐和信息的问题。正如贝兰特富有感染力地说道:"在当代世界,复制生活的劳动也是被生活磨损的活动。"(Berlant, 2006:

23）事实上，"苦恼的日常性、标准化的暴力，以及'忍耐的技术'或者保证这些过程到位的延迟"（23），逐渐使得最平凡、最普通的活动和需求变得需要时间、情感和精力的付出，而且还会挫败这些辛劳。

[34] 批评我的一些人似乎并没有理解这样一个事实，可信赖性是由具体的结构所建构的，丝毫没有降低它在这个结构内的真实或者有效性。与此同时，它确实防止了对于这个判断的普遍化，无论是描述的还是规范的。

[35] 吉尔伯特对于2009年2月4日举办于伦敦的"危机之后的文化（和文化研究）"（会议）是有贡献的。"心怀不满地同意"出现在约翰·克拉克的《改变福利，改变状态》（Clarke, 2004）的最后一章。

[36] 感谢乔·图罗（Joe Turow）的洞见。

[37] 例如，我对于隐私或者文化权力的所有权抱有尽可能多的同情，我并不认为这些分析或者政治已经完全被接合到更大的情势斗争中，作为现代性斗争中的关键部分超出了隐私与公共的结构。

[38] 这类著作通常植根于加拿大理论家哈罗德·英尼斯和马歇尔·麦克卢汉，以及詹姆斯·凯瑞的文化方法。

[39] 参见，例如，麦卡瑞（McCarthy, 2001）、帕克斯（Parks, 2005）、斯特恩（Sterne, 2003）、约翰逊（Johnson, 2008）、阿克兰（Acland, 2003）、斯特里普法斯（Striphas, 2009）。伯兰（Berland, 2009）和莫利（Morley, 2007）与我的媒介研究观点最接近，也就是说，最终媒介研究并不是关于媒介的。

[40] 我对这些著作反应不一，因为我认为它们的作者对于福柯的阅读是相当粗浅的，他们对于语境的了解更加粗略。而且，通过事先设定了他们的理论，他们确保能够发现他们所要寻找的东西。然而，这些著作中最优秀的——安德烈杰维克（Andrejevic, 2003）、奥特莱和海耶（Ouellette and Hay, 2008）、帕克（Packer, 2008）的著作——作出了显著的贡献。

[41] 然而，麦克卢汉认为灯泡是一种媒介。

[42] 德勒兹和加塔利（Deleuze and Guattari, 1987）把这样的逻辑看作符号制度。符号制度是语言的"功能存在"；它是话语逻辑或组织表达的生产

机制。这样，任何制度可能会被定性为（1）一个特定平面上的（如解释与情欲）操作，（2）沿一特定矢量或知识体系原则（圆 vs. 围绕一个点的飞行路线），以及（3）依据特定的权力范式。德勒兹和加塔利辨别了一系列制度，通过其配置和操作的方式来定义：符号化机制，其特征在于无止境的（认知的或语义的）意义生产；后符号化或情欲机制，其特征在于通过情感投入生产主体；前符号化机制，它的特征在于多元化的表现形式（想想拼装）；以及反符号化机制，其特征在于移动和复数分配。加塔利（Guattari, 1996）提供了不同的"编码机制"矩阵，区分符号学编码、符号化的符号逻辑，以及符号化符号学。他把第一种描述为"所谓的自然编码，其作为符号实体的宪法独立运作"，并警告我们不要"屈从于将书写理论（ecriture）投射到自然领域的符号幻觉"（149）。第二类被分为两种形式：象征的符号逻辑，它把几种类型的实体投入使用，产生去中心的符号学圆环，它"不可能完全转译为普通意义的系统；以及意指的符号逻辑，其中单一的意义实体确立了能指的独裁"（150）。第三类，也称为后意义，用意义符号学作为符号学去辖域化的工作，建立了新的连接，它独立运作，无论它对于某人来说是否意指某物。

[43] 例如，尽管一再地声讨对手，许多互联网（等）研究仍然把个体看作——即使被理解为具体化的，以非人文的术语来说——对抗文本或机器的真实等。我提出一种更为有效的处理办法——我确定一些人正在这样做——思考叠加的和变更的配置，聚集在一起，以许多不同的方式使彼此接合的配置。

[44] 我并不是要否定从一个事件开始的可能性，例如一个文本，但是我要强调的是，从这个单一的事件转向结构，最终转向更宏大的语境是多么困难。只有很少的人能够这样做，例如莫里斯（Morris, 1992a）。

[45] 我把羞辱——下降到一个更低的位置——看作存在状态，或者感知结构，而不是心理化的情感，比如羞愧或者内疚。它没有包含这些情感通常所意味的道德判断，但是它需要他者来作为证人（羞愧是这样，而内疚却不是）。它是一种我们所应该生成的情感，除非他不是人类。

[46] 或许这类著作的最好例证就是米根·莫里斯（Meaghan Morris）的文集，例如莫里斯（Morris, 1998）。

第五章　复杂的权力：政治的"与"，以及……

　　文化研究是大规模批判分析重组的一个组成部分，位于人文学科和社会科学的交叉重叠之处，是两条转换路线之间互动的产物：第一种路线涉及实证的前景化和一系列概念的理论更新（通常是在"转向"的标志下进行的："文化转向""修辞转向""表演性转向""空间转向"等）。批评者有时会攻击文化研究和志趣相同的其他研究类型，因为它们"调动'文化'使之成为一种原则来对抗在社会权威的论争场域中占据主导地位的'政治'"（Mulhern，2002：86）。对于马尔赫恩来说，文化无处不在意味着"政治的终结"（100），意味着"在一个给定的空间中，确定社会关系的总体性……社会关系当中普遍的、同质的劳动"（101）。然而，这种指责似乎很奇怪，因为第二种转换路线所界定的智识上的重构工作恰恰在于，对于权力的普遍性和政治形式的多样性的发现；恰恰由于政治这一类别的激增和扩展带动了文化研究（以及许多相关的知识-政治形式）的发展。我们或许不知道问题在哪里：是如瓦蒂莫观察到的那样，与我们这个时代的本体论相关？"民主时代，存在的揭幕事件（the inaugural event of being）不再是艺术作品，在某种意义上，是政治的集会所。"（2006）还是如马尔赫恩所说是一个空间问题？"文化无处不在，政治也无处不在，但不是一码事。"（200，102）抑或问题出在其他地方？

　　我想在情势分析的框架内思考政治的地位。我特别要对批判性分析中一种普遍的倾向提出异议，这种倾向认为情势具有单一的政治特性，或者更适度一点地说，这种奇怪的诊断向来是充分的。这种简化论——否定情势的复杂性，把复杂的总体简化成单一语域（例如生命政治或身份），或者某个语域内单一因素或元素（例如治理术或男权主义）——不仅与特有的文化研究项目相矛盾，也摧毁了过去 60 年取得的进步。20 世纪中期以来，大部分现代政治理论就从任何一个或两个方面定义政治：国家/政府的分离（融合）或政治经济学，后者通常等同于（国内和国际上的）阶级冲突。在过去 60 年里，政治一直（在国家中）偏离和（在阶级中）增殖。国家作为一个限定领域，对于它的质询已经转化为对于整个社会形态中无处不在的权力的描绘。社会的权力结构可以由阶级术语来定义，这种假设已经失败并且变得多元化，使得政治研究向新差异和新实践敞开。正如分析人士所公认的，政治的政治和日常生活的政治之间的关系极其复杂（并且充斥着偶发性），权力和政治的概念已经越来越偏离政治科学的规范。（不幸的是，这往往意味着分析人士不仅忽略了国家作为关键位置和权力机构的重要性，也忽略了政治科学的学科性。）

只需要想想那些用于定位和/或描述政治"语域"的描述性用语和理论术语的激增，如果不是混乱的话：统治、抵抗、反对、斗争、社会运动、赞成、共识、霸权、市民社会、公共领域、公民、国家、主权、民主、社群主义、身份、差异、民粹主义、例外状态、无政府状态、自主、权利、自由主义、排斥的包容、冲突、暴力、民族主义、全球主义、对立、殖民性、治理术、生命政治、死亡政治学（necropolitics）、控制社会、劳动的从属、公共/私有、管制、规训、帝国、联盟、风险[1]、日常生活、身体、地方政治、情感政治、新自由主义、意识形态、移民、流散、剥削、种族主义、性别歧视、年龄歧视、异性恋、自主性、群众、商品化、市场基要主义、他性等等。

承认权力和政治类别的多样性很重要，与此同时必须有能力意识到细微和庞杂二者之间的距离，以及二者关系之中蕴含的意义。但是无处不在的权力已经演变为理论系统的增殖与政治自身的定位之间的争斗，任何一方都或多或少地坚持自己的基础地位。我们面对着混乱的政治分析场景，没有能力描绘它，没有明确的方法判断各种有关权力的主张——它所从属的和它所反对的。一方面，尽管对于地方的普遍迷恋不断在增长，但是分析人士通常会不假思索地跳入他们最喜欢的理论中，声称如果不去描述当代谜题的总体性，至少也要为它提供一些关键词、本质、核心片段。但是关键词并不存在！另一方面，混乱并不是复杂性，而且复杂性既不是把所有东西堆在一起，也不是谋求某些神奇的本质把所有东西统合到简单和谐之中。情势分析把总体性的生产看作复杂（"牙关紧咬"）现实的接合。文化研究中最好的方法在于拥抱和分析现实，以及权力和政治的不可缩略的复杂性。

在政治学语域，使得研究者摆脱困境、成功避免复杂性的往往是理论而不是政治上的承诺，在经济学的讨论中亦是如此。同样，当代政治空间的分析也往往是由理论驱动的；政治理论已然成为今天的统计榔头：如果你要寻找某些东西，例如例外状态、治理术、规训、生命政治、新自由主义主体性，你将会发现它们无处不在。如果你使之理论化，它就在那里！相当普遍的是，这些分析没有充分考虑意图和结果之间的裂缝。普遍认为权力意图并不能保证政治效果，这样的理论通常以某种方式运作，该方式消除了权力效应的不可避免的复杂性——失败、对立、多样性。

这些理论不是去描绘历史复杂性并估量新与旧之间的平衡，而往往只是示意，转而就忽略了连续性（例如，治理的连续性、主权的连续性[2]等等），倾向于几乎是强迫性的求新，追随着后现代主义者的二元"选择单"方法（就像全球化理论）：两个系列，其中对应的条目既限定于清单内又跨过几个清单，这样任何一个清单就凭借某些含蓄的同质原则无缝地捆绑在一起。在《理论、文化与社会》杂志（2007年第24卷第3期）中有一部分文章致力于"文化研究和它的未来"的问题，实际上它所主张的是新的权力组织已经取代了霸权政治。例如，韦恩讨论说："控制社会和新的资本家政体的出现，使得阶级分析和经济特权显得不充分，因为这些新的政体……现在以流动性、开放身份和不确定性的方式运作。"（Venn，2007：50）[3]他接着说："在以图像为基础的资本家文化中，存在着一种脱离'含义和意义'转向'传播与影响'的运动"（51），同时还强调了"在塑造态度和制造生命政治所需的反应时他们所运用的新媒介技术"（52）。泰拉诺瓦讨论了"新的权力配置也即生命政治和死亡政治"（Terranova，2007：126），它通过技术而运作，维恩声称这种技术"直接作用于身体和情感"（52）。我必须承认当我听到诸如此类的对于世界的"描述"时——它们往往可以浓缩为这样一种主张,文化权力从未像今天这样发挥作用——我唯一能想到的是过去 50 年在文化理论、传播研究、文化研究中所发生的论争,一直在努力破除传播可以不经由意义和许多其他因素的调解而直接发挥作用这种假设。它被称为子弹理论,或者皮下注射模式。我认为我们已经埋葬了这种观点,但是现在它又装扮一新地回归了。

在同一期的《理论、文化与社会》中,拉什主张我们应当取消霸权概念,去研究生物技术、信息技术和电子技术的发展,正是这些技术改变了文化和经济。拉什的清单列举了霸权政治和后霸权政治,或者新活力论政治之间的断裂,对比如下:广泛性相对于集约性;认识论的(象征的)相对于本体论的;机械论的权力形式相对于活力论的权力形式;霸权准则相对于密集事实;作为(被建构的)统治的权力相对于作为创造性和内在的(要素/基础)的权力。这并不比透过德勒兹式棱镜重读后现代主义者的宏大叙事更为深刻。我并不想讨论新技术是否具有重大影响,但是我对依照前与后的模式解读历史特殊性(和变化)的方式深感怀疑,似乎社会只是某种美容产品的商业广告。

这样的断裂叙事通常并没有包含充分的批判或者实证研究(比如哈特和内格里的《帝国》就曾得到大多数读者的认可)。这些论点具有相同的形式,提供的只是翻新版的宏大叙事:阶级和经济在过去是重要的,而今它们不再重要;意义已经被传播取代;过去我们生活在规训社会,但现在我们生活在控制社会;过去身份是稳定的,但现在它们是流动的和开放的。围绕着"之后"建立论点,这些主张抛弃了历史变化的复杂性的观念。但是,如果前半个命题不像叙事所说的那样,那么它们就很可能不会恰如他们所说的那样消失或者改变。如果身份不那么统一和稳固,如果资本主义从未如此简单地确定等等,那么当下也不会如此绝对地流动、出现后霸权等等。如果过去的世界并非如此简单,那么当代世界不可能如此独特复杂。简单地说,很少有人意识到上下文中这些主张如何经过特殊处理才得以具体化,很少有人认识到它们历经数个世纪横跨几大洲,只是在某些特殊的方面有可能是正确的,很少有人考虑"它们是新的"这一断定意味着什么。或者换种说法,我们应该将主导形式、剩余者、意外之间的联系,用威廉斯(Williams, 1977)的话来说，作为一个复杂的关系和过程系统而不是一个断裂和破裂的结构去进行更仔细的观察。

这种知识实践并非只存在于政治语域或当代语境中。正如我在讨论经济时所说的，诸如"商品"和"物化"之类的范畴往往以先验的方式发挥作用，逃避任何意义上的特殊性。但是，我也认为在政治分析当中本体和经验的融合越来越普遍，从理论到具体现实的跨越也越来越普遍（例如，抽象的主权理论似乎就为实际处境提供了非常有用的描述手段）。这就是为什么那么多的叙事似乎都在重建一个噩梦般的场景，我们现在正面对一个死对头、一些纯粹的不可阻挡的力量（例如，真正的从属不只是劳动还有生活本身[4]）。正如我前面所说，很多代人都认为他们生活在末世，面临着终极危机；这可能不是情势分析最好的情感出发点。

我不想尝试全方位地讨论或描述当代权力和政治理论，也不想具体讨论某些理论，比如：全球治理，跨国机构，帝国，殖民与后殖民，治理和生命政治，主权和治理，国际关系，公民社会、公民、公共领域，意识形态和主体化，差异和认同，离散，新社会运动，霸权和大众，情感政治，政治经济，新自由主义等。

我也不想追溯政治科学学科文献中特定的可能性、闭合以及开口，尽管令人尴尬的是，文化研究学者（和其他文化分析人士）往往更擅长阅读政治理论/科学而非经济学。由于我先前对跨学科和历史特殊性的讨论与权力和政治语域的分析相关，努力在语境和话语层面接合政治，文化研究要更加慎重地对待这个学科要求。在这个学科内有大量重要的和有用的工作可做，既有经验上的也有理论上的，甚至于在主导范式中的（例如，与国家机器和治理相关的问题）。在政治科学当中也有"异端"的位置，通常并不全在"政治理论"的符号下。[5]这种非正统的工作更多的是理论工作，在已有的学科之外，几乎总是非常有限的和有选择性的。

让我提供有关这个学科的特别是与"文化"范畴相关的一些看法吧。像经济学一样，政治学研究提出了挑战，既挑战了全部知识和学术话语，也挑战了已然获得认可的所有用于建构政治的（学术和非学术的）话语。作为一门学科，政治学以科学的名义，在很大程度上把自己孤立起来，回避了许多理论和政治的挑战。作为一位政治科学家，阿尔蒙德（Almond，2000：9）指出："与科学史上的情形相同，进步更多的是由新技术和实证能力的发展所激发的，而不是由实体理论和假设所带来的……调查研究技术的发明可以比作显微镜的发明。"

该学科占主导地位的是理性选择理论和基于统计学的建模方法，然而这些范式的领导权并不像大多数学者认为的那样强大和成功。主流政治科学偶尔也承认文化的存在："针对现代社会科学日益严格的认识论标准……信念、价值观、实际承诺和各种政治行为和后果之间的关系已受到越来越严格的审查"（Crothers and Lockhart，2000：2）。然而即使那样，文化的中心地位也受到了削弱，使"政治文化理论自 20 世纪 70 年代初失去理论地位，让位于［更加科学的］政治分析形式"（2）。例如，埃尔金斯和西米恩（Elkins and Simeon，2000：33）毫无疑问地认为这是自己对文化慷慨的认同："政治文化是'第二'序列的解释，只有在制度和结构方面的解释都被排除，或者与这些解释相结合时才能被使用。"这是一种常见的举动：文化被附加进来，希望它能"解释"所有剩余的、结构变量等在其科学模型中无法解释的东西（Ross，2000：40）。他们也许比大多数人更诚实："从根本上来说，文化不是一个让大多数政治科学家感到舒服的概念。"然而，具有讽刺意味的是，在政治内文化范畴无处不在：在政治学话语内部（帮助塑造它所研究的政治）；在国家话语中（以及各种国家机器话语中）；在国家范围内的文化空间中，比如公民社会和/或公共领域的空间；在政府的文化和文化的管理中；以及人们借以理解控制和权力世界的所有话语。当然，这也仅仅是开始。

在这一章中，我不打算支持或反对各种理论和分析，也不准备提供当代情势的政治分析。相反，我的思考在于，如何思考不断激增的权力理论与政治理论之间的关系。我将以思考政治领域的某些复杂性为起点，初步构建一个图示或图表来组织这种复杂性，这样我们就有可能把令人迷惑的片段组织在一起，既能展示出当代时刻的本体论可能性，也能显现出它的历史特殊性。我还想挑战欧洲现代政治的收缩，它把政治缩减为脱域的政治领域。而且，我将借助经济和文化，找到一种方法来描述作为所有实践的尺度或接合的政治。然后，我将提供权力和政治之间关系的分析，指出政治的特异性取决于其生产方式或生产模式——通过捕获装置生产出从属和排斥的地形学，或者更恰当地来说，一致性和冗余的地形学。最后，我将简要地考察文化研究与"自主的"或本体论的政治以及政治理论之间的关系。

政治领域的复杂性

把政治领域这一概念看作不可避免的复合物进行阐述，此种阐释的任务并不只是简单地描述具体情势的复杂性，我已经在其他地方讨论过这种复杂性（Grossberg, 1992）。任何政治时刻、斗争或事件要得到理解，首先要在政治领域内考察它的接合，其次要考虑它所处的情势以及这种情势建构的政治语域。因此，我需要为政治地形图表，为一幅可能性的积极空间地图，提供一套参照术语，使我们能够模拟复杂性、矛盾和系统-故障。这是一幅地图，不是对既有现实的描述，而是现实空间中的实验、干预。政治的实存是各种程序或技术运作的结果，这些程序或技术的运作使得权力现实化，并把它安排到具体的组织或装置之中。通过装配、组织，以及在群体、集体、组合和技术中分配特异性，通过界定它们行为的可能性和"适当"形式，这些技术（和装置）生产真实。挑战并不在于专注于单一的权力形式（治理术、控制社会等），而是要考虑权力技术和权力装置的复杂生态。

与此同时，真实的生产往往失败，因为没有任何权力装置能够完全依靠自己的运作或图表使真实具体化。这些装置是不断变化的而且会根据某些计算不断改进，因为它们失败了。这种必要的失败的理论（正如森林因火而增长）与抵抗政治是不一样的，它最多提供了一种思考方法，现实（权力）是如何抗拒它自己的生成的。在这个模式中，至少沿着电阻线反思了抵抗的某个维度（电阻线作为传导率的"关系"，使得电流和电阻共同存在）。

我在这里提供了一个图表，它由三个主要节点或顶点来界定（所有都存在于同一平面）——国家、身体与日常生活。这可能被视为"奇怪的诱导者",政治领域围绕着它而得以组织起来。这些节点之间的关系是内在的:无一构成权力本身的超越事件;无一决定其中的政治和政治自身。此外,由这三个节点构成的空间,可以说是居于其间的空间,它是一种横向空间,情势政治的现实在此得以表述。正是在此空间中,社会才能作为价值的生产,经济才能作为价值的通约性,文化才能作为价值的实现(作为剩余价值、作为其他),横贯、打断、穿越,从而确定政治。也就是说,政治往往是由其他的装置和逻辑,即由他者所建构的。应当明确的是,离我们要申明的即所有政治活动都发生在文化中或者所有政治活动都是文化的,还有很大的距离,有些人正是在此指责文化研究。在我的图表中,无法从任何一个领域往下阅读,但是,可以通过阅读权力线,从经济或文化的角度理解权力到底怎么了。图表以简单的方式表明,政治的情势特殊性建立在复杂节点的——话语的和非话语的——调解和政治语域的横贯线之上。当然,在这里文化非常关键,因为正是文化将不同的权力线——控制线或组织和斗争线——借由特殊的权力装置生产出来,使之彼此关联。

这张图表不仅指出了节点的多样性和政治活动之间的关系,还指出了图表中任何一点的复杂性,每一个点、每一条线、政治领域中的每一种关系都是混合的,都是被建构的,都是由其穿越的情势多维空间调解的,由绘制于图表中的三个顶点装置的发射线所交织的接合所调解的。不存在原生的或简单的政治事件,也没有初始时刻,更没有孤立呈现的权力或抵抗。即使是顶点也不能理解为原始事件,因为从一个角度来看它们像图表中的锚定点,而从另一个角度来看它们又是图表中各种边线的交集。通过展示政治活动的分布,图表描绘出政治事项、事件和关系的复杂性,因此通常所认为的对同一事物的不同解释的反应,或者针对同一个议题的不同理论的反应,现在看起来则可能包含了不同的定位和接合。然而,我还想说的是我希望这张图表最好能有一定的启发性。重要的并不是内容或者主旨,而是以一种情势的方式通过图表来表现政治关联性的可能。最后一点十分重要,任何这样的图表

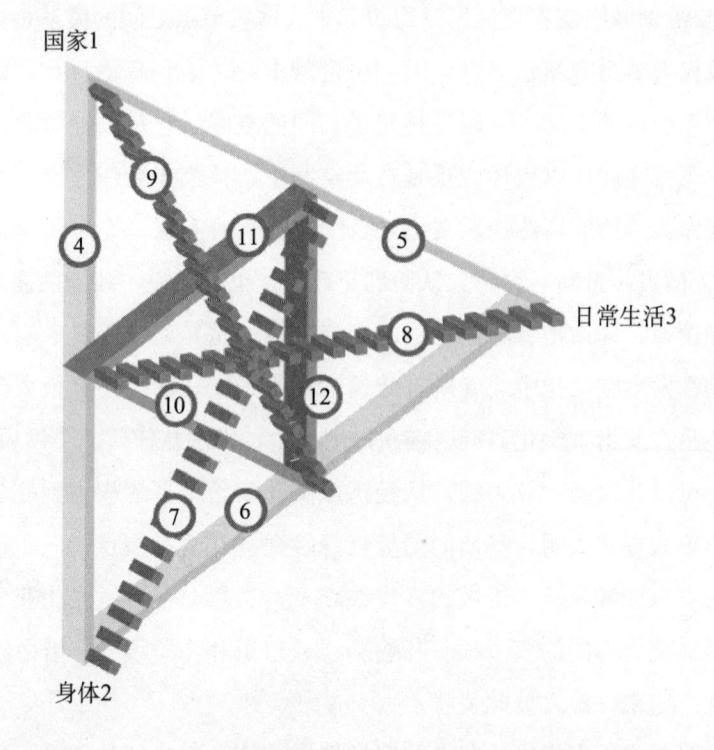

图表注解

顶点
1. 国家
2. 身体
3. 日常生活

矢量（浅色实线）
4. 身体-国家
5. 国家-日常生活
6. 身体-日常生活

横贯线（虚线）
7. 身体-国家-日常生活（2-5）
8. 日常生活-身体-国家（3-4）
9. 国家-身体-日常生活（1-6）

横贯线（深色实线）
10. 身体-国家-身体-日常生活（4-6）
11. 身体-国家-国家-日常生活（4-5）
12. 国家-日常生活-身体-日常生活（5-6）

都必须被看作具体化的情势。

请允许我简单谈论这幅有关政治的图表中三个顶点。我不会提供普遍理论或具体分析，我只想简单地定位它们，然后勾画出构建政治复杂领域的接合线。第一个是国家，它通常被视作欧式现代性范围内脱嵌的政治本质。显然，通过这张图表，我在努力将其重新纳入整体；此外，国家通常都被看作制度的问题（同时也作为制度的主旨和问题化）和机构的权力。[6] 然而，最好还是将国家理解为一定数量的互相交织、多样化同时又相对独立的机构或者进程的配置。事实上，机构的存在对于国家来说并不独特，其无异于图表中的一个点。正如德勒兹和加塔利（Deleuze and Guattari, 1987）所认识的，所谓独特就是配置构建的方式：给进入其领土范围内的每件事物进行过度编码。国家是个辖域化机器，利用编码机器在领土范围内生产或者分配和题刻一个自我辨识的领土或者种群网络，以此彰显自己的权力。过度编码是指这样一种过程，在此过程中适应特定环境或装置的话语符码扩展到别的政体上，以此将所有的事物都联系在一起，划归到同一个寓意机制内。"国家不是一个支撑起其他所有事物的点，而是所有事物的一个共鸣箱。"（224）

这类过度编码往往通过围绕中心组织符码而运作，一个主导能指将涉及的所有事物都统辖到同一个符号下。这个能指是第一位的，可以说是统治权的最基本现状，它可以是人或者人物-角色的形式例如国王，它也可以是规则（法律）或者抽象概念（人民）。这样的主权总是吊诡的，因为它并不能建立自己对于权力的掌控。这就是施密特（Schmitt, 2005）所说的例外状态（紧急状况）。主权的权力，无论采用何种形式，都必须自我创造，可以说是从无到有的。如果主权除了自己的行为再也没有任何支撑物，那么它就能反对对其主权设定的任何限制。作为主权的国家能够在自身的符码以外行动：主权的权力不仅建立法律，还申明其在法律之外拥有行动的权力。但是这种例外状态如同主权的定义一样，是欧式现代性图表的一部分（我们必须在其他形式的现代性，甚至非现代性中对此问题保持开放的态度）。例外状态只有在主权建立在法律上并对法律负责的时候才是可能的，即使它能逃脱法律。在其他主权形式的情况下，例如其他国家形式包括专制君主制（建立在神权之上），不依靠法律，这类国家的运转也不依据例外状态的逻辑。

　　当然，对于建设主权国家必须补充一点的是，要把国家理解成一个分层机器，然而事实是国家作为种群这项"内容"构成了国家的主体，而且国家的"表现"技术被理解为治理的模式和形态。除此以外，当国家过度编码它的领土和种群时，它也在某种程度上为与它自身相反的进程提供了一些可能性条件。有两种不同的形式：一方面，它提供了一种激进的解码的可能性，比如由于资本存在所引起的解码（如剩余劳动和价值的生产）以及积累的可能性。作为过度编码装置的国家与资本主义之间存在着复杂的关系——既敌对又协作。另一方面，它提出了国家主权与主权之下作为主体的人民之间关系的疑问。毕竟，国家主权和民族主权不一样，这里并没有预设民族主权是先在的。事实上，前者可能先于后者而存在，而且它们二者接合在一起（产生了特定的国家和民族形式）提出了在主权核心处的民主问题。放在一起来讲，国家主权和它的主体（民主）的关系构成了现代国家的边界，成为图表的落脚点。

　　政治层阶的第二个顶点是身体，它并不是简单的生物学个体的经验收集器。相反，它指的是生命本身的构建和组织，遵循着福柯（Foucault，2003，2007a）所提出的生命政治的路线。福柯用这个术语指代特定的欧洲现代技术（比如，规训、生命权力、治理术），这些技术控制了人类自身的生命行为。我想扩大这一范畴，用其去指代任意技术，这些技术作为权力的节点参与（人类的和非人类的）生命（活生生的身体）的形成和分配。生命本身不仅仅是状态，还是权力的效果。在它的最为普遍的形式中，生命政治产生了（递进的或者划时代的）一个关于生命体和非生命体的特定的分配，或许在一些形式中，分配了人类和非人类，后者作为分层机器的（给定的）内容，前者作为分层机器的表达（代理）。这样的分配从来不只是生物学或者物理学的问题，而是定义了权力配置的场所以及围绕或反对这些分配所组织的斗争。

　　福柯认为，生命政治在欧式现代性中涉及两种不同的技术：规训和生命权力。我想扩展福柯对这些技术的解读，借此探讨个体化机器和集合机器。前者生产出作为活生生的存在者的个体，但总是作为具体化结构、主体化和主观化进程、代理政体以及话语形式诸多因素的接合；个体化技术生产出的个体是一定数量的元素和效果的接合和分配。在欧式现代性中，个体性是通过特殊的方式建立起来的：建立个性化的身体是为了确立人类这一特殊物种的存在，不仅是为了逃避自然，而且是为了超越它。但是这种个体性从来就不仅仅是生物学和肉身化的；它体现了主体性，作为场所的主体（它自己的现象学空间的核心）和作为地位的主体（它自己经验和意图的拥有者/生产者）结合而成的主体性，这样个体就可以作为施动者（行动的发起者）、代理人（能够介入历史进程），而且拥有了身份。

生命政治的第二种形式包含建设、动员以及以生活为名义的"人口"管理。身体层面的复制以社会性的规模进行，这样我们可以探讨社会性的建构，探讨各种各样的组织和调动个体多样性——包括人类和非人类——的方式的建立。人口可以发生很显著的变化，不仅在其内部一致性方面（从同质性到异质性，然而这些都已经被定义了），还包括他们的外部关系。比如福柯（Foucault，2003）使用这个概念不仅是为了解释政府权力的最新形式（管理人口的健康和福利），而且为了描述与社会空间一同出现的种族主义——以他性为标志的人口分配。[7]

欧式现代性通过特殊的双重分层运作，首先在人类和非人类之间，其次在阿甘本所说的"赤裸的生命"（zoe）和"生活方式"（bios）之间。前者指的是生物学意义上的人类生命，这不是一个科学建构，而是一个政治建构。要避免把赤裸的生命本质化，这一点非常重要，正如加萨尼·哈格（私人通信，2008年7月）所指出的，生存的简单事实可以看作抵抗的行为或是抵抗的公开声明。欧洲现代的生命政治技术并不仅仅分离生命和非生命、人类和自然（其他图表已经展现出来并且也能作出这些解释，虽然差别很大），而且它们把人类归入文化，这样赤裸的生命就被构建为生活方式的客体（作为社会性，一种生活方式）。

我们可以说，那就是欧式现代性的生命政治，不仅忽略了人类的自然性，还忽略了自然的人性。通过一种特殊的分层形式，通过两个步骤完成了这种忽略。首先，将人类和文化等同：文化的逻辑（编码、他性和差异的逻辑）

被施加在分配上；这两种建构和分配的装置的关系被自动编码成同者和他者的关系。因此，生命政治的关系被重新表述为他者化的关系，同者和他者的关系，人类和他者的关系。这是第一种政治性表述他者（或者差异）的立足点，在欧式现代性中这种表述通常会被贴上否定性的标签。他者在有关差异的否定性逻辑中被重新构建，因此世界是外在的并且独立于人类的。在人类和自然的否定性关系中，前者被主观化和普遍化，而后者则被客观化和特殊化，世界是人类使用和利用的资源库，为了人类的利益而生。[8]但是我们必须注意到这样的关系通常是情势化地被固定下来的，我们必须为别的表述他性的方式留下空间：作为主导形式的相对的否定性（他者不是同者，因此不具备同者的特权），作为纯粹的否定性（他者甚至不能比较，因此带来了激进的和绝对的挑战），以及作为肯定的激进他性。

这把我们带回到作为包容性排斥的"例外状态"的概念（Agamben，1998）的第二种用法。尽管一些人认为这个概念的两个参照物——主权和生命政治——是相同的，但是它们在图表中的不同位置运行，尽管它们也得到了强调，由一条特殊线关联起来，被界定为欧式现代性的一个普遍逻辑——否定性逻辑——的具体显现："规则悬置自身，导致了例外，又在与例外的关系中维持自身，把自己建构为一个规则……这种关系的极端形式表现为某些事物通过规则的排他性而被单独包含。"（18）

例外状态和另一种逻辑——肯定性［阿甘本称之为"典范"（example）］——相反。典范的例子本身就是一个特异性的例子，它作为一种存在模式既是非普遍的（从概念的角度来讲）也是非特殊的（例如个体），因为这个典范存在于它所例证的阶层的内部和外部。典范的存在"依靠共同和适当的、属和种的、本质和偶然的无差异化。［它］是这样一种事物，凭借它的全部特性（但毫无特性）构成了差异。属性方面的非差异就是赋予和散播特异性的东西。"（19）除此以外，典范的地位并没有一劳永逸地实现；它是一条生成线，"在普遍和特异的路线上来回穿梭"。换句话说，典范不能通过一种普遍通用的属性诉求——身份——来界定，这样就会赋予它一个包含/排斥的边界，而被它自身所归属的对象所界定（在这个例子中这个对象是阶层）。典范归属于环绕其周围的集合，因此由它的可替代性所决定，因为它总是并且已经属于他者的领域。这是"一个不可调控的可替代性，既不能表征也不能描述"（24-25），一个完全无法表征的共同体。这个共同体，典范在这里扩张，是一个空空的、不确定的整体性，一个可能性的外部空间。因此，特异性可以被定义为"一个存在者，它的共同体不受任何归属条件调解……也不受简单的条件缺席调解……而是受归属自身调解"（85）。换句话说，典范作为典范运作凭借的并不是某些普遍性，而是它与集合自身的物质关系。这些普遍性的集合存在或并没有存在于其他事物，无论是哪种状况，典范都具有排斥他者建构自身可能性的能力。任何术语都可以成为该集合的典范，因为真正的问题在于归属于该集合这个说法。

阿甘本用这个例子来想象新政治。他称之为"未来共同体"，但是用德勒兹式的术语来思考也许更有帮助，比如"生成共同体"："如果不再为现有的错误的和无意义的个体性形式寻找适当的身份，人类便会如此深地陷进这种不当性之中，不再制造适当的存在——这不是因为身份和个体特性而是由于没有身份的特异性，普遍和绝对的特异性……所以他们将第一次进入没有前提预设、没有主体的共同体之中。"（Agamben，1963：65）在这样一个共同体中，没有共同的身份，不会脱离在那里这一事实去界定和统一成员的特性，他们在一起，只是待在那个地方。正是归属的事实构成了他们在一起的归属感。这是一个共同体，就像一个即兴爵士乐表演，只存在于它出现的时候。这样一种特异性遵循着参与的转喻逻辑，下一个的逻辑而不是借代逻辑，依据借代逻辑某一个会成为全体的"合适"形象。它是个体化甚至主体化不同的进程和形式的结果，外在于任何认同和差异的经济学。这样一个共同体定义了一种基于外在性的、基于归属的特异性的积极性。然而，正是由于它的积极性，它可以，不管是否有意，界定反对的共同体，并使之具体化，无论是特定意义上的还是普遍意义上的。

还存在生命政治的其他维度、其他问题。例如，政治生态学探索自然本身被建构的过程，从而界定不同种群之间、不同种群同"自然"（或世界）之间的可能关系，特别是人与自然的关系。因此，生命政治提出了基础性的问题，不仅关系到环境政治、我们和地球的关系，而且也关系到"非人类"的不同形式之间的关系。[9] 最后，正是在这一点上，我们可能会开始定位和思考一些非常困难的暴力问题，因为终极暴力与生存（和死亡）相关，就字面意思而言与加诸身体的攻击有关，无论是个人的、人民的、社会的还是自然本身的身体。[10] 暴力挑战了文化研究，因为它似乎以一些不太明显的方式，否定了政治话语调解的必要性；其结果是，通常情况下，文化学者更多的是在书写暴力的表征。[11] 另一方面，尤其是欧式现代性语境中，暴力似乎带给我们更多的矛盾和问题，它越来越景观化，同时又越来越日常化或者常态化，这样一些矛盾的效果使暴力变得无法被表征。暴力是不能被表征的这种观点，至少以它的某些形式，呈现出暴力作为一个本体论事件否定意义的任何可能性。[12] 相反，把暴力定位于身体这一点，我们所面临的不是看似不可能完成的对抗物质性外在文化的任务，而是如何勾画它在政治图解空间中的接合。

我现在转到政治领域的第三个顶点——日常生活。像国家一样，它基本上也是一套辖域化装置。我将在最后一章详细论述它。总的来说，这两个顶点与另一个图表相关，该图表把现代性的空间-时间生产描述为一种多重性。日常生活描述了流动性空间的组织和布局，或者如我所说的（Grossberg, 1992, 1997）结构化的流动性。它定义了或勾画出人们如何迁移，往哪迁移，人们如何停下来安置自己，以及他们如何占领这些空间和场所。这些地方是临时的归属和认同点、定位和安置点。它们是强度状态，创建了临时地址或家庭，并不先在于流动性线。它们定义许可或代理的形式、继续和出局的方法。场所并非限制，因为正是在这样的地方，各种意义、欲望、快乐、关注等等文化地图，以及各种认同和差异的关系才得以表达。日常生活勾画出那么多人们可以迁移的房间，还描绘出他们去哪儿、怎么去。它产生特定的矢量、强度线以及密度线，进一步催生出具体的流动性和稳定性形式、具体的封锁（或锚定）线和飞行线。它勾画出人们生活的方式，总是有限的自由，要么停留在一个力场，要么穿过它。它勾画出空间变成场所、场所变成空间的可能性。它勾画出一个力场中灵活性和稳定性如何成为可能同时又受到限制。日常生活是空间和时间当中的实践和身体、资源和工具、价值和效果、权力和政治的循环示意图，还是这个循环的影响和约束示意图。它不仅测量场所和空间，还测量距离和通道、强度和密度。

这种结构化的流动线既提供了组织化空间，还提供了流动的模型。它们不断制定并启用特定形式的运动与稳定性、生成和存在，而且赋予特定形式的行动和机构以权力。它既不是刻板的场所系统，也不是一个预先界定的想象的流动性的路线。它是不断变化的，但对于变化的方向和速度总是进行限制。对于每一个在日常生活空间中旅行的身体或实践来说，并不是所有的道路都同样可行或同样舒适。并非所有的道路都相通，而且某些道路具有非常特殊的限制通道。通道甚至可能只朝一个方向打开。并不是所有的道路一样容易通行，因为流动性本身具有不同的形式和形状（与路面的宽度相对应）。[13]

日常生活的政治，即使涉及特定的人群，也不会自动落入同一和差异的共同概念，这在很大程度上是由身体这一顶点周围形成的文化接合关系所决定的（作为反对组织化和特定身体分配的抗争）。相反，日常生活涉及技术问题和归属的形态、信仰和认同的方式，它界定了人们和实践可以归属的场所，以及人们可以找到的道路能够抵达的地方。在一个结构化的流动性中，例如，下属阶层不是一个社会范畴、一种身份，或一个简单的空间位置，但却是一个分配矢量，它定义了通道、移动性，以及投入和机构的可能性。因此，在日常生活中有机构的不同概念，这与另外两个顶点的情况不同。这里的机构指的是，实践和身体的特定形态就像领土地图上的某个地点一样存在，某部分人口与可能性地点和空间的固定接合。

图绘政治

我的问题与政治的生产相关，它是一个复杂多变的领域，反对任何形式的还原论主张，包括简化变动之复杂性的理论。我希望这张图表能让我们远离简单的二分法，这种二分法通常建构了政治讨论，如结构与过程、中心与离心、宏观与微观。在展示这个图表之前，有两点需要说明。首先，在这张政治图表中,不仅要假定失败和成功一样都具有建设性,而且要假定整个图表中抵抗几乎无处不在。然而,抵抗不能由抽象的形而上学的(或人类学的)原则来解释,也不能归咎于压制的回归,也不能由这样的事实——召唤和主体-位置的对立——来解释。它不能被解释为任何一件事情,因为抵抗的形式是由它们在图表中的位置,以及它们所反对的技术所决定的,就像任何共同的本质都只能由一些空洞的否定性权力来定义一样。其次,我想强调的是,图表必须被理解为动态的和必然未完成的,因为政治的现状是由它和同样复杂的机器装置(分层、编码和辖域化)以各种技术的运作(价值生产、通约和现实化)交织和混合所塑造出来的,这就致使社会形式的几何形状和密度成为可感知的。[14]

这三个顶点使我们可以开始勾画政治的复杂横贯空间。图表是一个(真心希望)有用的表征复杂性的方式,尽管过于简单化,但却是一个情势化地思考政治的可行工具。

这看起来可能像一个相当神秘的练习。我只能说——是因为我不会用足够的细节来应对挑战以消除这种对神秘的恐惧——我的目标仅仅是传达一些节点的多样性和构成政治领域的决定性线,从某种意义上说,政治事件或实践的特殊性取决于它在政治领域内所处的位置,以及权力形式的复杂性(如殖民性或"多元文化主义"),它们很容易被简化为单一的维度或位置。因此,如果我们思考流散之类的东西,我们可能首先要问它是如何构建的,在其情势化的具体形式中,图表中三个顶点运作的装置是如何建构它的。这仅仅是开始,我将很快回到这里。同样,我们不能忽视国家形式参与建构欲望政治和幸福政治的方式。或者,如果我们看到自由主义(个人主义)和社群主义坐落于不同的位置,处于不同的空间,我们就可以重新考虑它们的关系(超越对立这种经典的假设)。图表所展示的政治的分散(和结合),可以使我们了解政治和经济、政治和文化之间的异常复杂、多样的关系,看清这些语域交叉和对应的不同位置和方式。[15]

我可以继续论证,但我的要点在于,我们把政治语域的分配的复杂性简化为少量的问题和斗争,一般来说,把每一个看作是相对独立的来对待。此外，我们也简化了政治斗争的复杂性，忽视了其结果和功效的情势复杂性。这儿起作用的是一种分形逻辑（fractal logic）：政治的复杂性或政治领域的任何问题都必须放在该领域的内部并结合外部的情势整体性才能得以描述。毕竟，被看作政治的东西和政治领域本身在与总体性的关联中是如何被组织和接合起来的。这个图表的目的在于，简要地和不断地提醒我们反对简化政治。

最后，我想提供一些简短的、高度抽象的、推断性的对于图表中的线（以及它们所勾画的空间）的意见，为这里的复杂性提供一些提示和例子，主要聚焦于"矢量"。这些矢量并不是稳定的和固定的政治领域的边界或标记；相反，它们是主动线，把政治领域召唤为存在，可以说，它们是多孔的边界，控制着混乱。但是，如此一来，它们也界定了脱嵌性的可能形式，在各种现代性的现实形态中建构政治。

第一条线（"4"）连接了身体、生命政治和国家。在这里，我们可以找到许多政治形式，正是由于它们，生命被捕捉、被政治化，包括关于身体、健康、性别、移民和死亡的文字斗争。它至少要包括治理术、安全保卫等某些形态，福柯（Foucault, 2007a）把它们看作对种群身体的操控，以改善人民健康状况为名，组织和控制其行为。最重要的是，正是沿着这条线，我可以找到国家对待自己的人口（种族主义）和它的敌人（战争）的暴力行为。它向我们指明，种族主义和殖民性是欧洲权力的绝对核心："一旦国家以生命权力的模式运作，种族主义就可以证明国家杀戮功能的合法性。"（256）正是沿着这条线，一个独特的生命政治逻辑出现了，它可以跟各种文化形态相接合：我们周围都是野蛮人，是他们促使我们——好人——去做坏事。[16]

第二个矢量（"5"）连接了日常生活和国家。在这里，我将定位公民社会和自由公民身份、大众（情感）的斗争，在那里人们可以谈论通常被认定为公共领域和陌生人-社会形式的东西。它包括许多治理的政体或实践[17]，承认存在着不同的理论，当然也有许多不同的治理方法，而且它们之中的一部分不能孤立地界定或仅限于国家本身。克拉克和纽曼（Clarke and Newman, 1997）把管理主义的出现描述为一个独特的实践或治理政体，在此背景下，他们强调了这些问题的复杂性：一方面，他们把政治和文化的接合推向前台；

另一方面，他们一致认为，权力始终面临着挑战和不可避免的失败，无论是通过简单的持续剩余权力还是通过抵抗的积极形式等等。[18]阿尔瓦雷斯（Alvarez，2008）通过比较各种"统治技术"的方法总结了许多这方面的工作。她描述了四种做法：治理术（即提出问题的解决办法以寻求稳定性，在这里公民社会只发挥细微作用）；治理（涉及政府的素质，以及与公民社会/公民的密切合作）；共同治理（建立在公民社会/公民更强烈的参与观念之上）；统治（即惩罚由第三方通过表演技术的方式执行，市民社会/公民相对去政治化）。

我们最初可能会被把公民问题（及其相关的术语，包括"公民社会""公共领域"，至少还有"人权"观念——其他权力领域和权力概念可能会被放在前面的矢量中考察）与主体性和认同分开。[19]第三个矢量（"6"）在身体与日常生活之间建立了联系，把政治看作通常被称为个人或私人的东西——我认为两者是不一样的，事实上，它们是由不同的技术产生的，在图表中有不同的定位，但在欧洲现代社会中它们之间有着密切的联系——以社会性的形式，一方面包含了亲密感和家庭生活关系，另一方面包括了集体性和社会关系（包括文化认同）。它特别关涉个体性、主体性和共同体的问题；将其与文化问题相接合，我以之定位许多所谓的身份政治。作为图表的一个矢量，我认为私人既是一个没有本质内容的基本术语，一个欧式现代性关键的自我表征，同时也是一个权力和价值的组织原则。

剩余的线都是横贯的，所以它们跨越了多个矢量；它们构成和占据了由不同密度和多维关系所标识的三维政治空间的特殊节点。它们把实际政治形态、技术和斗争建构为复杂的异构形态。它们接合和装配了各顶点捕获的、沿着这些矢量分布的关系和元素，从而生产出复杂的政治生活现实。例如，我建议沿着横贯线"12"的方向，我们可以理解阿甘本（Agamben，1998，2005）的"生活方式"、维特根斯坦（Wittgenstein，1968）的生活形式，以及威廉斯（Williams，1961）的作为政治现实的整体生活方式。

任何进一步的详细阐述，任何填补或充实图表的努力，都会比我给出的观点更具思考性。政治的复杂维度是如何实现的往往是情势的特殊性问题。

一个特定概念、抗争或事件在政治图表上是如何定位的以及位置在哪里，只能由复杂现实中的情势来解答。事实上，我们看作一个独立的政治问题、抗争或概念的东西，可能是复合叠加的而且/或者是复杂接合的。我们认为是有关某个特定政治问题的更好的理论，在图表上具有特定的位置，实际上可能几乎不可分割地与其他节点和其他斗争联系在一起。例如，与其思考身份政治的本质和效力方面的诸多不一致，我们不如放弃这些观念：本质主义者有关通道和表征的抗争可能位于更接近于国家顶点；他性和差异的建构可能更接近于身体顶点；归属感的问题似乎更接近日常生活顶点。我们也会考虑所谓的身份政治在变动情势中的位置转移，虽然有各种版本的本质主义身份政治和反本质主义身份政治，但是在回应战后语境时，它们可能是必要的和适当的（在多重现代性这一问题明确显现之前），在当代情势中，它们需要被重塑。[20]

或者以流散问题为例，我们可能需要考虑更加复杂的术语。[21]有人可能认为流散政治与横贯线"10"相关，我们同样可以在图表上标示出它的复杂性。首先，它明确提出了流动性的问题，至少暂时地，还不具备稳定性；或者说，移动中的身体必须找到一种方式携带他们的日常生活。在某种程度上，他们总是遭受以身体为国家的威胁，从而发现自己，在最极端的情况下，下降为赤裸的生命，或者，在更加典型的情况下，无家可归。也就是说流散政治在一条线上运作，这条线联系并接合了这三个顶点。毫无疑问，如此高密度的问题群是当代政治理论的核心问题。

毫不奇怪，殖民性政治中也存在这种复杂性，欧洲现代政治地图当中的复杂性、密度和向心性为现代性/殖民性的主张提供了依据，殖民性是欧式现代性中亟待定义的方面（Mignolo and Escobar, 2007）。综上所述，这些议题似乎提出了许多绝对关键的问题：认同的问题（从各式各样的文化差异技术层面来理解）如何成为欧洲现代世界中政治抗争的核心概念？认同如何成为一种古怪的吸引体（主导能指?），在它周围聚集着如此众多的政治领域？作为一个关键的古怪的吸引体/主导能指，认同的功能如何在战后情势的语境下重新配置？认同的重新配置如何为全世界和美国的其他政治斗争提供帮助，又如何被这些政治斗争的变化（比如，殖民统治世界的解放斗争、民权运动、反文化政治、女权主义以及其他所谓的认同运动等等），或者其他斗争形式，如经济和文化交叉的抗争所影响？除了图表中建构和分布的复杂性领域，我们如何才能将政治与每个实践的维度接合在一起？正是这种努力，就像前两章所展示的，打开了想象一种描述现代性的可能性，它的起始之处并不是一系列具体化的、断裂的领域，被它们不可能统一的阴影遮蔽的领域。

从权力到政治

前面我试图以图解法表达那种复杂性的某些方面。现在我想转到政治本体论的问题。首先我要区分三个术语：政治、政治的（或……的政治）、权力。正如在欧式现代性理论中（在某种程度上，日常语言中也是如此）通常所表示的，政治是指有限的权力机构——国家以及所有直接或间接隶属于它的东西——以脱嵌的方式运作，但是我怀疑它是否或曾经被认为是和经济一样自主的。不过，我们可以把吉布森和格拉哈姆（Gibson-Graham，2006）的冰山隐喻用于政治：国家，鉴于其嵌入式脱嵌性，凸显出来，就像是一片广袤之中的可见者，对于我上面用图解法表示的东西知道得越少，政治领域越不可见。但是，与经济不同，政治的本质是分散的、被植入的这种主张一直得到许多活动家、批评家和理论家的认可，尽管有人通过重新嵌入的方式来反思国家，但是这种努力还远远不够。[22]

"政治的"这个词通常被视为"……的政治"，几乎总是被看作其他元素的附属，总是在关系中得以表达。但是关联性几乎总是被限制，不能扩展到关系的复杂性之中，这样才能把"政治的"看作情势的一个维度。正是这个维度，就像经济和文化一样，与虚拟和真实之间的关系有关，与价值关系有关。那么，最后我要做的就是，不仅把国家重新嵌入政治，而且把政治的图表嵌入权力本体论，为情势主义者找到一种接近政治和情势的更好的方法。

要做到这一点，我必须从权力本身的范畴开始，它所包含的内容超出了政治学或政治的实际形式和过程。实际上，我们可以区分三个相互关联和重叠的权力的概念，即建构性力量、毛细血管权力或微观政治，以及被建构的权力或宏大的权力，然而我不认为后两个之间的区别像某些人所说的那样具有本体论意义。建构性力量[23]——有时被误认为与微观政治或毛细血管权力相等同——的概念是一个本体论类别（与微观政治的经验现实相反）。它定义了存在自身（或生命，取决于对不同哲学家的理解）的虚拟力量，或者更准确地说，它定义了存在本身，虚拟把存在看作力——施动的能力和受动的能力。这是能量或力的线在最基础的层面上构成的现实。它是生成的现实或者生成的力，作为力本身的生成的现实。

建构性力量是任何实际现实的本体论前提，同时也是任何实际的政治领域的前提，但它并不等同于政治，它作为一个经验语域（一种实现了的现实）总是能力的组织，因此，也总是它们的界限、限定等等。如德勒兹（Deleuze，1994：212）所说，这个"实际的术语从来不像它们化身的独特性"。而且"在这个意义上，现实化或差异分化一直是真正的创造"。正是这种创造实现了政治，诞生了政治。显然，建构性力量"先于"价值和意义，正是在这个意义上，力量先于经济和文化，因为后两者——至少我已经把它们理论化——是虚拟和真实之间的关系。

建构性力量不是经验形式的权力或政治的另类原则。作为能力的力量，就其本身而言，既不是也不能成为某些实际政治配置的现实化，即便否定某些政治配置也无法完成，尽管在政治配置的现实化和有效性层面来说，它总能保证任何这样的配置注定是要失败的。然而，一些理论家把建构性力量看作一个完全开放的、尚未确证的可能性的经验空间。如果这种本体论范畴被给予了规范的真实，结果就是，某种政治伦理必然是"坏的力量"，这种政治伦理假定了以下诸种事物，限制了强度和可能性的流动，约束和组织了生成的涌动，占用和巩固了完全开放的创造性的虚拟空间的结构。但是如果所有的结构都是专横的，甚至是微观法西斯主义的（micro-fascist），那么似乎就没有办法区分不同的政治结构了，剩下的唯一可能性是无政府状态（一个相当奇怪的概念）。

政治的实证领域通常是分裂的，遵循着福柯（Foucault，1980，1988）

的路线，进入微观政治和宏观政治中，前者有时错误地被等同于分子（虚拟，生成），而后者有时错误地被等同于克分子，仿佛微观政治就是建构性力量一样。[24]微观政治指的是特定政治配置的毛细血管性质——"政治无所不在"，乔迪·迪恩（Dean，2000）的贴切短语。它有意推进我们对于政治领域的理解，超越具体化（脱嵌的）体制结构和国家实践。微观政治就是力量，这种力量不是通过垂直的控制系统（无论是高压的还是意识形态的）运作，而是通过水平的行为控制机制（对行为的引导）运作，不是通过禁止和体制运作，而是通过接合运作，不一定通过个体（无论个人还是社会的）运作，而是通过力量自身的关联性所构成的碎片运作。[25]它不仅在宏观结构（体系、人口、个性）之内和之间运作，还在提供基础构造和界定不同的力量技术的微观结构和微观进程之上和内部运作。微观政治和宏观政治密不可分。

因此没有权力就没有现实，或者更确切地说，没有政治就没有现实，这并不是因为权力是虚拟的或者权力生产它的客体，而是因为政治通过选择和配置虚拟（能力）的方式，记述了真实现实的产生。微观或者毛细血管权力是自我组织的，构成特定的权力政体，而且由特定的权力技术所建构！它与建构性力量不同，也不是简单的宏观政治的基础构造或构建模块。我暂时假设宏观政治的观念是第三种权力概念而不需要详细阐述。它指的是制度节点和权力组织，图表中明确的顶点和节点，在欧式现代性话语中它们通常（但并非一直如此，并非总是在同一种程度上）被看作是脱嵌的——包括国家政治、公民权和人权、身份-结构、社会运动等等。

而当代理论深陷于当代情势当中的各种抗争，成倍地增加了维度、节点和政治的范畴，政治从哪里开始以及如何建构自身，这样一个前后关联的问题涉及政治的历史本体论——现代特异性。我们如何把政治看作任何既存实践的一个面向，而不是一个脱嵌的领域，并不是又一个超越性问题那么简单，就像驱动许多当代政治理论的问题那样——比如，政治的本质是什么，政治的基本主体/客体是什么：施密特（Schmidt，1996）的建构性排斥（敌人）[26]，拉克劳和墨菲（Laclau and Mouffe，1985）的对抗主义，哈尔特和内格里（Hardt and Negri，2000）的群众，朗西埃（Rancière，1995，2001）

的抗争[27],巴里巴尔(Balibar,2003)的大众和大众运动,康诺利(Connolly,2005,2008)的同一和差异的构造和关系,或者阿甘本(Agamben,1998)的"赤裸的生命"?其他问题推动了政治理论,包括政治是确定的还是不确定的,诗意话语具有超越作用还是回归话语具有超越作用[28],以及民主、例外状态、共识、理性和认同的建构作用为何。与此相反,我想提出一个不同的问题:政治如何在特定的情势中产生?我们如何在情势或者历史本体论中定义政治?

我曾主张界定社会应从这样的事实入手,所有实践都围绕价值的生产展开,就像作为潜能(盈余)的潜能的实现;经济,应由参与到技术/装置之中的、提供充分价值或比较价值的任何实践来界定(或者用更常见的经济学语言来说,在资源和实用性之间保持充分的动态张力);文化,应由参与到技术/话语装置(这里话语被定义为非实体的转换能力)之中的、把价值(及其盈余)作为另一个来实现的任何实践来界定。现在,最后,我主张政治涉及对于真实的生产,同时微观政治和宏观政治应作为一个集体的体系结构。政治界定了参与技术和装置之中的任何实践或关系,在作为能力的力量和作为控制的力量、虚拟与真实之间的张力中生产出集体。它产生一套组织化环境来配置多样性,它与文化(这就解释了它们之间为什么偶尔会出现"竞争",它们都声称自己是现代性的定义语域)和经济平行运作——但是经常交叉。

如果经济有与其相称的机器,而且文化也有其情感调解的机器,那么政治的生产就通过德勒兹和加塔利(Deleuze and Guattari,1987)所说的"捕获装置"运作。[29]这种装置产生一起共鸣的元素的团块,体现出"一致性的形式"。"捕获"表明在政治之中"问题不是无政府状态和组织化之间的对立,甚至也不是中心主义与去中心化之间的对立"(471)。捕获装置构成团块,总是逃避自己的团块,不是由同质化甚至整体化界定,而是由共振和一致性的原则来界定。它们创造"稳定性的阈限",独特性或事件借由它们集合在一起,产生共鸣:"获得容贯性,或对如此多样的事物进行加固。"(435)但声称捕获装置产生团块并非如此简单,因为它们也捕捉已经存在的东西;被捕获的东西既是由捕捉的行为预设的,同时也是捕捉行为所产生的。或如德勒兹和加塔利所说,"捕获机制从一开始就有助于集合的形成,同时也正是在集合之上捕获才得以实现"(441)。

然而,通过捕获团块,捕获装置不仅使团块适应了它的内在性,可以说,它还设置或确认了外部,"生产……外部就如装置的外部"(Toscano,2005:40)。捕获装置总是无法捕捉一切,因此生产出它们自己的外部,这并不是一个否定,但它可以并非巧合地通过文化装置作为剩余或其他东西而被接合。因此它们把政治界定为包含和排斥模式的持续生产,不一定只是身份和共同体的问题,还是分配性的和建构性的集体的问题。[30]记住每种机器进程都在两个方向上发挥作用——层阶化和去层阶化、编码和解码、辖域化和解辖域化——所以捕获装置总是在捕获和游牧(逃逸)之间,而不是在组织化和流动性之间运转,但是,却可以在可计算的和不可计算的之间运转,因为不可计算的东西也是无法捕捉的。就像游牧,装置产生权力的不可计算性,就像它自己的可能性条件和它自己的失败性调控。也就是说,力量总是逃避那些试图捕捉它的装置,正如逃避恰是装置本身的可能性条件。但是作为不可计算的在逃避的总是力量——虚拟——而不是它的否定(或力量的缺席)。

德勒兹和加塔利(Deleuze and Guattari,1987)确认了至少两种捕捉的形式,两种容贯性的形式:对于外部的征用和占有的内容贯性(intraconsistency),比如控制,以及网络的超容贯性(transconsistency)。前者代表着编码机器的操作,它是把国家作为一个超编码集合进行描述的基础。国家真的能够捕捉一切进入它的轨道的事物,通过让这些事物浸润在它的编码(因此创造了更多逃离它编码的线的可能性)之中而将它们组合在一起。也正是在这样的捕获装置中,德勒兹和加塔利(Deleuze and Guattari,1977)定位了主体化的进程(他们指出至少有两种形式:社会征服和机器奴役)。

超容贯性装置描述了收敛和分散的过程、异构系列之间的集合的建构,它的标志就是要素之间的循环和领土的出现。换句话说,它是辖域化的捕获装置,比如那些生产日常生活的东西。但给我强烈印象的是,他们理论中暗含的另一种容贯的形式:间容贯性(interconsistency)。[31]这表明分层的捕获装置是通过一个特定的双重接合、两种操作的情势来工作的——在这种情况下，这两种操作为对比和占用。正如巴顿（Patton，2005：41）总结的："在所有的情况下，我们发现同样的两个关键要素：一般的［'直接的'］对比空间的建构和［'垄断的'］占用中心的建立。"[32] 这是一种捕获模式，生命本身被它捕捉，这里人类作为一个物种，同时生命政治的政治被调动起来。

显然，我认为我的图表中三个顶点——国家、身体和日常生活——实际上描述的是特殊的捕获装置。也就是说它们实际上并不是这一场域中的权力本身的"节点"，而是装置，它们形成了这一场域，界定了这一场域的边界和容贯性的不同场域，而正是容贯性的不同场域标识出政治的密度变化。它们实际上并不是——尽管表面上看起来如此——政治的潜在脱嵌性时刻，因为它们通过它们所产生的精确的有效性线来操作。此外，每个顶点本身就在捕捉和游牧之间不断地波动，从而确保在政治本体论内权力永远是不完整的，总是受到抵抗的，总是失败的。我也曾提出每一个构成顶点的装置都是接合而成的，由捕捉机器进程的特定形式——层阶化、编码、辖域化——接合而成。捕获概念看起来超越和穿过了所有的机器进程。但是我不想走得太远，因为我认为既然它们通常以特定的方式、在特定的关系中接合、展开，那么这些接合物在特定情势之外从来都是无法得到保证的。

把政治作为捕获装置来思考，能使我们超出政治领域内老生常谈的争论——例如，在过程和结构、代理和制度之间——进行思考。它似乎也向我们展示出悖谬性的东西，我提出的作为集体性捕获的生产的政治似乎更接近于一般性的把社会看作关系系统（从人际关系到制度）的理解。这正是施密特（Schmitt，2003）害怕的：当代政治（既是实践也是理论）不仅合并了社会和政治，而且用前者取代了后者。然而，这正是我希望完成的，远离欧洲现代的政治拜物教，敞开这一领域的复杂性和多样性。我认为欧式现代性将其看作社会的东西孤立起来，而这一社会的东西恰恰是由作为捕捉的权力操作所建构起来的领域。更重要的是，我希望能提供一个词汇表和一组概念工具，不仅可以使我们看到情势整体的无处不在和它的渗透性，甚至能看到现代性的多样性，经济、文化以及政治的多样性。

结论：关于现代性斗争的想象

我想通过思考当代情势中知识和文化左派的一种建构性的论争来结束这一章[33]——它并不是唯一的但却是核心的问题，因为争论可以限定在反对（自由）欧式现代性这一问题中得到理解。此外，这个论争可以看作涉及本体论的政治和情势论的政治之间关系的问题。它们之间的分歧有时可以看作两个派别之间的争论，其中一方关心国家权力，另一方认为与这类结构的任何牵连都不可避免地陷入权力的运作之中，虽然这种权力运作正是它所反对的。前者的立场包含许多可能性，尽管它通常被等同于各式各样的马克思主义，包括文化研究。后者的立场通常被看作两种彼此区分又相互重叠的话语：一方面，自治理论首先假设权力即是能力——位于工人阶层或者大众层面——先于而且决定着与它相对立的能力，即是它后来反对的权力结构；另一方面，确切的德勒兹式"生成政治"理论。以不同方式，在不同程度上，这两种话语促成了反体系的政治，这种政治致力于以不掌权的方式改变世界[34]，且通常与新无政府主义者（黑色旅）、非法占据者、反全球化（或全球正义）和社会法庭运动、萨帕塔主义者等的立场具有显著的差异。这种自治政治的斗争往往认为自己在捍卫本体论权力，反对社会学的（结构的）权力，以生成对抗存在，以流动性对抗稳定性，以复杂性和多样性对抗特异点和普遍性，以地方性对抗民族主义，以去中心化和民主对抗组织化和结构。它们为作为政治斗争实践的试验而欢呼。

不过，区分自治理论和德勒兹式"生成政治"两种话语的不同的含义和影响是非常重要的。首先，我建议，它可以被看作在生成本体论的基础上构建一个规范的政治；这似乎终止了政治机构和策略的问题转向本体论，所以，对于过程的强调胜过语境问题的紧迫性。不只寻求国家权力之外的自由，而且寻求必须参与这类政治之外的自由，它通常提供关于这类政治如何运作的相当普遍和整体性的描述。另外，描画一种政治，权力作为生产性力量（建构性的）是摆脱所有社会政治关系的，强调内在性、自主诗学（autopoetical)、流体、复杂、意外以及权力/现实的扁平本质,它的抗争一直是地方性的。

真正的问题不在于是否可以从虚拟的本性当中推导出一种朝向现实的政治,而是如何推导出它。具有讽刺意味的是,政治本体论可以推卸责任,不再分析实际权力配置的特异性。往往持这类立场的研究者只提供相对简单化的分析(比如,对于资本主义的分析,尽管装扮得非常花哨),或者他们认为前和后的后现代逻辑只是复制了它们反对的绝对二元结构。正如霍洛韦(Holloway,2002:15)坚称的:"斗争消失了……一旦权力的逻辑成为革命过程的逻辑。……我们想要的是这样一个社会,在那里权力关系被消解……一个非权力关系的社会。"从文化研究的角度来看,很难知道这样一个立场如何实现。

但我并不认为对话是不可能的。这类政治的最机智的捍卫者之一威廉·康诺利(Connolly,2005)综合运用了生成政治——"吊诡的政治,凭借着它新的、不可预见的事物蜂拥而至。"(121)从存在的政治角度出发,它"指的是持续不断地结晶化,正如隐秘的力量可能在它们之中不断累积"(121)。它与文化研究之间的距离也许并非如此遥远,至少如我刚才展示的,它宣称一种意外的、复杂性、可能性的政治。康诺利的立场的优势之一在于,不像其他自主的作者,他没有从生成政治中直接推导出他自己的规范的多元主义政治——我觉得特别有吸引力的一种政治。康诺利也避免了反体系政治中的一种普遍趋势,把社会运动作为变化的中介,从更为普遍的"人民"问题中抽离出来,这种做法是值得怀疑的。社会运动往往被认为是外在于它们所反对的政治,因此外在于它们孜孜以求的变化——或许被认为是从相对隔离的人群之中产生的向心性模式的结果:例如,萨帕塔主义者的本土争斗。结果之一就是一种特殊的瞬时性,事实上逐渐降低了严肃智力劳动的可能性:我们想要这个世界,我们现在就要它。

其次,与这些自主社会运动相关的理解凸显了它们展望现有生活方式的替代物的途径。它们的反对意见主要依据自己的内在性,它们的存在就是一种另类生活方式或者实验的实验室。这种社会运动所制定的是我们通常所说的"预定的政治",强调自治的原则、反层级、自我治理:运动成为它们自己的欲望客体。任何社会运动实践的目标都在于产生社会运动自身,也即一种实现生成本体论的运动。然而,创造这种运动的可能性,即使它的任务就是自己的生成,也不能将自己从反对派这种工具性任务或者它在其中运作的情势中分离出去。

在当前情势下,两种政治类型或者立场之间的争论——国家/结构/人民对立于日常/无政府主义/生活方式——可以追溯到20世纪60年代左派当中不可避免的分裂。[35] 但是这种争论具有悠久的历史,威廉斯(Williams, 1977)将其概念化,称其为对抗性政治、可选择性政治和独立政治之间的差异。对抗性政治取决于作为敌人的他者的在场,它把自己展示为对于占主导地位的政治的直接挑战或威胁,用自己的力量和一个更好的权力配置的承诺(但并不一定是一个具体的愿景)来应对它。在可选择性政治中,可选择性把自己作为一个筹码,含蓄地挑战了霸权政治组织。在独立政治中,他者只有在缺席时才是有效的,它是逃避主流政治控制的政治。

我的观点是,这些本体论的和自主性的理论和政治通常不会认为自己是在文化研究的标识下运作的,在当代文化研究的讨论中它们是重要的对话者。与其注意它们与文化研究之间不可逾越的距离,我们不如看到在当代情势中这种距离生产性的发展潜力。因为这些围绕着政治占用形式的争论和斗争可以被解读为关于现代性的争论——尽管在双方的话语中现代性通常被等同于欧式现代性或者它的重新配置。此外,欧式现代性的现代性很少被界定,所以所有的一切被假定统统囊括在整洁的"现代"包裹之中,或者将现代性等同于单一的本质而出现在所有的事物当中。因此,我想返回到我在第二章中提出的任务,把现代性作为一个问题来思考,以及思考其他现代性的可能性。

注释

[1] 在发达的工业世界,风险确实被降低,但我们似乎更加厌恶风险,总是尽最大的努力去规避风险。

[2] 假设"责任化"等经验现象在某种程度上是新的(忽略与其他观念

之间的关联，比如 20 世纪 50 年代的内部驱动的自我观念）。

　　[3] 控制社会的概念，只有德勒兹（Deleuze，1992）简单介绍过，似乎与福柯的生命政治和安全化（securitization）观念有所重叠。它描述了一个永久训练的系统——快速转移和连续变化、持续调节、无限灵活。它展示出一个完整的图像（而且成功地分散了权力），这种图像放弃了老旧的中介/能动性（agency）和主体性形式，想象出一种新式的"奴役机器"。正如我们轻易就可以看到的，它似乎与后现代主义、后福特主义等等描述相互关联在一起。

　　[4] 在马克思主义理论中，真正的"劳动从属"（subsumption of labor）①描述了这样一种状况，在本质上劳动仍然外在于生产过程，因此它必须是抽象的、能够恢复的、他律的、由生产过程管理监督的，主要通过原始积累和劳动力市场的生产来实现。在真正的从属中，劳动成为生产回路本身的产物。

　　[5] 参见康诺利（Connolly，2002）、布朗（Brown，1995）、迪恩（Dean，2000）、夏皮罗（Shapiro，2001），以及巴里巴尔（Balibar，2003）、朗西埃（Rancière，1995）、墨菲（Mouffe，1993）。

　　[6] 我不认为"国家"是针对欧式现代性而言的，甚至对现代性而言"国家"是独一无二的，尽管可能如此。我认为现代性使得国家进入权力斗争的场域。我在这里思考的是杜威提出的问题（Dewey，1946：223）："在两种理论之间是否存在另一种可替代的理论……一种理论把主权看作社会的一部分，它使得政府成为一个实体，政府的所有操作都是命令；另一种理论认为在社会活动的整体复杂性中发现了主权的居所，因此使得政府成为一个器官——有了这个器官我们就能获得更高的效率，就比例来说，它并不是一个实体，但是非常灵活，能够回应整个社会，或者真正的主权。"

　　[7] 可以想象一种生命政治，比如几乎所有的事物都是有生命的。

　　[8] 参见海德格尔（Heidegger，1982）和拉图尔（Latour，1993）。

---

　　① 马克思在《资本论》手稿中提出了"资本对劳动的吸纳"（Subsumption of Labor under Capital）的概念，中文版翻译为"劳动对资本的从属"。马克思区分了两种从属形式，一种是形式上的从属，另一种是实际上的从属。马克思以之强调劳动对资本的从属关系。——译者注

[9] 参见以下诸人的重要著作,比如米克(Muecke,2009)、埃斯科瓦尔(Escobar,2008)、伯兰(Berland,2009)、佩苏略(Pezzullo,2007)、斯莱克(Slack,2008)、罗丝(Ross,1994)和布莱泽(Blaser,forthcoming),在文化研究中他们的名字很少被提及。

[10] 但是,我也会沿着身体和国家的连接线来定位战争,尤其是一些人认为战争和政治之间有着不可分割的联系。例如,福柯(Foucault,2003,2007)和施密特(Schmidt,1996)的观点相同,认为政治是战争的延续,只是采用了其他方式。

[11] 参见费尔德曼(Feldman,1991)。

[12] 可以对比陶西格(Taussig,1997)、姆班贝(Mbembe,2003)和法农(Fanon,1967)。

[13] 举个例子,在我以前的著作(Grossberg,1992)中,我把致力于产生规训化流动(disciplined mobilization)的努力看作日常生活的特殊(情势的)建构,在这里解辖域化本身就成为它的辖域化逻辑。限制流动性的场所和空间消失了,边界出现了,此边界产生流动性,但总是绕回到起点。规训化流动把场所制造的劳动(the labor of place-making)转变成流动性的劳动。看似不受限制(在日常生活中)的流动性,它的边界本身就在被动变化,从一个区分他者的编码机器转变为辖域化机器,拒绝捕捉他者,消解了边界的存在。他者消失了。更准确地说,规训化流动是一个机器,进行着双重抹除:它不仅抹除生活之外的那些事物,还抹除了政治领域的剩余物的存在(即远离政治领域但与日常生活有关的存在)。毫不夸张地说,没有外在,以至于唯一的政治问题就变成日常生活本身的问题。

[14] 因此某些权力关系和权力政体如殖民性和其他装置,建立在他性的基础之上,只能借由这个情势的权力图表与现代性的基础性机器——尤其是编码-解码——交叉才能得以描述,正如在其他地方描述的一样。

[15] 例如,一个同事建议二者对应于由 10-11-12 构成的三角形所限定的空间。

[16] 因此,当今世界,我们面临越来越多的单一文化的社会现实吁求它

们自己的新常态地位,而不是作为例外状态(如以色列的初始"现代"的建造)。此处要感谢加桑·哈格(Ghassan Hage)。

[17] 治理不能等同于福柯式的治理术概念,它既有更大的包容性同时也更小。我必须承认,我常常对大多数后福柯式的有关治理术的著作抱有疑问,不仅因为在那些著作中它倾向于发现它无处不在,更在于它在资本主义(金融、后福特主义等等)、政治和主体性之间构造了一个无缝的网络。它忽略了这类实践的历史特殊性,因此在新自由主义这个常见能指下聚集了大量的活动,甚至没有解释这个术语,或什么是它所说的新。此外,它不能区分霸权结构、人口分布和人口的生命政治管理。它把权力和监管的梦想等同于权力的现实,把意愿等同于效果。

[18] 也是沿着这条线,我不仅能找到所谓的华盛顿共识,也能找到当下经常讨论的"法制",作为治理的必要制度条件。

[19] 这里可能有人会想到,例如:昂(Ong,1999)所说的跨民族的公民,以及她所描述的主动的种族主体的灵活公民(构造成话语客体);勃兰特(Berlant,1997)在变动的历史维度当中思考公民,在当代情势中表现为反政治的政治和公民权的私有化;罗萨尔多(Rosaldo,1997)和米勒(Miller,2007)致力于建构的文化公民身份。

[20] 参见格罗斯伯格(Grossberg,2007)、霍尔(Hall,1998a)、吉尔罗伊(Gilroy,2005)。

[21] 参见例如,霍尔(Hall,1997b,1999,2000a)和吉尔罗伊(Gilroy,1993a,1993b)。

[22] 参见例如,阿罗诺维茨和布拉提斯(Aronowitz and Bratsis,2002)、杰索普(Jessop,2002)、斯坦梅茨(Steinmetz,1999)、汉森和斯特普塔特(Hansen and Stepputat,2001),以及麦克伦南、赫尔德和霍尔(McLennan,Held and Hall,1984)。

[23] 斯宾诺莎的潜能(potentia),与力量(potenza)截然相反。

[24] 我承认这两者之间的关系在福柯那里有点矛盾。此外,重要的是要记住福柯(Foucault,1988b)区分了生产技术、自我技术、权力技术以及意

指的政体，但是许多当代学者都选择了一种简便的方式，似乎所有这些都只是权力的装置！

［25］有一点非常重要，福柯（Foucault，1978）拒绝了这两种可能性，而且他的生产力理论，遵循着德勒兹，必须与他的权力或者话语建构的对象这种观念相区别。

［26］施密特（Schmidt，1996）的敌人必须被理解为：必须被遏制的与存在有关的威胁。在这些术语中，左派面临的挑战是资本主义似乎就是一个关乎存在的威胁。我也承认在我的图表中缺失了一个维度，这个维度能跨越国家（和非国家）空间或者国家之间的关系，例如国际关系。

［27］据帕纳基亚所说，朗西埃认为："政治是由个人或群体发动的事件，他们坚持认为政治分派的有序配置……是错误的。然而，这样的宣言听起来什么都不是，因为它们像演说（speech）一样难以识别"（Panagia，2001）。

［28］例如，对于拉克劳（Laclau，1990）来说，政治的话语性是保证其不确定性的东西，而对于朗西埃（Rancière，1995）来说，它是最为卓越的政治活动，因为政治语言通常是由被排除者言说的，因此总是不可思议的。

［29］在德勒兹和加塔利的著作中，"捕捉"的概念产生了许多不同的装置：与国家相关的；与马克思的资本积累理论的"三位一体"——土地（地租）、劳动力和金钱（税）相关的；以及与集合和地域（德勒兹和加塔利称为"双重捕捉"）的形成相关的。这就向我们展示了重新思考政治经济的可能性，因为对于德勒兹和加塔利来说，正是剩余劳动产生了作为价值的劳动，正是税收产生了国家货币。

［30］这与拉克劳和墨菲（Laclau and Mouffe，1985）的构成性外部的概念多少有些相似，但是明显的区别在于，拉克劳和墨菲把政治定义为对抗，以及墨菲（Mouffe，1993）在解释这一点时所说的敌人即是差异。

［31］事实上，我认为这是另一种捕获装置，建立在我们可以称为超容贯性之上，它使我在这本书中提到的东西成为真正意义上的问题。

［32］这通常被等同于马克思的资本原始积累的概念。这将捕获装置与经济通约机器连接在一起，虽然不太确定。我不同意巴顿（Patton，2005：41）所设

想的，这类装置"界定了抽象机器，它表现于国家的不同形式中，而且包括非国家的捕获机制，比如凭借肖像的物质表征的捕获，或者通过舆论形成的政治理性的捕捉。"事实上，在某一点上，德勒兹和加塔利（Deleuze and Guattari，1987：445）描述的作为捕获装置的国家似乎从内容贯性转向了间容贯性："国家构成了这样一种表达形式，它征服了门类：门类或者物质沦为仅仅是一种平衡的、均质的、比较性的内容，表达成为一种共鸣或占有的形式。"

[33] 对于北卡罗来纳大学的社会运动工作小组的成员，我亏欠他们很多——尤其是奥斯特韦尔（Osterweil）、塞巴斯蒂安·科瓦卢比亚斯（Sebastian Cobarrubias）、马利贝尔·卡萨斯-科尔特斯（Maribel Casas-Cortes）、胡安·罗萨里奥·阿帕里西奥（Juan Ricardo Aparicio）和伊伦纳·叶海亚（Elena Yehia），同时还有我亲爱的朋友阿图罗·埃斯科瓦尔（参见《社会运动中的意义-制作》，载于《人类学季刊》，81页，2008年第1期）。关于自治理论和政治之间紧张关系的杰出讨论，参看吉尔伯特（Gilbert，2008）。

[34] 论自主政治，参见霍洛韦（Holloway，2002）、罗特林杰（Lotringer，1980）、奈格里（Negri，1990）、森（Sen，2004），以及舒凯提斯和格雷伯（Shukaitis and Graeber，2007）。

[35] 在这两个极点之间，过多的历史学家创建了绝对的分裂——部分是出于替代性的和独立的运动与实践的失败——当现实情况是许多人被卷入对抗的政治和替代性政治之中，甚至有时候还参与独立政治时。事实上，很多所谓反体系运动声称自己是新的，对于我来说，它们只是重复了20世纪60年代说过的、做过的事情。不幸的是，他们没有费心去问为什么反主流文化运动在很多方面都失败了。

第六章　寻找现代性

> 如果没有他性这个本质的存在，真理就不会建立；真理永远不会是相同的；除了以另一个世界和一种不同的生活的形式存在，真理就不会建立。
>
> ——米歇尔·福柯

在最后一章，我想要回到其他的或多重现代性的问题上。在第二章，我认为现在的情势可以看作一个问题域，它是由抵抗欧式现代性的多种冲突构成的，尤其是抵抗它的特定形式自由现代性——这是20世纪中期之前在北大西洋世界的大部分地区建立的（在世界其他地方存在现代性的变体）。此外，我已经断言对这个语境最好的政治回应，让这个世界变得"更好"的策略，依赖于我们尽最大能力更好地了解这个语境，依赖于经验主义和理论的工作。一个人怎样建立关于这个问题域的理论不仅仅会塑造他理解当下的能力，更会塑造使他想象未来其他可能的能力。最后，我认为，建立有关现代性理论的支配性方法都假定所有可能的现代性仅仅是举世公认的欧式现代性模式的变体。这种"可选择的现代性"理论限制了我们想象其他现实的方法，进而束缚了我们用以分析当下的方法。所以问题就是，有没有另一种建立现代性理论的方法，为我们提供另外一种可能的领悟方法，以理解对抗现代性的情势斗争，并想象其他可能的世界？

不可避免的问题是：一个特定的结构怎样被认定是现代的。我们怎样将现代性界定为不断变化的同一事物，或者采用德里瓦（Deriva，2004：42）的说法即"共有的特异性"？我们不仅区分现代的与非现代的，而且也区分在共有的现代性（即另类的欧式现代性）之中不同的变体和其他独特的现代性。正如列斐伏尔（Lefebvre，2005：188）所说："我们坚信需要一个通用的现代性概念，适用于所有的国家、社会制度、政治制度和文化。"但是列斐伏尔也明确地表明这种概念，虽然声称在世界范围内有效，但不能获得普遍性。这样一种询问并非完全是概念上的和定义上的。竹内（Takeuchi，2005：53）劝告我们"保持'现代性'这个词汇的模糊性，才能避免以概念的规定性为起点的方法"。当我们承认源于具体性的需求，现代性经常作为一个抽象概念运作，而这种具体性已经被普及为一种时空权力结构，那么我们如何使得现代性概念化？

现在的问题不是经验性的也不是概念上的，而是情势和话语方面的问题。要想使得现代自身的问题性理论化，需要我们调查现代话语的产生——它的可能性条件、效果和分布情况是什么。或者换一种方式来说，它包含什么可能被称作情势的和划时代的本体论的问题。我们把语境称作现代或否认对其这样描述时，我们针对语境到底是要说些什么？我们称其为"现代的"欧式现代性这一称谓产生的是什么？什么样的回答才算不是简单地将现代的判定为永恒的欧式现代的？我提供一种对于分布在空间和历史上的有关现代性的话语片段的分析，这种分析带有某些推测性。引发现代性的和由现代性所引发的语境和声明的复杂性，可能标志着什么？这种分析不是寻求定义一种本质或简单的统一体；它指向现代的虚拟性①，一种发挥作用但从没有完全实现的真实，因为它可以用多种形式实现。

术语"现代的"指的是什么经常是不明确的。雅克（Yack，1997）明确而又生动地区分了两种现代性：作为一段时期的时间意义上的现代性和作为现代的独特性的实质意义上的现代性。他指出我们很少把一些特性——例如"古代性"（antiqueness）——归属到另外的时期，比如古代。而且，他认为

---

① 此处所说的虚拟性，既不是指对于真实的"虚构"，也不是指关于真实的"模拟"，而是指现实的一部分，也即任何"当下"的现实都只是虚拟的现实化之一，仅仅是其中一种可能的形式。这里应该是在德勒兹的意义上使用"虚拟"一词，它更多地代表一种潜能、一种多重可能性，而没有科技语汇中虚拟影像中虚拟的意味。——译者注

评论家经常混合这一术语的时间意义和实质意义，以至于现代时期的所有一切肯定都是现代的。但是有些从实质的角度来看是现代的东西（比如民主），是否意味着它必须呈现于时间意义上的现代性的所有例证当中？认识到这种区分可以让我们看到人们与变化之间复杂的关系，而这些变化既是现代性的特征同时又推动了现代性：我们经常并不是现代化力量的一部分，甚至并非乘坐着现代化的列车驶进未来；我们通常只是站在它们的旁边，评判着，抵抗着，或是不惜一切代价地回避它们。而且，现代性有时是指具体的、实际上存在着的社会构成；在别的时候，它指的是更大的结构条件，超越任何具体的社会构成并且组成可能被认为现代性"要素"的东西，所以我们也许会想到资本主义-民主-世俗现代性。最后，它可以被描述成更基本的——更本体的——存在于世的模式，或者"成为现代的方式"。

作为现代的存在模式是由什么构成的，我们怎样建构它的图解？我认为，现代描述并限制了——即使它是在进行建构时——人们属于这个世界的方式，或者我所说的成为现代的方式的某种变化，现代既是物质的、话语的、意识形态的，同时也是情感性的。这样，我就不能把现代性定义为某种特别的主题、经验、逻辑或制度，更不会用某种社会和结构规范来鉴定它。相反地，我赞同塔拉德·阿萨德（Asad，2003：14）——"现代性主要不是认识这个真实的世界而是生活在这个世界中的问题"——以及吉尔罗伊（Gilroy，2000：55），对吉尔罗伊来说，现代是"一种与众不同的关于归属的生态学"。

我试图通过一种必要的迂回的理论方式，重新思考现代性的概念，以此进入德勒兹式本体论的领域，辨别出现代性的生产"机器"，以及这类机器的具体体现，即将现代性作为实现欧式现代性的图解。可选择的现代性理论认为这些图解是理所当然的，但却没有意识到它们只是构成了一种可能的现代性。真正的可选择性理论认为，这些机器产生欧式现代性的特殊运转方式，是必需的、普遍的，它们是任何现代性的构成要素。因此，它们便不能应对那些图解强加于成为可能的现代性方式之上的制约。

我试图在之前的三章指明一些路径，使我们能够思考并且描绘情势，而不是重新题写欧式现代性关于社会整体性本质的论断。我已经提出了现代和欧式现代性的三种机器或者图解。在这些章节里，我显然是从一些小的切入点对一种领土化的欧式现代性机器提出质疑，这种机器分割并分配了力量线，而正是这些力量线将语境塑造为具体领域的结构（经济、文化、政治）。很多时候，尤其是在第四章，我也从一些小的切入点描绘并质疑了现代作为他者建构的编码机器，以及其在欧式现代性中所呈现出的特殊形式，而这些形式将所有差异、所有的距离、每一种界限、每一种他者都放在否定的麾下。我在第五章中已经提供了一种权力图表在塑造欧式现代性地域时的轮廓。此外，我描述了任何现代性内部都在运行的一些（通约、描绘和翻译、捕获）装置。

但同时，我认为到现在为止，我所提供的成为现代的方式（the ways of being modern）的本体论的努力依然是不够的。尽管我已认识到它永远是无法完备的，但我仍然想在这最后一章中进一步阐述作为多样性的现代本体论，思考现代性的另一种机器运作、另一种图解构造，即一种分层机器。我在之前的讨论中指出，界定现代性有两种方法——情势的方法和文化的方法——以及它们所能够想象的可能性的局限，不管是作为可选择的现代性理论，还是现代性必然失败的理论。我试图既赞同又反对这两种方式：对于情势理论，我接受了现代性的复杂构成，但拒绝从社会学的/制度的层面理解其构成；关于文化理论，我接受从逻辑（或装置）的角度来看现代性可以被更好地分析的论点，但拒绝假定存在单一的装置构成作为现代的各种可能性。为了深化我的本体论研究，我想要回到多重现代性的问题性上。在阐述完此问题之后，我会把注意力转移到定义现代性的第三种方法——从时间（和空间）的角度。然后，我会提供现代性的另一种图解，即作为现存的时间-地理的接合，或者时间和空间内部及其之间的可能关系。最后，我会通过思考摆在我们知识分子面前的道路来结束本书。

多重现代性的问题性

我想考察竹内和盖伊的一场讨论：在（和日本截然不同的）中国与非洲现代性都是分别在各自国家内部产生的。基克耶（Gyekye, 1997）在描述非洲现代性时，把它当作非洲自身创造的现代性。同样，竹内（Takeuchi,2005）认为中国现代性是其在与自己历史的他者碰撞中创造出来的复兴。早在 12 世纪，京都历史学派试图确立亚洲现代性的起源，将之最早定位在 10 世纪的中国。而且，这一学派形成了一种对清朝新的理解，认为它是一个强盛的、多元文化的——现代的——帝国。[1]也许我们不应该对此番解释感到惊奇；毕竟，加纳的恩格鲁玛和印度的尼赫鲁（不结盟国家在万隆会议的关键人物）都不情愿将现代性判定为一种将"第三世界"西方化的过程，他们也全都不愿勉强接受西方的混杂体。

我的观点不是要同意对此处所提到的国家现代性的特定社会历史的解读，而是要说明关于现代性一个不同的逻辑和一个不同的论述。我不是想去争论这些主张的历史价值，而是想把它们作为现代性的其他话语逻辑和他者现代性的话语陈述。卡恩（Kahn, 2001：658）也许是对的："但是现代化的关键要素真的首先出现在西方，然后传输到其他地方并进行当地化的吗？当然能找到证据表明西方的现代化与至少部分非西方——俄罗斯、日本、中国、伊斯兰世界的中心……的现代化是同时代的过程，而非仅仅是早期'西方化'的事例，从而提出了更切实的平行、多重或多元的现代性的可能性。"

跳出或超越欧式现代性对现代性进行考察的努力和承诺是困难的，这种困难在"现代性/殖民性群体"非常重要的"研究规划"中变得十分明显，而这个群体大多数是由拉丁美洲的知识分子构成的。[2]公平地说，这个群体是被埃斯科瓦尔（Escobar, 2007：190）称作"辩论共同体"的组织，这一组织具有共同的项目，具有共同的政治与认识论欲求，且具有共同的宗教和概念工具。这个欲求是通过对当代语境特定的"解读"表述的，这种解读与本书开始时一致："现在是转折的时刻：从一个以现代性的层面定义的世界……到一个新的（全球）现实，尽管这种现实仍让人难以探知，但是从两个相对的角度来看，它可以被视为全球范围内现代性的深化，或者截然相反，是一种包含许多异质的文化构成的现实，在这一现实中各种文化在经历着深入的对话……这种转折的意义在以下这个问题中很好地表述了出来：全球化是资本主义现代性的最终阶段，还是一种全新事物的开始？"（181）

这种现代性/殖民性项目关注的是根本的他在的可能性，试图寻找"一种思考……［和］述说'别的世界和知识'的他者方式"（Escobar，2007：179）。他们也同意我称为可选择的现代性的模型，"在最后的情况下……在现代性现在已经无所不在的假定下，将成为以欧洲为中心的社会秩序的倒影"（183）。但是，还存在根本性的概念分歧，这一分歧将我们的项目区分开来而（我希望）没有终止其对话。他们认为没有殖民性就没有现代性。或者，用稍微不同的话说，就是"殖民主义和资本主义世界体系的成型是现代性的本质"（183）。也就是说，他们将现代性与欧式现代性等同了起来，这就必然使得他们将他们的项目视作不是对其他现代性的探求，而是对现代性替代品的探求。如我之前所述，我并非不同意针对今天世界范围内现代性的争论有一些实际上是对所有现代性的抵抗，寄望于寻找现代性的替代者，而且这些争论必须按它们所确定的条件加以支撑，但是我并不认为这是两种仅有的选择。另外，我同意他者现代性的可能性，或者就这个方面而言，现代性替代者的可能性，将需要对知识本身进行去殖民化。

但是，在这课题内部存在着矛盾。首先，这个现代性/殖民性群体（Modernity/Coloniality group）正企图将现代性从其明显的欧洲起源中脱离出来，提出要接纳"解释现代性的世界视角，以之替代将现代性视为欧洲区域内现象的观点"（Escobar，2007：184）。他们还在继续将现代化与欧洲混为一谈，甚至加倍去做：第一次现代化开始于1492年西班牙对美洲的殖民掠夺，紧接着第二次（普遍认同的）北欧的现代性，这一次不是取代前者，而是与其"相重叠"。[3]他们将现代性限定在欧洲，但是提出它是全球关系的产物；然而，为什么所有的现代性都是欧式现代性还不清楚，因此必然将殖民性牵涉于其中。能想象出没有殖民性的现代性吗？如果这种设想是不可能的，那又怎么能想象与现代性密切相连而又不被欧式现代性污染的其他元素呢？举个例子，如果有必要放弃任何现代性观念，为何我们不强求放弃各种民主观念呢？为何民主能被重构，但现代性却不能呢？

第二种矛盾牵涉到对欧式现代性提出的挑战所处的空间："不从殖民差别的视角出发去分析现代性就不可能超越或是战胜现代性"（Escobar，2007：

186)。这个群体支持"边界思维",这种思维反对"各种欧洲中心主义以欧洲为中心的批评","现代性的现代批评",包括解构、后现代理论及大部分后殖民理论(或者至少是知道它们的缺点)。他们"边界思维"的特定结构提倡从源自外部的他性进行思考。这就是殖民性差异,是"在现代/殖民体系的外在边界""出现的一种具有特权的理论和政治空间"(185)。这是他们至关重要的成果,尽管我不确信这个群体是否充分阐明了殖民体系和他者的体系:例如,从哪些方面看他们的分析是仅限于对拉丁美洲的?为什么?但这的确是在进展中的课题。

这种殖民差异的关键概念是用不同方法描述的,尽管它总是被表达成他者的外在性。对许多论者来说,这就是他们对现代性作出批评时"从殖民性的视角"(Escobar,2007:188),"从其下面,从被排除在外的他者的视角"(187)开展的这一事实产生的必要结论。尽管如此,殖民差异的概念是通过多种不同的方式进行阐述的。马拉多纳-托雷斯(Maldonado-Torres,1997)"权力的殖民性"概念似乎提出这种差异是一种本体论的"过量"。迪塞尔(Dussel,1996,2000)的"跨现代性"概念本身提出了一种不同的现代性。但是主要的观点似乎可以被认为是一种"内在的外在性",一种既处于现代性之内又处于现代性之外的混杂体。[4]可以想象,马拉多纳-托雷斯同意埃斯科瓦尔的以下说法:"这种外在性不应被认为是一种纯粹的、现代性触及不到的外部。"(Escobar,2007:186)但是他可能不太赞成在我看来是将这种外在性拿回到明确是后结构主义的甚至是黑格尔式的否定逻辑之中去解释的观点:"外在性的概念不会引出一种本体上的外在;它是指按照霸权话语恰好构成区别的一种外在"(186)。并且也没有弄清楚这如何能够协调到更进一步的主张中:"通过从他/她所处的外在性进行吁求,他者成为一种与霸权整体性相对的道德话语的原始根源。他者的这种召唤已超出或超过制度系统和规范框架"(186)。

在我看来,这种外在性因为他者被建构成一个主体的假定而被进一步削弱了。因此,这种主张从作为复杂政治关系的殖民性转到了作为主体性事件的殖民差异。[5]殖民差异在一种多产的可能性空间(一种居先的内在的生活/

主体方式)和一种受伤的却受到赞赏的身份/主体位置(由曾是殖民化"受害者"的特定人群占据)之间来回滑动。一方面,这种主张提供了混杂化的殖民主体的形象,这种形象在其极点处正是它暴力附属地位的不可避免性,因此它从极点处提供了更清晰的现代性的经历和批评。并且在另一方面,这种观点也提供了现代性的替代者的可能性。也许这种假定的内容是殖民性主体不仅仅是被殖民的主体,它们的混杂性本身指向了它们存在的另外一种空间-时间(处于另一个地点、另一个时间),这为想象新的未来而不是重返过去开启了可能性。

但是被排除在外的、被属下化的他者永远不处于现代性之外,因为它是现代性本身的必要方面,现代性也不能与殖民性分割开来。必定还有更多的东西,因为对现代性的批评也是"来自现代/殖民世界的外部"。似乎没有理由说明,如上文所述对他者进行询唤的外在性必须一直而且仅仅是位于现代性/殖民性之中或作为主观性。虽然意识到具有活力的现代性替代者非常重要,这样的替代者不也可能来自社会可能性和政治想象的其他空间吗?它们不也可能开辟其他现代性的可能性吗?现代性/殖民性群体试图寻求一种"对世界替代秩序的正面肯定"(Escobar,2007:188)的可能性不也会如开启现代性的替代者般开启现代性的多重性?

总之,现代性在空间上总是具有多重性的;甚至在欧洲(并且包括各殖民帝国)现代性也因地点而出现不同。西方在大多数情况下对现代性的认识是将现代性等同于宗教改革与新教,两者引发了科技革命。但是对于天主教的法国怎样呢,在法国现代性主要是以政治术语来表述的,而且以对罗马和耶稣会信徒的詹森主义式的反感来表达的?为什么不是一种天主教的古伊比亚式现代性,而这种现代性抱着正面的态度对待自己的多种文化和中世纪传统,并拒绝对宗教与科学进行绝对区分,从而为君主制欧式现代性仅留下一个狭窄的空间?(Domingues,2001)或是在全球殖民地所创造出来的多种现代性又如何呢?这些全都是简单地作为西方的混杂物吗?

现代性在时间上也是多重的。在 15 和 16 世纪,欧式现代性的特征是与殖民主义(主要是财政原因)相连接的专制国家,为资本主义的出现提供了条件(而资本主义因其他目的对殖民主义重新进行了解释)。在17到18世纪现代性将资本主义与民主民族-国家和自由主体的兴起连接了起来,说起来也是国有化的、种族化的与经济化的。不可能有其他重要的变化形式吗?不可能有更多的时间变体吗?毕竟,如果西方学者不能就现代性是在哪个世纪发生在欧洲达成一致的话[6],为什么我们就不能同意巴西哲学家瓦斯(Cited in Domingues,2001)的观点——他将希腊现代性、中世纪晚期的理论-理性现代性(可能与十二三世纪欧洲的商业革命相关联)和欧洲资本主义现代性加以区别?

如果我们将欧式现代性的历史更多地看作一系列的否定,而不将其看作一种突破,会怎样呢?这不是开始于对行将被殖民的世界及其居民大发现的否定,而是开始于对中世纪黎凡特构造的第一次否定。黎凡特构造推进了社会的全球化过程,这里的社会既是信仰宗教的,又是崇尚科学的,是多元化的(包括阿拉伯人、北非人及欧洲人、穆斯林、犹太人和天主教徒)。那次否定,即在1492年对摩尔族人——犹太人和穆斯林——的排除之后,便是以欧洲土地上"未开化的人"的出现为内容的对这种构造的再呈现,这样就使得从现代欧洲的历史中抹去黎凡特社会以及与之相随的南欧成为必然。这些重大事件可能体现了基督教与资本主义扩张的逻辑,同时还与某种对殖民主义的辩证否定(黑格尔的主奴辩证法)关联起来。事实上,甚至在20世纪中期,在许多流行的话语中,在比利牛斯山欧洲终结(而"非洲"开始),因此排除的不仅有伊比利亚还有土耳其与希腊。[7]

问题的焦点不是现代性属于何时何地,而是什么属于现代性。我不考虑现代性内部的矛盾,而要考虑各现代性之间矛盾的可能性。将现代性看作是多重的,认为总存在着截然不同的其他现代性,这会意味着什么?这意味着要拒绝对现代性的单一叙述,或是拒绝一种现代性或平缓或激进地以一系列的状态移动于其中的断裂了的直线论述。它不是关于围绕一系列主题的变化(不管有多大)的问题,也不是关于一些原初构造的混杂化的持续过程。我们必须"不视历史为一个可能之物变为现实的发展过程……而要学会将现在——在说这话时我们所居住的现时——不简化地看作不是单一的"

(Chakrabarty, 2000: 249)。我们必须询问, 按吉尔罗伊 (Gilroy, 2000: 56-57) 的说法, "现代性从什么意义上看是属于一个封闭的实体、一个名为欧洲的'地理实体'的"? 我们必须思考, C. L. R. 詹姆斯 (James, 1989) 认为在世界体系的"外围"、在加勒比发明了现代性是否是正确的。这是要思考"他地的现代性"(76) 和——我要加上的——"他时的现代性"; 它提供了"一个完全的、无中心(a-centered)的对欧洲历史的理解"(80)。

可能这就是查卡拉巴提 (Chakrabarty, 2000) 说的"欧洲乡下化"的意思, 这试图为欧洲之外的世界寻找表达不是"下级附属位置"的身份的方式。对查卡拉巴提来说, 这需要我们了解多重现代性是怎样明显地被击败的: "如果一种语言……就是背后由军队支撑着的方言, 那也可以这样说'现代性'的叙述, 今天几乎是普遍地都指向一个作为现代的主要特性的'欧洲'。"(43) 这不仅需要批判启蒙运动的合理性, 而且要求质疑将"特定版本欧洲与现代性"等同"仅仅是欧洲人做法"的假定(43)。基克耶 (Gyekye, 1997: 274) 无疑是正确的: "现代化与西方化的联系仅是经验上的, 而不是概念上的。"

怎样开始对这种推论性的策略——欧式现代性总是通过它重新将自己从特异的普遍性 (singular universal) 变成普遍的特异性 (universal singular) ——发起挑战呢? 怎样将现代性范畴看成是普遍的特异性之外的事物? 如何使现代性多元化并成为某种并非这种特异性内部的混杂变体? 怎样想象出特异的普遍性的多样性而每一种都是复杂且有联系地组成的现代性宣言或体现? 如何看待一个在道德上更令人满意的现代性的可能性, 是吉尔罗伊 (Gilroy, 2000) 的全球人道主义 (planetary humanism), 是迪塞尔的跨现代性 (Dussel, 2000), 还是阿甘本 (Agamben, 1993) 的来临中的共同体?[8]

正是想象成为现代的其他方式的欲求激发着我对黎凡特社会的兴趣, 毕竟, 它是一个被梅诺卡尔 (Menocal, 2002: 46) 描述成"现代性的第一朵完整花朵"的社会。这种社会具体体现了一个没有目的论和普遍性的"建立一个崭新的社会的意愿"(61), 这个宽容的社会由翻译者而非劝导者组成。一个不是否定和混杂的, 而是不同事物不断发声的社会, 其实现借由对翻译的超常赞许。这种社会拥抱矛盾，建立在［至少梅诺卡尔（Menocal, 2002: 11）认为］"也是也非"的伦理道德之上。我的看法是不要使这个构造浪漫化，也不要将其看成我们可能效仿的典范，而是把它看作另外一种——用哈路图年（Harootunian, 2000: 55）的用语说可能是"同代的"（coeval）——现代性的可能性。

如果现代性的多重性只定义一种问题域而非回答它的问题的话，我们或许就可以明确指出这样一个问题：我们如何将现代性的概念作为多样性进行构建？斯科特认为我们都是"现代性征用的士兵"。也就是说，我们提出的反对欧式现代性的质询本身经常是通过这种现代性或在这种现代性内部表达出来的（例如，杜桑在海地革命中的要求："我要自由"）。但是，如果我们从一个多重性的模型开始，那么，就总会有一种外部，总有一条逃亡路线，总有他者（包括现代性的替代者）的可能性。而且，这总会有另一种要求：我要过另外一种生活。

时间和空间的本体论

理解现代性最普遍的一种方式是将其理解为新的机构的产生和/或对时间（或者在更小程度上——空间）的经验。最为经常的情况下，现代性的时空体被认为是"历史"：现代性是"历史"的一种产物，一种对于变革的认同，甚至是庆贺和制度化；是反停滞（传统）的。这种现代的时间是线性的，从过去经过转瞬即逝的现在过渡到未来。未来通过一个不断消失的现在进入过去。或者，用一个细微但重要的有差异的说法是，现在是对不同的瞬时性——过去的未来以及未来的过去——的表达，体现着"过去（和将来）在现在的可能性"（Scott, 2004: 220）。科塞雷克将时间体验划分为"空间体验"（即由过去变成的现在，体现了记忆中过去的特质）及"期待的视野"（即由将来变成的现在，体现着对预期的未来的不明确的可能性）。后者定义着且超越了前者。科塞雷克争辩说现代这个时代构建了一个破裂处，在此这两个时间旅行的经验的维度或平面之间的缝隙被大幅扩大了。[9]

其中一个最为著名的（起码是在英语国家）对时空体的表达是，它是米歇尔-伯曼受马克思主义影响形成的现代性版本，作为对加速发展的特定态度和经验以及改变的密集现实化："一种至关重要的经历——无论时间还是空间，无论自己的还是他人的，无论生命的可能性还是危险性……变得现代就意味着把自身置于一个可以使我们经历冒险、权力、快乐、成长、变革和世界的环境——而且同时，这个环境也威胁着要毁灭我们拥有的、了解的、已经成就的所有……变得现代意味着成为宇宙的一部分……而这个宇宙中'一切固定的东西都烟消云散了'"（Berman，1982：15）。变得现代就是自然地身处一个旋涡，去拥抱甚至期待改变。现代性就是"历史"的经历。但是无人知晓这个线性的瞬时性是以何方式实现的。对于某些人而言，未来只具有过程的目的论意义而不具有启示；戴维·布罗姆菲尔德在对澳大利亚珀斯的描述中说，"人们只了解'现代性'的皮毛……认为它意味着未来……现代更经常的情况下意味着已知的历史"（Cited in Morris，1998：16）。

基克耶（Gyekye，1997：280）也大致同样认为现代性必然意味着创新和改变："对于创新性灵魂或观点的培养……可以说是界定了现代性。"现代性是一个需要连续生产新事物的过程。[10]然而，基克耶也质疑了其他忽视现代性以及创新和改变的概念具有其复杂性的说法。他指出，毕竟传统社会也在改变并经常寻求改变，而与此同时，现代社会经常具体展现或信奉传统。与此相似的是，高恩卡尔（Gaonkar，2001）告诫要提防那些重视现代性中改变的地位的人，他们一方面忽视常规性日益增长的重要性，另一方面忽视改变本身就是一种权力的新形态。就像塞萨尔（Cesaire，2001）、查卡拉巴提（Chakrabarty，2000）和其他人争辩的一样，这种将历史作为线性的瞬时性的建构被强有力地接合到了各种暴力和残酷行径上，尤其清晰地体现于奴隶制、殖民主义和全球战争中。

这种历史的瞬时性也经常被间隔开；一般来讲，与民族-国家的有界空间相连。历史通常发生在单一民族的区域内，所以欧式现代性的普遍化是建立在作为社会政治存在的恰当空间化的民族-国家标准化和普遍化基础之上，导致了历史本身——在指涉特定的民族-国家时仍旧经常是复数的——被单一化或者普遍化而变成欧式现代性自身的"历史"(Chakrabarty, 2000)。但是事实更为复杂。毕竟欧式现代性是建立在从大规模以宗教信仰为基础的帝国变成小型主权民族-国家的变动上的,小型主权国家的国界决定了决策的能力(和社会认同)的空间,但是其随后通过资本主义市场和殖民主义采用了空间扩张的新的形式。事实上,欧式现代性的空间逻辑建立在界限和扩张的"矛盾"中,因为欧式现代性的许多决定性载体(基督教和科学、资本主义和民主)具有持续扩张的需求和劝诱改宗的力量。

最近的著作努力通过把"历史"重新空间化成多种历史,从而将历史置于特定的空间位置和结构中来解构欧洲现代思想的普遍化倾向。但结果是建立的"地理化历史"工作并不太成功。蒂莫西·米切尔(Mitchell, 2000)和其他研究者甚至曾试图重新空间化欧式现代性的起源,从欧洲层面转移到更全球化的层面上,声称其是复杂的世界关系的产物:"如果现代性起源于在全球范围内交换和生产的网状组织的话,那它就不是西方的,而是西方和非西方交互作用的产物"(2)。(米切尔同样意识到了在此处西方和非西方两词的使用说得好听点儿也是特别不合时宜的。)尽管这些行动有其重要性,但他们仍不能使我们了解多样性的概念,因为以下两种观点存在明显的区别:一种说法认为欧式现代性是在全球发明的,并不是欧洲依靠自身发明的;另一种更加强有力和激进的说法认为现代性也同样是在别处发明出来的,事实上是在众多不同的年代和地方中发明出来的。

对于欧式现代性还有第二个时间上的定义或者时空体。如果第一个时空体更具情势性,在社会结构、社会变革和国家认同方面发力,而且强调了新旧之间的间隔,那么第二个时空体是更加现象学的和表达情感的,存在于认同、投资和经验的结构层面上。它可以追溯到两个有重大意义的现代理论家身上:本雅明(Benjamin, 1968:262-263)的"他者历史"——他称为弥赛亚时间,是一个"事件发生的停止……一个巨大的节略";波德莱尔对现在和存在的强调,对作为通向现代性的关键的现时(the now)的强调。[11]

在第二个时空体中,现代被解释成为现时的建构,现在是作为一种暂时的不连续的时刻。现在是生物的本体论的轨迹,也是体验主体的时间轨迹。

它是个体作为自身经历的主体的正在发生。现在是作为在时间中存在的方式的体验时刻。斯图亚特·霍尔（时间不明）说，成为现代的状态授予一个人"'从内部'实现现在的所有潜力的特权"。福柯（Foucault，2003：227-228）认为："现在变成最为丰满的时刻，是一个拥有最大强度的时刻，一个普遍性都幻化成为现实的庄重时刻……现在不再是一个被忽略的时刻……它是所有真理都实现的时刻。"或者就像托尼·莫里森（Morrison，2004：210）说的那样："所有一切就是现在，总是现在。"每一个现在，每一个当前，都是独一无二的。这个现在的概念看上去像抛弃了任何的历史、历史的具体性的概念以及变革的本身的概念。在现在，历史"不仅作为知识存在的形式也作为经验现象存在的始态……本身就是一种历史性的现象……即使瞬时性的问题性蔓延到其他领域"（Young，1990：74）。按照布洛克（Bloch，1977）的观点，现在就是"不同步的积累"，是在这一时刻所有年代的重复、所有多重的瞬时性的重复。就像高恩卡尔（Gaonkar，2001：7）所说的那样，"在现代性中，一切都会变成现在，而这个现在已经突破了历史的连续性，成为一个内部破裂、破碎的不停顿的过程"[12]。有趣的是，尽管高恩卡尔看起来像是通过瞬时性定义了现代性，但回忆一下就知道他关于可选择的现代性的观点存在于别处，所以现代性的本质，它的瞬时性，在所有的（表面）可变性的替代事物上保持不变。我与高恩卡尔想法一样，想指出现代的核心是什么，其中至少有一部分是关于时间（和空间）的，我会尽量避免使用欧式现代性的术语来定义现代性。

我认为，首先，现代性是分层机器所制造出的产品，这一机器生产出了一套新的——一个呈图表的——属于并位于时间和空间的路径，而时间和空间的定义在很大程度上取决于斯图亚特·霍尔（Hall，1996b：251）所说的"双倍时间"——"将现代性区分出来的是其瞬时性超定的缝合和补充特点"——以及我所认为的空间性。欧式现代性的这两个时空体只是这种机械分层的一个简单的现实化、一个图表，而这种机械分层创造了现代构成经历过的时空的多种路径。[13]

因此，历史可以被看作克罗诺斯（Chronos）①的时间（这一时间被更加本体论地定义过）或者是变化本身的时空性。在欧式现代性中，克罗诺斯可以实现按直线关系对过去、现在和将来的分化。在一定程度上，它是矛盾的，因为它是变化的维度，而变化在第二个时空体的测定下是存在的状态而不是正在成为的状态。现代性与变革有关，使变革从属于结构。就像奥斯本（Osborne，1995）说的那样，现代性是"一个独特的但矛盾的历史瞬时性"（5），他称之为"时间分化的不停顿过程"（6）。查特吉（Chatterjee，1993：131）在他反对欧式现代性时空关系的普遍化时，似乎看到了在时间上存在其他的归属方式，但望而却步了。他警告说："人们只能想象自己存在于空虚的同质时间内，但实际上他们无法生活在那里。"他们生活在"异质时间"内——"不均匀密度"的时间内。同质时间是一种资本和欧式现代性状态的"乌托邦式时间"。但是，按他自己的描述，他主张："乌托邦式时间并不存在于现实空间中的任何地方。"这里似乎忽略了他的欧式现代性的独有特点。我的观点是，存在其他正在成为的方式，其他存在于改变中并作为改变存在的方式；有其他的方式可以实现克罗诺斯的瞬时性。

第二个时空体，正在发生的事情或者现时的事件，是经验上的时空或者事件本身的时空。[14]但是现在的事件，作为事件的现在，并不是单纯的、转瞬即逝的、借由其将来可以变为过去的门户；它有一个自身存在的结构。它是本体论的事实，不存在连续性和偶然性，是现在或者现时的"事件存在"（作为一个构成经验和主观的轨迹的特有性），而这定义了第二个时空体。我在此提到的事件（event）与作家齐泽克（Žižek，2002）和巴迪乌（Badiou，2005）对事件的用法有一定关系，对他们而言事件代表着不可表象性的、史无前例的和绝对独特的。但是对于他们而言，事件总归是一种变化和历史的干扰，以至于事件的瞬时性体现了与过去甚至是时间本身的绝对破裂的幻想。这使得事件变成对常规和特殊的否定。[15]相反，我使用了把现在当作事件的概念以呼应竹内（Takeuchi，2005：58）所称的"瞬间的永久"[16]。

---

① 古希腊神话中的超原始神、时间神，为混沌之父。——译者注

用海德格尔的话来讲，这是正在发生的事件，作为行为性的存在。[17]这是把现在当作转变、形成的可能性的本体论的条件，作为本体论的之间（between）。[18]就像本雅明（Benjamin，1968：264）说的："一个历史唯物主义者不得不使用一种现在的概念，即现在不是一种转变，而是在现在中，时间静止不动，已经停止。"[19]换句话说，就是现在是一个关于归属的事件，同时，就像海德格尔（Heidegger，1962）展示的那样，是一个在本身之外的投射。例如，现在对一个永远开放的未来开放，即使这个开放的未来需要现在为之奋斗才可获得。因此，它就是改变的可能性的条件，尽管其本身并不改变而且不处在改变的轨迹上。同时，它有一个与自身之间更加辩证的关系，以至于它在现在的事件中包含着永恒。

就像福柯（Foucault，1997：311）在对波德莱尔的重新阐述中所言："现在的价值同极其热切地想要想象它是不可分割的，想象它不同于它本身，不是通过毁灭它而是通过抓住它本身应该有的样子去改变它。"因此，永恒的批评，现代的经验主义"在同时标志着归属的关系并将现在本身作为一项任务"（309）。相似的，德里达（Derrida，1994：XIX）谈论了"当前的现在与它本身的非同时代性"。那么，在现在的每一个事件中都是双倍的在场（presencing），不仅是不连续性、偶然性和瞬时性的在场，而且就像福柯（Foucault，1997）所描述的是对现在的永恒性、英勇性、内在性中的超越性的表达。它就是现时的事件，通过使主体脱离暂时的（时间）意识的流动构成了自觉意识可能性的条件，尽管它是主观性所存在的场地。[20]

我们可以在其中"将人们从塑造成现在样子的偶然性中摆脱出来，不再是（being）、做（doing）或思考人们是谁、做什么和思考什么的可能性"（Foucault，1977：315），体现了由否定变化而产生的矛盾结构，与竹内（Takeuchi，2005：71）在鲁迅的奴隶故事里识别出的逻辑相似，而这种逻辑违反了黑格尔的关于主人和奴隶的寓言："生活中最可悲的事情……发生在当奴隶拒绝自己奴隶的身份，但同时也拒绝对解放的幻想，以致他变成一个认识到自己是奴隶的奴隶。这就是无路可走时一个人必须走一条路的情况；更精确地说是，一个人正因为没有路可以走而必须走一条道路的情况。"我们可以将现在看作总是比自身高大,因为在它的现实中它不仅包含了现时的实现,还包括了即将形成者的潜在性。象征性地说就是,现在的现时包括它本身的发展方向、它本身的移动和自我批判的可能性,恰恰就像独特性、紧急性、偶然性的事件一样。

在欧式现代性中将本体论的现在或事件与其实现进行区分有很大难度。但是哈路图年(Harootunian,2000:4)建议,现在是一个"历史性"的事件,"一个瞬时性内在的框架……一个瞬时性经历的最小单位",出现在19世纪末20世纪初。我建议,如果事件的瞬时性一直是主体化的所在,那么现在的欧式现代性的实现中,主体化(subjectivation)采取了一种特殊的形式——主观化(subjectification)。时间的所在就是(现象学的)经验的空间,因此也是把个体构建为现象学的经验的主体的空间。这种主观性不仅实现为一个人本质或个体特性的内化,实现为——在形而上学观点上——"净化的"(spiritualized)自我,而且实现为对自身经历拥有特权的创作者/所有者。也可以说,这是一种灵魂的合理化。这种内部的自己是拥有自知的主观性,处于社会秩序和世界的特定关系中。但是如同往常,这些关系从未完全确定或获得保证。就像莫里斯(Morris,1998:XXII)建议的:"当(这类经验)被用作提出对历史的怀疑性的问题的一种方式,而不是作为对个人权威的主张的一种方式时,'经验'已经成了命名一种不同的瞬时性的努力的一部分。"

但是分层的图解仍有另一个轴线,因为瞬时性总是与空间性相接合。在转至这个轴线之前,如果我们要避免欧式现代性对空间和时间的分叉及把时间置于空间之上的特权化——都基于康德的哲学思想——而且同时也避免在它们之间(或者特定的配置之间)存在必要的等价性的设想,则我需要简短地考虑空间自身的本体论,尤其是必须要避免把空间视为消极的伴侣,仅是作为时间在其中能够活动的场合。[21]

对于空间来讲并没有普遍性的描述,空间也从不简单地等同于组织空间本身的横断性或者"向量的"本质(也就是空间是有方向的和维度的)的空间实践的代码和结构。然而,我们可能会以四维的闵可夫斯基空间(在狭义相对论中)和广义相对论中的黎曼空间之间的不同为起点。在前者中,时间经常发生和停留于特定的点，而且此类事件的本质就是事件是独立于其本身所处的地点的。这些点本身没有能力。在后者中，事件被空间化；它们是"世界线"，是地点形成中的矢量。这些线不同于它们的——难以用语言表述的——轨迹。在黎曼空间，空间并不独立于所发生的事情，而且所发生的事情不独立于其发生的空间：线可以弯曲空间。[22]这就是把空间看作正在延伸的活跃状态，正在成为本身的运动的活跃状态，并将空间中的物体或地点看成就像本身有能量一般是活动的。每一个时间都有空间效应而且构成空间。事件的形成就是空间本身的形成。马西（私人通信，1998年3月30日）曾使用过植物开花的形象来传达这种同时性或者事件和空间一起形成的状态。重要的是要记住，就像我在第一章中已经指出的：空间在这个意义上讲仍然是有系统性的，首先作为（重叠）环境的多样性或者空间-时间的异质模块。或换一种更好的说法就是空间是环境的正在形成。马西（Massey, 2005：56）主张："只有存在空间才能具有多样性。"其次，空间组织成领土，由特定成分和元素的重复构成，创造了环境之间的共鸣或者旋律，以至于不同环境的因素或者组成部分一同创建一个有表现性的集合。

因为空间总是一个正在形成的空间，所以空间和时间是相互构成的；它们实际上是一起形成的——实现的。我已经从瞬时性的两种模式、时间中存在或归属的两种方式，讨论过作为现代方式的分层图解中的一个轴线。我现在想要描述第二个轴线，由空间上存在或归属的两种方式组成：制度空间和日常生活空间。当讨论到欧式现代性时，经常假设一个必要的跨越两个轴线的对应，将历史和制度空间、将现在和日常生活连接起来，这种结合是偶然的，并进一步界定了成为现代的地形学可能性的特定的实现形式。

空间的两种形态之间的区别可以以相当简单的方式进行描述，尽管这种描述显得过于言简意赅：制度空间以永久性、单纯的辖域化和复杂的编码为特征。这也就是说它们有划分相对明确的界限，经常但并不总是产生大量不同程度的限制性领土。但是在界限内，它们总是由复杂的权力技术——规则、规范和标准的体系——所标记，所有的都"被设计"用于控制行为举止和规范的相互作用；它们以重要性和意义的精致文化体制为特点，产生具有共同意义、重要性和欲求的世界。在欧式现代性中，这种制度空间包含国家和政府的机构，公民团体、公众，甚至私生活、公司和正规市场等。不管是个别还是全体都体现出明显的无休无止的扩张趋势，好像它们正在寻求定义现代生活空间性的全部。

现代空间的第二个形态是日常生活的空间性，这被波德莱尔（Cited in Gaonkar, 2001: 4）描述为"短暂的……瞬逝的……偶然的"，不过我将证明这并非完全正确。其短暂性和不稳定性似乎使其成了一种空间奇特性，所以并不奇怪很多批评家将其与事件发生的时间相关联。波德莱尔（Baudelaire, 1995: 5）定位了现在同样"惊人的"要素，也就是他所说的体现在日常生活空间性中"对传统毁灭的不朽暗示"。哈路图年（Harootunian, 2000: 4）拥有相似的观点，认为"现在的最小单元，不管是多么不确定的……事实上是真实的而且无法避免的日常性的经历……都无疑被认为是现代的"。本雅明（Cited in Harootunian, 2000: 3）也提出了相似的说法，认为现在是"每天的现实性"（反之亦然？），我相信不应该把这个关系看作是等价的，而是作为一个现时和现地的接合。[23]就像高恩卡尔（Gaonkar, 2001: 4）所说的，现代性位于一个交叉点，在这一点上日常生活"难以捉摸的物质性"影响着对现在尖锐的意识。

同样重要的是，日常生活以简易编码和复杂的属地性为特点。它并不是由规则和意义的体系组成的，而是由习惯的分配和有组织的调动组成的。我想澄清我对日常生活的看法，毕竟这个概念被用在了太多不同的场合。日常生活并不同于现象学家的"生活世界"，也不是实用主义者的文化语境，而是被广泛地接合到制度空间中。[24]就像列斐伏尔（Lefebvre, 1986, 1991b）已经解释清楚的那样，我所谓的日常生活不是现象学家的"生活过的"，而是它的可能性条件；它无法通过外表接近，因为，不同于现象学家所谓的"现象"，日常生活巧妙地避开了对其进行主题化的每一个企图。

尽管我借用了列斐伏尔的观点，但是我与他用词有别，"日常"（everyday）在他的词汇中是所谓的"每日生活"（daily life）[而我提到的是"日常生活"（everyday life）]，在20世纪欧式现代性（为对权力的一个特定的资本主义重组所定义）中所呈现出来的形式，而在欧式现代性中，它既是商品化的，又是具体化的。因此，它变成既是自觉的（本身就是一个概念）又是一个权力与控制的客体。日常否定了任何一致的、全体的和"风格的"意思，而这种意思先前存在于"每日生活"一词中。我把自己的观点同列斐伏尔的观点从两个方面区分开来：第一，我认为日常生活不需要被具体化和商品化，而且是一个虚拟的空间性，可以通过很多种方法来实现（包括列斐伏尔描述的晚期资本主义的形式）。第二，我不认为，过去的日常生活在某种意义上是富有意义的，但后来失去了，并因此产生了关于其真实性方面下降的现代主义叙述。[25]

日常生活，在我看来，指代那些每日生活中未列入的、习以为常的、具有日复一日生活的惯性本质，是我们生活于其中但却不常思考的事情；它包含了那些所有未被人意识到的瞬间活动（例如，我们只是并未注意到那些事情所占用的时间）。它有特定的混乱、一种无组织的而且是出乎意料的特质。它不可恢复、不可挽回、不可弥补，因为它是平凡的。而且尽管它是全人类思想和行为的共同基础，它依然有一个特殊的神秘性，毕竟它仍然位于科学和社会学理论之外。事实上，它是对立于抽象思维的，而抽象思维并没有能力理解尤其是日常生活的巨大特殊性。尽管它总是被各种意义、价值和神话所包裹，但它们却不能将它组织起来。

日常生活是滤渣，是在减除之后剩余的，要减除所有的体制结构之后，减除所有有意义的和重要的（我们必须记住无意义的事情并不意味着对意义的扰乱）实践，减除"所有明显的、高级的、专业的、有组织的会被挑选出来进行分析的行为……考虑到它们的特殊性和技术性，高级的活动将会在彼此之间造成'技术上的真空'，而填充这种真空的"恰是日常生活（Lefebvre，1991：97）[26] 日常生活是程序化的、重复的、常规的空间（因此，也可能是无聊的空间）。从这层意义上讲，日常生活的存在本身有一定的奢华性。再者，那种程序化并不意味着存在"令人无法忍受的枯燥"，就像是它的单调性预期被不断地予以强化。这就是习惯性的场域，在这里习惯被实用主义者理解为独特性的重复生产（而不是简单的例行常规）；它认可新形式的自反性和自我意识,乃至是自我想象力。同时,这个生活事件为人生带来了意外——不可预测物、风险、错误和事故。由此,列斐伏尔(Lefebvre,2005:185)走得太远以至于认为:"偶然性不是现代性的最基本特点",而偶然性绝对不是简单的纯粹意外。

最后,日常生活的神秘性还存在另一个维度,因为它经常自我超越或者自我逃避——就像列斐伏尔所说的日常性(everydayness),就像莫里斯(Morris,1992:465)沿袭布朗肖的观点,将其描述为"纯粹过程的过剩"。事实上,生活本身的平淡无奇理所应当被视为逃避过剩,也可以说成是"生活的过剩"。但是这种过量的平凡的过剩并不是生活本身至关重要的实质,而是生活实践的结果,意味着达到一种寻常终点的可能性,而这一终点则是一种共同场域的形成或建构。日常生活密切联系着大众领域,这种过剩体现为一种创造性,而这种创造性一直超越或者抵制政治的配置;对于列斐伏尔来说,作为反抗的可能性的基础,它体现着一个特定的优势和弹性。遵循列斐伏尔的观点,奥斯本(Osborne,1995:196)认为,日常生活就是"一个'循环的谜语对正在形成的理论进行拦截'的地方"。这样,它"可以重新整顿话语产生的场域"(de Certeau, cited in Morris,1990:27)。

现代性的分层图表

我把成为现代的各种方式的图表描述为一种由四个有差异但相接合的空间和时间归属的装置组成的结构——一种双重的差异。[27]任何可能的现代性的现状都是通过每一生活瞬间(变化与事件)和生活空间(制度空间与日常生活)的特定接合及其彼此间的关系决定的。比如在欧式现代性中,它表现为历史和现象的现在以及国家和商品化的日常生活。但是也存在对现在进行改变的其他实施方式,这些方式构成了另类的制度与日常空间。它们能够通过不同方式得以实现,并在实际中创造出多重的现代性。换句话说,现代性既不涉及事件,也不涉及抽象的改变,而是涉及这两者发生关系的具体实现——既不是抽象的日常生活,也不是制度空间,而是两者发生关系的具体实现。如果归属于不同时间和空间中的逻辑从来都不是简单唯一的或普遍的，那么就只有一种可能性，即"现代的"本身是真实的，其多重性具有积极意义。

下面的图表通过让我们想象我所详述过的归属于时间和空间两种不同轴线的实现和接合来成为现代的虚拟性。我展示这个图表的目的，不是为了呈现一个简单的图表，而是想表明两个相交的轴线或维度之间的接合，且这两者是无法脱离彼此而独立存在的。尽管这个图表不可避免地呈现出单调性和静态性，但我仍然希望它能被看作用来描述一种自我生产、不断变化和多维度的机器图像。[28]

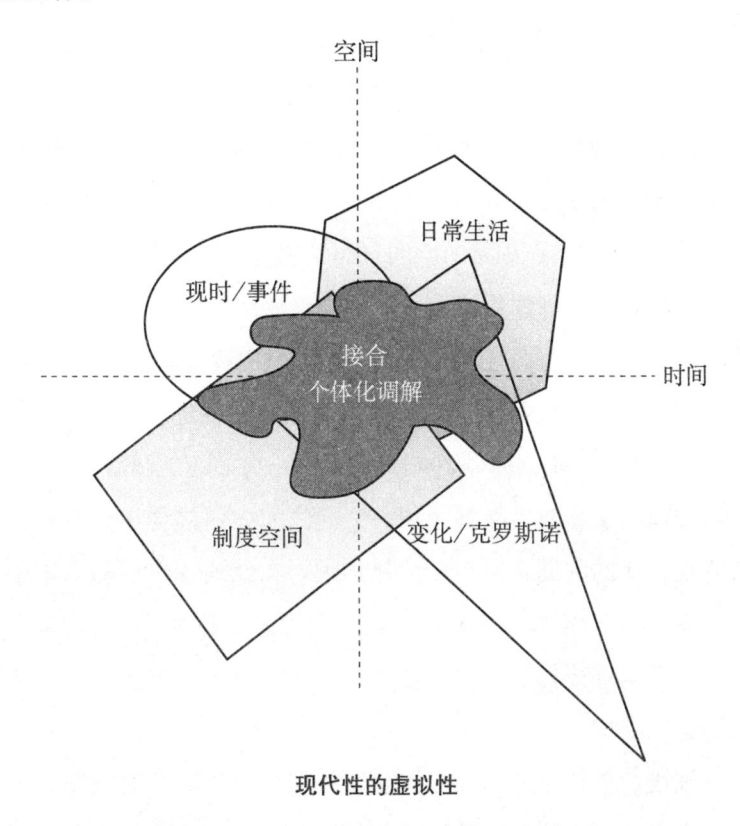

现代性的虚拟性

让我简单重申我对这个图表的解释。它是由两个维度的共同存在、接合所框定的，而这两个维度均是由现实存在的两种形态的共存性关系所定义的。第一个轴线包含必须共存的克罗诺斯（历史性）和事件（现时），它们从属于时间模式。正如查卡拉巴提（Chakrabarty, 2000：8）所说，现代性位于

"'当下'的紧迫性与历史主义的坦然性间的张力"空间。在事件的时空体全部聚焦于当下的情况下，它不仅放弃了变化的任何概念，也放弃了将具体事件本身的"历史性"予以理论化的可能性。在克罗诺斯的时空体全部聚焦于变化的情况下，它放弃了理解已生活过的即时性——继而主体性——的可能性。在时间存在的两种模式之中有一种偶然性的关系，而每种模式本身的实现都具有语境性。生命生活在时光的自然延伸之中，同时生命的存在又具有一定偶然性，然而无论怎样，人类生命都向一切物质、情感和符号体系敞开。正如我所说的，在欧式现代性中，现在作为现象学的经验而存在[29]，而变化作为历史学/历史记录而存在。

第二个轴线——生活空间轴线——包含必须共存的制度空间与日常生活空间，它们从属于空间模式。在空间存在的两种模式之中有一种偶然性的关系，每种模式的实现都具有语境性，生命生活在制度与日常生活的空间中，人类的生命向现实的多重可能性乃至多重的必需性本身敞开。此外，在欧式现代性中，前者作为民族-国家的空间（而且还有位于其中的公民社会、公司等等）得以实现，而后者作为商业化或生命政治化的空间得以实现。

但是这个图表不仅仅由这两个轴线定义，也由跨越两者的接合部分界定。"现代性的经验是作为时间和空间之间的关系建构的。它是从一方的观点表达另一方的特定方式"（Mitchell，2000：13）。穿过轴线在空间性和瞬时性之间总有关系得到建构——然后得到采用。它们之间如何接合也仍然是一个具体和有多样实现方式的问题，以至于，比如说，在欧式现代性的描述中，历史和（民族-国家）制度空间紧密相连，而现实则为了各项实际目的被等同于日常生活。这就是双重接合——两个轴心内部及之间的双重接合使得该图表呈现出明显的镜像结构。

正是在轴线之中和穿过轴线的接合，使得社会政治性的改变在多重性现代性内部成为一种结构性的需要和"常态"。日常生活和制度空间之间、克罗诺斯和事件之间以及两个维度之间变化着的关系，加速了资源的多样化及抵抗、斗争的进程，促进了寻找和生产新的空间。[30]我可以尝试性地做这样一种假设，即在非现代社会中，这个图表清晰表达的差异在世界存在的模式中并不存在，或者并不十分重要。这并不是说这样的空间和时间并不存在，或者更确切地说，它们只是没能得到认同，这关乎的是它们生活效应的问题。[31]

在图表本身之中这样的接合是如何实现的？组成现实的作为归属的不同模式之间是如何调解的？我假设，接合的能动性或者向量，是由个体形态的建构组成的。它同时存在多种方式的接合，而每一种方式的归属均构建了一个时间和空间的主体——或者可能的中介。个体特性（individuality）不必等同于具体的特异性；主语性（subjecthood）不必等同于现象学上的意图和经验的轨迹；能动性（agency）不必等同于自省和自觉的意图。这些都不必定位在消极性的代码之内，也不必在复杂的关系网络之外定义。不过，这种个体特性，作为存在于世界具有根本性的欧式现代性方式是如何建立的？个体特性、身份、主观性和能动性被接合到设定的一系列等效性的链条中，而它同时又被划分到（领土化成）不同社会构成的领域（经济个体特性、政治的个体特性等），然后编码为消极差别化的逻辑。[32]

我想花一些时间探讨这样一个图表就我们诊断情势所提供的一些有益方式，特别是当我已经讨论过其他图表的明确含义，认识到我们存在于时空的图解在定义现在生活和行动的可能性上发挥着十分重要的作用。首先，也是最明显的是，随着一系列关系的复杂化和需求的变化，权力的图解需要改变，反之亦然。也就是说，在现代性的双重空间性和双重瞬时性之间，新的时空存在方式需要新的权力组织方式。这种权力不仅涉及空间主体的管理，也涉及——现在和未来的——瞬时性的管理。或许列斐伏尔（Lefebvre，2005：187）认为"赋予现代性最准确的特征……试图达到结构的一致，是一场徒劳"的观点是正确的。

让我人为地暂且将这两个轴线划分开来。现在的情势中有空间性的多重危机，且围绕空间性存在着多条路线的斗争。这可以使我们想到人们可归属在不同空间且空间化生存面临的日益复杂性和不确定性——蚀本、再投资和改变投资。或许更重要的是，在欧式现代性的现代形式中这些空间的独特接合，尤其是制度空间和日常空间的关系，看起来并不是简单地由多重因素决定的，而是彼此间相互渗透的，以至于制度空间越来越呈现乏味和无趣，而日常空间越来越组织成为科技以及制度空间的代码。日常生活感觉出越来越制度化，而制度空间越来越尝试呈现日常生活的非正式性和习惯性。这不意味着在某个点上这两种空间性的图解有绝对的不同，或者它们之间的不同正在消失，而是图解的实现以及居住空间的结构通过一系列广泛的斗争正在改变，或者更准确地说，已得到了改变。

但沿着时间轴的危机和斗争才是尤其显著和深远的。这把我带到了第二章我关于儿童的地位和场域改变的调查（Grossberg, 2005）。我的结论之一是，情势争论的关键点主要涉及不断变化的时间配置，尤其是历史和改革的关系。[33]通过大范围的话语和非话语实践，包括经济关系、家庭生活、政府政体，以及对时间尤其是未来的建构和投资等，正在改变。关于欧式现代性，甚至更明确地说，关于自由现代性变体的图解的主要立足点，涉及我们从属于历史的方式以及在从当下到未来的轨道中占据的位置。自由现代性的常识假设了一种特定的、线性的、没有方向的、开放式结尾的关系；它假设未来以特定的——虽是确定的，但又无法预测——方式依存于现在。我们当下能做的是对现在而言具有一些决定性的力量的活动，并且它们关联着在通向未来时当下应负的责任（如果不是对未来的责任的话）。[34]不管是否有意为之，未来在界定上越来越和现在无法区分（并且因此应当服务于现在，而不是反之），或者与世界末日没有区别（与现在非常不同，不存在延续性）。未来在努力瓦解、解构和重塑我们的意识，不是引我们去往哪里，而是告诉我们走向未来意味着什么，它思索的不是关于未来的内容，而是存在于当下与未来之间的空间中由因果关系支撑的时间运行的种类。它关涉的是我们与未来关系的斗争，是我们对现在通向未来应担负的责任，以及甚至影响未来可能性的斗争。这虽是对未来的假想，但却非常深刻。

我认为，人们对于他们能够改变未来的能力的信心变得空前脆弱。这并不等同于说他们不关心；而是他们认为无论他们关心与否都无法改变未来。正如福山（Fukuyama, 1992: 48）所说："我们到了说起来都筋疲力尽的地步，我们的精力都耗在了追求一定比自由民主更好的代替者的感觉上。"最直接的结果是我们居住在一个萎缩的时空之内,我们越来越从短期来看未来,就像未来等同于当下似的。这种对存在时间扭曲的迹象稀松平常。这最明显的地方就是以明确的努力对待未来,似乎它对未来有责任一样。未来被当作一种在当下使用和可被用尽的资源,且是有益于当下的。如果股市代表了未来某些物品的商品化,那么证券的激增就是未来对于当下需求的全盘满足:未来(作为条件和可能性)被简化为期货。我们与未来关系的改变最显著的特征是预言式的权力叙事越来越流行,不管这种叙事是来自宗教右派、环境保护主义还是反全球化的左派,也无论是来自末日的景象,还是把历史看作一系列断裂、灾难和奇迹的简单想象。两者都取代了社会延续的概念,使社会努力的前景变得不可预知。这不仅停留在宏观层面,也涉及个人生活层面,以至于奇迹般(意外)成功(比如彩票)的图景开始取代了努力奋斗能获得最终回报的信念(比如努力奋斗攀登成功之梯的场景,甚至可见于民权运动的一些方面)。在波斯特莱尔(Postrel, 1999)骇人听闻的自由主义论述中,只有两种连接未来的方式。停滞论者——自由左派的方式(常常以寄邮件炸弹的人[35]为代表)——想通过限制当下能做的事情以塑造未来。他们反对改革,反对现代。而物力论者知道未来是"未知且不可知的",因此它不能对当下进行控制;而是让 1 000 种可能性在当下爆发,不管结果是什么!

很明显,这种对未来的未来性的否认与对过去关系的改变是无法分开的。正是在这个语境下,现在记忆作为一个关键的文化和政治落脚点的问题凸显了出来,而未能成为针对一个未经提出的问题的解决方案。我们意识到,面对消失的未来,纪念的需求不断增加,纪念的频率不断加快。胡伊森(Huyssen, 2003)曾说过相似的话,"记忆文化"在 20 世纪 70 年代就已经出现了。[36]如果自由现代性强调现在-未来的关系,那么,有现在-过去转向予以强调的新证据吗?我们是不是不知何故陷入一种冲突中,这种冲突存在于现在-未来的政治甚或过去-未来(瓦尔特·本雅明)的政治与过去-现在的政治之间的关系中?与此同时,现在本身已经变成不确定的了。比如鲍曼(Bauman, 1991:11)曾讨论过逃脱现实的抗争,但是在当下我最喜欢的关于改变投资的符号是为国际广告协会世界大会做的关于"将要发生什么?"的主题广告，这则广告将会议描绘为："在这里'当下'成了过去。"

　　概括起来——而我还仅仅是触碰到了这个图表中众所周知的表面——这些危机/抗争可能部分地揭示了通过多种不同方式表达出来的普通的感知：我们正在经历着的变化是重要的，而且是划时代的。虽然这个图表描绘了一种多重现代性的公理化的几何形式，但是，不管是作为现代性理论还是作为对任何特定构造的描述都是不充分的。我已经明确指出这种隶属于时间-空间的分层图表总是与其他的图表相接合的，这些图表包括：编码（即关系性或调解性，他者）、属地性（即维度 vs. 领地）以及权力；价值、表达和权力的体系；以及通约、绘制和捕捉的装置（分别是第四章、第五章和第六章的主题）。我们仍然需要探寻将现代性的多种图表现实化为具体社会形态的力量〔即使我们和阿尔都塞（Althusser，1970）一样认为这总是一种"牙关紧咬的和谐"〕。不过我仍然认为这种分层图表能够提出一种不同的观点，即社会整体作为一种实践、装置、危机和冲突路线的分布通过时间-空间图表相接合，而不是把它当作一个总局限在自己空间内的割裂的整体。或许我们能把它看作一个总是朝着整体靠近但却无法完成的移动，而这一过程是与特定情势的问题域相接合的。但这些图表是如何与话语和权力的体系接合的？此外，我很清楚，成为现代的方式的本体论不能回答所有的问题。[37]相反，许多问题仍然待解。为了找到"答案"，我们不得不继续绘制存在于这个世界的、人们不同的生活模式的图表，而这些图表的建构是基于具体生活方式的社会物质复杂性。然而，这仍然采取了将社会形态多样性予以理论化，且社会形态之间的连接是脆弱的、移动的又是可渗透的，由此，社会形态又重新接合为一个"整体"。到最后，我们不可避免地采取从图表到现实、从抽象到具体的冒险路径。

　　在结束关于这个多重现代性的讨论之前，我想回答另一个难题。一个人在面对其他现代性主张的时候，可能会问我为什么把它们叫作现代而不是其他的东西，或许甚至是现代性的替代者。这个问题值得深思，不过我想在此重申的是，我认为其他的现代性并非仅处在争论的可能性中。虽然从广义上讲的确存在现代性的替代者，我也在使用它，但是或许有更适宜的指称现代性的称谓存在。我深信引致这种结论的原因中至少有一个是本调查的"起源",且我将努力寻找一个更好地理解美国当代情势的方式。这把我带入关于"即将到来的美国现代性"的讨论。通常来说,"发现"现代性可视为对一种问题域的界定,我发现已经有其他人利用其他的——既有地理上的也有历史上的——情势去解答关于现代性的问题(及对现代性的需求)。

第二个理由是我想避免再提出前后矛盾的欧式现代性的否定逻辑。"这些其他的可能性不就是超乎现代性自身或者构成现代性自身的他者吗?"这一问题可以很快变成欧式现代性的否定差异。或许通过思考多重的现代性,我们能够将我们的问询带到其他的拓扑学;找到思考其他关系性方法的努力本身就是思考超越欧式现代性的一部分,但是没有分析性的工作,因而很容易成为一种假说的逻辑。

但是最重要的理由是高恩卡尔(Gaonkar,2001:21)所描述的"现代性狂潮"以及罗丽莎(Rofel,1999:XI)在描述她野外工作记录时所想到的:"'现代性'是许多来自各行各业的人都充满热情地讨论和辩论的东西。"罗丽莎(Cited in Deeb,2006:189)继续说:"最后,尽管它很混乱,但是重新定义围绕现代性形成的话语确实是在设立一个既不是西方也不是东方的,既是'现代的'又是'真实的'存在方式的努力。"[38]当然,我可以鉴于欧式现代性对我们关于现代性本身的想象的影响,选择为其他现代性创造一个术语,但是我想抗拒这种向欧式现代性的权力屈服的诱惑。我们不能以拒绝人们追求现代的欲望作为出发点,也不应当低估他们想象现代性的可能性,而无须遵从北大西洋民族-国家的发展路径。我们也不能理所当然地认为,我们已理解了他们在这种欲望中所探求的东西。

基克耶(Gyekye,1997:263)断言:现代性"事实上假定或者得到了名义上的地位,毕竟世界上所有的社会毫无例外地都渴望成为现代的,在它们社会、文化和政治生活中展示出属于现代性的特征——而不管这个概念意味着什么或这些特征是什么都兼收并蓄"。他明确指出整个世界并不都想成为欧洲那样。事实上,他曾描述过中世纪的许多作家,"在把他们自身和他们的时代描绘为现代的时候,阿拉伯和拉丁美洲的学者都是在表达他们与古人在理解文化意义时的区别……但是不仅如此,而且他们肯定把自己所处时代的人类努力看作是先进的(或者是更先进的),即使不是全部努力,大部分努力也是先进的"(269)。我们在什么层面上,否认这样的关于现代性的宣称或者判断呢?连列斐伏尔(Lefebvre,1995:185)也承认"'现代'是一个有声望的词、一个护身符、一个开门咒,而且它带来了终身的保障"。无可否认的是,现代性的话语关系常常是无比复杂和矛盾的。迪博对什叶派的研究让她作出这样的结论:"现代的概念是一个与人们关于自己、他者的观点相联系的、充满对比的价值判断"(Deeb,2006:269),并且"无法调和的欲望汇聚于此——想要渐渐破坏关于欧式现代性的主要源自西方话语的欲望以及想要成为现代(或被视作是现代的)的欲望"(233)。我想指出,某种程度上,至少这些话语的复杂性体现出的恰是我们现代性词汇——和理解——的匮乏。

所以,这也就是我为什么要思考和利用多重现代性这一概念的答案,因为现代性的争论是广泛的,且有真实的后果。我们需要寻求一个可能性和希望的新场地,一个对成为现代的未来方式的新想象的新场地。文化研究总是说任何成功的政治改革的努力,都是开始于人们所处的地方;对开始改革话语的地点选择,不能简单地通过知识分子的欲望甚至通过知识分子的政治学进行框定。当然我们还有另外一些思考这些话题的角度:比如布莱泽(Blaser,2009)指出,我把人们对走向现代的欲望描绘得太过字面化,而且没能考虑到对这些词语的使用应与需求的不确切性相适应。也就是说,现代性的需求难道是这些人的政治立场的产物?[39]我并不怀疑这些问题需要在特定的情势斗争中且由特定的参与者提出来。我并不怀疑如迪博(Deeb,2006:189)所声称的那样存在"有其他故事尚待讲述"。

结论:正在生成的文化研究

到了眺望前景的时候了,我们该追问从这里出发将走向何处,尽管我遗憾地意识到我们还没有走出多远。我也试图加入这样的对话中,从我自己语境(归根结底,我想要明确自己的主张)的特殊性出发,但也会涉及其他的特殊性，且认识到某种全球性不可避免地会成为现代性问题的一部分。这样的对话正开始将现代性的范畴从西方手中解脱出来。正如哈路图年（Harootunian，2000：41）所说："因为西方不再是一个对非西方进行组织的首要的地理结构概念，所以，任何对现代性的批判也必须不再定位于西方之内或之外。相反，它必须内在地定位于现代性的瞬时性，并欣然接受新的文化形式，而这些新的文化形式曾经且仍然在非西方的地方发展，但目前却为西方与非西方的辩证性相遇提供了一个时机。"

与此同时，现代性的问题性并没有界定当前情势的本质。或者说，情势就没有本质，但其问题域却总是被质疑与争论。现代性并不是解释问题域甚至美国问题域的唯一途径；它不是考察情势轮廓的唯一方式。但是，对现代性的理解拥有一套可能的方式，我希望提供一个理论基础，使我们能够超越对欧式现代性霸权力量的批判性理解，这不仅涉及人们的生活，而且关乎现代性存在的可能的想象方式，通向对其他可能性——其他现代性——以及现代性的替代者的认识。有关正在发生着什么以及未来何去何从的问题仍旧是至关重要的。

再次重申，我想接受和重读桑托斯（Santos，2002：13）精辟的陈述，即我们面对着"没有现代的解决方案的现代问题"。[40]我更倾向于说，我们面对的挑战是要求我们跳出现代性方式的可能性去思考现代问题。关于多重现代性的思考可以使我们承认我们不知道提出什么问题——例如，关于整体上的文化，以及更具体的媒体和大众文化，因为不仅仅是做法发生了改变（虽然我们往往没有仔细辨别什么是新的，什么是重新接合的），而且斗争的语境——与现代性的图表——也在改变。一个多重现代性的设想会对经济、自然和发展的想象产生怎样的影响，又比如会对社会运动策略或者对空间创造及时间化带来怎样的影响？我们如何创造问题、词汇和概念，以充分地表达运行于众多关于可能现代性及可替代的现代性版本中的力量、技术和斗争的复杂性，以及它们相互间的转化？我们如何想象问题和语言，以充分地表达由连通性、关系型和差异所组成的多极、多瞬时及多标量的网络，而这些网络又推动了当代地缘经济、政治、文化构造和空间及其它们之中和之间的新的主体性和集体性的产生？

我试图在这本书中做一些必要的基础性的清理工作，以找出分析的立场，这一立场能够向政治的未来开放并接纳一种不同的普遍性：不是普遍的特异性而是特异的普遍性。如果前者定义一个所有未来的特定性，都须比对一种特定性的等级抽象概念，那么，后者将普遍性看作不按等级设置的特定性之间的运动或关系。这种普遍性既不是目的论的（发展的），也不是膨胀性的（累计的）。它打开了"能听到但还不能理解的声音的能力"（Chakrabarty, 2002: 37），这取决于对"其他瞬时性、其他形式的世界并存是可能的"的认识（Chakrabarty, 2000: 95）。

作为现代性的其他方式的想象需要我们开始重新想象想象本身：虚拟，不同于"可能"，终究是真实的。威廉斯（Williams, 1979）似乎已经理解到了这一点，让它在他的感觉结构的概念中具有实质性意义。虽然在他早期的作品中这种概念描述了感情同质性，但在他后来的作品中它指向了在已知与可知之间、经验和推理之间、经验和表达之间必要的距离，而这种距离本身就是产生和创新的所在。正是虚拟事件才可能使我们找到新的方法，（重新）制定和重新想象我们在世存在的方式。这新揭示出的途径不仅可能连接残酷和悲观现实的多样性，而且可能连接希望、梦想和欲望的多样性，并去寻求再造想象的"可能性"和作为现代方式的新的集体项目。因而，最后，我倾向于同意彼得·阿马托（Amato, 1997: 88）的观点："因此，只有在非洲[或至少一个他者的]现代性的前景中，欧式现代性的希望才可能有成功的机会……一个从一个特殊性走向一个包含性的寻求聚合的特殊性复数的运动。"

那么，这将带给我们什么呢？对我来说，文化研究的前进方向与世界前进的道路问题是不可分离的。两者（当然，后者要重要得多）的未来是交织在一起的，但是，还不能得到保证。然而，两者的未来某种程度上将由我们的言行塑造，而且部分地——因为我真的相信想法很重要——由作为知识分子的我们的言行所塑造——由我们所述的故事所塑造，因为坏的榜样导致糟糕的政局。即使我们不能事先知道文化研究的未来是什么样的，然而我知道"发明它"并最终讲述关于情势的更好的故事将需要大量的时间和更繁重的劳动。这将超过简单地吟诵语境性、复杂性、矛盾性和论证的咒语（当然我过于频繁地这么做）。它要求我们将自己重塑为知识分子和学者，改变我们的知识实践并产生各种新的集体的和合作的学者性主体。

超越欧式现代性的思考项目将需要许多声音和语境、许多话语和知识的对话。文化研究不得不变成一种对话，甚至是多重对话，因为那是这些工作成为文化研究而非彼此独立的作品集合的原因。这样的对话应该既是地理上多样化的，也是跨学科的。它们应让我们思考我们希望与谁一同思考及对话，并思考可以激起这种对话的多声部的形式与实践。一开始我们就必须接受它们是持续的、不完整的、不平衡的和不一致的。它们必须认识到答案是由研究人员所处的"立场"决定的，以接受类似的问题所形成的更基本的挑战。因此，如果我们想跨过语境的特殊性进行对话，我们就必须找到新的提问方式。然而。我们必须小心，不要将以知识产生必须是"民主的"的假设与知识产生的对话实践混为一谈。

对话比我们所愿意承认的要更加困难，而且我谈论的各种谈话与我们作为学术和知识分子的许多日常实践相悖；它们将需要更多的如我在本书中所试图做的批评性的基础清理工作。我们必须放弃这种奇异的英雄知识分子模型，不再认为我们的成功和智力成果只能建立在对其他人的作品的破坏和摧毁之上。我们的贡献应该通过我们在合作对话中的参与程度进行衡量，而不是通过某些原创性和差异性的论断，因为这些论断只能建立在展示其他所有人完全失败的基础之上（当然除了少数几个有特权的人之外，通常包括其导师和朋友）。我们需要将彼此作为盟友互相尊重，承认不同的理论、方法甚至政治，而不一定非要对立，其中每一种都使人有所见有所不见，使某些方面发声又让其他方面沉默。因此，宗派主义——无论是政治或理论的——及"通敌共犯"的指责在文化研究的对话中没有位置，尽管争论甚至由分歧激发的热情对这个对话都是必要的。

我们能从过去到现在付出的众多努力中学得知识，把智力成果建立成对话，并以此评价它们的成功和失败。我们也能看到陋习和制度规范很容易破坏为这个对话所做的努力，使其变成偶然性的：在理论和经验、一般与特殊、全球与当地之间区分得太过尖刻；太具有比较性——受制于对欧式现代性及其机构所声称的普遍知识实践和认识论的问题，以及规范性的假定；太过蒙恩于唯一保卫知识和判断的学科。

这种对话取决于我们的意愿和能力，愿意并能够跨越被认为知识工作的理所当然的边界进行倾听和畅所欲言，去与知识生产者合作，这些知识生产者是：大学之外的任职智库和非政府组织以及从事社会运动的人（一个跨机构的谈话）[41]；生产其他种类的知识的人（跨认知谈话）；身处与我们不同立场的，跨越沉淀下来的但在改变着的地缘政治的界限和位置的人（跨国和跨地区的谈话）；与世界保持不同关系的生活，承认这样的世界并不只是应对我们的所谓理论和欲望负责的人（跨本体的谈话）；最后，在其他学科或学科之间的空间中的人（跨学科的对话）。这样的对话会要求新的翻译和通约，使之能够反映自己的地缘政治、认识论和学科位置——其问题、探究模式和教学法——即使是在它试图创造关于正在发生的情况的更好的故事的时候。

让我再次谈谈跨学科的需要和挑战。对跨学科不断增长的需求的迹象到处都是。尽管每个人都认为当代世界需要"跳出条条框框"思考的人，但人们没有看到，人不能通过仅在条条框框内部思考的学习就能学会跳出条条框框来进行思考。你不得不学着将多种条条框框引入对话中，经历并思考条条框框之间的空间。此外，有数据表明，围绕着研究人员的知识分子团体组织不再受知识生产的官僚主义的——学科的——体系影响。但无论怎么说，跨学科仍须在大学中争取自己的位置。

跨学科需要合作。这本书中的缺点和失败非常明显地体现了这一点。一个人不管怎样努力，凭一己之力很难完成跨学科的工作，而这种合作不能简单地复制学科中的劳动分工（比如，我拿文化，你拿经济……）。跨学科挑战学科划分世界，挑战通过将它们从社会构造的语境复杂性及经常的文化推理决定中分离出来以建构它们目标的方式。但是，同样重要的是，如我已经说过的，我们需要认真对待各学科中所做的工作。至少，我们也应该在可能的理论与解释领域之外，并在针对什么构成重要问题和相关证据的辩论之间，理解我们正做的决定和这些决定的意义。虽然我认为我们不能取消学科分野，但我们需要重新思考学科所处的位置和所作的贡献。

不幸的是，许多学科和一些机构强烈反对跨学科，经常是暗中以财务紧缩的状况作为理由，并打着"在自己学科内部进行跨学科"的旗号进行。这样自相矛盾的说法使学者看似具备了跨学科的优点，而实际上无须去做相关的工作。我们不应该把在学科边缘或边际所做的值得称赞的学术动向，或是交互学科理论的存在，与跨越学科分野的劳动和风险混为一谈。与此同时，越来越多的学科说自己是跨学科的，虽然它们将学科传统的规范限制重新树立了起来。我很遗憾地说，其结果是很难让人心服的，而且虽然经常富有想象力，但他们没有明显地向前推动文化研究的跨学科合作项目。面对这样的趋势，我们需要激发和反思跨学科合作研究的可能性，以及专业技能的组织和意义。

它使我突然想到，把知识生产放进对话要求"跨越体系的长征"。我们将不得不加入全世界范围内试图改变大学教学科研的中心的运动，加入甚至更大的抗争，这一抗争对容纳和塑造具有争论的社会现实内部的文化、知识和教育的轨迹进行挑战。毕竟，我描述的这种改变不是作为单一个体甚至集体教职工能按自己所做的决定进行的改变：它们产生于更大规模的社会和文化斗争，产自力量线路；这些力量线路"塑造正在变得相称的知识分子"并"倾向于产生个人、成功的预测、生存的策略以及想象和化身的模式"，以限制（不是不存在紧张和矛盾）知识生产的习惯和结构（与克拉克的个人谈话，2009年3月）。虽然我用了修辞手法，但我们不得不避免很容易产生指责愧疚和牺牲的意志论，即使是在我们反抗塑造我们实践和想象的"深根习性"的斗争中。

我不是在提议我们应为大学、知识生产和传播提供新的通用模型。我们需要丢弃单向的策略并去思考多元化的可能。我们需要去思考知识分子的工作和教育以及它们联系的多重结构、多重组织。我们也许可以考虑通过本科生和研究生的教育创造多种方式，因为它们并不是都要由院系界定的专业。我们也许考虑想象研究社区和学术归属的其他方式，包括允许具有灵活性和变化的方式。也许我们不应该去讨论跨学科，而是应该谈学科间不同的可能性关系。毕竟文化研究不是去教授跨学科，而是提倡在关联中和语境中进行思考。它重点在于学习如何去问问题（不是由自己学科环境界定的，而是对整个世界的回应）和如何使用——恰当和清楚的——理论、方法和知识，以尽可能找到最好的回答，讲述更好的故事。

我知道一些管理者会说这是不可能的，它是一个潜在的官僚主义梦魇。我不相信这种说法，尽管我认为这会改变它们工作的本质。但是归根到底，大学的建设不是围绕官僚、管理者，不是围绕基金筹集者，不是围绕曾是其赞助者的政客，也不是围绕越来越被号召成为其赞助者的商人的。但我们似乎忘记了这一点，我们似乎丢失了去对抗这样的误解和由之产生的实际政策的道德勇气。我知道我的好多同事也说不可能。我提醒一下大家，我们理所应当地认为（并加以神圣化的）大学的许多特征是在20世纪末21世纪初发明出来的。当时创立的"研究型大学"已经在上个世纪被重新"创造"了至少两次：在20世纪50年代和20世纪60年代，政府增加对研究的投入及对研究的支持通过增加的学生人数和发起的"新社会运动"得到补充；在20世纪80年代和20世纪90年代，减少的政府投入和支持以及增长的公共政治审查推动大学变成更注重合作、管理和创业的组织模型。事实上，我们都经历了这些改变。既然大学之前被重新发明过，它就能再被重新发明。毕竟，这就是文化研究的项目：提供一种**描述**（在此例中是对学院的描述），通过分清其偶然性和语境性，允许我们想到其他的——更好的——可能性和我们该如何去实现它。

最后，我不得不承认我也不知道这样的对话会像什么，也不知道结果是什么样的。我不知道新的大学应该是什么样的。我不知道其他的现代性——和现代性的替代者——是否可能，但我知道我们不得不开始想象这些可能性。我们不得不想象一个多种世界可以共存的世界。并且我们不得不弄清楚正在发生着什么，以及它如何这么持久地阻止我们迈入更人性化的现实。我总认为，文化研究邀请我们参与这种对话、参与合作实验、参与在翻译和交流中的自我反省做法，以及参与建造成新的机构空间的不确定工作。同样的，它既困难又生动，既令人失望又让人充满希望，既谦虚又自大。对我来说，这是作为政治知识分子的一条希望之路。

注释

铭文，来自米歇尔·福柯〔*Le Gouvernment de soi et des autres*：*Cours au Collège de France*（1982—1983）. Paris：Seuil, 2008〕。由马克·海沃德翻译为英文。

[1] 该段讨论取自贺萧（Herschatter, 2007）关于知名知识分子、历史学家汪晖的著作的报告。感谢她将自己的作品分享给我。

[2] 作为对这个群体的著作的介绍，请参看《文化研究》（2007年第21卷第2-3期）中《全球化与去殖民选择》（瓦尔特·D. 米格诺罗、阿图罗·埃斯科瓦尔编）。我不是声称自己在提供对这部复杂而有趣的作品或该群体的主张的全面综述。

[3] 如伊莎贝尔·吉尔（私人通信，2008）向我指出的，葡萄牙是比西班牙还早的殖民国家。

[4] 尽管他不承认（这本身我认为必须严肃对待），有时候米格诺罗确实像是给本地被殖民的属下赋予了一种本质化的"真实性"。

[5] 参见斯科特（Scott, 2004）对海地革命的批评。同时参见特鲁约（Trouillot, 2002）。

[6] 按照科伊尔（Coyle, 2007）的观点，经济学家安格斯·麦迪森认为欧洲生活标准早在15世纪的时候就提升了，意指其经济成功必定是依靠早期的情况而不是通过帝国主义/殖民主义或其他传统上与现代性相关的因素实现的。

[7] 这种古代伊比利亚与北欧现代性的对比（后者建立在基督教的世俗化，以及可以解释拉丁美洲及其他被北欧现代性殖民的地区的不同后殖民历史的假设的基础之上）并不是完全原创的（Dainotto, 2006；Chambers, 2008）。在西班牙语世界中就这个主题有很长的记录传统（Racionero, 1996；Morse, 1982；Rodó, 1967）。只有在法西斯主义及其失败的创痛之后，欧洲才出现显著的再设想和重新配置，而这在20世纪70年代才在南欧出现。

[8] 参看格罗斯伯格（Grossberg, 2000c）。

[9] 在此我想感谢戴维·特里的洞见，让我也发现了科塞雷克理论中的

普遍化倾向。

[10] 这为保守现代化者创造出了颇具意味的反驳。

[11] 这种话语不同于波德莱尔的更为常见的流浪者概念,他将流浪者作为现代性的形状或象征,这种观念将波德莱尔重新捆绑进了变化的时空观,尽管是一种极为偶然的几乎是随机的变化。同时参看德里达(Derrida, 1997: 306)的"承诺之时间"。

[12] 在我看来,他在某种程度上退缩了,而将其描述成为"在作为历史的现在的敞开空间中的跳跃"(7)。

[13] 参看格罗斯伯格(Grossberg, 2000b)关于归属于时间的内容。

[14] 实际上也存在第三个可能的时空体,它指向多样的瞬时性/空间性。参看福柯的异托邦(heterotopia)概念及布洛赫(Bloch, 1977)对非同步物的同步性的观点。

[15] 我认为它也将事件对立于犹太教的时间化逻辑,而这种逻辑是本雅明的中心论点。我坚信人们应该对简单地将犹太教融合进欧式现代性的某些(想象出来的)同是犹太教与基督教的传统持怀疑态度。

[16] 我对事件的认识更接近于德勒兹的观点,但并不完全与其保持一致:事件既不是一个发生的重大事情,也不是一个扰乱每日生活的特异事例。事件是夹在虚拟与实际之间的张力中的现实片段。尽管它有在场性,但是"在其不可穿越性和不可穿透性中……[它]没有现在时态。相反,它同时朝两个方向后退和前进,是双重问题亘古的对象:将发生什么?刚刚发生了什么"?这种观念认为变化——生成(becoming)——对全部的哲学家来说并不奇怪。我认为现代性中的事件正是在场的现在时态在本体的或虚拟的生成中的构建。感谢泰德·斯特里普法斯给我指出了这一点。

[17] 在这些术语中,欧式现代性可能被视为对"行动或其他"的要求,其中行动具有本体论意义,不仅是文化行动而且也是科技和组织的行动。感谢戴维·特里对欧式现代性的这种理解,同时参看尤迪塞(Yúdice, 2003)。

[18] 福柯(Foucault, 1997)区分出了哲学思想在其本身现在时态上折射出来的三种方式:现在被表现为归属于特定的时代;现在被要求提供即将

来临的事件的标志；以及现在作为通向新世界的过渡时期。

[19] 因此，我不同意米切尔（Mitchell，2000：14）的看法，他写道："现代作为那种形式的瞬时性［当代性或在场性］出现，瓦尔特·本雅明称之为同时性的同质空白时间。"

[20] 因此，我们可以看到福柯在此是在反对时间意识中主观性的现象学位置，这继而要求主张一种先验的主观性以使意识本身的主体化成为可能。

[21] 参见格罗斯伯格（Grossberg，2000a）关于空间的观点。参看皮考斯（Pickles，2004）就绘制做法与空间理论之间的关系的讨论。

[22] 物理学家约翰·惠勒发现："物质指示空间如何弯曲，而空间指示物质如何移动"（美国国家航空航天局：《宇宙101：大爆炸理论》，见http://map.gsfc/nasa/gov/universe/bb_theory/html）。

[23] 因此，我并不完全同意奥斯本（Osborne，1995：195）"日常性是存在的时间模式"的表述，因为我认为它同时也是空间性的，但是我确实同意"它的时间化模式是现在性和重复的特色结合"。

[24] 高恩卡尔（Gaonkar，2001）认为波德莱尔寻求公民社会的诗学（对修辞学者来说并不奇怪），而我将其视为提供了一种日常生活的诗学描述。我也认为高恩卡尔错误地将日常生活与生活世界等同起来了，而这种日常生活并非完全是转瞬即逝的；实际上，它本身至关重要地被构筑为例行的和习惯的。

[25] 列斐伏尔的理论具有三种截然不同的但相关的"特点"：日常生活（la vie quiotidienne）、每日生活（le quotidian）和每日性（quotidienneté）。每日生活本身总是虚拟的，是这三种维度语境表达的结果。它不是社会生活的一个固定而永久的维度。

[26] 这无须是列斐伏尔视之为资本主义现代性的"日常"的"一再发生的污泥"，我们也无须认同列斐伏尔将日常与女性视为一致的观点或德塞都（de Certeau，1984）将日常与权力的完全否定或缺乏等同的观点。

[27] 我想简单地探讨一下我的项目与米切尔的主张的相似性，他也看到了可选择的现代性模型的局限："我们也不可以让对现代的更全面的观点引导

我们简单地谈论可选择的现代性,其中一种(实质上特异的)现代性经当地环境修改成为多种文化形式"(Mitchell, 2000: 24)。而米切尔更为"全球的观点"认为"资本主义现代性本质的任何可能的定义之外的发展和力量不断地重定向、转移、变异和增加它们帮助建构起来的现代性,使其丧失所有的基本原则、独特动力或特异历史"(12)。

不过,米切尔确实指出了一种现代性的基本结构,与我的第三种图解相似,"现代性的经验是作为时间和空间之间的关系建构的,它是从一方的观点表达另一方的特定方式"(13)。虽然用词不是完全与我的一致,但是他辨识出了现代时间的双重性:它既是历史时间,也是"当代性或在场性。现代作为那种形式的瞬时性出现,那种形式即瓦尔特·本雅明称之为同时性的同质空白时间"(14)。如米切尔所总结的:"现代性……似乎形成一种有特色的时间空间,出现在西方的同质形状中并以我们认为的历史的'现在'的在场之即刻性为特征。"(23)而且在一个似乎要将其主张反转过来的有趣举动中,他提出是"同时性的影响"才"使得构建历史时间的观点成为可能"(15)。他进一步阐述了现代时间和空间的复杂关系。一方面,"是历史时间,西方的时间,给了现代地理一种秩序,这种秩序是围绕欧洲的"(7)。而另一方面,"现代性的'现在'……取决于同质空间的表征"(15)。

这些相似性非常重要;但是也存在重要的区别,打开了进行可能的对话的空间。第一,在一个可能是次要的问题上,米切尔似乎合并了时间和空间的现象学和本体论问题。第二,他将现代性的在场性或"现在"等同为历史时间转瞬即逝的在场而不是它的双重性。换言之,他似乎认为历史可以从当代性中衍生出来。所以,放下表面不说,存在着一种瞬时性的特异结构而非一种双重性。

第三,米切尔主张现代性的时间和空间自身是"表征的永无休止地复制的体系之产物"(23)。因此,最终,现代性不是由时间和空间构成的也不构成时间和空间,而是构成表征,或更确切地说由"明显是表征的现代技术"构成(25)。因此,"欧式现代性产物最为强大的一面以及同时将其暴露于否定它所主张的独创性和一致性的区别和替代之幽灵的东西面前:现代的方式呈现为表征"(16)。再或者说:"现代是作为空间及其表征之间的区别产生出来的。并不是一种给现代的产生赋予特色的特定空间表征,而是将现实的组织作为表征的空间"(27)。

在这种表征的特色系统中,世界是以主体和客体之间、真实与表征之间的绝对区分的观点"创立的"(类似海德格尔的世界图像):"殖民欧式现代性摆设出了永无止境的创立物,勾画并承诺提供给我们这种完全的、无媒介的、自存在的、直接的现实"(18)。米切尔将这种真实性的"在场性"等同于历史时间的现在的当代性。"有特色的是这种当代性或在场性是一种效果,只有通过一个复制的结构才能转化为经验"(22),通过他之后所称的"差异的上演"(26)。这样,米切尔的观点似乎赋予了我所称的编码图表的特殊地位,与现代性的文化理论以及现代性/殖民性群体一致。

结果就是米切尔无法找到对变化和在场的瞬时性的多种形态、制度与日常生活的空间的多种形态进行概念化的方法。由于没有对其他现代性进行理论化的能力,他空留下去想象其他可能性的欲求:"不存在许多种不同的现代性,不同的现代性的数量不会比不同的资本主义的数量多。现代性像资本主义一样,是由其对普遍性、对展示出历史的终结(包括各个方面)的一种独特性、一致性和普遍性的主张而定义的"(24)。不管他的分析多么富有成效,米切尔无奈地要去寻求逃出历史和表征的空间的道路,因此他的悲观只能通过追寻外在性、外部才能减弱,如他接下来所说的:"但是这总归是一种不可能的一致性,一个不完全的普遍性"(24)。

[28] 如我在致谢中所言,感谢尚塔尔·库奈特-詹特尔·阿达西和索尼亚·洛佩兹-拜松提供这个图表。我自己开始时做出来的仅是一个中心为个体性的2×2的图表。按照设计师给的解释:"不是被'框'进(看起来是)固定的/封闭的/稳定的范畴,相反,空间和时间体现为彼此关联的维度——从这些维度中散发出来的强度、影响、不同力量引力完全是不规则的(这些力量中没有一个可以全部占满某个固定的空间或时间跨度)。同时,这种(特意的)不平的、发暗的中心区域展示出了多种(共存的)现代性经历如何产生于——就制作法而论——这些围绕旋转的力量之间互动和互联的不同密度/强

度"（阿达西和洛佩兹-拜松的私下沟通，2009年8月30日）。

[29] 有人可能发现实用主义者例如约翰·杜威（Dewey, 1938）、威廉·詹姆斯（James, 2008）以及A. N. 怀特海德（Whitehead, 1979）所表达出的对经验的非现象学理解。

[30] 这与福柯视为与主权截然不同的纪律发展的变化相关联，但是他没有将这种紧张视为有生产性的——实际上，与政治空间一样的大众的发明的空间。

[31] 我非常感谢马里奥·布莱泽（私人通信，2009年4月）帮助我没有让自己闹出大笑话。在一个早期的版本中，我提出非现代社会只有制度空间。这显然是将非现代社会看成是封闭的了，以至于变化只能由外而内。另外，认为非现代社会只具有日常空间也就同样只是貌似有理了。而且，主张非现代社会具有其他形式的制度空间和日常生活空间肯定是有理了。因此，在此提出的观点是我最新的结论，以对话的方式，整体考虑了我自己的观点得出的。

[32] 这是欧式现代性主题，是卢卡奇（Lukács, 1971）对资产阶级现代性（劳动的社会主体及意识和权利的自反性现象学主题）的分析中一个分裂的主题（Grossberg, 1999）。

[33] 有人可能会注意战后青年文化的复杂瞬时性，这种文化经常围绕着音乐，部分体现为总是变化的（双重的）节奏和在"老歌"（oldies）观念中关于历史性的独特认识。

[34] 这经常牵涉到将进步视为自我完成，视为个体、国家以及历史本身的自我实现的一种观念。

[35] 数学家和生存主义者特奥多·卡克辛斯基是一名恐怖分子，在1978年至1995年期间至少给航空公司、大学、企业和个人寄出了16封邮件炸弹。他反对科技和消费文化。1995年，《纽约时报》和《华盛顿邮报》在继续进行爆炸的威胁下都发表了他的宣言《工业社会及其未来》。他于1996年在美国蒙塔纳州偏远地区被捕后受审，最终被判终身监禁。

[36] 这种著述大部分无法解释国家在生产历史相对论同质空白时间以及

经历过的记忆被记住的时间的过程中的角色，我认为这不是巧合。

[37] 马里奥·布莱泽（私人通信，2009 年 4 月）对我的分析提出了严肃的批评：术语已经如此不足以至于无法再对现代与非现代进行区分了吗？我认为这正是我们需要我在本章末尾所提议的那种对话的场合和原因。

[38] 感谢伊伦纳·叶海亚在这些问题上所提出的洞见。

[39] 但是我认为他对拉图尔的利用及由此导致的将现代性缩小为欧洲文化的否定性的政治关闭了出现他者现代性的任何可能性。

[40] 桑托斯在这方面同意艾迈·凯撒瑞（Césaire，2001）早期的认识：欧洲不能解决它所制造出来的问题。

[41] 在学界之外关于社会论坛运动、全球正义运动及不安性运动正在出现大量有趣而复杂的分析。

参考文献

Acland, Charles. 2003. *Screen Traffic*. Durham, N.C.: Duke University Press.
Adorno, Theodor W. 1990. *Negative Dialectics*. London: Routledge.
Agamben, Giorgio. 1993. *The Coming Community*. Minneapolis: University of Minnesota Press.
———. 1998. *Homo Sacer: Sovereign Power and Bare Life*. Stanford, Calif.: Stanford University Press.
———. 1999. *Potentialities: Collected Essays in Philosophy*. Stanford, Calif.: Stanford University Press.
———. 2005. *State of Exception*. Chicago: University of Chicago Press.
Aglietta, Michel. 1976. *A Theory of Capitalist Regulation*. London: Verso.
Ahmed, Sarah. 2004. *The Cultural Politics of Emotion*. London: Routledge.
Almond, Gabriel A. 2000. "The Study of Political Culture." In *Culture and Politics: A Reader*, ed. Lane Crothers and Charles Lockhart, 5–20. New York: St. Martin's.
Althusser, Louis. 1970. *For Marx*. New York: Vintage.
———. 1971. "Ideology and Ideological State Apparatuses." In *Lenin and Philosophy and Other Essays*, 121–76. New York: Monthly Review Press.
Alvarez, Sonia E. 2008. "Beyond the Civil Society Agenda? 'Civic Participation' and Practices of Governance, Governability and Governmentality." Lecture, University of North Carolina, Chapel Hill, March 28.
Amato, Peter. 1997. "African Philosophy and Modernity." In *Postcolonial African Philosophy*, ed. Emmanuel Chukwudi Eze, 71–100. Oxford: Blackwell.
Amin, Ash, and Nigel Thrift. 2000. "What Kind of Economic Theory for What Kind of Economic Geography?" *Antipode* 32 (1): 4–9.
Amin, Samir. 1997. *Capitalism in the Age of Globalization*. London: Zed.
Andrejevic, Mark. 2003. *Reality TV: The Work of Being Watched*. Lanham, Md.: Rowman and Littlefield.
Ang, Ien, and Joke Hermes. 1996. "Gender and/in Media Consumption." In *Mass*

Media and Society, ed. James Curran and Michael Gurevitch, 325–47. London: Arnold.

Appadurai, Arjun. 1990. "Disjuncture and Difference in the Global Cultural Economy." *Public Culture* 2 (2): 1–24.

Arendt, Hannah. 1998. *The Human Condition*. Chicago: University of Chicago Press.

Arnold, Matthew. 1961. *Culture and Anarchy*. Cambridge: Cambridge University Press.

Aronowitz, Stanley, and Peter Bratsis, eds. 2002. *Paradigm Lost: State Theory Reconsidered*. Minneapolis: University of Minnesota Press.

Asad, Talal. 2003. *Formations of the Secular*. Stanford, Calif.: Stanford University Press.

Badiou, Alain. 2005. *Being and Event*. New York: Continuum.

Balibar, Etienne. 2003. *We, The People: Reflections on Transnational Citizenship*. Princeton, N.J.: Princeton University Press.

Baudelaire, Charles. 1995. *The Painter of Modern Life and Other Essays*. London: Phaidon Press.

Baudrillard, Jean. 1975. *The Mirror of Production*. St. Louis: Telos Press.

———. 1983. *Simulations*. New York: Semiotexte.

Bauman, Zygmunt. 1987. *Legislators and Interpreters*. Oxford: Blackwell.

———. 1991. *Modernity and Ambivalence*. Oxford: Blackwell.

———. 2000. *Liquid Modernity*. Cambridge: Polity Press.

Beck, Ulrich. 1992. *Risk Society: Towards a New Modernity*. London: Sage.

Beck, Ulrich, Anthony Giddens, and Scott Lash. 1994. *Reflexive Modernization*. Stanford, Calif.: Stanford University Press.

Becker, Gary. 1978. *The Economic Approach to Human Behavior*. Chicago: University of Chicago Press.

Benjamin, Walter. 1968. *Illuminations*. New York: Harcourt Brace and World.

Bennett, Tony. 1986. "The Politics of the 'Popular' and Popular Culture." In *Popular Culture and Social Relations*, ed. Tony Bennett, Colin Mercer, and Janet Woollacott, 6–21. Milton Keynes, England; Philadelphia: Open University Press, 1986.

———. 1998. *Culture: A Reformer's Science*. London: Sage.

Benveniste, Émile. 1973. *Problems in General Linguistics*. Miami: University of Miami Press.

Bergeron, Suzanne. 2004. *Fragments of Development*. Ann Arbor: University of Michigan Press.

Berland, Jody. 2009. *North of Empire*. Durham, N.C.: Duke University Press.

Berlant, Laurent. 1997. *The Queen of America Goes to Washington City*. Durham, N.C.: Duke University Press.

———. 2006. "Cruel Optimism." *Differences* 17 (3): 20–36.

Berman, Marshall. 1982. *All That Is Solid Melts into Air*. New York: Simon and Schuster.

Bernasconi, Robert. 1997. "African Philosophy's Challenge to Continental Philosophy." In *Postcolonial African Philosophy*, ed. Emmanuel Chukwudi Eze, 183–96. Cambridge: Blackwell.

Bigelow, Gordon. 2005. "Let There Be Markets: The Evangelical Roots of Economics." *Harper's Magazine*, May 1. http://www.mindfully.org/Industry/2005/Evangelical-Economics1may05.htm.

Blaser, Mario. 2009. "Political Ontology: Cultural Studies without Culture?" *Cultural Studies*.

Bloch, Ernst. 1977. "Non-Synchronism and the Obligation to Its Dialectics." *New German Critique* 11 (spring): 22–38.

Bourdieu, Pierre. 2005. "Principles of an Economic Anthropology." In *The Handbook of Economic Sociology*, ed. Neil J. Smelser and Richard Swedberg, 75–89. Princeton, N.J.: Princeton University Press.

Braudel, Fernand. 1977. *Afterthoughts on Material Civilization and Capitalism*. Baltimore: Johns Hopkins University Press.

Brecht, Bertolt. 1976. *Poems: 1913–1956*. New York: Methuen.

Brown, Wendy. 1995. *States of Injury*. Princeton, N.J.: Princeton University Press.

———. 2008. *Regulating Aversion: Tolerance in the Age of Identity and Empire*. Princeton, N.J.: Princeton University Press.

Brunsdon, Charlotte. 1996. "A Thief in the Night: Stories of Feminism in the 1970s at CCCS." In *Stuart Hall: Critical Dialogues in Cultural Studies*, ed. David Morley and Kuan-Hsing Chen, 276–86. London: Routledge.

Callon, Michel. 1998. *Laws of the Markets*. Oxford: Wiley-Blackwell.

Canclini, Nestor Garcia. 1993. *Transforming Modernity*. Austin: University of Texas Press.

Carey, James W. 1989. *Communication as Culture: Essays on Media and Society*. Boston: Unwin Hyman.

———. 1997a. "Reflections on the Project of (American) Cultural Studies." In *Cultural Studies in Question*, ed. Marjorie Ferguson and Peter Golding, 1–24. London: Sage.

———. 1997b. "Afterword: The Culture in Question." In *James Carey: A Critical Reader*, ed. Eve Stryker Munson and Catherine A. Warren, 308–39. Minneapolis: University of Minnesota Press.

Casey, Edward. 1998. *The Fate of Place: A Philosophical History*. Berkeley: University of California Press.

Castells, Manuel. 2000. *The Rise of the Network Society*. Oxford: Wiley-Blackwell.

Centre for Contemporary Cultural Studies (Race and Politics Group). 1982. *The Empire Strikes Back: Race and Racism in 70s Britain*. London: Hutchinson.

Cesaire, Aime. 2001. *Discourse of Colonialism*. New York: Monthly Review Press.
Chakrabarty, Dipesh. 2000. *Provincializing Europe*. Princeton, N.J.: Princeton University Press.
———. 2002. *Habitations of Modernity*. Chicago: University of Chicago Press.
Chambers, Iain. 1986. *Popular Culture: The Metropolitan Experience*. London: Methuen.
———. 2008. *Mediterranean Crossings: The Politics of an Interrupted Modernity*. Durham, N.C.: Duke University Press.
Chang, Ruth, ed. 1997. *Incommensurability, Incomparability, and Practical Reason*. Cambridge, Mass.: Harvard University Press.
Chatterjee, Partha. 1993. *The Nation and Its Fragments*. Princeton, N.J.: Princeton University Press.
Cho (Han), Hae-joang. 2000. "You Are Entrapped in an Imaginary Well." *Inter-Asia Cultural Studies* 1 (1): 49–70.
Clark, Gregory. 2008. *A Farewell to Alms: A Brief Economic History of the World*. Princeton, N.J.: Princeton University Press.
Clarke, John. 1991. *New Times and Old Enemies*. London: Harper Collins.
———. 2004. *Changing Welfare, Changing States*. London: Sage.
———. 2007. "Living with/in and against Neo-Liberalism: Pursuing Ambivalence." Paper presented at Workshop PM Transnational Governmentality in South East Europe, Rabac, Croatia, June 1–3.
———. 2009. "After Neo-Liberalism: Markets, States, and the Reinvention of Public Welfare." Unpublished manuscript.
Clarke, John, et al. 2007. *Creating Citizen-Consumers*. London: Sage.
Clarke, John, and Janet Newman. 1997. *The Managerial State*. London: Sage.
Clough, Patricia Ticineto. 2007. Introduction to *The Affective Turn*, ed. Patricia Ticineto Clough with Jean Halley, 1–33. Durham, N.C.: Duke University Press.
———. 2009. "The New Empiricism: Affect and Sociological Method." *European Journal of Social Theory* 12 (1): 43–61.
Colectivo Precarias a la Deriva. 2004. *A la deriva por los circuitos de la precariedad femenina*. Madrid: Traficantes de Suenos.
Coleman, William Oliver. 2002. *Economics and Its Enemies: Two Centuries of Anti-Economics*. New York: Palgrave.
Comaroff, Jean, and John L. Comaroff, eds. 2001. *Millennial Capitalism and the Culture of Neoliberalism*. Durham, N.C.: Duke University Press.
Connolly, William E. 2002. *Neuropolitics: Thinking, Culture, Speed*. Minneapolis: University of Minnesota Press.
———. 2005. *Pluralism*. Durham, N.C.: Duke University Press.
———. 2008. *Capitalism and Christianity, American Style*. Durham, N.C.: Duke University Press.

Couldry, Nick, and Anna McCarthy. 2004. *MediaSpace: Place, Scale, and Culture in a Media Age*. New York: Routledge.

Coyle, Diane. 2007. *The Soulful Science: What Economists Really Do and Why It Matters*. Princeton, N.J.: Princeton University Press.

Crary, Jonathon. 1999. *Suspensions of Perception: Attention, Spectacle, and Modern Culture*. Cambridge, Mass.: MIT Press.

Crothers, Lane, and Charles Lockhart, eds. 2000. *Culture and Politics: A Reader*. New York: St. Martin's.

Dainotto, Roberto M. 2006. *Europe in Theory*. Durham, N.C.: Duke University Press.

Davis, John B. 2006. "The Nature of Heterodox Economics." *Post-Autistic Economics Review* 40 (December): 23–30.

Dean, Jodi, ed. 2000. *Cultural Studies and Political Theory*. Ithaca, N.Y.: Cornell University Press.

De Certeau, Michel. 1984. *The Practice of Everyday Life*. Berkeley: University of California Press.

Deeb, Lara. 2006. *An Enchanted Modern: Gender and Public Piety in Shi'i Lebanon*. Princeton, N.J.: Princeton University Press.

De Landa, Manuel. 2006. *A New Philosophy of Society: Assemblage Theory and Social Complexity*. London: Continuum.

Deleuze, Gilles. 1988. *Foucault*. Minneapolis: University of Minnesota Press.

———. 1990. *The Logic of Sense*. New York: Columbia University Press.

———. 1992. "Postscript on the Societies of Control." *October* 59 (winter): 3–7.

———. 1994. *Difference and Repetition*. New York: Columbia University Press.

Deleuze, Gilles, and Felix Guattari. 1977. *Anti-Oedipus: Capitalism and Schizophrenia*. New York: Viking.

———. 1987. *A Thousand Plateaus: Capitalism and Schizophrenia*. Minneapolis: University of Minnesota Press.

Denning, Michael. 2004. *Culture in the Age of Three Worlds*. London: Verso.

Derrida, Jacques. 1994. *Specters of Marx*. New York: Routledge.

———. 1997. *The Politics of Friendship*. London: Verso.

———. 1998. *Of Grammatology*. Baltimore: Johns Hopkins University Press.

Dewey, John. 1938. *Logic: The Theory of Inquiry*. New York: Henry Holt.

———. 1946. Afterword to *The Public and its Problems*. Denver: Swallow Press.

———. 1969. "Austin's Theory of Sovereignty." In *The Early Works: 1882–1898*, 4–90. Carbondale: Southern Illinois University Press.

Dirlik, Arif. 2000. *Postmodernity's History*. Lanham, Md.: Rowman and Littlefield.

Domingues, Beatriz Helena. 2001. "Algumas considerações sobre a relação entre Modernidade, Barroco e Iluminismo no mundo ibérico." *Anônimos Latinos*, no. 7.

du Gay, Paul, et al. 1997. *Doing Cultural Studies: The Story of the Sony Walkman*. London: Sage.

du Gay, Paul, and Michael Pryke. 2002. "Cultural Economy: An Introduction." In *Cultural Economy*, ed. Paul du Gay and Michael Pryke, 1–20. London: Sage.

Dumont, Louis. 1977. *From Mandeville to Marx: The Genesis and Triumph of Economic Ideology*. Chicago: University of Chicago Press.

Dussel, Enrique. 1996. *The Underside of Modernity*. Atlantic Highlands, N.J.: Humanities Press.

———. 2000. "Europe, Modernity and Euro-Centrism." *Nepanta: Views from the South* 1 (3): 465–78.

Eisenstadt, S. N. 2001. Response to Kahn, "Anthropology and Modernity." *Current Anthropology* 42 (5): 665–66.

———. 2003. *Comparative Civilizations and Multiple Modernities*. Vol. 2. Leiden: Brill.

Eisenstein, Elizabeth L. 1980. *The Printing Press as an Agent of Change*. Cambridge: Cambridge University Press.

Elkins, David J., and Richard E. B. Simeon. 2000. "A Cause in Search of an Effect, or What Does Political Culture Explain?" In *Culture and Politics: A Reader*, ed. Lane Crothers and Charles Lockhart, 21–38. New York: St. Martin's.

Escobar, Arturo. 1995. *Encountering Development*. Princeton, N.J.: Princeton University Press.

———. 2001. "Culture Sits in Places: Reflections on Globalism and Subaltern Strategies of Localization." *Political Geography* 20: 139–74.

———. 2005. "Economics and the Space of Modernity." *Cultural Studies* 19 (2): 139–75.

———. 2007. "Worlds and Knowledges Otherwise: The Latin American Modernity/Coloniality Research Program." *Cultural Studies* 21 (2/3): 179–210.

———. 2008. *Territories of Difference: Place, Movements, Life, Redes*. Durham, N.C.: Duke University Press.

Espeland, Wendy Nelson, and Mitchell L. Stevens. 1998. "Commensuration as a Social Process." *Annual Review of Sociology* 24: 313–43.

Fanon, Frantz. 1967. *Black Skin, White Masks*. New York: Grove Press.

Feldman, Allen. 1991. *Formations of Violence: The Narrative of the Body and Political Terror in Northern Ireland*. Chicago: University of Chicago Press.

Fish, Stanley. 2008. *Save the World on Your Own Time*. New York: Oxford University Press.

Foucault, Michel. 1967. "Of Other Spaces." *Diacritics* 16 (spring): 22–27.

———. 1977. "Nietzsche, Genealogy, History." In *Language, Counter-Memory, Practice*, 139–64. Ithaca, N.Y.: Cornell University Press.

———. 1978. *The History of Sexuality*. Vol. 1, *An Introduction*. New York: Pantheon.

———. 1979. "Power and Norms: Notes." In *Michel Foucault: Power, Truth, Strategy*, ed. Meaghan Morris and Paul Patton, 59–75. Sydney: Feral Publications.

———. 1980. *Power/Knowledge: Selected Interviews & Other Writings, 1972–1977*. New York: Pantheon.

———. 1982. "The Subject and Power." In *Michel Foucault: Beyond Structuralism and Hermeneutics*, ed. Hubert L. Dreyfus and Paul Rabinow, 208–26. Chicago: University of Chicago Press.

———. 1988a. *Politics, Philosophy, Culture: Interviews and Other Writings, 1977–1984*. New York: Routledge.

———. 1988b. *Technologies of the Self*. Amherst: University of Massachusetts Press.

———. 1997. "What Is Enlightenment?" In *Ethics, Subjectivity, and Truth*, 303–20. New York: New Press.

———. 2000. *Power*. New York: New Press.

———. 2003. *Society Must Be Defended*. New York: Picador.

———. 2007a. *Security, Territory, Population*. New York: Palgrave Macmillan.

———. 2007b. "Questions on Geography." In *Space, Knowledge, Power: Foucault and Geography*, ed. Jeremy W. Crampton and Stuart Elden, 173–82. Burlington: Ashgate Publishing.

———. 2008. *The Birth of Biopolitics*. New York: Palgrave Macmillan.

———. N.d. "Discourse and Truth: The Problematization of Parrhesia." http://www.foucault.info/documents/parrhesia/foucault.DT6.conclusion.en.html.

Franks, Thomas. 2001. *One Market Under God: Extreme Capitalism, Market Populism, and the End of Economic Democracy*. New York: Anchor Books.

Friedman, Milton. 1962. *Capitalism and Freedom*. Chicago: University of Chicago Press.

Frow, John, and Meaghan Morris. 1993. Introduction to *Australian Cultural Studies: A Reader*, ed. John Frow and Meaghan Morris, vii–xxxii. Urbana: University of Illinois Press.

Fukuyama, Francis. 1992. *The End of History and the Last Man*. New York: Free Press.

———. 1999. *The Great Disruption*. New York: Touchstone.

Fullbrook, Edward, ed. 2003. *The Crisis in Economics: The Post-Autistic Economics Movement—The First 600 Days*. London: Routledge.

———. 2007. *Real World Economics*. London: Anthem Press.

———. 2008. *Pluralist Economics*. London: Zed Books.

Galloway, Alexander R. 2006. *Protocol: How Control Exists after Decentralization*. Cambridge, Mass.: MIT Press.

Gaonkar, Dilip P. 2001. "On Alternative Modernities." In *Alternative Modernities*, ed. Dilip P. Gaonkar, 1–23. Durham, N.C.: Duke University Press.

Gibson-Graham, J. K. [Julie Graham and Katherine Gibson]. 1996. *The End of Capitalism (as We Knew It): A Feminist Critique of Political Economy*. Cambridge, Mass.: Blackwell.

———. 2006. *Postcapitalist Politics*. Minneapolis: University of Minnesota Press.

Giddens, Anthony. 1991. *The Consequences of Modernity*. Stanford, Calif.: Stanford University Press.

Gilbert, Jeremy. 2008. *Anticapitalism and Culture*. New York: Berg.

Gilroy, Paul. 1987. *There Ain't No Black in the Union Jack*. London: Hutchinson.

———. 1993a. *The Black Atlantic: Modernity and Double Consciousness*. Cambridge, Mass.: Harvard University Press.

———. 1993b. "It Ain't Where You're From, It's Where You're At: The Dialectics of Diaspora Identification." In *Small Acts*, 120–45. London: Serpent's Tail.

———. 2000. *Against Race: Imagining Political Culture beyond the Color Line*. Cambridge, Mass.: Harvard University Press.

———. 2005. *Postcolonial Melancholia*. New York: Columbia University Press.

Graeber, David. 2001. *Toward an Anthropological Theory of Value*. New York: Palgrave.

Gramsci, Antonio. 1971. *Selections from the Prison Notebooks*. Trans. Quintin Hoare and Geoffrey Nowell Smith. New York: International Publishers.

Gregg, Melissa, and Gregory J. Seigworth, eds. Forthcoming. *The Affect Theory Reader*. Durham, N.C.: Duke University Press.

Grossberg, Lawrence. 1992. *We Gotta Get Out of This Place: Popular Conservatism and Postmodern Culture*. New York: Routledge.

———. 1997a. "Cultural Studies, Modern Logics, and Theories of Globalization." In *Back to "Reality": The Social Experience of Cultural Studies*, ed. Angela McRobbie, 7–35. Manchester, U.K.: Manchester University Press.

———. 1997b. *Dancing in Spite of Myself: Essays on Popular Culture*. Durham, N.C.: Duke University Press.

———. 1997c. *Bringing It All Back Home: Essays on Cultural Studies*. Durham, N.C.: Duke University Press.

———. 1997d. "Cultural Studies, Modern Logics, and Theories of Globalization." In *Back to Reality: Social Experience and Cultural Studies*, ed. Angela McRobbie, 7–35. Manchester, U.K.: Manchester University Press.

———. 1998. "The Victory of Culture," pt. 1, "Against the Logic of Mediation." *Angelaki* 3 (3): 3–30.

———. 1999. "Speculations and Articulations of Globalization." *Polygraph* 11 (spring): 11–48.

———. 2000a. "(Re)con-figuring Space: Defining a Project." *Space and Culture* 4/5: 13–22.

---. 2000b. "History, Imagination and the Politics of Belonging." In *Without Guarantees: Essay in Honor of Stuart Hall*, ed. Paul Gilroy, Lawrence Grossberg, and Angela McRobbie, 148–64. London: Verso.

---. 2000c. "The Figure of Subalternity and the Neoliberal Future?" *Nepantla: Views from the South* 1 (1): 59–89.

---. 2005. *Caught in the Crossfire: Kids, Politics, and America's Future*. Boulder, Colo.: Paradigm.

---. 2006. "Does Cultural Studies Have Futures? Does It? Should It? (or What's the Matter with New York?)." *Cultural Studies* 20 (1): 1–32.

---. 2007a. "Stuart Hall on Race and Racism: Cultural Studies and the Practice of Contextualism." In *Culture, Politics, Race and Diaspora: The Thought of Stuart Hall*, ed. Brian Meeks, 98–119. Kingston; Miami: Ian Randle Publishers; London: Lawrence and Wishart.

---. 2007b. "Affect and Postmodernity in the Struggle over 'American Modernity.'" In *Postmodernism: What Moment?* ed. Pelagia Goulimari, 176–201. Manchester, U.K.: Manchester University Press.

---. 2010. "Modernity and Commensuration: A Reading of the Contemporary (Economic) Crisis." *Cultural Studies* 24 (3).

Guattari, Felix. 1996. *The Guattari Reader*. Ed. Gary Genosko. Oxford: Blackwell Publishers.

---. 2000. *The Three Ecologies*. London: Athlone Press.

Gudeman, Stephen. 2001. *The Anthropology of Economy*. Oxford: Blackwell.

Gudeman, Stephen, and Alberto Rivera. 1990. *Conversations in Colombia*. Cambridge: Cambridge University Press.

Guha, Ranajit. 1998. *Dominance without Hegemony: History and Power in Colonial India*. Cambridge, Mass.: Harvard University Press.

Guiso, Luigi, Paola Sapienza, and Luigi Zingales. 2006. "Does Culture Affect Economic Outcomes?" *Journal of Economic Perspectives* 20 (2): 23–28.

Gupta, Akhil. 1998. *Postcolonial Developments: Agriculture in the Making of Modern India*. Durham, N.C.: Duke University Press.

---. 2009. *The State in India after Liberalization*. London: Routledge.

Gyekye, Kwame. 1997. *Tradition and Modernity*. New York: Oxford University Press.

Habermas, Jürgen. 1990. *The Philosophical Discourse of Modernity*. Cambridge, Mass.: MIT Press.

Hage, Ghassan. 2003. *Against Paranoid Nationalism*. Annandale, Australia: Pluto Press.

Hall, Catherine. 2002. *Civilising Subjects: Metropole and Colony in the English Imagination 1830–1867*. Chicago: University of Chicago Press.

Hall, Catherine, and Leonore Davidoff. 1991. *Family Fortunes: Men and Women of the English Middle Class, 1780–1850*. Chicago: University of Chicago Press.

Hall, Gary, and Claire Birchall, eds. 2006. *New Cultural Studies: Adventures in Theory*. Edinburgh: Edinburgh University Press.

Hall, Stuart. 1971. Introduction to *Annual Report of the Centre for Contemporary Cultural Studies (1969/71)*, 1–7. Birmingham, Eng.: Centre for Contemporary Cultural Studies.

———. 1978. "The Hinterlands of Science: Ideology and the 'Sociology of Knowledge.'" In *On Ideology*, ed. Stuart Hall, Bob Lumley, and Gregor McLennan, 9–32. London: Hutchinson.

———. 1980a. "Encoding/Decoding." In *Culture, Media, Language: Working Papers in Cultural Studies*, ed. Stuart Hall, 128–38. London: Hutchinson.

———. 1980b. "Race, Articulation and Societies Structured in Dominance." In *Sociological Theories: Race and Colonialism*, 305–45. Paris: UNESCO.

———. 1981. "Notes on Deconstructing 'the Popular.'" In *People's History and Socialist Theory*, ed. Raphael Samuel, 227–40. Boston: Routledge and Kegan Paul.

———. 1988. *The Hard Road to Renewal: Thatcherism and the Crisis of the Left*. London: Verso.

———. 1990. "The Emergence of Cultural Studies and the Crisis of the Humanities." *October* 53 (3): 11–23.

———. 1991. "The Local and the Global: Globalization and Ethnicity." In *Culture, Globalization, and the World-System*, ed. Anthony D. King, 19–40. Basingstoke: Macmillan Education.

———. 1992a. "Cultural Studies and Its Theoretical Legacies." In *Cultural Studies*, ed. Lawrence Grossberg, Cary Nelson, and Paula Treichler, 277–94. New York: Routledge.

———. 1992b. "Race, Culture, and Communications: Looking Backward and Forward at Cultural Studies." *Rethinking Marxism* 5 (1): 10–18.

———. 1993. "Culture, Community, Nation." *Cultural Studies* 7 (3): 349–63.

———. 1995. "Not a Postmodern Nomad: A Conversation with Stuart Hall." *Arena*, n.s., 5: 51–70.

———. 1996a. Introduction to "Part I: Formations of Modernity." In *Modernity: An Introduction to Modern Societies*, ed. Stuart Hall, David Held, Don Hubert, and Kenneth Thompson, 3–18. Oxford: Blackwell.

———. 1996b. "When Was 'the Post-Colonial'?" In *The Post-Colonial Question*, ed. Iain Chambers and Lidia Curti, 242–60. London: Routledge.

———. 1996c. "Gramsci's Relevance for the Study of Race and Ethnicity." In *Stuart Hall: Critical Dialogues in Cultural Studies*, ed. David Morley and Kuan-Hsing Chen, 411–40. London: Routledge.

———. 1997a. "Politics, Contingency, Strategy." *Small Axe* 1 (March): 141–59.

———. 1997b "Subjects in History: Making Diasporic Identities." In *The House That Race Built*, ed. Wahneema Lubiano, 289–99. New York: Pantheon.

———. 1998a. "Aspiration and Attitude: Reflections on Black Britons in the Nineties." *New Formations*, no. 33: 38–46.

———. 1998b. "Cultural Composition: Stuart Hall on Ethnicity and the Discursive Turn." *Journal of Composition and Theory* 18 (2): 171–96.

———. 1999. "Thinking the Diaspora." *Small Axe* 6 (September): 1–18.

———. 2000a. "Diasporas, or the Logics of Cultural Translation." Keynote lecture at the VII Congresso da ABRALIC, Salvador, Brazil.

———. 2000b. "The Multi-Cultural Moment." In *Un/Settled Multiculturalisms*, ed. Barnor Hesse, 209–41. London: Zed Books.

———. 2003a. "Marx's Notes on Method: A 'Reading' of the '1857 Introduction to the Grundrisse.'" *Cultural Studies* 17 (2): 113–49.

———. 2003b. "Maps of Emergency: Fault Lines and Tectonic Plates." In *Fault Lines: Contemporary African Art and Shifting Landscapes*, ed. Gilane Tawadros and Sarah Campbell, 31–42. London: Institute of International Visual Arts in collaboration with the Forum for African Arts and the Prince Claus Fund.

———. 2006. "Black Diaspora Artists in Britain: Three 'Moments' in Post-war History." *History Workshop Journal* 61 (1): 1–24.

———. n.d. "Modernity and Its Others: Three 'Moments' in the Post-war History of the Black Diaspora Arts." http://www.artafrica.info/novos-pdfs/artigo_17-en.pdf.

———. Forthcoming. Interviews with Bill Schwarz (unpublished).

Hall, Stuart, John Clarke, et al. 1976. "Subcultures, Cultures, and Class: A Theoretical Overview." In *Resistance through Rituals: Youth Subcultures in Post-war Britain*, ed. Stuart Hall and Tony Jefferson, 9–74. London: Hutchinson.

Hall, Stuart, Tony Critcher, et al. 1978. *Policing the Crisis: Mugging, the State, and Law and Order*. London: Macmillan.

Hall, Stuart, David Held, et al., eds. 1996. *Modernity: An Introduction to Modern Societies*. Oxford: Blackwell.

Hall, Stuart, and Martin Jacques, eds. 1983. *The Politics of Thatcherism*. London: Lawrence and Wishart.

———. 1989. *New Times: The Changing Face of Politics in the 1990s*. London: Lawrence and Wishart.

Hall, Stuart, and Paddy Whannel. 1964. *The Popular Arts: A Critical Guide to the Mass Media*. Boston: Beacon.

Hansen, Mark B. N. 2003. "Affect as Medium, or the 'digital-facial-image.'" *Journal of Visual Communication* 2 (2): 205–28.

Hansen, Thomas Blom, and Finn Stepputat, eds. 2001. *States of Imagination: Ethnographic Explorations of the Postcolonial State*. Durham, N.C.: Duke University Press.

Haraway, Donna. 1988. "Situated Knowledges: The Science Question in Feminism and the Privilege of Partial Perspective." *Feminist Studies* 14 (3): 575–95.

Harding, Jennifer, and E. Deidre Pribram. 2009. *Emotions*. London: Routledge.

Hardt, Michael, and Antonio Negri. 2000. *Empire*. Cambridge, Mass.: Harvard University Press.

———. 2009. *Commonwealth*. Cambridge, Mass.: Harvard University Press.

Harootunian, Harry. 2000. *History's Disquiet: Modernity, Cultural Practice, and the Question of Everyday Life*. New York: Columbia University Press.

Harrison, Lawrence E. 2006. *The Central Liberal Truth: How Politics Can Change a Culture and Save It from Itself*. New York: Oxford University Press.

Harvey, David. 1989. *The Condition of Postmodernity*. Oxford: Blackwell.

Harvey, John T., and Robert F. Garnett Jr. 2008. *Future Directions for Heterodox Economics*. Ann Arbor: University of Michigan Press.

Hay, James. 1996. "Afterword: The Place of the Audience: Beyond Audience Studies." In *The Audience and Its Landscape*, ed. James Hay, Lawrence Grossberg, and Ellen Wartella, 359–78. Boulder, Colo.: Westview.

———. 2001. "Locating the Televisual." *Television and New Media* 2 (3): 205–31.

Hayek, F. A. 1994. *The Road to Serfdom*. Chicago: University of Chicago.

Hebdige, Dick. 1979. *Subculture: The Meaning of Style*. London: Methuen.

Heidegger, Martin. 1962. *Being and Time*. New York: Harper and Row.

———. 1982. *The Question Concerning Technology and Other Essays*. New York: Harper and Row.

Herschatter, Gail. 2007. "Civilizational Thinking and Its Discontents" (unpublished essay).

Hoggart, Richard. 1957. *The Uses of Literacy*. New York: Oxford University Press.

———. 1969. "Contemporary Cultural Studies: An Approach to the Study of Literature and Society" (pamphlet). University of Birmingham: Centre for Contemporary Cultural Studies.

———. 1970. *Speaking to Each Other*. Vol. 2, *Literature*. Oxford: Oxford University Press.

Holloway, John. 2002. *Change the World without Taking Power*. London: Pluto Press.

Horkheimer, Max, and Theodor W. Adorno. 1976. *The Dialectic of Enlightenment*. New York: Continuum.

Hudson, Ray. 2004. "Conceptualizing Economies and Their Geographies." *Progress in Human Geography* 28 (4): 447–71.

Huntington, Samuel. 1996. *The Clash of Civilizations and the Remaking of World Order*. New York: Simon and Schuster.

Huyssen, Andreas. 2003. *Present Pasts: Urban Palimpsests and the Politics of Memory*. Stanford, Calif.: Stanford University Press.

Innis, Harold. 1951. *The Bias of Communication*. Toronto: University of Toronto Press.

James, C. L. R. 1989. *The Black Jacobins*. New York: Vintage.
James, William. 2008. *Pragmatism*. Rockville, Ill.: Arc Manor.
Jameson, Fredric. 1991. *Postmodernism, or, The Cultural Logic of Late Capitalism*. Durham, N.C.: Duke University Press.
———. 2002. *A Singular Modernity*. London: Verso.
Jessop, Bob. 2002. *The Future of the Capitalist State*. Cambridge: Polity Press.
Jessop, Bob, and Stijn Oosterlynck. 2008. "Cultural Political Economy: On Making the Cultural Turn without Falling into Soft Economic Sociology." *Geoforum* 39 (3): 1155–69.
Johnson, Richard. 1986/87. "What Is Cultural Studies Anyway?" *Social Text*, no. 16: 38–80.
Johnson, Victoria E. 2008. *Heartland TV*. New York: New York University Press.
Jones, Eric L. 2006. *Cultures Merging: A Historical and Economic Critique of Culture*. Princeton, N.J.: Princeton University Press.
Kahn, Joel S. 2001. "Anthropology and Modernity." *Current Anthropology* 42 (1): 651–80.
Keynes, John Maynard. 1964. *General Theory of Employment Interest and Money*. New York: Harcourt, Brace.
Kirsch, Stuart. 2001. "Property Effects: Social Networks and Compensation Claims in Melanesia." *Social Anthropology* 9 (2): 147–63.
Klein, Naomi. 2007. *The Shock Doctrine*. New York: Picador.
Kosseleck, Reinhart. 2004. *Futures Past*. New York: Columbia University Press.
Kuper, Adam. 1999. *Culture: The Anthropologists' Account*. Cambridge, Mass.: Harvard University Press.
Laclau, Ernesto. 1990. *New Reflections on the Revolution of Our Time*. London: Verso.
Laclau, Ernesto, and Chantal Mouffe. 1985. *Hegemony and Socialist Strategy*. London: Verso.
Lash, Scott. 2007. "Power after Hegemony: Cultural Studies in Mutation?" *Theory, Culture & Society* 24 (3): 55–78.
Latour, Bruno. 1993. *We Have Never Been Modern*. Cambridge, Mass.: Harvard University Press.
———. 2005. *Reassembling the Social*. Oxford: Oxford University Press.
Lawson, Tony. 2003. *Reorienting Economics*. London: Routledge.
Lazzarato, Maurizio. 1996. "Immaterial Labour." http://www.generation-online.org/c/fcimmateriallabour3.htm.
Le Doeuff, Michele. 2001. *Operative Philosophy and Imaginary Practice*. Amherst, N.Y.: Prometheus Books.
Lee, Raymond L. M. 2006. "Reinventing Modernity." *European Journal of Social Theory* 9 (3): 355–68.

Lee, Roger. 2006. "The Ordinary Economy: Tangled Up in Values and Geography." *Transactions of the Institute of British Geographers*, n.s., 31 (4): 413–32.

Lefebvre, Henri. 1984. *Everyday Life in the Modern World*. New Brunswick, N.J.: Transaction Books.

———. 1991a. *The Production of Space*. Oxford: Blackwell.

———. 1991b. *Critique of Everyday Life*. Vol. 1. London: Verso.

———. 2002. *Critique of Everyday Life*. Vol. 2. London: Verso.

———. 2005. *Introduction to Modernity*. London: Verso.

Levitt, Steven D., and Stephen J. Dubner. 2005. *Freakonomics: A Rogue Economist Explores the Hidden Side of Everything*. New York: William Morrow.

Lipietz, Alain. 1987. *Mirages and Miracles*. London: Verso.

Livingston, James. 1997. *Pragmatism and the Political Economy of Cultural Revolution, 1850–1940*. Chapel Hill: University of North Carolina Press.

Lotringer, Sylvere, ed. 1980. "Italy: Autonomia." *Semiotext(e)* 3 (3).

Lukács, Georg. 1971. *History and Class Consciousness*. Cambridge, Mass.: MIT Press.

Lyotard, Jean-François. 1984. *The Postmodern Condition*. Minneapolis: University of Minnesota Press.

MacKenzie, David, Fabian Muniesa, and Lucia Siu, eds. 2007. *Do Economists Make Markets?* Princeton, N.J.: Princeton University Press.

Maldonado-Torres, Nelson. 1997. "On the Coloniality of Being." *Cultural Studies* 21 (2/3): 240–70.

Manzi, Jim. 2007. "The Known Unknowns." *National Review*, September 10, 51.

Marston, Sallie A., John Paul Jones III, and Keith Woodward. 2005. "Human Geography without Scale." *Transactions of the Institute of British Geographers* 30 (4): 416–32.

Martin, Randy. 2007. *Empire of Indifference: America's War and the Financial Logic of Risk Management*. Durham, N.C.: Duke University Press.

Martin-Barbero, Jesus. 1993. *Communication, Culture, and Hegemony*. Thousand Oaks, Calif.: Sage.

Marx, Karl. 1973. *Grundrisse*. New York: Vintage.

———. 1992. *Capital*. Vol. 1. London: Penguin.

———. 1894. *Capital*. Vol. 3. (Chap. 27). http://www.marxists.org/archive/marx/works/1894-c3/ch27.htm.

Massey, Doreen. 1991. "Flexible Sexism." *Environment and Planning D* 9 (1): 31–57.

———. 1992. "Politics and Space/Time." *New Left Review*, November–December, 65–84.

———. 1993. "Power Geometry and a Progressive Sense of Place." In *Mapping the Futures*, ed. Jon Bird et al., 59–69. London, Routledge.

———. 1994. *Space, Place, and Gender*. Cambridge: Polity Press.

———. 1995. *Spatial Divisions of Labor: Social Structures and the Geography of Production*. New York: Routledge.

———. 1999. "Spaces of Politics." In *Human Geography Today*, ed. Doreen Massey, John Allen, and Phillip Sarre, 279–94. Oxford: Blackwell.

———. 2004. "Geographies of Responsibility." *Geografiska Annaler*, series B, 86 (1): 5–18.

———. 2005. *For Space*. London: Sage.

Massumi, Brian. 2002. *Parables for the Virtual*. Durham, N.C.: Duke University Press.

———. 2005. "Fear (The Spectrum Said)." *Positions* 13 (1): 31–48.

Mbembe, Achille. 2003. "Necropolitics." *Public Culture* 15 (1): 11–40.

McCarthy, Anna. 2001. *Ambient Television*. Durham, N.C.: Duke University Press.

McCloskey, Deidre. 1998. *The Rhetoric of Economics*. Madison: University of Wisconsin Press.

McLennan, Gregor, David Held, and Stuart Hall, eds. 1984. *The Idea of the Modern State*. Milton Keynes, Eng.: Open University Press.

McLuhan, Marshall. 1967. *Understanding Media*. London: Sphere.

McRobbie, Angela. 1994. *Postmodernism and Popular Culture*. London: Routledge.

———. 1998. *British Fashion Design: Rag Trade or Image Industry?* London: Routledge.

———. 2009. *The Aftermath of Feminism*. London: Sage.

Meek, Ronald L. 1956. *Studies in the Labor Theory of Value*. New York: Monthly Review Press.

Menocal, Maria Rosa. 2002. *The Ornament of the World*. Boston: Little, Brown.

Mignolo, Walter D. 2007. "Delinking: The Rhetoric of Modernity, the Logic of Coloniality and the Grammar of De-Coloniality." *Cultural Studies* 21 (2/3): 449–514.

Mignolo, Walter D., and Arturo Escobar, eds. 2007. "Globalization and the De-Colonial Option." Special issue, *Cultural Studies*, 21 (2/3).

Miller, Peter, and Ted O'Leary. 1990. "Making Accountancy Practical." *Accounting, Organization, and Society* 15 (5): 479–98.

Miller, Peter, and Nikolas Rose. 1990. "Governing Economic Life." *Economy and Society* 19 (1): 1–31.

Miller, Toby. 1993. *The Well-Tempered Self*. Baltimore: Johns Hopkins University Press.

———. 2007. *Cultural Citizenship*. Philadelphia: Temple University Press.

Mitchell, Don. 1995. "There's No Such Thing as Culture: Towards a Reconceptualization of the Idea of Culture in Geography." *Transactions of the Institute of British Geographers*, n.s., 20 (1): 102–16.

Mitchell, Timothy. 1998. "Fixing the Economy." *Cultural Studies* 12 (1): 82–101.

———. 2000. "The Stage of Modernity." In *Questions of Modernity*, ed. Timothy Mitchell, 1–34. Minneapolis: University of Minnesota Press.

———. 2005. "The Work of Economics: How a Discipline Makes Its World." *European Journal of Sociology* 46 (2): 297–320.

Morgan, Mary S. 2003. "Economics." In *The Cambridge History of Science*, vol. 7, ed. T. H. Porter and D. Ross, 275–305. Cambridge: Cambridge University Press.

Morley, David. 2007. *Media, Modernity, and Technology*. London: Routledge.

Morley, David, and Charlotte Brunsdon. 1999. *The Nationwide Television Studies*. London: Routledge.

Morris, Meaghan. 1990. "Banality in Cultural Studies." In *Logics of Television*, ed. Pat Mellancamp, 14–43. Bloomington: Indiana University Press.

———. 1992a. "'On the Beach.'" In *Cultural Studies*, ed. Lawrence Grossberg, Cary Nelson, and Paula Treichler, 450–78. New York: Routledge.

———. 1992b. *Ecstasy and Economics*. Rose Bay, Australia: Empress Publishing.

———. 1998. *Too Soon, Too Late: History in Popular Culture*. Bloomington: Indiana University Press.

Morrison, Toni. 2004. *Beloved*. New York: Vintage.

Morse, Richard. 1982. *El espejo de Próspero: Un estudio de la dialéctica del nuevo mundo*. Mexico City: Siglo XXI.

Mouffe, Chantal. 1993. *The Return of the Political*. London: Verso.

Muecke, Stephen. 2009. "Cultural Science? The Ecological Critique of Modernity and the Conceptual Habitat of the Humanities." *Cultural Studies* 23 (3): 404–16.

Mulhern, Frances. 2000. *Culture/Metaculture*. London: Routledge.

———. 2002. "Beyond Metaculture." *New Left Review*, July–August, 86–104.

Negri, Antonio. 1990. *Insurgencies*. Minneapolis: University of Minnesota Press.

Newman, Janet, and John Clarke. 2009. *Publics, Politics, and Power*. London: Sage.

Nonini, Don, ed. 2007. *The Global Idea of 'The Commons.'* Oxford: Berghahn Books.

Ong, Aiwha. 1999. *Flexible Citizenship*. Durham, N.C.: Duke University Press.

Osborne, Peter. 1995. *The Politics of Time*. London: Verso.

Ouellette, Laurie, and James Hay. 2008. *Better Living through Reality TV*. Malden, Mass.: Blackwell.

Packer, Jeremy. 2008. *Mobility without Mayhem*. Durham, N.C.: Duke University Press.

Panagia, Davide. 2001. "Ceci n'est pas un argument: An Introduction to the Ten Theses." *Theory and Event* 5 (3).

Parks, Lisa. 2005. *Cultures in Orbit*. Durham, N.C.: Duke University Press.

Patton, Paul. 2005. "Capture + Politics." In *The Deleuze Dictionary*, ed. Adrian Parr, 41–42. New York: Columbia University Press.

Pezzullo, Phaedra. 2007. *Toxic Tourism*. Tuscaloosa: University of Alabama Press.

Philo, C. 1992. "Foucault's Geography." *Environment and Planning D: Society and Space* 10 (2): 137–61.

Pickles, John. 2004. *A History of Spaces*. London: Routledge.

Polanyi, Karl. 2001. *The Great Transformation*. Boston: Beacon Press.

Poovey, Mary. 1998. *A History of the Modern Fact*. Chicago: University of Chicago Press.

Postone, Moishe. 1993. *Time, Labor, and Social Domination*. Cambridge: Cambridge University Press.

Postrel, Virginia. 1999. *The Future and Its Enemies*. New York: Free Press.

Povinelli, Elizabeth. 2001. "Radical Worlds: The Anthropology of Incommensurability and Inconceivability." *Annual Review of Anthropology* 30: 319–34.

Pryke, Michael, and Paul du Gay. 2007. "Take an Issue: Cultural Economy and Finance." *Economy and Society* 36 (3): 339–54.

Racionero, Luis. 1996. *El mediterraneo y los barberos del norte*. Barcelona: Plaza and Janés.

Radway, Janice. 1988. "Reception Study: Ethnography and the Problems of Dispersed Audiences and Nomadic Subjects." *Cultural Studies* 2 (3): 359–76.

Raffles, Hugh. 1998. "'Local theory': Nature and the Making of an Amazonian Place." *Cultural Anthropology* 14 (3): 291–325.

Rajagopal, Arvind. 2008. *Politics after Television*. Cambridge: Cambridge University Press.

Rancière, Jacques. 1995. *On the Shores of Politics*. London: Verso.

———. 2001. "Ten Thesis on Politics." *Theory and Event* 5 (3).

Readings, Bill. 1996. *The University in Ruins*. Cambridge, Mass.: Harvard University Press.

Reisz, Matthew. 2008. "Figure It Out." *Times Higher Education Online*, June 26. http://www.timeshighereducation.co.uk/story.asp?sectioncode=26&storycode=402499.

Ribeiro, Gustavo Lins, and Arturo Escobar, eds. 2006. *World Anthropologies: Disciplinary Transformations in Systems of Power*. New York: Berg.

Ricardo, David. 1981. *On the Principles of Political Economy and Taxation*. Cambridge: Cambridge University Press.

Ricoeur, Paul. 1974. *The Conflict of Interpretations*. Evanston: Northwestern University Press.

Rodó, José Enrique. 1967. *Ariel*. Cambridge: Cambridge University Press.

Rofel, Lisa. 1999. *Other Modernities*. Berkeley: University of California Press.

Rosaldo, Renato. 1997. "Cultural Citizenship, Inequality, and Multiculturalism." In *Latino Cultural Citizenship*, ed. William V. Flores and Rina Benmayor, 27–38. Boston: Beacon Press.

Ross, Andrew. 1994. *The Chicago Gangster Theory of Life*. London: Verso.

———. 2006. *Fast Boat to China*. New York: Pantheon.

Ross, Marc Howard. 2000. "Culture and Identity in Comparative Political Analysis." In *Culture and Politics: A Reader*, ed. Lane Crothers and Charles Lockhart, 39–70. New York: St. Martin's.

Rostow, W. W. 1960. *The Stages of Economic Growth*. Cambridge: Cambridge University Press.

Rubin, Harriet. 2007. "Surprises in the Bookshelves of C.E.O.s." *New York Times*, sec. B, July 21.

Rubin, Isaak Illich. 1973. *Essays on Marx's Theory of Value*. Montreal: Black Rose Books.

Ruccio, David F. 2005. "(Un)Real Criticism." *Post-Autistic Economics Review* 35 (5). http://www.paecon.net/PAEReview/issue35/Ruccio35.htm.

———. 2008a. "Economic Representations: What's at Stake?" *Cultural Studies* 25 (6): 892–912.

———, ed. 2008b. *Economic Representations: Academic and Everyday*. London: Routledge.

Ruccio, David F., and Jack Amariglio. 2003. *Postmodern Moments in Modern Economics*. Princeton, N.J.: Princeton University Press.

Rustin, Michael. 2007. "'Working from the Symptom': Stuart Hall's Political Writings." In *Culture, Politics, Race, and Diaspora*, ed. Brian Meeks, 19–44. Kingston: Ian Randle Publishers.

Said, Edward. 1979. *Orientalism*. New York: Vintage.

Salamon, Karen Lisa Goldschmidt. 2001. "'Going Global from the Inside Out'—Spiritual Globalism in the Workplace." In *New Age Religion and Globalization*, ed. Mikael Rothstein, 150–72. Aarhus, Denmark: Aarhus University Press.

Salerno, Joseph T. 1990. "Ludvig von Mises as Social Rationalist." *Review of Austrian Economics*, no. 4: 26–54.

Santos, Boaventura de Sousa. 2002. *Toward a New Legal Common Sense*. London: Butterworths.

Scannell, Paddy. 2003. "Benjamin Contextualized: On 'The Work of Art in the Age of Mechanical Reproduction." In *Canonic Texts in Media Research*, ed. Elihu Katz et al., 74–89. Cambridge: Polity Press.

Schmitt, Carl. 1996. *The Concept of the Political*. Chicago: University of Chicago Press.

———. 2003. The *Nomos of the Earth*. New York: Telos Press.

———. 2005. *Political Theology*. Chicago: University of Chicago Press.

Schumpeter, Joseph A. 1962. *Capitalism, Socialism, and Democracy*. New York: Harper and Row.
Scott, David. 2004. *Conscripts of Modernity: The Tragedy of Colonial Enlightenment*. Durham, N.C.: Duke University Press.
Sedgwick, Eve Kosofsky. 2003. "Paranoid Reading and Reparative Reading, or, You're So Paranoid, You Probably Think This Essay Is About You." In *Touching Feeling*, 123–51. Durham, N.C.: Duke University Press.
Seigworth, Gregory J. 2006. "Cultural Studies and Gilles Deleuze." In *New Cultural Studies*, ed. Gary Hall and Clare Birchall, 107–27. Athens: University of Georgia Press.
———. 2007. "Everyday Affect." Unpublished paper.
Sen, Amartya. 2000. *Development as Freedom*. New York: Anchor Books.
Sen, Jai, et al. 2004. *World Social Forum: Challenging Empires*. New Delhi: Viveka Foundation.
Sennett, Richard. 1977. *The Fall of Public Man*. New York: Knopf.
Shapiro, Michael J. 2001. *For Moral Ambiguity*. Minneapolis: University of Minnesota Press.
Shiller, Robert J. 2001. *Irrational Exuberance*. New York: Broadway Books.
Shukaitis, Stevphen, and David Graeber. 2007. *Constituent Imagination*. Oakland, Calif.: AK Press.
Simmel, Georg. 1990. *The Philosophy of Money*. London: Routledge.
———. 1991. "Money in Modern Culture." *Theory, Culture & Society* 8 (3): 17–31.
Simpson, Christopher. 1994. *Science of Coercion: Communication Research and Psychological Warfare, 1945–1960*. New York: Oxford University Press.
Slack, Jennifer Daryl, ed. 2003. *Animations [Of Deleuze and Guattari]*. New York: Peter Lang.
———. 2008. "Revisiting Ecocultural Studies." *Cultural Studies* 22 (3/4): 477–97.
Smith, Adam. 2003. *The Wealth of Nations*. New York: Bantam Dell.
Smith, Barbara Herrnstein. 1997. *Belief and Resistance*. Cambridge, Mass.: Harvard University Press.
Solow, Robert M. 1997. "How Did Economics Get That Way and What Way Did It Get?" *Daedalus* (winter): 39–58.
Spivak, Gayatri Chakravorty. 1987. "Scattered Speculations on the Question of Value." In *In Other Worlds*, 154–75. New York: Methuen.
Stallybrass, Peter, and Allon White. 1986. *The Politics and Poetics of Transgression*. London: Methuen.
Steinmetz, George, ed. 1999. *State/Culture: State-Formation after the Cultural Turn*. Ithaca, N.Y.: Cornell University Press.
Stengers, Isabelle. 1977. *Power and Invention*. Minneapolis: University of Minnesota Press.
Sterne, Jonathan. 2003. *The Audible Past*. Durham, N.C.: Duke University Press.

———. Forthcoming. *MP3: The Meaning of a Format*. No publication details available.

Strathern, Marilyn. 1996. "Enabling Identity? Biology, Choice, and the New Reproductive Technologies." In *Questions of Cultural Identity*, ed. Stuart Hall and Paul du Gay, 37–52. Thousand Oaks, Calif.: Sage.

———. 1999. "What Is Intellectual Property After?" In *Actor Network Theory and After*, ed. John Law and John Hassard, 156–80. Oxford: Blackwell, 1999.

Striphas, Ted. 2004. "What Is This Critical in Critical Cultural Studies?" (unpublished essay).

———. 2009. *The Late Age of Print*. New York: Columbia University Press.

Takeuchi, Yoshimi. 2005. *What Is Modernity?* New York: Columbia University Press.

Taussig, Michael. 1991. *The Nervous System*. New York: Routledge.

———. 1997. *The Magic of the State*. New York: Routledge.

Taylor, Charles. 2004. *Modern Social Imaginaries*. Durham, N.C.: Duke University Press.

Taylor, Peter. 1999. *Modernities*. Minneapolis: University of Minnesota Press.

Terranova, Tiziana. 2007. "Futurepublic: On Information Warfare, Bio-Racism, and Hegemony as Noopolitics." *Theory, Culture & Society* 24 (3): 125–45.

Therborn, Goran. 2003. "Entangled Modernities." *European Journal of Social Theory* 6 (3): 293–305.

Thoburn, Nicholas. 2007. "Patterns of Production: Cultural Studies after Hegemony." *Theory, Culture & Society* 24 (3): 79–94.

Thompson, Edward P. 1966. *The Making of the English Working Class*. New York: Vintage.

Thrift, Nigel. 1991. "For a New Regional Geography 2." *Progress in Human Geography* 15 (4): 456–65.

———. 2004. "Intensities of Feeling: Towards a Spatial Politics of Affect." *Geografika Annaler, Series B, Human Geography* 86: 57–78.

———. 2005. *Knowing Capitalism*. London: Sage.

———. 2008. *Non-Representational Theory*. London: Routledge.

Throsby, David. 2001. *Economics and Culture*. New York: Cambridge University Press.

Toscano, Alberto. 2005. "Capture." In *The Deleuze Dictionary*, ed. Adrian Parr, 39–40. New York: Columbia University Press.

Trouillot, Michel-Rolph. 2002. "North Atlantic Universals: Analytic Fictions, 1492–1945." *South Atlantic Quarterly* 101 (4): 839–58.

Vattimo, Gianni. 2006. "The End of Philosophy at the Age of Democracy." Lecture, University of North Carolina, Chapel Hill, November 30.

Venn, Couze. 2007. "Cultural Theory and Its Futures: Introduction." *Theory, Culture & Society* 24 (3): 49–54.
von Mises, Ludvig. 1966. *Human Action*. Chicago: Henry Regnery.
Wang Hui. 2003. *China's New Order*. Cambridge, Mass.: Harvard University Press.
Watkins, Evan. 1998. *Everyday Exchanges: Marketwork and Capitalist Commonsense*. Stanford, Calif.: Stanford University Press.
Whitehead, Alfred North. 1979. *Process and Reality*. New York: Free Press.
Wieseltier, Leon. 2007. "Sympathy for the Other." *New York Times Book Review*, April 1.
Williams, Raymond. 1958. *Culture and Society: 1780–1950*. New York: Harper and Row.
———. 1961. *The Long Revolution*. New York: Columbia University Press.
———. 1973. *The Country and the City*. Oxford: Oxford University Press.
———. 1974. *Television: Technology and Cultural Form*. London: Fontana.
———. 1977. *Marxism and Literature*. Oxford: Oxford University Press.
———. 1979. *Politics and Letters*. London: New Left Books.
———. 1983a. *The Year 2000*. New York: Pantheon.
———. 1983b. *Keywords*. Oxford: Oxford University Press.
———. 1989a. *Resources of Hope: Culture, Democracy, Socialism*. London: Verso.
———. 1989b. "The Future of Cultural Studies." In *The Politics of Modernism*, 151–62. London: Verso.
Wittgenstein, Ludwig. 1968. *Philosophical Investigations*. London: Macmillan.
Women's Studies Group (CCCS). 1978. *Women Take Issue: Aspects of Women's Subordination*. London: Hutchinson.
Woodward, Kathleen. 2009. *Statistical Panic: Cultural Politics and the Poetics of Emotion*. Durham, N.C.: Duke University Press.
Yack, Bernard. 1997. *The Fetishism of Modernities*. Notre Dame, Ind.: University of Notre Dame Press.
Young, Robert. 1990. *White Mythologies*. London: Routledge.
Yúdice, George. 2003. *The Expediency of Culture: Uses of Culture in the Global Era*. Durham, N.C.: Duke University Press.
Žižek, Slavoj. 1999. *The Žižek Reader*. New York: Wiley-Blackwell.
———. 2002. *Welcome to the Desert of the Real*. London: Verso.
Zylinska, Joanna. 2005. *Ethics of Cultural Studies*. London: Continuum.

译 后 记

文化研究是20世纪中后期波及全球的研究思潮。劳伦斯·格罗斯伯格作为文化研究的积极践行者，是当今美国有巨大影响力的文化研究、大众文化研究、传媒研究学者。作为格罗斯伯格在文化研究领域的力作，《文化研究的未来》较为清晰地展示了他的研究立场。史岩林将该书介绍到中国，促成了对该书的翻译。同时，对该书的翻译得到了劳伦斯·格罗斯伯格的大力支持。该书的翻译工作由中国人民大学金元浦教授主持，庄鹏涛、王林生、刘林德参与翻译，金元浦、王林生、庄鹏涛参与统稿、校对，史岩林对书中部分关键性词语的翻译提出了建设性意见。本书最后由金元浦教授审定。

翻译具体分工如下：

王林生：导言、第一章、第三章。

刘林德：第二章、第六章。

庄鹏涛：第四章、第五章。

本书的出版得到中国人民大学出版社的大力支持，对在本书出版过程中付出努力的各位编辑老师一并致谢。

译者

CULTURAL STUDIES IN THE FUTURE TENSE, by Lawrence Grossberg

Copyright © 2010 by Duke University Press

Chinese simplified translation rights © 2017 by China Renmin University Press, Co. LTD

All Rights Reserved.

图书在版编目（CIP）数据

文化研究的未来／（美）劳伦斯·格罗斯伯格著；庄鹏涛等译 . — 北京：中国人民大学出版社，2017.7
（新闻与传播学译丛 . 学术前沿系列）
书名原文：CULTURAL STUDIES IN THE FUTURE TENSE
ISBN 978-7-300-24380-1

Ⅰ. ①文… Ⅱ. ①劳… ②庄… Ⅲ. ①文化研究 Ⅳ. ①G0

中国版本图书馆 CIP 数据核字（2017）第 109733 号

新闻与传播学译丛·学术前沿系列
文化研究的未来
［美］劳伦斯·格罗斯伯格　著
庄鹏涛　王林生　刘林德　译
金元浦　审校
Wenhua Yanjiu de Weilai

出版发行	中国人民大学出版社		
社　　址	北京中关村大街 31 号	邮政编码	100080
电　　话	010-62511242（总编室）	010-62511770（质管部）	
	010-82501766（邮购部）	010-62514148（门市部）	
	010-62515195（发行公司）	010-62515275（盗版举报）	
网　　址	http://www.crup.com.cn		
	http://www.ttrnet.com（人大教研网）		
经　　销	新华书店		
印　　刷	北京中印联印务有限公司		
规　　格	170 mm×240 mm　16 开本	版　次	2017 年 7 月第 1 版
印　　张	22.25　插页 2	印　次	2017 年 7 月第 1 次印刷
字　　数	318 000	定　价	69.80 元

版权所有　侵权必究　　印装差错　负责调换